Accounting and Financial Management
Textbook Series

韩传模 / 总主编

会 计 与 财 务 管 理 系 列 教 材

中级财务会计

薛洪岩　编著

张俊民　主审

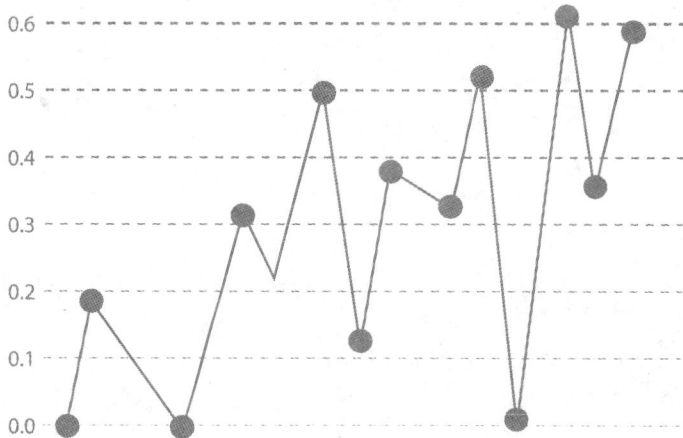

厦门大学出版社
XIAMEN UNIVERSITY PRESS
国家一级出版社
全国百佳图书出版单位

总　序

随着我国高等教育专业的整合与调整,国内会计学专业的建立和发展经历了半个多世纪的历程。工商管理学科下的财务与会计领域的本科专业设置,从最初的单一会计学专业发展到了三个专业,即会计学、财务管理和审计学。审计学和财务管理从原有的会计学专业中分离出来成为独立的本科专业,充分反映了市场经济发展对会计领域的专业化、专门化需求。所以,从历史发展的渊源看,我们认为,广义的会计学专业包括了上述的三个专业,形成了适应经济社会管理,相互联系的不同分支学科门类的会计学类专业组合。

上一世纪 90 年代以来,高等教育的专才教育思想在我国受到质疑,发展通才教育在我国教育界得到普遍认同。但是,就中国高等教育的现实和会计人才市场竞争的状况而言,还不能一概而论。我们认为,会计学专业是工商管理应用性很强的职业性专业,绝大多数的会计本科毕业生就业去向是会计实务领域,因此,在注重通才教育的同时,必须加强职业能力的培养,满足社会经济发展对会计人才素质的要求。正基于此,我们组织了几所高校具有多年丰富教学经验的教学第一线的骨干教师,精心编写了普通高等教育"十二·五"会计学专业系列规划教材。

会计学、审计学和财务管理作为经济管理科学的重要学科门类是研究会计、审计和财务管理实务与理论及其发展规律的知识体系。会计学、审计学和财务管理等财经类专业课程体系中,专业主干课程有 10 门左右。本系列教材主要包括《会计学基础》、《中级财务会计》、《高级财务会计》、《会计学》、《财务管理》、《财务报告分析》、《成本管理会计》、《审计学》、《会计信息系统》、《内部控制》等。有些教材除满足会计学、审计学和财务管理专业教学需要外,还可以满足其他各财经类专业相应课程的教学需要。

本系列教材内容依据国家最新实施的《会计准则》、《审计准则》等财经法规制度要求编写,力求综合反映会计、审计及财务管理改革理论研究与实务发展的最新成果,并力求正确把握财会理论与实务发展的趋势与规律,以使学生不仅能够学习掌握财会及审计的基本专业知识与技能,而且在分析问题、解决问题能力方面能够得到学习与训练。为了适应理论联系实际的需要,以及满足学生实际操作动手能力培养的需要,本系列教材通过大量的举例、练习题、引导案例和章中案例,详尽说明知识的具体运用,充分体现了实效性和可操作性。

在本系列教材编写过程中,得到厦门大学出版社及各方面的支持和帮助,在此表示衷心的感谢。由于编者水平有限和资料受限,书中难免有不妥甚至错误之处,衷心希望广大读者不吝指正,便于今后的修订。

为了做好本系列教材的组织编写工作,特成立了编委会,负责组织编写工作。

编委会组织及其成员如下:

主任:韩传模教授,天津财经大学

委员(按姓氏笔画为序):

韦琳教授,博士,天津财经大学

孙青霞教授,博士,天津财经大学

李学东教授,天津工业大学

张俊民教授,博士,博士生导师,天津财经大学

沈征教授,博士,天津财经大学

孟茜副教授,博士,天津财经大学

赵秀云教授,博士,博士生导师,天津财经大学

薛洪岩副教授,天津商业大学

魏亚平教授,博士,天津工业大学

系列教材编委会

前 言

　　"中级财务会计"是会计学、财务管理专业学生必修的一门课程,在财务会计学课程体系中发挥着承上启下的重要作用。本书是以学习者已掌握"会计学基础"课程中阐述的基本概念、基本理论与基本方法为前提,立足于现实的财务会计环境,以我国最新发布的会计准则及相关法规为依据,参考国际财务会计发展最新动态,本着通俗易懂、循序渐进、理论联系实际的原则而设计,旨在培养学习者运用财务会计基本理论处理企业会计实务的能力,也为进一步学习"高级财务会计"奠定坚实的基础。

　　以笔者多年的教学实践体会,随着我国市场经济的发展和完善,该课程涵盖的内容是越来越多,应用越来越广泛,而各高校课堂教学课时普遍在缩减,学生学起来普遍感觉难以掌握。因此,在具体编写过程中,着重突出以下几个方面:

一、精简内容,避免重复

　　"中级财务会计"课程究竟包括哪些内容,至今并未达成共识。为避免与"会计学基础"和"高级财务会计"内容的重复,本书的内容设计逻辑是:以单个持续经营企业通用的财务报表为核心,以财务会计要素的确认、计量和记录为主线,以典型的交易和事项来阐述财务会计基本理论与实务的处理方法。在"会计学基础"中阐述过的不再重述,如财产清产等内容;一些特殊的财务会计事项需在高级财务会计中阐述的,本书予以提示,如租入固定资产等。

二、理论联系实际

　　"中级财务会计"课程的特点是实务性强,仅有枯燥的理论很难让人产生兴趣。为此,本书各章章首设有"引导案例",在阐述各章内容时,重要的知识点也均辅以案例说明。这些案例都是根据我国上市公司最新披露的年度财务报告和真实的事件而编写,生动的案例消除了专业理论的抽象性,更能够激发学习者的学习兴趣,切实做到学以致用。同时,为了便于读者对案例的理解和搜集更多的相关资料,每个案例都提供了资料的具体来源。

三、与职业资格考试相衔接

　　我国的多项职业资格考试涉及中级财务会计内容,如会计专业技术、注册会计师、注册税务师、注册资产评估师等资格考试,本书将考试的技能也作为重要的考虑。为此,每章都附有思考题和练习题,每一题都与相应的学习目标相联系,设置详细、系统,且难易有别,能够更好地帮助学习者领会和掌握章节内容。

四、突出要点,易于掌握

任何知识的传授均以学习者掌握为最终目的,本书在结构安排上,遵循"提出问题——展开学习——巩固知识"的思路。各章开篇设有学习目标,章末列有本章小结,对重要知识点真正做到前有呼后有应。在内容表达方面,尽量用简单、通俗的语言和图表等直观的形式,易于理解和掌握,提高读者的学习效率。

本书由天津商业大学薛洪岩副教授独立编写,由天津财经大学张俊民教授主审。为了能向读者呈上一本高质量的教材,从拟定提纲到最终完稿,历时近一年的时间。尽管付出了努力,但因学识水平所限,书中难免存在错漏之处,恳请各位读者批评指正,您随时可将您的意见或建议发送至 xhy821@126.com,以便修订时予以完善。

在本书编写过程中,借鉴和参考了国内外专家学者的研究成果,在此表示衷心感谢。同时,感谢天津商业大学商学院硕士生刘磊同学做的大量辅助性工作,更要感谢厦门大学出版社给予本书与读者见面的机会。

薛洪岩
2012 年 12 月

目　录

第一章

财务会计概述

学习目的:通过本章学习,使学生明确财务会计的目标;了解财务会计假设;深刻理解资产、负债、所有者权益、收入、费用、利润六大财务会计要素的含义;掌握财务会计信息的质量要求及财务会计确认基础、计量属性等,为进一步学习财务会计理论、处理会计实务奠定基础。

引导案例

格力电器(000651)2011 年部分信息

1.公司基本情况

珠海格力电器股份有限公司(简称格力电器),前身为珠海市海利冷气工程股份有限公司,1989 年经珠海市工业委员会、中国人民银行珠海分行批准设立,1994 年经珠海市体改委批准更名为珠海格力电器股份有限公司,1996 年 11 月 18 日经中国证券监督管理委员会证监发字(1996)321 号文批准于深圳证券交易所上市,注册资本为2 817 888 750.00元。

2.公司经营范围

公司属家电行业,主要的经营业务包括:货物、技术的进出口;制造、销售泵、阀门、压缩机及类似机械,风机、包装设备等通用设备,电机,输配电及控制设备,电线、电缆、光缆及电工器材,家用电力器具;批发机械设备、五金交电及电子产品;零售家用电器及电子产品。

3.公司员工情况

截至 2011 年 12 月 31 日,公司在职员工72 671 人。专业构成:科研人员5 641 人,营销人员 962 人,财务人员 363 人,行政管理人员 4 427 人,生产及辅助人员 61 278 人。教育程度:硕士以上 405 人,本科 7 350 人,大中专 24 135 人,高中、技校及以下 40 781人。公司需承担费用的退休人员 207 人。

4.公司主要会计数据

2011 年实现营业总收入83 517 252 467.96 元,比 2010 年增加37.35%;2011 年实现营业利润 4 542 306 424.20 元,比 2010 年增加 65.37%;2011 年实现利润总额6 328 560 425.48元,比 2010 年增加 25.16%;2011 年经营活动产生的现金流量净额为

3 356 159 992.13 元,比 2011 年增加 444.84%;2011 年末资产总额 85 211 594 207.30 元,比 2010 年末增加 29.89%;负债总额 66 834 439 664.69,比 2010 年末增加 29.54%。

你怎样理解上述资料中的营业利润、利润总额、资产、负债这些概念? 如果你有兴趣投资一家公司,你如何判断格力电器公司是否值得投资? 怎样将格力电器公司与其他你有投资兴趣的公司作比较?

资料来源:珠海格力电器股份有限公司 2011 年年度报告,www.szse.cn。

第一节 财务会计目标

一、财务会计信息

财务会计是现代企业会计的一个独立分支,它是按照会计准则等的规范要求,对企业已发生或已完成的交易或事项,运用财务会计专门方法,通过确认、计量、记录和报告等基本程序进行加工汇总,编制通用财务报表,定期向外部会计信息使用者传递企业财务状况、经营成果和现金流量等方面信息。

在这个世界上,任何组织和个人要做一项决策,都要运用各方面的信息,而对需要做出具有经济影响的判断和决策的人来说,财务会计信息是非常有用的。

信息按其表述方式不同可分为定量信息和定性信息。定量信息是指那些可用数字表述的信息,如资源的数量、利润的多少、市场份额等;定性信息则不可用数字加以表述,比如国家政策、企业制度、员工对企业的忠诚情况等。财务会计信息是多种定量信息中的一种,与其他定量信息的主要区别在于:财务会计信息通常是以货币计量,以通用财务报表的方式表述。有时为了帮助财务会计信息使用者理解财务报表,在财务报告中也可能包含一些非货币信息,如应收账款账龄、存货计价方法、关联方关系等,这些信息通常是以附注的方式加以描述。

我国财务报表列报准则规定:财务报表是对企业财务状况、经营成果和现金流量的结构性表述。财务报表至少应当包括资产负债表、利润表、现金流量表、所有者权益(或股东权益)变动表、附注等组成部分。

二、财务会计目标

财务会计目标是指财务会计运行所期望达到的目的。由于财务会计主要是通过编制通用财务报表的方式对外提供会计信息,因此,财务会计目标又可以表述为财务报表目标或财务会计报告目标,以下阐述不再区分。

会计总是处于一定的社会经济环境中,财务会计目标无疑受到社会经济环境的制约,其内容必然受到人们主观愿望的影响。在会计理论界讨论财务会计报告目标的过程中形成了两个具有代表性的观点:受托责任观和决策有用观。

受托责任观产生的基本社会经济背景是资源的所有权和经营权分离,且资源的委托者与受托者之间的委托—代理关系是直接建立的。在两权分离的情况下,资源所有者将资源委托给受托者,同时赋予受托者以资源的保管权和使用权,受托者因而承担了合理、有效地管理和运用受托资源的责任,保证在经营运用过程中资源保值、增值,作为资源的受托方,承担了如实向资源的委托方报告其受托责任的履行过程和结果的义务。为此,在受托责任观下,财务会计报告的基本目标应该是以恰当的方式有效反映资源受托者的受托经管责任及其履行情况,便于委托者做出是否继续聘任或解聘代理人的决策。

决策有用观产生的基本社会经济背景也是资源所有权和经营权的分离,但资源的委托者与受托者之间的委托—代理关系不是直接建立的,而是通过资本市场间接建立的。在发达的资本市场中,往往会出现单一的受托方对应众多分散甚至潜在的委托方(现在的投资者、潜在的投资者、债权人等),受托方与委托方无法处于直接接触的位置上,使得委托受托关系变得复杂又模糊。随着证券市场的发展,财务会计信息的决策有用性日益重要。为此,在决策有用观下,财务会计报告的基本目标就是向财务会计报告使用者提供决策有用的会计信息,便于投资者通过股票市场做出是否购买、持有或抛售特定公司股票的决策,便于债权人评估授信或借款的风险。

受托责任观和决策有用观并非是相互排斥的,相反,两者之间具有某些融合性。在受托责任观下,根据受托人提供的财务会计报告决定是否继续聘任或就此解聘本身就是一项决策;在决策有用观下,投资者通过股票市场购买、持有或抛售特定公司的股票本身也可以看做是一项间接行使受托责任关系权利的体现。

2006年2月,我国财政部发布的《企业会计准则——基本准则》第四条提出[①]:"企业应当编制财务会计报告(又称财务报告,下同)。财务会计报告的目标是向财务会计报告使用者提供与企业财务状况、经营成果和现金流量等有关的会计信息,反映企业管理层受托责任履行情况,有助于财务会计报告使用者做出经济决策。财务会计报告使用者包括投资者、债权人、政府及其有关部门和社会公众等。"可见,我国财务会计报告目标是受托责任观和决策有用观并提,这与国际会计准则委员会提出的财务报表目标是趋于一致的。国际会计准则委员会在其概念框架中将财务报表的目标确定为以下两个方面[②]:①财务报表的目标是为使用者制定经济决策提供关于企业财务状况、经营业绩和财务状况变动方面的信息;②财务报表还用来反映管理当局履行对交付给它的资源的受托责任或经管责任的结果。

从我国《企业会计准则》对财务会计报告目标的表述可见,其主要强调了以下内容:

(一)财务会计报告提供财务状况、经营成果和现金流量等会计信息

1.财务状况信息

财务状况是指企业在某一特定时点所拥有或控制的经济资源(企业的资产)总额及分布、与资源相对应的经济责任(企业的债务)和所有者权益(或股东权益)的构成等情况。企业经营的过程就是利用经济资源谋取经济利益的过程,企业的经济资源提供者不外乎

---

① 企业会计准则编审委员会编:《企业会计准则应用指南》,立信会计出版社,2006年版。

② 沈颖玲编著:《国际财务报告准则——阐释与应用》,立信会计出版社,2007年版。

债权人和所有者两个方面,债权人和所有者将其拥有的经济资源提供给企业使用,就应该对企业享有要求权。债权人为企业提供的经济资源可供企业使用的时间是有限定的,因而债权人享有企业按期还本付息的权利;所有者为企业提供的资源,在时间上可供企业无限制使用,从而拥有对企业资源收益的分配权。财务会计报告应提供企业财务状况信息,帮助债权人和投资者分析企业的变现能力、偿债能力、资本结构等情况,做出其是否向企业提供资源的决策。

案例 1-1

烟台万华(600309)2011 年主要财务状况信息

烟台万华聚氨酯股份有限公司(简称烟台万华)2011 年年度报告中报告 2011 年 12 月 31 日该公司主要财务状况信息为:资产总计为 17 418 683 319.14 元,负债总计为 9 203 059 194.67元,所有者权益总计为 8 215 624 124.47 元。其中,归属于上市公司股东享有的权益为 7 267 479 375.13 元,总股本为 2 162 334 720 元。

资料来源:烟台万华聚氨酯股份有限公司 2011 年年度报告,www.sse.com.cn。

2.经营成果信息

经营成果是指企业在某一会计期间盈利的情况,是企业销售产品或提供服务获得的收入与所花费成本或费用的差额,可用来衡量企业资源利用的效果。任何企业开展经营活动,其目的都是为了赚钱或创造价值,即期待通过销售产品或提供服务获得比生产这些产品或服务所花费的成本或费用更多的钱,就是通常说的盈利。如果企业成功地实现盈利,企业将越来越兴旺,资源提供者的权益就越有保障。否则,资源将会被消减,严重时会使企业破产倒闭。因此,财务会计报告应提供企业经营成果信息,帮助资源提供者分析企业的盈利能力和盈利趋势。

案例 1-2

烟台万华(600309)2011 年度主要经营成果信息

烟台万华聚氨酯股份有限公司 2011 年年度报告中报告 2011 年度该公司主要经营成果信息为:

(1)营业收入为 13 662 307 339.38 元;

(2)营业成本为 10 932 291 316.55 元;

(3)营业利润为 2 730 518 082.15 元;

(4)利润总额为 2 814 947 695.79 元;

(5)净利润为 2 395 407 360.13 元。

资料来源:烟台万华聚氨酯股份有限公司 2011 年年度报告,www.sse.com.cn。

3.现金流量信息

现金流量是指企业在一定会计期间现金流入和现金流出的数额,可用来衡量企业在一定时期内获取现金的能力。同一时期内的现金流入量减去现金流出量就得到该时期的净现金流量。如果一定会计期间内的净现金流量为正值,表明企业在满足了同一时期的所有现金支出后,创造了超额现金,增强了企业的支付现金股利、偿还债务的能力;反之,说明企业为满足本期现金支出的需要,而动用了以前各期创造的超额现金,如果这一趋势持续下去无法扭转的话,企业的现金最终被耗尽,将面临破产的危险。因此,财务会计报告应提供反映企业现金流量的信息,便于投资者和债权人分析企业的实际支付能力。

案例 1-3

烟台万华(600309)2011年度主要现金流量信息

烟台万华聚氨酯股份有限公司2011年年度报告中报告2011年度该公司主要现金流量信息为:

2011年度现金流量净额为880 510 280.46元,其中经营活动产生现金流量净额为2 012 433 377.90元;投资活动产生现金流量净额为-2 869 787 927.33元;筹资活动产生的现金流量净额为1 750 730 656.18元。

资料来源:烟台万华聚氨酯股份有限公司2011年年度报告,www.sse.com.cn。

(二)反映管理层受托责任的履行情况

现代企业制度强调企业所有权和经营权相分离,企业管理层受委托人之托经营管理企业及其各项资产,负有受托责任。企业管理层有责任妥善保管并合理、有效运用这些资产。企业投资者和债权人等也需要及时或者经常性地了解企业管理层保管、使用资产的情况,以便于评价企业管理层的责任情况和业绩情况,并决定是否需要调整投资或者信贷政策,是否需要加强企业内部控制和其他制度建设,是否需要更换管理层等。因此,财务会计报告应当反映企业管理层受托责任的履行情况,以有助于外部投资者和债权人等评价企业的经营管理责任和资源使用的有效性。

(三)财务会计报告使用者主要包括投资者、债权人、政府及其有关部门和社会公众等

1.投资者

企业的投资者包括现在的投资者和潜在的投资者,投资者一旦将资本投入企业,就与企业经营成败与否有着最直接的利益关系。企业经营成功,投资者会分得利润;企业经营亏损,投资者收不到利润;企业经营失败,最终破产、倒闭,投资者投入的资本难以收回。我国将满足投资者的信息需要作为企业财务会计报告编制的首要出发点,凸显了投资者的地位,体现了保护投资者利益的要求,是市场经济发展的必然。

2.债权人

企业的债权人包括为企业提供信贷资本和其他资金的金融机构、债券购买者、供应商等。债权人将资本借给企业,与企业之间就存在着直接的经济利益关系。债权人出于自身债权安全的考虑,通常十分关心企业的偿债能力和财务风险,他们需要财务会计信息来评估企业能否如期支付贷款本金及其利息,能否如期支付所欠购货款等。

3.政府及其有关部门

政府及其有关部门作为经济管理和经济监管部门,通常关心经济资源分配是否公平、合理,市场经济秩序是否公正、有序,宏观决策所依据信息是否真实可靠等,因此,他们需要信息来监管企业的有关活动(尤其是经济活动)、制定税收政策、进行税收征管和国民经济统计等。

4.社会公众

社会公众包括顾客、社区居民等。顾客通常关心企业产品的定价水平及提供商品或服务的能力;社区居民通常关心企业对所在地经济作出的贡献,如增加就业、刺激消费、提供社区服务等。

第二节　财务会计假设

企业所处的经营环境极为复杂,而且变化不定,财务会计核算对象的确定、方法的选择、数据的搜集都要以一系列的前提为依据。财务会计假设,也称会计核算基本前提,是对财务会计核算所处的时间、空间环境及计量尺度等而做的合理设定,是全部财务会计工作的基础。按照我国《企业会计准则——基本准则》的规定,财务会计假设主要有会计主体、持续经营、会计分期和货币计量四项。

一、会计主体

会计主体,是指会计工作为之服务的特定单位,包括企业、政府、学校及其他非营利组织。会计主体假设的提出,界定了财务会计确认、计量和报告的空间范围,解决了财务会计为谁核算的问题,明确了财务会计人员的服务立场,为准确地提供会计信息奠定了基础。在会计主体假设下,财务会计应当对企业本身发生的交易或者事项进行会计确认、计量和报告,财务会计不核算主体所有者、经营者本人及其他经济实体的财务活动。这样,有利于正确反映一个经济实体的财务状况、经营成果和现金流量,向财务会计信息使用者提供决策有用的信息。

应当指出的是,会计主体不同于法律主体。一般来说,作为一个法人,其经济上必然是独立的,因而法律主体必然是会计主体。但是构成会计主体的并不一定是法律主体,个人独资企业、合伙企业、分公司、企业集团等,都不是法律主体,但他们都可能是会计主体。例如,就企业集团而言,一个母公司拥有若干个子公司,企业集团在母公司的统一领导下开展生产经营活动,母子公司虽然是不同的法律主体,但是,为了全面反映企业集团的财务状况、经营成果和现金流量,就有必要将这个企业集团作为一个会计主体,编制合并会计报表,在这种情况下,尽管企业集团不属于法律主体,但属于会计主体。

二、持续经营

持续经营是指在可以预见的将来,企业会按当前的规模和状态继续经营下去,不会考虑破产和停业,也不会大规模削减业务。持续经营假设的提出,为会计工作明确了时间范围。在持续经营假设下,财务会计确认、计量和报告应当以持续、正常的生产经营活动为前提。只有在这一前提条件下,企业拥有的各项资产才能按原定的用途使用,承担的债务也将按现时承诺的条件清偿,经营成果也会不断形成,会计人员就可以在此基础上选择会计方法,解决资产计价和收益确认问题。例如,对固定资产和无形资产采用历史成本计价,按预计的使用寿命计提折旧和摊销就是基于持续经营假设的。如果持续经营这一假设条件不存在了,那么一系列会计准则和会计方法也相应地会丧失其存在的基础。

三、会计分期

会计分期,又称会计期间,是指将一个企业持续不断的生产经营活动人为地划分为若干连续的长短相同的期间。这一假设是从持续经营引申出来的,也可以说是持续经营假设的客观要求。在会计分期假设下,企业应当分期结算账目和编制财务报告。

企业的经营活动,一般地讲自开业以后在时间上是持续不断的,但会计为了确定损益和编制财务会计报告,定期为信息使用者提供会计信息,就必须将持续不断的经营过程人为地划分成若干相等的期间。会计期间划分的长短会影响损益的确定,一般地说,会计期间划分得愈短,反映经济活动的会计信息质量就愈不可靠。当然,会计期间的划分也不可能太长,太长了不能及时满足会计信息使用者的需求。因此,必须合理地划分会计期间。通常,会计期间的划分,是确定会计年度。我国会计实行的是按公历时间划分会计期间,即自每年1月1日起至该年12月31日止为一个会计年度。会计年度确定后,一般按日历确定会计半年度、会计季度和会计月度。半年度、季度和月度均称为会计中期。中期,是指短于一个完整的会计年度的报告期间。

有了会计分期这个前提,才产生了本期与非本期的区别,才产生了权责发生制和收付实现制的记账基础,进而出现了应收、应付、折旧、摊销等会计处理方法。

四、货币计量

货币计量是指会计主体在财务会计确认、计量和报告时以货币计量,反映会计主体的生产经营活动。财务会计的目标是向会计信息使用者提供数量化的财务状况、经营成果和现金流量的信息,货币计量这一前提为会计核算提供了一个通用的量化标准,通过采用这种标准可以将会计主体所发生不同种类的事项表述为可以进行加减的数字,有利于使用者对会计信息进行分析、比较、利用。其他计量单位,如重量、长度、容量、件数等,只能从一个侧面反映企业的生产经营情况,无法在量上进行汇总和比较,不便于会计核算和经营管理。

第三节　财务会计信息质量要求

财务会计信息质量要求是对企业财务会计报告所提供会计信息质量的基本要求,是使财务会计报告所提供会计信息对使用者决策有用应具备的质量特征。财务会计信息质量和财务会计目标是密切相关的,财务会计目标决定财务会计信息的质量要求,而具备应有质量特征的会计信息才能促使财务会计目标的实现。因此,世界各国对其都有明确的规范,其中,以美国财务会计准则委员会提出的会计信息质量要求最具代表性。

在美国财务会计准则委员会提出的会计信息质量特征体系中,效益>成本是会计信息质量的普遍性约束条件;可理解性是针对用户的质量要求;相关性和可靠性被并列认为是首要的信息质量特征,相关性由预测价值、反馈价值和及时性三个要素构成,而可靠性由可核性、中立性和反映真实性构成;可比性被列为是次要的信息质量特征;重要性被确认为质量的起端。

我国财政部 2006 年 2 月发布的《企业会计准则——基本准则》对会计信息质量提出了 8 项要求,即可靠性、相关性、可理解性、可比性、实质重于形式、重要性、谨慎性和及时性。虽在准则中不像美国那样划分层次,但在《企业会计准则讲解》中提到①:可靠性、相关性、可理解性和可比性是会计信息的首要质量要求,是企业财务报告中所提供会计信息应具备的基本质量特征;实质重于形式、重要性、谨慎性和及时性是会计信息的次级质量要求,是对可靠性、相关性、可理解性和可比性等首要质量要求的补充和完善。可见,相关性和可靠性是衡量会计信息质量的最基本标准。

现将我国《企业会计准则》提出的会计信息质量各项要求具体内涵释义如下:

一、可靠性

可靠性要求企业应当以实际发生的交易或事项为依据进行会计确认、计量和报告,如实反映符合确认和计量要求的各项会计要素及其他相关会计信息,保证会计信息真实可靠、内容完整。

可靠性是高质量会计信息的重要基础和关键所在,一项信息是否可靠取决于真实性、可核性和中立性三个因素。

(一)真实性

真实性是指要如实表达,会计的记录和报告不加任何掩饰。为贯彻真实性,企业应以实际发生的交易或者事项为依据进行确认、计量,将符合会计要素定义及其确认条件的资产、负债、所有者权益、收入、费用和利润等如实反映在财务报表中,不得根据虚构的、没有发生的或者尚未发生的交易或者事项进行确认、计量和报告。在符合重要性和成本效益原则的前提下,保证会计信息的完整性。

(二)可核性

可核性是指会计信息可经得住复核和验证,即由独立的、专业和文化素养基本相同的人员,分别采用同一计量方法,对同一事项加以计量,能得出相同的结果。

(三)中立性

中立性是要求会计人员在处理会计信息时,应该保持一种不偏不倚的中立态度。会计人员应将真相如实地和盘托出,结论让用户自己去判断。会计人员不能为了某种特定利益者的意愿或偏好而对会计信息做特意安排,故意选用不当的计量或计算方法,隐瞒或歪曲部分事实,来诱使特定的行为反应。如果企业在财务报告中为了达到事先设定的结果或效果,通过选择或列示有关会计信息以影响决策和判断,这样的财务报告信息就不是

---

① 财政部会计司编写组:《企业会计准则讲解》,人民出版社,2008 年版。

中立的。

二、相关性

相关性要求企业提供的会计信息应当与财务会计报告使用者的经济决策需要相关，有助于财务会计报告使用者对企业过去、现在或者未来的情况做出评价或者预测。

一项信息是否具有相关性，取决于预测价值和反馈价值两个因素。

(一)预测价值

如果一项信息能帮助决策者对过去、现在及未来事项的可能结果进行预测，则此项信息具有预测价值。决策者可根据预测的可能结果，做出其认为最佳的选择，从而影响其决策。因此，预测价值是相关性的重要因素，具有影响决策者决策的作用。

(二)反馈价值

如果一项信息能有助于决策者验证或修正过去的决策和实施方案，即具有反馈价值。把过去决策所产生的实际结果反馈给决策者，使之与当初预期的结果相比较，验证过去的决策是否有误，总结经验，防止今后决策时再犯同样的错误。因此，反馈价值有助于未来决策。

信息反馈价值与信息预测价值同时并存，相互影响。验证过去才能有助于预测未来，不明白过去，预测就缺乏基础。

三、可理解性

可理解性要求企业提供的会计信息应当清晰明了，便于财务会计报告使用者理解和使用。企业提供会计信息的目的在于使用，而要使使用者有效使用会计信息，应当能让其了解会计信息的内涵，弄懂会计信息的内容。信息若不能被使用者所理解，即使质量再好，也没有任何用途。

信息是否被使用者所理解，受制于以下两个因素：一是信息本身是否易懂，二是信息使用者理解会计信息的能力。因此，要最大限度地发挥会计信息的效用，会计人员应当尽可能提供易于被理解的会计信息，如要保证会计记录准确清晰、账户对应关系清楚、手续完备、程序合理等；同时，也应设法提高会计信息使用者理解会计信息的能力。

四、可比性

可比性要求企业提供的会计信息应当相互可比。企业发生的交易或事项具有复杂性和多样性，对于某些交易或事项可以有多种会计处理方法，如存货的领用和发出，可以采用先进先出法、加权平均法或者个别计价法确定其成本。在会计核算工作中，保证会计信息可比性的要求主要包括两个方面：

(一)同一企业不同时期可比

同一企业不同时期发生的相同或者相似的交易或者事项，应当采用一致的会计政策，不能随意变更。但是，满足会计信息可比性要求，并非表明企业不得变更会计政策，如果按照规定或者在会计政策变更后可以提供更可靠、更相关的会计信息，可以变更会计政策。有关会计政策变更的情况，应当在附注中予以说明。

(二)不同企业相同会计期间可比

不同企业发生的相同或者相似的交易或者事项,应当采用规定的会计政策,确保会计信息口径一致、相互可比,以使不同企业按照一致的确认、计量和报告要求提供有关会计信息。

五、实质重于形式

实质重于形式要求企业应当按照交易或者事项的经济实质进行会计确认、计量和报告,不应仅以交易或者事项的法律形式为依据。

在会计核算的实际工作中,交易或者事项的外在法律形式并不总能完全反映其实质内容。所以会计信息要想反映其所拟反映的交易或者事项,就必须根据交易或事项的实质和经济现实,而不能仅仅根据它们的法律形式进行核算。例如,融资租入的固定资产,在租赁期未满以前,从法律形式上来看,所有权并没有转移给承租方,但是从经济实质上讲,与该项固定资产相关的收益和风险已经转移给承租方,承租方实际上也能行使对该项固定资产的控制,因此承租方应该将其视同为自己的固定资产进行处理。

六、重要性

重要性要求企业提供的会计信息应当反映与企业财务状况、经营成果和现金流量等有关的所有重要交易或者事项。

重要性是指财务报表某项目的省略或者错报会影响使用者据此做出经济决策的,该项目就具有重要性。在评价某些项目的重要性时,很大程度上取决于会计人员的职业判断。一般来说,应当根据企业所处环境,从项目的性质和金额的大小两方面加以判断。从性质来说,当某一事项有可能对决策产生一定影响时,就属于重要项目;从金额方面来说,当某一项目的数量达到一定规模时,就可能对决策产生影响。在会计核算工作中,坚持重要性就应当使提供会计信息的收益大于成本,对于那些不重要的项目,如果也采用严格的会计程序,分别会计核算,分项反映,就会导致提供会计信息的成本大于收益。因此,对于不重要的会计信息往往予以整合或改编,从而节省会计的处理程序。例如,对周转材料的摊销采用一次摊销法、分次摊销法等简化处理方法。尽管周转材料受益可能会持续多个会计期间,但因其与固定资产相比,金额较小,依据重要性就没有像固定资产那样采用比较规范的折旧方法处理。

七、谨慎性

谨慎性要求企业对交易或者事项进行会计确认、计量和报告应当保持应有的谨慎,不应高估资产或者收益、低估负债或者费用。

在市场经济环境下,企业的经营活动充满着风险和不确定性,如应收款项的可收回性、商品可能发生减值或毁损的损失等。在会计核算工作中坚持谨慎性,要求对某一会计事项有多种不同会计程序和方法可选择时,应当选择一种不导致企业虚增资产、多计盈余的做法,即对于资产及收益应当选择较低的价格或计价方法入账;而对于成本及费用应当选择较高的价格或计价方法入账;对于可能发生的损失应当予以确认,对于可能实现的收益则应当尽量少计或不计,以便会计资料反映的经济状况比较稳定、安全,不至于引起会计信息使用者过于乐观。需注意的是,谨慎性的应用并不意味着企业可以设置秘密准备。例如,我国会计实务中对应收款项提取坏账准备、存货计价采用成本与可变现净值孰低法、固定资产采用加速折旧法、对或有事项的确认等等,都是谨慎性应用的体现。

八、及时性

及时性要求企业对于已经发生的交易或者事项,应当及时进行会计确认、计量和报告,不得提前或者延后。

会计信息的价值在于帮助信息使用者做出经济决策,因此具有时效性。即使是可靠、相关的会计信息,如果不及时提供,就失去了时效性,对于使用者的效用就大大降低,甚至不再具有实际意义。在会计确认、计量和报告过程中贯彻及时性,一是要求及时收集会计信息,即在经济交易或者事项发生后,及时收集整理各种原始单据或者凭证;二是要求及时处理会计信息,即按照企业会计准则的规定,及时对经济交易或者事项进行确认和计量,并编制出财务报告;三是要求及时传递会计信息,即按照国家规定的有关时限,及时地将编制的财务报告传递给财务报告使用者,便于其及时使用和决策。

第四节　财务会计要素

为了便于核算和分门别类地为财务报告使用者提供有用的经济信息,有必要对财务会计处理对象进行分类。至于划分哪些类别,要受很多因素的制约,目前世界各国都不完全相同。美国财务会计概念框架划分为十大要素,国际会计准则划分为五大要素,我国《企业会计准则——基本准则》将财务会计核算内容划分为六大基本要素。会计要素划分的比较如表 1-1 所示。

表 1-1　会计要素划分的比较

美国	国际会计准则	中国
资产	资产	资产
负债	负债	负债
所有者权益	权益	所有者权益
业主投资	收益	收入
派给业主款	费用	费用
全面收益		利润
收入		
费用		
利得		
损失		

在我国,按财务会计要素构成财务报表的不同,分为反映财务状况的会计要素和反映经营成果的会计要素。以下仅对我国《企业会计准则——基本准则》划分的会计要素内容进行阐释。

一、反映财务状况的会计要素

反映财务状况的会计要素包括资产、负债、所有者权益三个要素,是资产负债表的构成要素。

(一)资产

1.资产的确认

资产是指企业过去的交易或者事项形成的、由企业拥有或控制的、预期会给企业带来经济利益的资源。根据《企业会计准则——基本准则》的规定,符合资产定义的资源,在同时满足以下条件时,才能确认为资产:

(1)与该资源有关的经济利益很可能流入企业;

(2)该资源的成本能够可靠地计量。

符合资产定义和资产确认条件的项目,应当列入资产负债表;符合资产定义,但不符合资产确认条件的项目,不应当列入资产负债表。

2.资产的分类

资产不仅包括各种有形的财产物资,如材料、商品、设备等;还包括企业拥有的债权和其他权利,如各种应收款项、专利权、商标权等。资产按其流动性分为流动资产和非流动资产两类。

(1)流动资产

资产满足下列条件之一的,应当归类为流动资产:

①预计在一个正常营业周期中变现、出售或耗用;

②主要为交易目的而持有;

③预计在资产负债表日起一年内(含一年,下同)变现;

④在资产负债表日起一年内,交换其他资产或清偿负债的能力不受限制的现金或现金等价物。

通常情况下,流动资产主要包括:货币资金、交易性金融资产、应收及预付款项、存货等。

(2)非流动资产

不符合流动资产条件的均为非流动资产,包括持有至到期投资、长期股权投资、可供出售金融资产、投资性房地产、固定资产、无形资产、递延所得税资产等。

(二)负债

1.负债的确认

负债是指企业过去的交易或者事项形成的、预期会导致经济利益流出企业的现实义务。根据负债的定义。根据《企业会计准则——基本准则》的规定,符合负债定义的义务,在同时满足以下条件时,才能确认为负债:

(1)与该义务有关的经济利益很可能流出企业;

(2)未来流出的经济利益的金额能够可靠地计量。

符合负债定义和负债确认条件的项目,应当列入资产负债表;符合负债定义、但不符合负债确认条件的项目,不应当列入资产负债表。

2.负债的分类

负债按其流动性分为流动负债和非流动负债两大类。负债满足下列条件之一的,应当归类为流动负债:

(1)预计在一个正常营业周期中清偿;

(2)主要为交易目的而持有;

(3)在资产负债表日起一年内到期应予以清偿;

(4)企业无权自主地将清偿推迟至资产负债表日后一年以上。

通常情况下,流动负债包括短期借款、交易性金融负债、应付票据、应付账款、预收账款、应付职工薪酬、应交税费、应付股利、应付利息、其他应付款等。

流动负债以外的负债,应当归为非流动负债,包括长期借款、应付债券、长期应付款、专项应付款、预计负债、递延所得税负债等。

(三)所有者权益

所有者权益是指企业资产扣除负债后由所有者享有的剩余权益。公司的所有者权益又称股东权益。所有者权益的来源包括所有者投入的资本、直接计入所有者权益的利得和损失、留存收益等。所有者投入资本,是指所有者按照企业章程,或合同、协议的约定,实际投入企业的资本。直接计入所有者权益的利得和损失,是指不应计入当期损益、会导致所有者权益发生增减变动的、与所有者投入资本或者向所有者分配利润无关的利得和损失。利得,是指由企业非日常活动所形成的、会导致所有者权益增加的、与所有者投入资本无关的经济利益的流入;损失,是指由企业非日常活动所发生的、会导致所有者权益减少的、与所有者分配利润无关的经济利益的流出。留存收益是企业从逐年实现的净利润中形成的企业内部尚未使用或分配的利润。

列入资产负债表的所有者权益项目有实收资本(或股本)、资本公积、盈余公积和未分配利润四项。

二、反映经营成果的要素

反映经营成果的会计要素包括收入、费用和利润三个要素,是利润表的构成要素。

(一)收入

收入是指企业在日常活动中所形成的、会导致所有者权益增加的、与所有者投入资本无关的经济利益的总流入。收入只包括本企业经济利益的流入,不包括为第三方或客户代收的款项。如企业销售商品时代收的增值税,银行代客户收取的水电费等,不属于本企业的经济利益,因此,不能作为本企业的收入。

根据《企业会计准则——基本准则》的规定,收入只有在经济利益很可能流入从而导致企业资产增加或者负债减少,且经济利益的流入额能够可靠计量时才能予以确认。符合收入定义和收入确认条件的项目,应当列入利润表。

(二)费用

费用是指企业在日常活动中发生的、会导致所有者权益减少的、与向所有者分配利润无关的经济利益的总流出。

根据《企业会计准则——基本准则》的规定,费用只有在经济利益很可能流出从而导致企业资产减少或者负债增加,且经济利益的流出额能够可靠计量时才能予以确认。企业为生产产品、提供劳务等发生的可归属于产品成本、劳务成本等的费用,应当在确认产品销售收入、劳务收入等时,将已销售产品、已提供劳务的成本等计入当期损益。企业发生的支出不产生经济利益的,或者即使能够产生经济利益但不符合或者不再符合资产确认条件的,应当在发生时确认为费用,计入当期损益。企业发生的交易或者事项导致其承担了一项负债而又不确认为一项资产的,应当在发生时确认为费用,计入当期损益。

符合费用定义和费用确认条件的项目,应当列入利润表。

(三)利润

利润是企业在一定会计期间的经营成果。利润包括收入减去费用后的净额、直接计入当期利润的利得和损失等。直接计入当期利润的利得和损失,是指应当计入当期损益、会导致所有者权益发生增减变动的、与所有者投入资本或者向所有者分配利润无关的利得或者损失。利润金额的计量取决于收入和费用、直接计入当期利润的利得和损失金额的计量。

第五节　财务会计确认与计量

一、财务会计的确认

财务会计确认是指交易、事项或情况中的一个项目应否和应在何时和如何当做一项要素加以记录和记入报表内容的过程。

(一)财务会计确认的一般标准

财务会计的确认标准是指将应予确认的项目确认为何种财务会计要素的条件或标准。它解决的是将经济业务或事项导致的变化记入何种会计要素及具体哪个会计科目的问题。

美国会计准则委员会第5号财务会计概念公告《企业财务报表的确认与计量》提出了确认一个经济事项必须同时符合的四条基本确认标准:

1.可定义性——应予确认的项目必须符合某个财务报表要素的定义;

2.可计量性——应予确认的项目应具有相关并充分可靠的可计量属性;

3.相关性——应予确认项目的有关信息应能对使用者的决策产生足够的影响;

4.可靠性——应予确认项目的有关信息应能如实反映,并可验证和不偏不倚。

而且,按上述确认标准进行确认也要服从普遍适用的效益大于成本和重要性的约束条件,即确认一个项目的预期效益应证明与提供和使用该信息的费用是适当的。同时,如果一个项目是不重要的,则可以不在财务报表上确认。

国际会计准则委员会的财务会计确认标准实质上有三个:

1.符合某一财务会计要素的定义;

2.与该项目有关的未来经济利益将很可能流入或流出企业;

3.对该项目的成本或价值能够可靠地加以计量。

我国《企业会计准则》采用了和国际会计准则一致的财务会计确认标准。按照这样的确认标准,我们应该将符合条件的项目依据会计要素的定义和会计科目的核算范围,在相应的会计科目中进行记录。

(二)财务会计确认基础

财务会计确认基础是指对交易和事项入账时间所采用的标准,主要有权责发生制和收付实现制两种。

权责发生制又称应计制或应收应付制,是与收付实现制相对应的概念,其核心是根据权责关系实际发生的时间来确认收入和费用。具体内容是,权责发生制均以权利已经形成或义务、责任的真正发生为标准来确认收入和费用,而不考虑款项是否已经实际收付。即,凡是当期已经实现的收入和已经发生的费用,不论款项是否收付,都应作为当期的收入和费用入账;凡是不属于当期的收入和费用,即使款项在当期已经收到或已经付出,也不应确认为当期的收入和费用。权责发生制不仅用于收入和费用的确认,它还能够广泛应用于全部的会计要素。

收付实现制又称现金制或实收实付制,它是指对收入和费用的确认,以实际收到或付出款项的日期为基础进行。其具体内容是:凡是收到了款项的期间作为收入实现的期间,凡是支付了款项的期间则作为费用的发生期间;反之,即使收入取得或费用发生,没有实际款项的收付,也不应作为当期的收入和费用处理。

两种确认基础的主要区别在于强调的标准不同。收付实现制强调款项的实际收付,权责发生制强调权力的形成和责任的发生。采用收付实现制作为确认基础,核算手续简单,但不利于正确地反映各期财务成果。采用权责发生制作为确认基础,虽然核算比较复杂,但确认的收入和费用比较真实,比较符合经济业务事项的经济实质,可以更加客观地反映特定会计期间经营活动成果。但应当指出,权责发生制和收付实现制作为会计确认的时间性基础,各自有着不同的特点,有些特点可以相互补充。所以切不可将权责发生制和收付实现制进行绝对的对立,两者之间其实是一种互补关系。譬如资产负债表和利润表的确认基础是权责发生制,而现金流量表的确认基础是收付实现制。

(三)财务会计确认的环节

1.初始确认

初始确认是对经济业务所产生的原始数据是否进入会计处理过程的识别,即对原始经济数据加以识别、判断、选择和归类,从而在复式簿记系统中进行记录和计算的过程。这一过程包括接收符合会计要求的原始经济数据,按预定账户分类归属,运用复式记账方法编制会计分录,按账簿登记要求在账簿中进行记录和计算等。

2.后续确认

后续确认主要解决的问题是,会计账簿中哪些信息应当列入财务报告。财务报告揭示的信息是综合性的,所以,将会计账簿信息转换成财务报告信息时,还要再次进行识别与判断,并对账簿信息做进一步加工处理。这一过程主要是按规定编制财务报告。

3.终止确认

终止确认是指将会计要素从企业的会计账户和财务报表中予以转销。当且仅当存在着充分的证据表明其并不能为主体带来未来的经济利益或主体已经不再承担转移经济利益的义务时,一项资产或负债应该终止进行确认。

二、财务会计计量

财务会计计量,是指将符合确认条件的会计要素登记入账并列报于财务报表且确定其金额的过程。财务会计计量属性,是指被计量对象的特性或外在表现形式,即按什么标准来记账。如一辆汽车可以从长宽高、自重量、载重量、发动机功率等方面进行计量。在选择以货币作为主要计量单位的条件下,财务会计计量属性有历史成本、现行成本、可变现净值、未来现金流量、现值等多种计量基础。我国 2006 年 2 月发布的《企业会计准则——基本准则》规定,企业在对会计要素进行计量时,一般应当采用历史成本,采用重置成本、可变现净值、现值、公允价值计量的,应当保证所确定的会计要素金额能够取得并可靠计量。

（一）历史成本

历史成本,又称原始成本,就是取得或制造某项财产物资时所实际支付的现金或其他等价物。在历史成本计量下,资产按照购置时支付的现金或者现金等价物的金额,或者按照购置资产时所付出的对价的公允价值计量。负债按照因承担现时义务而实际收到的款项或者资产的金额,或者承担现时义务的合同金额,或者按照日常活动中为偿还负债预期需要支付的现金或者现金等价物的金额计量。

（二）重置成本

重置成本,又称现行成本,是指企业重新取得与其所拥有的某项资产相同或与其功能相当的资产需支付的现金或现金等价物。在重置成本计量下,资产按照现在购买相同或者相似资产所需支付的现金或者现金等价物的金额计量;负债按照现在偿付该项债务所需支付的现金或者现金等价物的金额计量。

（三）可变现净值

可变现净值,是指在正常生产经营过程中,以预计售价减去进一步加工和销售所必需的预计税金、费用后的净值。在可变现净值计量下,资产按照其正常对外销售所能收到现金或者现金等价物的金额扣减该项资产至完工时估计将要发生的成本、估计的销售费用以及相关税费后的金额计量。

（四）现值

现值,是指对未来现金流量以恰当的折现率进行折现后的价值,是考虑货币时间价值因素的一种计量属性。在现值计量下,资产按照预计从其持续使用和最终处置中所产生的未来净现金流入量的折现金额计量;负债按照预计期限内需要偿还的未来净现金流出量的折现金额计量。

（五）公允价值

公允价值,是指在公平交易中,熟悉情况的交易双方自愿进行资产交换或者债务清偿的金额。在公允价值计量下,资产和负债按照在公平交易中,熟悉情况的交易双方自愿进行资产交换或者债务清偿的金额计量。

本章小结

本章主要阐述了财务会计的基本理论,包括财务会计目标、财务会计假设、财务会计信息质量要求、财务会计要素、财务会计确认与计量等。

1.财务会计目标

财务会计目标是指财务会计运行所期望达到的目的。比较流行的观点有受托责任观和决策有用观两种。我国《企业会计准则》规定：财务会计报告的目标是向财务会计报告使用者提供与企业财务状况、经营成果和现金流量等有关的会计信息，反映企业管理层受托责任履行情况，有助于财务会计报告使用者做出经济决策。

2.财务会计假设

按照我国《企业会计准则》的规定，财务会计假设主要有会计主体、持续经营、会计分期和货币计量四项。

会计主体是指会计工作为之服务的特定单位，界定了财务会计确认、计量和报告的空间范围。

持续经营是指在可以预见的将来，企业会按当前的规模和状态继续经营下去，不会考虑破产和停业，也不会大规模削减业务。持续经营假设的提出，为会计工作明确了时间范围。

会计分期，也称会计期间，是指将一个企业持续不断的生产经营活动人为地划分为若干连续的长短相同的期间。我国会计实行的是按公历时间划分会计期间。

货币计量是指会计主体在财务会计确认、计量和报告时以货币计量，反映会计主体的生产经营活动。

3.财务会计信息质量要求

我国《企业会计准则》对会计信息质量提出了8项要求，即可靠性、相关性、可理解性、可比性、实质重于形式、重要性、谨慎性和及时性。

可靠性要求企业应当以实际发生的交易或事项为依据进行会计确认、计量和报告，如实反映符合确认和计量要求的各项会计要素及其他相关会计信息，保证会计信息真实可靠、内容完整。

相关性要求企业提供的会计信息应当与财务会计报告使用者的经济决策需要相关，有助于财务会计报告使用者对企业过去、现在或者未来的情况做出评价或者预测。

可理解性要求企业提供的会计信息应当清晰明了，便于财务会计报告使用者理解和使用。

可比性要求企业提供的会计信息应当相互可比。

实质重于形式要求企业应当按照交易或者事项的经济实质进行会计确认、计量和报告，不应仅以交易或者事项的法律形式为依据。

重要性要求企业提供的会计信息应当反映与企业财务状况、经营成果和现金流量等有关的所有重要交易或者事项。

谨慎性要求企业对交易或者事项进行会计确认、计量和报告应当保持应有的谨慎，不应高估资产或者收益、低估负债或者费用。

及时性要求企业对于已经发生的交易或者事项，应当及时进行会计确认、计量和报告，不得提前或者延后。

4.财务会计要素

我国《企业会计准则》将财务会计核算内容划分为资产、负债、所有者权益、收入、费用、利润六大基本要素。

资产是指企业过去的交易或者事项形成的、由企业拥有或控制的、预期会给企业带来经济利益的资源。资产按其流动性分为流动资产和非流动资产两类。

负债是指企业过去的交易或者事项形成的、预期会导致经济利益流出企业的现实义务。负债按其流动性分为流动负债和非流动负债两大类。

所有者权益是指企业资产扣除负债后由所有者享有的剩余权益。公司的所有者权益又称股东权益。列入资产负债表的所有者权益项目有实收资本(或股本)、资本公积、盈余公积和未分配利润四项。

收入是指企业在日常活动中所形成的、会导致所有者权益增加的、与所有者投入资本无关的经济利益的总流入。

费用是指企业在日常活动中发生的、会导致所有者权益减少的、与向所有者分配利润无关的经济利益的总流出。

利润是企业在一定会计期间的经营成果。利润包括收入减去费用后的净额、直接计入当期利润的利得和损失等。

5.财务会计的确认

财务会计确认是指交易、事项或情况中的一个项目应否和应在何时和如何当作一项要素加以记录和记入报表内容的过程。

财务会计的确认标准是指将应予确认的项目确认为何种财务会计要素的条件或标准。它解决的是将经济业务或事项导致的变化记入何种会计要素及具体哪个会计科目的问题。

财务会计确认基础是指对交易和事项入账时间所采用的标准,主要有权责发生制和收付实现制两种。权责发生制又称应计制或应收应付制,其核心是根据权责关系实际发生的时间来确认收入和费用。收付实现制是指对收入和费用的确认,以实际收到或付出款项的日期为基础进行。

财务会计确认的环节包括初始确认、后续确认、终止确认。

6.财务会计的计量

财务会计计量属性是指被计量客体的特性或外在表现形式,即被计量客体予以数量化的特征或方面。我国2006年2月发布的《企业会计准则——基本准则》规定,企业在对会计要素进行计量时,一般应当采用历史成本,采用重置成本、可变现净值、现值、公允价值计量的,应当保证所确定的会计要素金额能够取得并可靠计量。

思 考 题

1.财务会计目标有哪些观点?我国《企业会计准则》是如何规定的?

2.假设你是一个会计信息提供者,你将怎样考虑提供会计信息?

3.假设你是一个会计信息使用者,怎样评价会计信息质量?

4.财务会计有哪些基本要素?

5.如何理解财务会计的确认标准和确认基础?

6.我国企业会计准则规定了哪些计量属性？企业选择计量属性时应遵循什么原则？

7.财务会计假设对财务会计核算有何意义？

练习题

(一)单项选择题

1.下列对会计基本假设的表述中恰当的是(　　)。

A.货币计量为财务会计确认、计量和报告提供了必要的手段

B.一个会计主体必然是一个法律主体

C.持续经营和会计分期确定了会计核算的空间范围

D.会计主体确立了财务会计确认、计量和报告的时间范围

2.权责发生制记账基础是基于(　　)假设提出的。

A.会计主体　　　　B.持续经营　　　　C.会计分期　　　　D.货币计量

3.在(　　)计量下,资产和负债按照在公平交易中,熟悉情况的交易双方自愿进行资产交换或者债务清偿的金额计量。

A.历史成本　　　　B.公允价值　　　　C.现值　　　　　　D.可变现净值

4.企业的资产按取得时的实际成本计价,这满足了(　　)要求。

A.可靠性　　　　　B.可比性　　　　　C.谨慎性　　　　　D.相关性

5.某企业 2012 年 3 月份发生的经济业务,会计人员在 5 月份才入账,这违背了(　　)要求。

A.相关性　　　　　B.及时性　　　　　C.可靠性　　　　　D.可理解性

6.下列各项中,不属于反映会计信息质量要求的是(　　)。

A.会计核算方法一经确定不得随意变更

B.会计核算应当注重交易或事项的实质

C.会计核算应当以实际发生的交易或事项为依据

D.会计核算应当以权责发生制为基础

7.以下属于会计终止确认的是(　　)。

A.购买商品　　　　B.计提折旧　　　　C.出售设备　　　　D.计提坏账准备

8.企业会计划分流动资产与非流动资产的做法,符合(　　)的会计信息质量要求。

A.可理解性　　　　B.相关性　　　　　C.可靠性　　　　　D.可比性

9.企业对可能发生减值的资产计提减值准备,充分体现了(　　)要求。

A.可理解性　　　　B.实质重于形式　　C.重要性　　　　　D.谨慎性

10.会计核算上将以融资租赁方式租入的资产视为企业的资产所反映的会计信息质量要求的是(　　)。

A.实质重于形式　　B.谨慎性　　　　　C.相关性　　　　　D.及时性

(二)多项选择题

1.下列组织中,可以作为一个会计主体进行核算的有(　　)。

A.合伙企业　　　　　　　　　　　　　　B.独立核算的车间

C. 大学　　　　　　　　　　　　　　D. 母公司及其子公司组成的企业集团

2. 下列项目属于我国《企业会计准则》提出的会计信息质量要求的有（　　）。

A. 实质重于形式　　B. 权责发生制　　　C. 可靠性　　　　D. 重要性

3. 下列各项中，符合我国企业财务报告目标表述的有（　　）。

A. 提供与企业财务状况、经营成果和现金流量等有关的会计信息

B. 反映企业管理层受托责任履行情况

C. 财务报告使用者主要包括投资者、债权人、政府及其有关部门和社会公众等

D. 客观地反映企业财务和经营状况

4. 下列会计处理方法体现谨慎性要求的有（　　）。

A. 应收款项计提坏账准备

B. 固定资产采用加速折旧法计提折旧

C. 无形资产计提减值准备

D. 存货期末计价采用成本与可变现净值孰低法

5. 下列业务事项中，不会引起资产和负债同时变化的有（　　）。

A. 计提存货跌价准备　　　　　　　B. 融资租入固定资产

C. 取得长短期借款　　　　　　　　D. 收回应收账款

6. 下列项目中，属于收入的有（　　）。

A. 租出设备的租金　　　　　　　　B. 接受投资者投入的款项

C. 出售材料　　　　　　　　　　　D. 提供劳务收入

7. 下列项目中，属于所有者权益项目的有（　　）。

A. 所有者投入的资本　　　　　　　B. 直接计入所有者权益的利得和损失

C. 盈余公积　　　　　　　　　　　D. 直接计入当期损益的利得和损失

8. 在有不确定因素情况下做出合理判断时，下列事项符合谨慎性要求的做法是（　　）。

A. 合理估计可能发生的损失和费用　　B. 尽可能低估负债和费用

C. 充分估计可能取得的收益和利润　　D. 不要高估资产和预计收益

9. 在我国财务会计实务中，允许使用的计量属性有（　　）。

A. 公允价值　　　B. 历史成本　　　C. 现值　　　　D. 可变现净值

10. 依据我国《企业会计准则》的规定，下列表述中正确的是（　　）。

A. 收入和费用源于日常活动　　　　B. 利得和损失只能计入当期损益

C. 收入会导致所有者权益的增加　　D. 费用会导致所有者权益的减少

（三）判断题

1. 满足债权人的信息需要是我国企业财务报告编制的首要出发点。（　　）

2. 可变现净值是考虑货币时间价值的一种计量属性。（　　）

3. 企业集团不是法律主体，所以没有必要编制财务报告。（　　）

4. 利得和损失一定会影响当期损益。（　　）

5. 符合资产定义和资产确认条件的项目，应当列入资产负债表；符合资产定义、但不符合资产确认条件的项目，不应当列入资产负债表。（　　）

6.即使是可靠、相关的会计信息,如果不及时提供,对于使用者的效用也会大大降低。
(　　)

7.负债强调法律上的有效性,它可能是由企业过去的交易形成的,也可能是由企业未来签订的合同形成的。(　　)

8.重要性的应用需要依赖职业判断,企业应当根据其所处环境和实际情况,从项目的性质和金额的大小两方面加以判断。(　　)

9.企业在一定会计期间发生亏损,则企业在这一会计期间的所有者权益不一定减少。
(　　)

10.利润金额取决于收入和费用的计量,不涉及利得和损失金额的计量。(　　)

第二章

货币资金

学习目的: 通过本章学习,使学生了解货币资金的内容;理解库存现金、银行存款的管理与控制;掌握库存现金、银行存款、其他货币资金的核算。

引导案例

出纳员贪污公款 470 万元

李浩只是北京市某植物园的一名普通出纳员,在发现单位财务漏洞后,报着"试一试"的心理,29 岁那一年第一次"多"拿了单位工资 4 125 元。在此后的四年半,他利用制作工资表的职务便利,通过修改工资表数据、制作虚假工资表等方式,作案上百次。截至案发时,他涉嫌将单位工资款 470 余万元"神不知、鬼不觉"地搬进了自己腰包。

2003 年,李浩接手制作单位工资表这项工作后,开始熟悉制作工资表的流程。每个月的 25 号,劳资科将员工考勤表交给李浩,李浩拿到表后输入到财务系统工资软件里。李浩每次做完工资表后,就把工资总额打印在一张纸上给另一个出纳胡某,根本不需要领导审批,也没有其他财务人员对这个工作进行监督。

在制作工资表的过程中,李浩先修改工资汇总表的数据,在工资系统计算出来的工资总额上虚加金额;把虚加后的工资总额告诉负责填发支票的另一名出纳胡某,胡某根据提供的工资总额填发支票。然后,李浩给邮局的工资明细中相应地会增加了几笔工资,等邮局把虚加出的工资打入李浩账户之后,李浩就把这些钱取出来据为己有。后来,李浩觉得往自己身上多加这么多工资容易暴露,就改变了方式,从网上找了一个专门卖身份证复印件的人,花了 10 元钱买了 6 个人的身份证扫描件,拿着打印出来的身份证扫描件到邮局开了 6 个户,办了 6 张银行卡,然后就在单位工资表里加了这 6 个人的工资明细。从 2008 年 9 月开始,给这虚加的 6 人每个人每月工资数额从几千元到 5 万多元不等。李浩就拿这 6 人的工资卡到邮局把钱取出来。

李浩为什么能虚领四年半的工资? 贪污公款 470 多万?

资料来源:《出纳员利用单位财务漏洞作案上百次贪污公款 470 万》,http://news. xinhuanet. com/legal/2011-05/05/c_121383103.htm,内容有删减。

第一节　库存现金

一、货币资金的内容

货币资金是指企业生产经营过程中持有的以货币形态存在的那部分资产。在企业的所有资产中,货币资金流动性最强,易于转换为其他各种资产,但盈利能力较低。为了确保生产经营的正常有效运行,企业应持有合理的货币资金量。

货币资金按其存放地点和用途的不同,分为库存现金、银行存款和其他货币资金三部分。

二、库存现金的概念

库存现金是指企业存放于财会部门由出纳人员专门保管、用于日常零星开支的现钞,包括人民币现金和外币现金。凡是不受企业控制的、不是供企业日常经营使用的现金,不能包括在库存现金的范围,如出纳员持有的职工借条、企业内部各部门用于零星支出周转使用的备用金等都不属于企业的库存现金。

三、库存现金的管理

库存现金是流动性最强的一种货币性资产,为了防止库存现金丢失、被盗及舞弊行为发生,企业必须加强对库存现金的管理和控制。库存现金的管理与控制一般涉及使用范围、库存限额和日常收支三个方面。

(一)库存现金的使用范围

根据国家现金管理制度和结算制度的规定,企业收支的各种款项必须按照国务院颁布的《中华人民共和国现金管理暂行条例》的规定办理,在规定的范围内使用现金。允许企业使用现金结算的范围包括:

1. 职工的工资、津贴;
2. 个人劳务报酬;
3. 根据国家规定颁发给个人的科学技术、文化艺术、体育等各种奖金;
4. 各种劳保、福利费用以及国家规定的对个人的其他支出;
5. 向个人收购农副产品和其他物资的价款;
6. 出差人员必须随身携带的差旅费;
7. 结算起点以下的零星支出;
8. 经中国人民银行确定需要支付现金的其他支出。

凡不属于上述现金结算范围的支出,一律通过银行进行转账结算。

(二)库存现金限额

库存现金限额是指为保证各单位日常零星支出按规定允许留存的现金的最高数额。库存现金的限额,由开户银行根据开户单位的实际需要和距离银行远近等情况核定。其限额一般按照单位 3～5 天日常零星开支所需现金确定。边远地区和交通不便的地区,可以保留多于 5 天但不超过 15 天的日常零星开支。库存现金的限额一经核定,要求企业必须严格遵守,不能任意超过,凡超过库存现金限额的现金,必须及时送存银行;库存现金低于限额时,可以签发现金支票从银行提取现金,补足限额。这样,不仅可以减少因保存大量库存现金的成本和风险,而且可以通过签发银行支票加强对现金支出的控制。

(三)库存现金日常收支的规定

按照国家《支付结算办法》的规定,企业应在银行开立账户,办理存款、取款和转账等结算。企业在银行开立人民币存款账户,办理现金收支业务时,必须遵守中国人民银行《银行账户管理办法》的各项规定:

1.企业现金收入应于当日送存开户银行。当日送存有困难的,由开户银行确定送存时间。

2.企业支付现金,可以从本企业库存现金限额中支付或者从开户银行提取,不得从本企业的现金收入中直接支付(即坐支)。因特殊情况需要坐支现金的,应当事先报经开户银行审查批准,由开户银行核定坐支范围和限额。企业应定期向银行报送坐支金额和使用情况。

3.企业从开户银行提取现金,应当写明用途,由本单位财会部门负责人签字盖章,经开户银行审核后,予以支付现金。

4.企业因采购地点不固定、交通不便以及其他特殊情况必须使用现金的,应向开户银行提出申请,经开户银行审核后,予以支付现金。

5.不准用不符合制度的凭证顶替库存现金,即不得"白条顶库";不准谎报用途套取现金;不准用银行账户代其他单位和个人存入或支取现金;不准用单位收入的现金以个人名义存储,不准保留账外公款,不得设置"小金库"等。

银行对于违反上述规定的企业,将按照违规金额的一定比例予以处罚。

四、库存现金的日常核算

(一)库存现金的总分类核算

为了反映库存现金的增减变动总括情况,企业应设置"库存现金"总分类科目。企业收入现金,增加库存现金时,记入"库存现金"总分类科目的借方;反之,记入"库存现金"总分类科目的贷方;期末余额在借方,表示库存现金的结存数。

1.企业库存现金收入的核算

企业收入现金的主要途径有:从银行提取现金、收取转账起点以下的小额销售款、职工交回的差旅费剩余款等。

【例 2-1】2012 年 2 月 5 日,企业签发现金支票,从银行提取现金 5 000 元备用。

借:库存现金　　　　　　　　　　　　　　　　　　　5 000

　　贷:银行存款　　　　　　　　　　　　　　　　　　　　　5 000

【例 2-2】2012 年 3 月 20 日,企业零星销售产品,取得销售收入 1 200 元。

借:库存现金　　　　　　　　　　　　　　　　　　　1 200

　　贷:主营业务收入　　　　　　　　　　　　　　　　　　　1 200

【例 2-3】2012 年 4 月 12 日，人力资源部经理罗强出差归来，报销差旅费 2 400 元，余款 600 元交回现金。

借：管理费用   2 400

  库存现金   600

  贷：其他应收款——罗强   3 000

2.企业库存现金支付的核算

企业支付库存现金必须遵守国家关于现金管理制度的规定，在允许的范围内办理现金支付业务。

【例 2-4】2012 年 2 月 15 日企业以库存现金支付本月办公用电话费 800 元。

借：管理费用   800

  贷：库存现金   800

【例 2-5】2012 年 4 月 12 日，服务部经理彭俊出差，预借差旅费 4 000 元，财务部门以现金付讫。

借：其他应收款——彭俊   4 000

  贷：库存现金   4 000

【例 2-6】2012 年 5 月 20 日，企业将零星销货收到现金 12 000 元送存开户银行。

借：银行存款   12 000

  贷：库存现金   12 000

（二）库存现金的序时核算

为了详细反映库存现金收付及结存的具体情况，企业除设置"库存现金"科目进行总分类核算以外，还必须设置"现金日记账"进行序时核算。对有外币现金的企业，其人民币现金与各种外币现金应分别设置现金日记账进行核算。

企业现金日记账应指定专门出纳人员根据审核无误的收款或付款凭证，按照业务发生的先后顺序逐笔登记。每日终了，应计算当日的现金收入合计数、现金支出合计数，结出账面余额，并与实际库存额进行比较，做到账实相符。月末应将现金日记账余额与总分类账余额核对相符，做到账账相符，日清月结。

第二节 银行存款

银行存款，是指企业存放在银行的那部分货币。按照我国《支付结算办法》的有关规定，凡是独立核算的单位都必须在当地银行开立账户。企业在银行开立账户以后，除按规定可以通过库存现金进行收支以外，其余均需通过银行转账办理，企业超过限额的库存现金也必须存入开户银行。

一、银行存款账户的开立与使用

企业在银行开立的存款账户，依其不同用途分为基本存款账户、一般存款账户、临时存款账户和专用存款账户四种。

（一）基本存款账户

基本存款账户是存款人办理日常转账结算和现金收付的账户。企业工资、奖金等现金的支取只能通过基本存款账户办理。

（二）一般存款账户

一般存款账户是在基本存款账户以外的银行借款转存或与基本存款账户的存款人不在同一地点的附属非独立核算单位开立的账户。存款人可通过本账户办理转账结算和现金缴存，但不能办理现金的支取。

（三）临时存款账户

临时存款账户是存款人因临时经营活动需要开立的存款账户。存款人可通过本账户办理转账结算和根据国家现金管理的规定办理现金收付。

（四）专用存款账户

专用存款账户是存款人因特定用途需要开立的账户。特定用途资金包括基本建设资金、更新改造资金以及其他特定用途需专户管理的资金。

二、银行转账结算方式

结算是指企业与外部单位或个人进行经济往来时所引起的货币收付行为。企业因各种业务办理结算，除按规定可以直接使用库存现金外，其余必须通过银行进行转账结算。根据《支付结算办法》的规定，我国企业目前可以选择的银行结算方式主要有银行汇票、商业汇票、银行本票、支票、汇兑、托收承付、委托收款、信用证、信用卡等。

（一）银行汇票

银行汇票是指由出票银行签发的，由其在见票时按照实际结算金额无条件支付给收款人或者持票人的票据。银行汇票的出票银行为银行汇票的付款人。

企业与异地单位和个人的各种款项结算，均可以使用银行汇票。银行汇票可以用于转账，填明"现金"字样的银行汇票也可以用于支取现金，其中现金银行汇票的申请人与收款人必须均为个人。银行汇票的提示付款期限自出票日起 1 个月，在付款期内见票即付。银行汇票可以背书转让给被背书人。银行汇票的背书转让以不超过出票金额的实际结算金额为准。未填写实际结算金额或实际结算金额超过出票金额的银行汇票不得背书转让。

（二）商业汇票

商业汇票是指由出票人签发的，委托付款人在指定日期无条件支付确定金额给收款人或者持票人的票据。商业汇票须经承兑，承兑是指汇票付款人承诺在汇票到期日支付汇票金额的票据行为。按承兑人的不同，商业汇票分为商业承兑汇票和银行承兑汇票两种：商业承兑汇票，由银行以外的付款人承兑，可以由付款人签发并承兑，也可以由收款人签发交由付款人承兑，属于商业信用范畴。银行承兑汇票应由在承兑银行开立存款账户的存款人签发，由银行承兑，属于银行信用。

商业汇票一律记名；在银行开立账户的法人以及其他组织之间，具有真实的交易关系或债权债务关系，才可使用商业汇票；同城和异地均可使用；商业汇票的付款期限，由交易双方协商确定，但最长不得超过 6 个月。

（三）银行本票

银行本票是银行签发的，承诺自己在见票时无条件支付确定的金额给收款人或者持票人的票据。银行本票分为不定额本票和定额本票两种。定额银行本票面额为 1 000 元、5 000 元、10 000 元和 50 000 元。

银行本票一律记名；单位和个人在同一票据交换区域需要支付各种款项，均可以使用银行本票；银行本票可以用于转账，注明"现金"字样的银行本票可以用于支取现金；银行本票的提示付款期限自出票日起最长不得超过 2 个月；持票人可以将银行本票背书转让。

（四）支票

支票是出票人签发的，委托办理支票存款业务的银行在见票时无条件支付确定的金额给收款人或者持票人的票据。支票分为现金支票、转账支票与普通支票。支票上印有"现金"字样的为现金支票，现金支票只能用于支取现金；支票上印有"转账"字样的为转账支票，转账支票只能用于转账；支票上未印有"现金"或"转账"字样的为普通支票，普通支票可以用于支取现金，也可以用于转账；在普通支票左上角划两条平行线的，为划线支票，划线支票只能用于转账，不得支取现金。

单位和个人在同一票据交换区域的各种款项结算均可使用支票；支票的提示付款期限自出票日起 10 日，但中国人民银行另有规定的除外；超过提示付款期限提示付款的，持票人开户银行不予受理，付款人不予付款；签发现金支票和用于支取现金的普通支票，必须符合国家现金管理的规定；支票的出票人签发支票的金额不得超过付款时在付款人处实有的存款金额，禁止签发空头支票；出票人签发空头支票、签章与预留银行签章不符的支票、支付密码错误的支票，银行应予以退票，并按票面金额处以 5% 但不低于 1 000 元的罚款；持票人有权要求出票人赔偿支票金额 2% 的赔偿金，对屡次签发的，银行应停止其签发支票。

（五）汇兑

汇兑是汇款人委托银行将其款项支付给收款人的结算方式。汇兑分为信汇、电汇两种，由汇款人选择使用。单位和个人的各种款项的结算，均可使用汇兑结算方式。

汇兑的使用程序：

1.汇款人委托银行办理汇兑时，应填制信汇或电汇凭证。

2.汇出银行受理汇款人签发的汇兑凭证，经审查无误后，应及时向汇入银行办理汇款，并向汇款人签发汇款回单。汇款回单只能作为汇出银行受理汇款的依据，不能作为该笔汇款已转入收款人账户的证明。汇款人根据汇款回单编制付款凭证。

3.汇入银行对开立存款账户的收款人，应将汇给其的款项直接转入收款人账户，并向其发出收账通知。收款人收到收账通知编制收款凭证。

（六）托收承付

托收承付是根据购销合同由收款人发货后委托银行向异地付款人收取款项，由付款人向银行承认付款的结算方式。托收承付结算款项的划回方法，分邮寄和电报两种，由收款人选用。

使用托收承付结算方式的收款单位和付款单位，必须是国有企业、供销合作社以及经营管理较好，并经开户银行审查同意的城乡集体所有制工业企业；办理托收承付结算的款项,必须是商品交易,以及因商品交易而产生的劳务供应的款项。代销、寄销、赊销商品的款项,不得办理托收承付结算;收付双方使用托收承付结算必须签有符合《经济合同法》的购销合同,并在合同上订明使用托收承付结算方式,收付双方办理托收承付结算,必须重合同、守信用;收款人对同一付款人发货托收累计 3 次收不回货款的,收款人开户银行应暂停收款人向该付款人办理托收;付款人累计 3 次提出无理拒付的,付款人开户银行应暂停其向外办理托收;收款人办理托收,必须具有商品确已发运的证件(包括铁路、航运、公路等运输部门签发运单、运单副本和邮局包裹回执);托收承付结算每笔的金额起点为10 000元。新华书店系统每笔的金额起点为 1 000 元。

托收承付的使用程序:

1. 托收

收款人按照签订的购销合同发货后,委托银行办理托收。收款人应将托收凭证并附发运证件或其他符合托收承付结算的有关证明和交易单证送交银行。收款人如需取回发运证件,银行应在托收凭证上加盖"已验发运证件"戳记。收款人开户银行接到托收凭证及其附件后,应当按照托收的范围、条件和托收凭证记载的要求认真进行审查,必要时,还应查验收付款人签订的购销合同。凡不符合要求或违反购销合同发货的,不能办理。审查时间最长不得超过次日。

2. 承付

付款人开户银行收到托收凭证及其附件后,应当及时通知付款人。通知的方法,可以根据具体情况与付款人签订协议,采取付款人来行自取、派人送达、对距离较远的付款人邮寄等方法。付款人应在承付期内审查核对,安排资金。

承付货款分为验单付款和验货付款两种,由收付双方商量选用,并在合同中明确规定。

(1)验单付款

验单付款的承付期为 3 天,从付款人开户银行发出承付通知的次日算起(承付期内遇法定休假日顺延)。付款人在承付期内,未向银行表示拒绝付款,银行即视作承付,并在承付期满的次日(法定休假日顺延)上午银行开始营业时,将款项主动从付款人的账户内付出,按照收款人指定的划款方式,划给收款人。

(2)验货付款

验货付款的承付期为 10 天,从运输部门向付款人发出提货通知的次日算起。对收付双方在合同中明确规定,并在托收凭证上注明验货付款期限的,银行从其规定。付款人收到提货通知后,应即向银行交验提货通知。付款人在银行发出承付通知的次日起 10 天内,未收到提货通知的,应在第 10 天将货物尚未到达的情况通知银行。在第 10 天付款人没有通知银行的,银行即视作已经验货,于 10 天期满的次日上午银行开始营业时,将款项划给收款人;在第 10 天付款人通知银行货物未到,而以后收到提货通知没有及时送交银行,银行仍按 10 天期满的次日作为划款日期,并按超过的天数,计扣逾期付款赔偿金。采用验货付款的,收款人必须在托收凭证上加盖明显的"验货付款"字样戳记。托收凭证未注明验货付款,经付款人提出合同证明是验货付款的,银行可按验货付款处理。

不论验单付款还是验货付款,付款人都可以在承付期内提前向银行表示承付,并通知银行提前付款,银行应立即办理划款;因商品的价格、数量或金额变动,付款人应多承付款项的,须在承付期内向银行提出书面通知,银行据以随同当次托收款项划给收款人。付款人不得在承付货款中,扣抵其他款项或以前托收的货款。

(3)逾期付款

付款人开户银行对付款人逾期支付的款项,根据逾期付款金额和逾期天数,按每天万分之五计算逾期付款赔偿金。逾期付款天数从承付期满日算起。银行审查拒绝付款期间不算作付款人逾期付款,但对无理的拒绝付款而增加银行审查时间的,从承付期满日起计算逾期付款赔偿金。赔偿金实行定期扣付,每月计算一次,于次月3日内单独划给收款人。赔偿金的扣付列为企业销货收入扣款顺序的首位。付款人科目余额不足支付时,应排列在工资之前,并对该科目采取"只收不付"的控制办法,直至足额扣付赔偿金后才准予办理其他款项的支付,由此产生的经济后果由付款人自负。

(4)拒付

对于下列情况,付款人可以在承付期内向银行提出全部或部分拒绝付款:

①没有签订购销合同或购销合同未写明托收承付结算方式的款项;

②未经双方事先达成协议,收款人提前交货或因逾期交货付款人不再需要该项货物的款项;

③未按合同规定的到货地址发货的款项;

④代销、寄销、赊销商品的款项;

⑤验单付款,发现所列货物的品种、规格、数量、价格与合同规定不符,或货物已到,经查验货物与合同规定或发货清单不符的款项;

⑥验货付款,经查验货物与合同规定或与发货清单不符的款项;

⑦货款已经支付或计算错误的款项。

不属于上述情况,购货企业不得提出拒付。购货企业提出拒绝付款时,必须填写"拒绝付款理由书",注明拒绝付款理由,涉及合同的应引证合同上的有关条款。属于商品质量问题,需要提出质量问题的证明及其有关数据的记录;属于外贸部门进口商品,应当提出国家商品检验或运输等部门出具的证明,向开户银行办理拒付手续。银行同意部分或全部拒绝付款的,应在拒绝付款理由书上签注意见,并将拒绝付款理由书、拒付证明、拒付商品清单和有关单证邮寄收款人开户银行转交销货企业。

(七)委托收款

委托收款是收款人委托银行向付款人收取款项的结算方式。委托收款结算款项的划回方式,分邮寄和电报两种,由收款人选用。单位和个人凭已承兑商业汇票、债券、存单等付款人债务证明办理款项的结算,均可以使用委托收款结算方式。委托收款在同城、异地均可以使用。

委托收款的使用程序:

1.委托

收款人办理委托收款应向银行提交委托收款凭证和有关的债务证明。

2.付款

银行接到寄来的委托收款凭证及债务证明,审查无误办理付款。以银行为付款人的,银行应在当日将款项主动支付给收款人;以单位为付款人的,银行应及时通知付款人,按照有关办法规定,需要将有关债务证明交给付款人的应交给付款人,并签收。付款人应于接到通知的当日书面通知银行付款。按照有关办法规定,付款人未在接到通知日的次日起 3 日内通知银行付款的,视同付款人同意付款,银行应于付款人接到通知日的次日起第 4 日上午开始营业时,将款项划给收款人。付款人提前收到由其付款的债务证明,应通知银行于债务证明的到期日付款。付款人未于接到通知日的次日起 3 日内通知银行付款,付款人接到通知日的次日起第 4 日在债务证明到期日之前的,银行应于债务证明到期日将款项划给收款人。银行在办理划款时,付款人存款账户不足支付的,应通过被委托银行向收款人发出未付款项通知书。按照有关办法规定,债务证明留存付款人开户银行的,应将其债务证明连同未付款项通知书邮寄被委托银行转交收款人。

3. 拒绝付款

付款人审查有关债务证明后,对收款人委托收取的款项需要拒绝付款的,可以办理拒绝付款。以银行为付款人的,应自收到委托收款及债务证明的次日起 3 日内出具拒绝证明连同有关债务证明、凭证寄给被委托银行,转交收款人;以单位为付款人的,应在付款人接到通知日的次日起 3 日内出具拒绝证明,持有债务证明的,应将其送交开户银行。银行将拒绝证明、债务证明和有关凭证一并寄给被委托银行,转交收款人。

(八)信用证

信用证是指开证行依照申请人的申请开出的,凭符合信用证条款的单据支付的付款承诺。

在我国,信用证为不可撤销、不可转让的跟单信用证,适用于国内企业之间的商品交易结算业务。只有经过中国人民银行批准经营结算业务的商业银行总行以及经商业银行总行批准开办信用证结算业务的分支机构,才可办理信用证结算业务,未经批准的银行机构和城市信用合作社、农村信用合作社及其他非银行金融机构不得办理信用证结算业务;信用证只限于转账结算,不得支取现金;信用证与作为其依据的购销合同相互独立,银行在处理信用证业务时,不受购销合同的约束;一家银行做出的付款、议付或履行信用证项下其他义务的承诺不受申请人与开证行、申请人与受益人之间关系的制约。受益人在任何情况下不得利用银行之间或申请人与开证行之间的契约关系;信用证有效期为受益人向银行提交单据的最后期限,最长不得超过 6 个月;信用证的有效地点为信用证指定的单据提交地点,即议付行或开证行所在地。信用证的付款方式有即期付款、延期付款或议付。延期付款信用证的付款期限为货物发运日后的约定期限,最长不得超过 6 个月。议付信用证应在此条款中指定受益人的开户行为议付行并授权其议付。

(九)信用卡

信用卡是指商业银行向个人和单位发行的,凭以向特约单位购物、消费和向银行存取现金,且具有消费信用的特制载体卡片。信用卡按使用对象分为单位卡和个人卡;按信誉等级分为金卡和普通卡。

商业银行(包括外资银行、合资银行)、非银行金融机构未经中国人民银行批准不得发行信用卡。凡在中国境内金融机构开立基本存款账户的单位可申领单位卡。单位卡可申领若干张,持卡人资格由申领单位法定代表人或其委托的代理人书面指定和注销。单位卡账户资金一律从其基本存款账户转入,不得交存现金,也不得将销货收入的款项存入信用卡存款账户。凡具有完全民事行为能力的公民可申领个人卡。信用卡仅限于合法持卡人本人使用,持卡人不得出租或转借信用卡。持卡人可持信用卡在特约单位购物、消费。单位卡不得用于 10 万元以上的商品交易、劳务供应款项的结算。单位卡一律不得支取现金。

三、银行存款的核算

(一)银行存款的总分类核算

为了反映银行存款的增减变动总括情况,企业应设置"银行存款"总分类科目。该科目借方登记银行存款的增加,贷方登记银行存款的减少,期末借方余额反映企业存在银行的各种款项。

企业在不同结算方式下,银行存款的会计处理不尽相同。企业将款项存入银行时,借记"银行存款"科目,贷记"库存现金"、"应收账款"、"主营业务收入"等有关科目;企业从银行提取现金或转账支出银行存款时,借记"库存现金"、"应付账款"、"原材料"等有关科目,贷记"银行存款"科目。

【例 2-7】海河公司收到银行的收账通知,收回销售给南方公司的销货款 42 000 元。

借:银行存款　　　　　　　　　　　　　　　　　　　　　　　　42 000
　　贷:应收账款——南方公司　　　　　　　　　　　　　　　　　　　　　42 000

【例 2-8】海河公司开出转账支票,支付以前所欠渤海公司货款 50 000 元。

借:应付账款——渤海公司　　　　　　　　　　　　　　　　　　50 000
　　贷:银行存款　　　　　　　　　　　　　　　　　　　　　　　　　　50 000

(二)银行存款的序时核算

为了详细反映银行存款收付及结存的具体情况,企业除设置"银行存款"科目进行总分类核算以外,还必须设置"银行存款日记账"进行序时核算。有外币存款的企业,还应分币种设置银行存款日记账。

企业银行存款日记账应指定专门出纳人员根据审核无误的收款或付款凭证,按照经济业务发生的先后顺序逐笔序时登记。每日终了应结出余额,定期与"银行存款"总账核对相符。为了正确掌握企业银行存款的实有数,还需定期与"银行对账单"核对,每月至少要核对一次,如两者不符,应查明原因,予以调整。

第三节　其他货币资金

一、其他货币资金的范围

其他货币资金,是指除库存现金、银行存款以外的其他各种货币资金。其他货币资金同库存现金、银行存款一样,是企业可以作为支付手段的货币,与库存现金和银行存款相比,有其特殊的存在形式和支付方式。按其他货币资金存在形式和支付方式不同,分为外埠存款、银行汇票存款、银行本票存款、信用证存款、信用卡存款和存出投资款等。

二、其他货币资金的核算

为了反映其他货币资金增减变动的总括情况,企业应设置"其他货币资金"总分类科目,该科目属于资产类科目,借方登记其他货币资金的增加数,贷方登记其他货币资金的减少数,期末借方余额反映其他货币资金的结存数。该账户可按其他货币资金的内容,分设"外埠存款"、"银行汇票"、"银行本票"、"信用证保证金"、"信用卡"、"存出投资款"等科目进行明细核算。

(一)外埠存款的核算

外埠存款是指企业到外地进行临时或零星采购时,汇往采购地银行开立采购专户的款项。该专户的款项,除采购员可以支取少量现金用于差旅费外,其他支出一律转账。采购专户只付不收,付完结束账户。

1.当企业将款项委托当地银行汇往采购地开立专户时,根据汇出款项凭证,借记"其他货币资金——外埠存款"科目,贷记"银行存款"科目。

【例2-9】海河公司在济南开立采购专户,2月10日海河公司委托当地银行将80 000元汇往采购地济南。海河公司收到银行汇款回单时,记为:

借:其他货币资金——外埠存款   80 000
  贷:银行存款   80 000

2.当采购员报销用外埠存款支付材料采购等款项时,企业应根据有关发票、账单等报销凭证,借记"材料采购"、"原材料"等科目,贷记"其他货币资金——外埠存款"科目。

【例2-10】2月16日采购员张蒙在济南用采购专户存款购买到材料,寄回发票等凭证标明,材料买价60 000元,增值税10 200元。企业收到发票账单时,记为:

借:材料采购(或原材料、在途物资)   60 000
    应交税费——应交增值税   10 200
  贷:其他货币资金——外埠存款   70 200

3.用外埠存款采购结束后,如果还有剩余款项,应转回当地银行,结束外埠存款账户。根据银行的收账通知,借记"银行存款"科目,贷记"其他货币资金——外埠存款"科目。

【例2-11】2月20日,海河公司收到银行转来的收账通知,汇往济南采购专户的多余款9 800元转回。

借:银行存款   9 800
  贷:其他货币资金——外埠存款   9 800

(二)银行汇票存款

银行汇票存款是指企业为取得银行汇票而按规定存入银行的款项。

1.企业为取得银行汇票,应填写"银行汇票委托书",银行受理"银行汇票委托书",经审核无误后,开出银行汇票。企业交存款申请办理银行汇票时,根据银行盖章退回的委托书存根联,借记"其他货币资金——银行汇票"科目,贷记"银行存款"科目。

【例2-12】海河公司6月3日向银行申请办理银行汇票,公司向银行提交"银行汇票委托书"并将款项60 000元交存银行,取得银行签发的银行汇票和委托书存根联。

借:其他货币资金——银行汇票   60 000
  贷:银行存款   60 000

2.企业用银行汇票支付购货款等款项后,应根据发票账单等,借记"材料采购"、"在途物资"、"原材料"、"库存商品"等科目,贷记"其他货币资金——银行汇票"科目。

【例 2-13】6 月 10 日,海河公司用此银行汇票购入材料,有关发票账单标明,材料买价 40 000 元,增值税 6 800 元。

```
借:材料采购(或原材料、在途物资)              40 000
   应交税费——应交增值税(进项税额)            6 800
   贷:其他货币资金——银行汇票                        46 800
```

3.多余款退回当地开户银行时,应借记"银行存款"科目,贷记"其他货币资金——银行汇票"科目。

【例 2-14】6 月 20 日,海河公司收到银行汇票多余款 13 200 元退回的收账通知。

```
借:银行存款                                  13 200
   贷:其他货币资金——银行汇票                        13 200
```

企业如因汇票超过付款期等原因未曾使用而要求银行退款时应作与申请开票时相反的会计分录。

(三)银行本票存款

银行本票存款是指企业为取得银行本票而按规定存入银行的款项。

1.企业为取得银行本票,应填写"银行本票申请书",银行受理"银行本票申请书",经审核无误后,开出银行本票。企业交存款申请办理银行本票时,根据银行盖章退回的申请书存根联,借记"其他货币资金——银行本票"科目,贷记"银行存款"科目。

【例 2-15】海河公司向银行申请办理银行本票,4 月 12 日公司向银行提交"银行本票申请书"并将款项 20 000 元交存银行,取得银行签发的银行本票和申请书存根联时,记为:

```
借:其他货币资金——银行本票                   20 000
   贷:银行存款                                      20 000
```

2.企业用银行本票支付购货款等款项后,应根据发票账单等,借记"材料采购"、"应交税费——应交增值税(进项税额)"等科目,贷记"其他货币资金——银行本票"科目。

【例 2-16】4 月 18 日,海河公司用银行本票向金地公司购入材料,有关发票账单标明,材料买价 16 000 元,增值税 2 720 元。

```
借:材料采购(或原材料、在途物资)              16 000
   应交税费——应交增值税(进项税额)            2 720
   贷:其他货币资金——银行汇票                        18 720
```

3.银行本票存款实行全额结算,本票存款额与结算金额的差额一般采用支票或其他方式结清。

【例 2-17】4 月 20 日,海河公司收到金地公司以转账支票退回的银行本票余款 1 280 元。

```
借:银行存款                                  1 280
   贷:其他货币资金——银行本票                        1 280
```

企业如因本票超过付款期等原因未曾使用而要求银行退款时应作与申请开票时相反的会计分录。

（四）信用证保证金存款

信用证保证金存款是指采用信用证结算方式的企业为开具信用证而存入银行信用证保证金专户的款项。

1.企业申请办理开证时，应当填具信用证开证申请书、信用证申请人承诺书并提交有关购销合同，根据银行盖章退回的"信用证委托书"回单，借记"其他货币资金——信用证保证金"科目，贷记"银行存款"科目。

【例 2-18】海河公司 5 月 11 日向银行申请开立信用证，将 190 000 元交存银行；公司向银行提交"信用证委托书"并将款项交存银行，取得信用证时，记为：

借：其他货币资金——信用证保证金　　　　　　　　　　190 000
　　贷：银行存款　　　　　　　　　　　　　　　　　　　　190 000

2.公司收到供货单位信用证结算凭证及所附发票账单，经核对无误后，借记"材料采购"或"在途物资"、"应交税费——应交增值税（进项税额）"等科目，贷记"其他货币资金——信用证保证金"科目。

【例 2-19】海河公司 5 月 20 日收到供货单位信用证结算凭证及所附发票账单，经核对材料价款 160 000 元，增值税 27 200 元；公司用信用证支付购货款等款项后，应根据发票账单等作如下会计分录：

借：材料采购（或原材料、在途物资）　　　　　　　　　160 000
　　应交税费——应交增值税（进项税额）　　　　　　　　27 200
　　贷：其他货币资金——信用证保证金　　　　　　　　　1 872 00

3.如果企业收到未用完的信用证保证金存款余额，应借记"银行存款"科目，贷记"其他货币资金——信用证保证金"科目。

【例 2-20】5 月 25 日，海河公司收到未用完信用证存款余额的收账通知。

借：银行存款　　　　　　　　　　　　　　　　　　　　2 800
　　贷：其他货币资金——信用证保证金　　　　　　　　　2 800

（五）信用卡存款

信用卡存款是指企业为取得信用卡而存入银行信用卡专户的款项。

1.企业申请取得信用卡时，按照有关规定填制申请表，并按银行要求交存备用金，银行开立信用卡存款账户，发给信用卡。企业根据银行盖章退回的交存备用金的进账单，借记"其他货币资金——信用卡"科目，贷记"银行存款"科目。

【例 2-21】海河公司申请信用卡，按规定填制申请书，并按银行要求交存备用金 50 000元，银行开立信用卡存款账户，发给信用卡。公司向银行交存备用金取得信用卡时，作如下会计分录：

借：其他货币资金——信用卡　　　　　　　　　　　　　50 000
　　贷：银行存款　　　　　　　　　　　　　　　　　　　　50 000

2.企业收到开户银行转来的信用卡存款付款凭证及所附发票账单，经核对无误后，借记"管理费用"等科目，贷记"其他货币资金——信用卡"科目。

【例 2-22】海河公司收到开户银行转来的信用卡存款付款凭证及所附发票账单，支付业务招待费 8 000 元，经核对无误。

借:管理费用   8 000

    贷:其他货币资金——信用卡   8 000

企业信用卡在使用过程中,需要向其账户续存资金时,与取得信用卡时的处理相同。

(六)存出投资款

存出投资款是指企业已存入证券公司但尚未进行投资的货币。

企业向证券公司划出资金时,借记"其他货币资金——存出投资款"科目,贷记"银行存款"科目;购买股票、债券进行投资时,借记"交易性金融资产"科目,贷记"其他货币资金——存出投资款"科目。

【例2-23】海河公司7月5日向渤海证券公司划出资金500 000元用于购买可随时出售的股票。企业向证券公司划出资金时,记为:

借:其他货币资金——存出投资款   500 000

    贷:银行存款   500 000

【例2-24】7月22日,海河公司用渤海证券公司账户款项220 000元购买长虹公司的股票,准备随时出售赚取差价。

借:交易性金融资产   220 000

    贷:其他货币资金——存出投资款   220 000

案例 2-1

西山煤电(000983)货币资金情况

据山西西山煤电股份有限公司(简称西山煤电)2011年度报告附注五(一)所示货币资金情况如下:

货币资金

单位:元

项 目	期末余额 2011年12月31日	期初余额 2011年1月1日
库存现金	394 906.90	817 136.78
银行存款	5 628 896 713.85	5 101 470 422.94
财务公司存款	1 050 671 462.36	1 545 375 253.03
其他货币资金	32 591 182.13	32 333 263.84
合计	6 712 554 265.24	6 679 996 076.59

财务公司存款是指存放在山西焦煤集团财务有限责任公司(简称财务公司)的存款,财务公司系焦煤集团公司的控股子公司,亦是该公司的联营公司,系经中国银行业监督管理委员会山西省管理局批准设立的非银行金融机构。

其他货币资金系为买卖交易性金融资产而存出的投资款。

资料来源:山西西山煤电股份有限公司2011年年度报告,www.szse.cn。

本章小结

本章主要阐述货币资金的范围、库存现金的管理、银行账户的开立与使用、银行转账结算方式以及其他货币资金的核算。

货币资金是指企业生产经营过程中持有的以货币形态存在的那部分资产。按其存放地点和用途的不同,分为库存现金、银行存款和其他货币资金三部分。

1.库存现金

库存现金,是指企业存放于财会部门由出纳人员专门保管、用于日常零星开支的现钞,包括人民币现金和外币现金。库存现金是流动性最强的一种货币性资产,因此,库存现金的核算比较简单,重要的是加强管理和控制。库存现金的管理与控制一般涉及使用范围、库存限额和日常收支三个方面。

2.银行存款

银行存款,是指企业存放在银行的那部分货币。按照我国《支付结算办法》的有关规定,凡是独立核算的单位都必须在当地银行开立账户。企业在银行开立的存款账户,依其不同用途分为基本存款账户、一般存款账户、临时存款账户和专用存款账户四种。

企业在银行开立账户以后,除按规定可以通过库存现金进行收支以外,其余均需通过银行转账办理。根据我国《支付结算办法》的规定,企业目前可以选择的银行结算方式主要有银行汇票、商业汇票、银行本票、支票、汇兑、托收承付、委托收款、信用证、信用卡等。

3.其他货币资金

其他货币资金,是指除库存现金、银行存款以外的其他各种货币资金。按其他货币资金存在形式和支付方式不同,分为外埠存款、银行汇票存款、银行本票存款、信用证保证金、信用卡存款和存出投资款等。

为了反映其他货币资金增减变动的总括情况,企业应设置"其他货币资金"总分类科目,并按其他货币资金的内容,分设"外埠存款"、"银行汇票"、"银行本票"、"信用证保证金"、"信用卡"、"存出投资款"等科目进行明细核算。

思考题

1.货币资金包括哪些项目?

2.库存现金的使用范围有何限定?

3.企业可以开设哪些银行存款账户? 怎样使用?

4.银行转账结算方式有哪些?

5.什么是其他货币资金? 包含哪些项目? 怎样核算?

练习题

(一)单项选择题

1.下列经济业务中,企业不得动用库存现金支付的是(   )。

A.支付职工奖金65 000元　　　　　　B.购买办公用品付款300元

C.预付出差人员携带的差旅费2 000元　D.支付购买设备款120 000元

2.企业用于办理日常转账结算和现金收付的银行存款户是(   )。

A.临时存款户　　　B.基本存款户　　　C.专用存款户　　　D.一般存款户

3.按照我国《银行支付办法》规定,下列结算方式中,有金额起点限制的是(   )。

A.汇兑　　　　　　B.托收承付　　　　C.商业汇票　　　　D.支票

4.下列各项中,通过"其他货币资金"科目核算的有(   )。

A.银行汇票存款　　B.银行承兑汇票　　C.商业承兑汇票　　D.支票

5.商业汇票承兑期限由交易双方商定,最长不超过(   )。

A.2个月　　　　　　B.6个月　　　　　C.3个月　　　　　D.1个月

6.下列各种结算方式中,既可用于同城结算,又可用于异地结算的是(   )。

A.汇兑　　　　　　B.委托收款　　　　C.支票　　　　　　D.银行本票

7.银行汇票的付款期限为自出票日起(   )。

A.半个月　　　　　B.1个月　　　　　C.2个月　　　　　D.6个月

8.企业将准备用于有价证券投资的现金存入证券公司指定的账户时,应借记的会计科目是(   )。

A.银行存款　　　　B.其他货币资金　　C.其他应收款　　　D.其他应付款

9.公司因销货收到银行汇票时,应借记(   )账户。

A.银行存款　　　　B.其他货币资金　　C.其他应收款　　　D.应收票据

10.企业一般不得从现金收入中直接支付现金,因特殊情况需要坐支现金的,应事先报请(   )审查批准。

A.工商行政管理部门　　　　　　　　B.上级主管部门

C.税务部门　　　　　　　　　　　　D.开户银行

(二)多项选择题

1.按照我国《支付结算办法》的规定,采用托收承付结算方式时购货企业的承付期有(   )。

A.3天　　　　　　B.5天　　　　　　C.7天　　　　　　D.10天

2.下列业务中允许使用库存现金的是(   )。

A.职工工资、津贴

B.根据国家规定颁发给个人的科学技术、文化艺术、体育等各种奖金

C.出差人员必须随身携带的差旅费

D.向个人收购农副产品和其他物资的价款

3.不得办理托收承付结算的业务包括(   )。

A. 代销商品款项   B. 寄销商品款项

C. 赊销商品款项   D. 因商品交易而产生的劳务供应的款项

4. 以下支付或结算方式中,只适用于商品交易结算业务的有( )。

A. 支票   B. 信用证   C. 委托收款   D. 托收承付

5. 商业汇票按承兑人不同,分为( )。

A. 银行汇票   B. 银行承兑汇票   C. 银行本票   D. 商业承兑汇票

6. 下列项目中,属于企业"货币资金"的有( )。

A. 银行存款   B. 外埠存款

C. 信用证保证金存款   D. 银行汇票存款

7. 商业承兑汇票属于商业信用范畴,由银行以外的付款人承兑,可以由( )签发。

A. 出票银行   B. 付款人   C. 收款人   D. 存款人

8. 在商品购销过程中,下列有关使用托收承付结算方式的说法中正确的有( )。

A. 收付双方必须签有符合《中华人民共和国合同法》的购销合同才能使用托收承付结算方式

B. 收付双方必须是国有企业、供销合作社等符合使用条件的企业

C. 付款单位在收到托收单证后必须无条件付款

D. 收款单位必须具有商品确已发运的证据

9. 下列业务中,可使企业"其他货币资金"增加的有( )。

A. 以存出投资款购买债券

B. 将银行存款汇往外地银行开立临时采购账户

C. 企业因销货收到支票

D. 企业为了采购申请签发到银行汇票

10. 下列票据结算方式中,可以背书转让的有( )。

A. 银行汇票   B. 银行本票   C. 商业汇票   D. 现金支票

(三)判断题

1. 存款人可通过一般存款账户办理转账结算和现金缴存,但不能办理现金的支取。
( )

2. 企业在任何情况下,都不得从本单位的现金收入中坐支现金。( )

3. 我国的会计核算以人民币为记账本位币,因此,企业的现金是指库存的人民币现金,不包括外币。( )

4. 按照规定,企业发放工资、奖金等需要支取的现金,只能通过基本存款账户办理。
( )

5. 企业需要到外地临时或零星采购,可以将款项通过银行汇入采购地银行,这部分汇入采购地银行的资金应通过"银行存款"科目核算。( )

6. 银行本票存款实行全额结算,本票存款额与结算金额的差额一般采用支票或其他方式结清。( )

7. 办理托收承付结算的款项,必须是商品交易,以及因商品交易而产生的劳务供应的款项。代销、寄销、赊销商品的款项,也可以办理托收承付结算。( )

8. 凡在中国境内金融机构开立基本存款账户的单位可申领单位卡。单位卡账户资金一律从其基本存款账户转入,不得交存现金。(　　)

9. 在银行开立账户的法人以及其他组织之间,具有真实的交易关系或债权债务关系,才可使用商业汇票。(　　)

10. 企业将准备用于有价证券投资的现金存入证券公司指定账户时,应借记的会计科目是"其他应收款"。(　　)

(四)业务题

海河公司 2012 年发生下列经济业务:

1. 公司赴上海进行临时采购,3 月 10 日向开户银行申请汇出 12 000 元,在上海银行开立采购专户,银行已受理并汇出款项。3 月 15 日收到采购员寄来结算凭证,材料采购货款 8 500 元,增值税 1 445 元,材料尚未运达企业。3 月 27 日,接到银行通知,采购专户撤销,余款 2 055 元汇回开户银行。

2. 公司因采购需要向开户银行申请签发银行本票两张:金额分别为 22 000 元和 10 000 元,银行开出本票交付公司。公司持银行本票进行采购,支付货款 22 000 元,凭结算凭证报销,商品尚未运达。另外一张本票因超过付款期未曾使用退回开户银行。

3. 公司到外地采购,向银行办理银行汇票 90 000 元,公司填制"银行汇票委托书",将票款交存银行,取得银行汇票后,用银行汇票购买材料支出 81 900 元。其中货款 70 000 元,增值税 11 900 元。采购结束银行汇票余款转回。

4. 公司 5 月 28 日将银行存款 250 000 元划入渤海证券公司准备进行股票投资,6 月 10 日,委托渤海证券公司买入格力电器公司股票 6 000 股,价款 113 200 元。

5. 6 月 13 日,采购科经理李文出差预借差旅费 3 500 元,公司以现金付讫。6 月 28 日,李文出差返回,报销差旅费 3 000 元,余款交回现金。

6. 7 月 8 日,开转账支票在家乐福超市购买办公用品 1 080 元。

要求:根据上述资料,编制相关会计分录。

第三章

应收款项

学习目的：通过本章学习，使学生了解短期应收款项的内容；理解应收款项减值迹象的判断；掌握应收票据的确认、计价及取得、收回、转让、贴现时的会计处理；掌握应收账款确认、入账价值及应收账款发生、收回的会计处理；掌握应收款项计提坏账的会计处理。

引导案例

昆明机床（600806）应收款项坏账准备的计提

沈机集团昆明机床股份有限公司（简称昆明机床）2011年对应收款项同时运用个别方式和组合方式评估减值损失。

（1）运用个别方式评估时，当应收款项的预计未来现金流量（不包括尚未发生的未来信用损失）按原实际利率折现的现值低于其账面价值时，该集团将该应收款项的账面价值减记至该现值，减记金额确认为资产减值损失，计入当期损益。

（2）当运用组合方式评估应收款项的减值损失时，减值损失金额是根据具有类似信用风险特征的应收款项（包括以个别方式评估时未发生减值的应收款项）的以往损失经验，并根据反映当前经济状况可观察数据调整确定。

（3）单项金额重大的判断依据或金额标准：

①贸易类应收款项类别（应收账款）：标准为单笔人民币700万元；

②资金往来类应收账款类别（其他应收款）：标准为单笔人民币350万元；

③个人往来类应收款项（其他应收款）：标准为单笔人民币10万元。

（4）按组合计提坏账准备的确定组合的依据及坏账准备计提方法：

按公司性质将应收款项分为2个组合：

①组合1：应收第三方款项，采用账龄分析法；

②组合2：应收关联方款项，采用个别评估法。

（5）计提坏账准备的金额：

①2011年应收账款计提坏账准备56 493 076.37元，比2010年8 489 406.67元增加48 003 669.70元，增幅为565.45%。

②2011年其他应收款计提坏账准备1 891 628.04元，比2010年769 253.94元增

加 145.90%。

(6)计提坏账准备对利润的影响：

昆明机床 2011 年应收款项计提坏账准备金额总计为 58 384 704.41 元，占公司 2011 年资产减值损失总额 62 921 703.56 元的 92.79%；占公司 2011 年营业利润 65 619 420.72 元的 88.97%；占公司利润总额 68 784 096.53 元的 84.88%。公司营业利润较 2010 年减少 65.27%，利润总额较 2010 年减少 65.76%。

根据昆明机床公司的上述资料，你是否理解"资产减值损失"、"坏账准备"、"账龄分析法"、"个别评估法"等这些概念？你怎样看待计提坏账准备对昆明机床公司利润的影响？有人说，计提坏账准备这一会计处理方法会成为企业调节盈亏的工具，你对此有何评价？

资料来源：沈机集团昆明机床股份有限公司 2011 年年度报告，www.sse.com.cn。

第一节　应收票据

一、应收票据的概念

票据是由出票人签发、载明债务人于规定日期向债权人无条件支付一定金额款项的书面证明。作为一种债权债务信用契约的证明，包括各种汇票、本票和支票。在我国会计实务中，支票、银行本票和银行汇票均为即期票据，可以钱随票到，不需通过应收票据核算，只有商业汇票是唯一远期票据，因此，我国的应收票据是指企业因销售商品、产品、提供劳务等而收到的商业汇票，包括商业承兑汇票和银行承兑汇票。

应收票据按照是否带息，分为带息应收票据和不带息应收票据两种。带息应收票据是指票据到期时，承兑人除向收款人或被背书支付票面金额外，还应按票面金额和票据规定的利率支付自票据生效日起至票据到期日止利息的商业汇票；不带息票据是指票据到期时，承兑人只按票面金额向收款人或被背书人支付款项的商业汇票。我国目前主要使用不带息商业汇票。

二、应收票据的入账价值

确认应收票据的入账价值，在会计上一般有两种方法：一种是按票据的面值确认，这种方法比较简单，适用于期限较短的票据；另一种是按票据未来现金流量的现值确认，即考虑货币时间价值因素，这种确认方法在理论上更科学、合理，计算比较烦琐。在西方国家的会计实务中，凡期限较长的票据一般都采用第二种方法。我国目前允许使用的商业汇票的期限最长不超过 6 个月，期限较短，用现值记账比较麻烦，因此，为简化会计核算手续，在会计实务中应收票据都按照票据的面值入账。

三、应收票据的核算

企业应设置"应收票据"总分类科目核算应收票据的票面金额，借方登记因销售商品、提供劳务而收到承兑的商业汇票的面值;贷方登记到期收回、背书转让、贴现商业汇票的面值;期末借方余额反映企业持有的商业汇票的票面金额。本科目可按开出、承兑商业汇票的单位进行明细核算。

此外,企业还应当设置"应收票据备查簿",逐笔登记商业汇票的种类、号数和出票日、票面金额、交易合同号和付款人、承兑人、背书人的姓名或单位名称、到期日、背书转让日、贴现日、贴现率和贴现净额以及收款日和收回金额、退票情况等资料。商业汇票到期结清票款或退票后,在备查簿中应予注销。

(一)应收票据取得的核算

1.企业因销售商品、提供劳务等而收到开出、承兑的商业汇票时,按商业汇票的票面金额,借记"应收票据"科目,贷记"主营业务收入"等科目,涉及增值税销项税额的,还应贷记"应交税费——应交增值税(销项税额)"科目。

【例3-1】海河公司2012年3月10日向北方公司销售一批商品,货款58 000元,增值税9 860元,当即收到北方公司签发并承兑的面值为67 860元、期限为3个月的无息商业汇票一张,商品销售符合收入确认条件。

    借:应收票据——北方公司   67 860
      贷:主营业务收入   58 000
        应交税费——应交增值税(销项税额)   9 860

2.企业收到用以抵偿应收账款的商业汇票时,按商业汇票的票面金额,借记"应收票据"科目,贷记"应收账款"科目。

【例3-2】海河公司2012年4月5日收到运达公司开出并承兑的一张面值62 000元、票面利率为3%、期限为5个月商业汇票,用以抵偿运达公司以前所欠的一笔货款。

    借:应收票据——运达公司   62 000
      贷:应收账款——运达公司   62 000

(二)应收票据到期的核算

1.应收票据到期日的确定

商业汇票自承兑日起生效,其到期日是由票据有效期限的长短来决定的。在实务中,商业汇票的期限一般有按日表示和按月表示两种。

商业汇票期限按日表示时,不考虑月数,到期日按实际日历天数计算,在票据签发承兑日和票据到期日这两天中,只计算其中的一天,称为"算头不算尾"或"算尾不算头"。例如,4月1日签发承兑的90天期限的商业汇票,其到期日为6月30日;4月1日至4月30日为29天(4月1日不计入,即30天−1天=29天);5月1日至5月31日为31天;6月1日至6月30日为30天(6月30日计入)。

商业汇票按月数表示时,不考虑各月份的实际天数,一律以次月对应日为整月计算。如一张3月5日签发承兑的3个月期限的商业汇票,其到期日为6月5日;如果签发承兑的商业汇票日期为月末时,则到期日为到期月份的月末,如一张12月31日签发承兑的2个月期限的商业汇票,其到期日应为2月28日(闰年为29日)。

我国《票据法》对商业汇票规定的付款日有三种:

(1)定日付款。自出票日起计算,并在汇票上记载到期日。

(2)出票后定期付款。自出票日起按月计算,并在汇票上记载。

(3)见票后定期付款。自承兑日起按月计算,并在汇票上记载。

2.应收票据到期值的确定

应收票据的到期值是指票据到期时按照约定应收的票款额。对于不带息应收票据来说,其到期值就是票据的面值;对于带息应收票据来说,其到期值是应收票据面值加上票据约定的应收利息,用公式表示为:

$$带息应收票据的到期值=应收票据的面值+应收票据利息$$
$$=应收票据面值+应收票据面值×票面利率×应收票据期限$$
$$=应收票据面值×(1+票面利率×应收票据期限)$$

公式中的票面利率一般以年利率表示,当应收票据期限按日表示时,应将年利率换算成日利率,为了计算方便,每月统一按 30 天计算,全年按 360 天计算;当应收票据期限按月表示时,应将年利率换算成月利率,全年按 12 个月计算。

应收票据利息是企业所获得的一种利息收入,在会计核算上,按权责发生制记账基础应及时入账,冲减当期财务费用。一般来说,应收票据利息应按月计算入账,但是,如果应收票据利息金额不大或生效日和到期日在同一会计年度,对企业财务状况影响不大,为了简化会计核算手续,也可以在应收票据到期收到票据本息时记账。

3.应收票据到期收回票款

应收票据到期,如果如数收到票款,应按实际收到的金额借记"银行存款"科目,按应收票据的票面金额贷记"应收票据"科目,按已计提的利息贷记"应收利息"科目,按其差额(即未提利息部分)贷记"财务费用"科目。

【例 3-3】承接【例 3-1】资料,2012 年 6 月 10 日,北方公司承兑的票据到期,海河公司如数收到票据款 67 860 元。

借:银行存款　　　　　　　　　　　　　　　　　　　　　　67 860

　贷:应收票据——北方公司　　　　　　　　　　　　　　　　　　67 860

【例 3-4】承接【例 3-2】资料,2012 年 9 月 5 日,运达公司承兑的商业汇票到期,海河公司收到的票据款为 62 775 元,其中票据面值 62 000 元,票据利息 775 元(62 000×3‰×5÷12)。

借:银行存款　　　　　　　　　　　　　　　　　　　　　　62 775

　贷:应收票据——运达公司　　　　　　　　　　　　　　　　　　62 000

　　财务费用　　　　　　　　　　　　　　　　　　　　　　　　　775

4.应收票据到期退票

一般来说,商业汇票中的银行承兑汇票,因其承兑人是银行,承兑银行负有票据到期无条件付款责任,使得该种汇票到期无款兑付的可能性极小;商业承兑汇票的承兑人是付款人,该种汇票到期,付款人账户存款金额不足,银行将托收的汇票退回给收款人,由收付双方自行处理,因此,票据到期退票现象一般发生在采用商业承兑汇票结算方式中。根据《票据法》的规定,汇票到期被拒绝付款的,持票人可以对债务人行使追索权。因此,当企业应收票据到期,承兑人无力兑付票款而退票,且付款人不再签发新票据时,企业应将票据面值与应收利息之和一并转为应收账款,借记"应收账款"科目,贷记"应收票据"、"应收利息"或"财务费用"科目。

【例 3-5】承接【例 3-2】资料,2012 年 9 月 5 日,运达公司承兑的汇票到期,如果运达公司无力支付票款,则银行将商业承兑汇票退给海河公司,海河公司收到银行退回商业承兑汇票、委托收款凭证、未付票款通知书等单证时,记为:

借:应收账款——运达公司	62 775	
贷:应收票据——运达公司		62 000
财务费用		775

(三)应收票据转让的核算

应收票据转让是指商业汇票持票人因偿还前欠货款等原因,将未到期的票据背书后转让给其他单位的一种商业信用行为。根据我国"银行支付结算办法"的有关规定,企业可以将持有的商业汇票进行背书转让,用以购买所需物资或偿还债务。企业将持有的商业汇票背书转让以取得所需物资时,应按取得所需物资的成本金额,借记"材料采购"或"原材料"、"库存商品"等科目,按可以抵扣的增值税进项税额,借记"应交税费——应交增值税(进项税额)"科目,按商业汇票的票面金额,贷记"应收票据"科目,按应收的票据利息,贷记"应收利息"或"财务费用"科目,按收到或补付的差额,借记或贷记"银行存款"科目。

【例 3-6】海河公司向通江公司购买材料一批,买价 48 000 元,增值税额为 8 160 元。海河公司将收到的通江公司无息商业承兑汇票 50 000 元背书转让,以抵付该批材料款,差额通过银行转账付讫。

借:材料采购	48 000	
应交税费——应交增值税(进项税额)	8 160	
贷:应收票据——通江公司		50 000
银行存款		6160

对于已背书转让的商业承兑汇票,若付款人到期无力兑付票款,背书人负连带的付款责任,由此而产生的或有负债,应在资产负债表附注中加以说明。

(四)应收票据贴现的核算

应收票据贴现,是指企业以未到期的商业汇票经过背书向银行融资的行为。当企业资金短缺时,可将持有未到期的商业汇票经过背书,向银行申请贴现,贴现银行审查同意后,按一定的贴现率从商业汇票到期值中扣除自贴现日至票据到期日的利息后,将余款付给贴现企业。

1.应收票据贴现的计算

贴现企业向银行办理票据贴现时,首先应确定出贴现息和贴现实得额(也称贴现净额)。

(1)贴现息

贴现息＝应收票据到期值×贴现率×贴现期

无论商业汇票的到期日是按日表示还是按月表示,公式中的贴现期一般按从商业汇票的贴现日至票据到期日的实际日历天数计算,在贴现日和到期日这两天中,只计算其中的一天。或用票据的有效天数扣除已持票天数计算。

公式中的贴现率由银行统一规定,有年利率、月利率、日利率三种表示方法,计算时要将年利率和月利率换算成日利率,换算时每月统一按 30 天计算,全年按 360 天计算。一般而言,无特别说明,用百分号表示的利率均指年利率。

(2)贴现实得额

贴现实得额＝应收票据到期值－贴现息

【例 3-7】 海河公司在 2012 年 3 月 20 日将一张签发承兑日为 2012 年 3 月 5 日、期限为 90 天、面值为 36 000 元、票面利率为 3％的银行承兑汇票拿到银行申请贴现,银行规定的贴现率是 4％。该票据贴现的计算过程如下:

(1)应收票据到期值＝$36\ 000 + 36\ 000 \times 3\% \times \frac{90}{360} = 36\ 270$(元)

(2)贴现期＝$90 - 15 = 75$(天)

(3)贴现息＝$36\ 270 \times 4\% \times \frac{75}{360} = 302.25$(元)

(4)贴现实得额＝$36\ 270 - 302.25 = 3\ 5967.75$(元)

【例 3-8】 海河公司在 2012 年 7 月 13 日将一张签发承兑日为 2012 年 5 月 20 日、期限为 90 天、面值为 48 000 元的无息银行承兑汇票拿到银行申请贴现,银行规定的贴现率是 5％。该票据贴现的计算过程如下:

(1)应收票据的到期值＝48 000(元)

(2)贴现期＝$90 - 54 = 36$(天)

(3)贴现息＝$48\ 000 \times 5\% \times \frac{36}{360} = 240$(元)

(4)贴现实得额＝$48\ 000 - 240 = 47\ 760$(元)

2.应收票据贴现的会计处理

对于应收票据贴现的会计处理,要视贴现的商业汇票是否带有追索权分别采用不同的方法进行处理。所谓追索权,是指企业在转让债权的情况下,接受方在债权被拒付或逾期支付时,拥有向债权转让方索取应收金额的权力。

(1)不带追索权的应收票据贴现

如果企业与贴现银行签订的协议中规定,在贴现的应收票据到期债务人不能如期付款时,申请贴现的企业不负有任何还款责任,表明与应收票据有关的风险和报酬实质上已经转给了贴现银行,符合金融资产终止确认条件,申请贴现企业应将票据贴现作为出售债权处理,可直接冲销"应收票据"科目。因此,将不带追索权的商业汇票贴现时,贴现企业按实际收到的贴现净额,借记"银行存款"科目,按应收票据的面值,贷记"应收票据"科目,按其差额借记或贷记"财务费用"科目。

由于银行承兑汇票的承兑方是银行,基本上不存在到期不能收回票款的风险,所以,在我国会计实务中,通常将银行承兑汇票贴现视为不带追索权的贴现。

【例 3-9】 承接【例 3-8】资料,假定海河公司与银行签订的贴现协议规定,贴现票据到期时,如果票据付款人不能足额支付票款,海河公司不负有任何还款责任。海河公司收到银行付给的贴现款时,根据有关贴现凭证,记为:

借:银行存款   47 760

  财务费用   240

 贷:应收票据   48 000

(2)带追索权的应收票据贴现

如果企业与贴现银行签订的协议中规定,在贴现的应收票据到期债务人不能如期付款时,申请贴现的企业负有向贴现银行还款的责任,表明与应收票据有关的风险和报酬实质上并未转移给贴现银行,不符合金融资产终止确认条件,申请贴现企业应将票据贴现作为以票据为质押取得借款处理,不能直接冲销"应收票据"科目。因此,将带追索权的商业汇票贴现时,贴现企业按实际收到的贴现净额,借记"银行存款"科目,按应收票据的面值,贷记"短期借款"科目,按其差额借记或贷记"财务费用"科目。

票据到期日,无论票据付款人是否足额向贴现银行支付票款,贴现的票据均满足金融资产终止确认条件,会计上应冲销"应收票据"科目。

贴现的商业汇票到期,如果票据的付款人将票款足额付给贴现银行,申请贴现企业未收到有关追索债务的通知,则贴现企业负有还款的责任解除,应作为偿还短期借款处理,借记"短期借款"科目,贷记"应收票据"科目;

如果票据的付款人于汇票到期日未能向贴现银行足额支付票款,则申请贴现企业成为实际的债务人,收到贴现银行的扣款通知时,借记"短期借款"科目,贷记"银行存款"科目,同时,将应收票据转为对票据付款人的应收账款,借记"应收账款"科目,贷记"应收票据"科目;如果申请贴现企业银行存款余额也不足以支付票款,银行将对借款按逾期贷款处理,对申请贴现企业加收罚息,申请贴现企业同时将应收票据转为对票据付款人的应收账款。

【例3-10】承接【例3-8】资料,假定海河公司贴现的是商业承兑汇票,与银行签订的贴现协议规定,贴现票据到期时,如果票据付款人不能如期付款,海河公司负有还款责任。

(1)海河公司收到银行付给的贴现款时,根据有关贴现凭证,记为:

借:银行存款   47 760

  财务费用   240

 贷:短期借款   48 000

(2)贴现的票据到期,票据付款人足额支付票款,海河公司记为:

借:短期借款   48 000

 贷:应收票据   48 000

(3)贴现票据到期,假定票据付款人无力支付票款,贴现银行根据协议从海河公司银行账户扣除票款,海河公司记为:

借:短期借款   48 000

 贷:银行存款   48 000

同时:

借:应收账款   48 000

 贷:应收票据   48 000

(4)贴现票据到期,假定票据付款人未能支付票款,海河公司也无力支付,记为:

借:应收账款		48 000
贷:应收票据		48 000

案例 3-1

宝钢股份(600019)应收票据的披露

宝山钢铁股份有限公司(简称宝钢股份)2011年财务报表附注(五)项目注释4应收票据信息披露如下:

(1)应收票据的分类:

种类	2011年12月31日	2011年1月1日
银行承兑汇票	12 141 494 879.81	6 465 247 727.31
商业承兑汇票	718 618 374.35	1 414 537 077.62
合计	12 860 113 254.16	7 879 784 804.93

(2)于2011年12月31日,已贴现取得短期借款的应收票据:

出票单位	出票日期	到期日	金额
佛山市威和模具钢有限公司	2011年11月7日	2012年5月4日	2 400 000

(3)于2011年12月31日,金额最大的前五项已质押取得短期借款的应收票据:

出票单位	出票日期	到期日	金额
深圳市恒信和科技有限公司	2011年9月28日	2012年3月28日	10 000 000
扬州龙川钢管有限公司	2011年9月30日	2012年3月30日	7 000 000
宜兴宁丰钢铁贸易有限公司	2011年9月26日	2012年3月26日	6 000 000
无锡市通源废旧物资回收有限公司	2011年9月27日	2012年3月27日	5 000 000
宁波宝驰钢铁销售有限公司	2011年9月26日	2012年3月26日	5 000 000
合计			33 000 000

(4)年末及年初,应收票据余额中无因出票人无力履约而将票据转为应收账款的票据。

资料来源:宝山钢铁股份有限公司2011年年度报告,www.sse.com.cn。

第二节 应收账款

一、应收账款的确认

应收账款是指企业因销售商品、提供劳务等经营活动而向客户应收取的款项,包括应收的货款或劳务款、应收的增值税销项税额及垫付的运杂费等,不包括非经营活动而产生的应收款项,如应收的职工欠款、应收的各类存出保证金、应收的股利、利息等。应收账款也不同于应收票据,虽然应收账款和应收票据都产生于企业购销活动,但应收账款以发票为依据,债务人通常并不出具付款的书面承诺,账款的偿付缺乏法律约束力;而应收票据作为商业信用工具,由于可以转让、流通,因此受到法律的保护,不论在付款期限还是金额方面,都具有法律上的约束力。

应收账款是因赊销业务而产生的债权,因此应收账款的确认时点取决于企业收入的确认。在赊销成立时,既要确认收入,又要确认应收账款。

二、应收账款的入账价值

应收账款的入账价值是指赊销成立时期望从客户那里收到的用以结清其债务的金额。从理论上来说,由于应收账款从发生到收回一般要经过一定的时间,所以,应收账款应以未来收到的现金按照实际利率计算的现值来入账;然而,由于应收账款的收账期限较短,一般在销售日后 30～60 天内到期,其现值与交易发生日成交价格之间的差额很小,且现值的确定在计算上比较复杂,因此,应收账款通常是按交易发生日的实际发生额作为入账金额。在实际业务活动中,企业为了扩大销售或及时回笼货款,往往实行折扣政策,在确认应收账款入账价值时,还应考虑有关折扣因素。企业一般采用的折扣方式有商业折扣和现金折扣两种。

(一)商业折扣

商业折扣是指企业为促进销售而在商品交易时从商品价目单所列金额中扣减一定的数额,实际上是对商品报价进行的折扣。商业折扣一般在交易发生时即已确定,它仅仅是确定实际销售价格的一种手段,不需在买卖双方任何一方的账上反映,所以商业折扣对应收账款的入账价值没有实质性的影响。因此,在存在商业折扣的情况下,企业应收账款入账金额应按扣除商业折扣后的实际售价确定。例如长虹公司赊销液晶电视机给华联公司,商品价目单上标明每台液晶电视机为 6 800 元,华联公司购买 50 台,规定给予 10% 的商业折扣,则每台液晶电视机的实际销售价格为 6 120 元(6 800－6 800×10%),长虹公司赊销成立时确认应收账款的入账金额为 306 000 元(6 120×50)。

(二)现金折扣

现金折扣是指销货企业为了鼓励客户在一定期限内尽早偿付货款而给与债务人的折扣优惠。现金折扣一般用 2/10、n/30 等表示,其含义是斜杠前的数字表示的是折扣率,斜杠后面的数字代表的是相应的付款时间。如,"2/10"表示债务人在 10 天内付款可按售价给予 2% 的折扣;"n/30"表示在 30 天内付款,则不给折扣。现金折扣使得企业应收账款的实收金额在规定的付款期限内,随着债务人付款时间的不同而有所差异,这就产生了应收账款发生时以什么金额入账问题。在会计实务中,存在现金折扣销售的情况下,应收账款入账金额的确认一般有总价法和净价法两种。

1.总价法

总价法是指在赊销业务成立时,应收账款和销售收入按未扣减现金折扣前的售价总金额入账。如某商品的销售价格为 2 000 元,现金折扣条件为 2/10、1/20、n/30,则赊销成立时,应收账款和销售收入的入账金额为 2 000 元。在总价法下,现金折扣只有客户在折扣期内支付货款时,才予以确认,销售方把给予客户的现金折扣视为融资的理财费用,会计上作为财务费用处理。

2.净价法

净价法是指在赊销成立时,应收账款和销售收入按扣减最大现金折扣后的金额入账。这种方法是把客户取得折扣视为正常现象,认为客户一般都会提前付款,而将由于客户超过折扣期限而多收入的金额,视为提供信贷获得的收入。例如,某商品的销售定价为 5 000 元,现金折扣条件为 2/10、1/20、n/30,则赊销成立时,应收账款和销售收入的入账金额为 4 900 元(5 000−5 000×2%)。

上述两种方法中,总价法可以较好地反映销售的全过程,但在客户可能享受现金折扣的情况下,会引起高估应收账款和销售收入。如期末结账时,有些应收账款还没有超过折扣期限,企业无法确切地知道客户是否会享受现金折扣,如果有一部分可能会享受现金折扣,而应收账款账面上并未作反映,从而就虚增了应收账款的余额。而净价法可以避免总价法的不足,但在顾客没有享受现金折扣时,由于应收账款账面上以净额入账,从而必须再查对原销售总额,期末结账时,需对已经超过期限尚未付款的应收账款按客户未享受的现金折扣进行调整,操作起来比较麻烦。我国《企业会计准则》规定对现金折扣采用总价法,即赊销成立时,按照扣除现金折扣前的金额确认应收账款和收入,现金折扣在实际发生时计入当期财务费用。

三、应收账款的核算

企业应设置"应收账款"总分类科目核算企业因销售商品、提供劳务等经营活动应收取款项的变动及结余情况。该科目借方登记应收账款的增加;贷方登记减少,包括应收账款的收回、转为应收票据的款项和转为坏账损失等的款项;期末余额一般在借方,表示企业期末尚未收回的应收账款;期末如为贷方余额,则反映企业预收的账款。本科目可按债务人进行明细核算。

企业因销售商品、提供劳务等而应收取的款项,如果期限较长、款项采用递延方式分期收取、实质上具有融资性质的,应通过"长期应收款"科目核算,不通过"应收账款"科目核算。

(一)在没有折扣的情况下

在没有折扣的情况下,在赊销成立时,按实际应收取得货款、增值税销项税额等,借记"应收账款"科目,按确认的营业收入,贷记"主营业务收入"等科目,按应收取的增值税销项税额,贷记"应交税费——应交增值税(销项税额)"科目;企业代购货单位垫付运杂费、包装费时,借记"应收账款"科目,贷记"银行存款"、"库存现金"等科目;企业收回客户赊欠款项时,借记"银行存款"科目,贷记"应收账款"科目。

【例 3-11】海河公司销售给永芳公司商品 200 件,每件售价 150 元,共计 30 000 元,增值税 5 100 元,并以银行存款代购货方垫付运杂费 500 元,商品已发出并向银行办妥托收手续,符合收入确认条件。

借:应收账款——永芳公司	35 600
贷:主营业务收入	30 000
应交税费——应交增值税(销项税额)	5 100
银行存款	500

海河公司接银行收账通知,上项托收款项已全部收妥入账。

借:银行存款	35 600
贷:应收账款——永芳公司	35 600

(二)在有折扣的情况下

1.商业折扣

在有商业折扣的情况下,应收账款和销售收入均按扣除商业折扣后的实际交易价格入账,因此,与没有折扣的会计处理相同。

【例 3-12】海河公司赊销给世纪公司商品 600 件,按价目表标明的每件售价 120 元,增值税销项税额 11 016 元,由于世纪公司购买量大,海河公司给世纪公司 10%的商业折扣。海河公司已将开出的增值税专用发票交给世纪公司,符合收入确认条件。

借:应收账款——世纪公司	75 816
贷:主营业务收入[600×120×(1-10%)]	64 800
应交税费——应交增值税(销项税额)	11 016

2.现金折扣

【例 3-13】海河公司于 2012 年 7 月 5 日,向长城公司销售一批商品,按价目表上标明的价格计算,其售价总额为 60 000 元,增值税销项税额为 10 200 元。为鼓励长城公司及早付清货款,海河公司规定的现金折扣条件为:5/10,n/30,折扣不考虑增值税,商品已经发出,符合收入的确认条件,现金折扣按总价法核算。

(1)2012 年 7 月 5 日赊销成立时,海河公司应记为:

借:应收账款——长城公司	70 200
贷:主营业务收入	60 000
应交税费——应交增值税(销项税额)	10 200

(2)若 2012 年 7 月 12 日长城公司付款,海河公司应给予的折扣为 3 000 元,实际收回 67 200 元。

借:银行存款	67 200
财务费用	3 000
贷:应收账款——长城公司	70 200

(3)若 2012 年 8 月 10 日长城公司付款,海河公司不再给予折扣,全额收回款项 70 200元。

借:银行存款	70 200
贷:应收账款——长城公司	70 200

第三节 预付款项和其他应收款

一、预付款项

(一)预付款项的确认

预付款项是指企业按照合同规定预先支付的款项。如预付给供货方的材料、商品款、预付的劳务款、预付的工程款等。预付款项在性质上虽然和应收账款相同,都属于短期债权,但两者产生的原因不同。应收账款是因销货或提供劳务而产生,即应向购货方或接受劳务方收取的款项;而预付款项是因购货或接受劳务而产生,即预先付给供货方或提供劳务方的款项。

(二)预付款项入账价值

预付款项属于企业的短期债权,一般应按实际发生额入账。

(三)预付款项的核算

为了反映预付款项的预付和结算情况,企业应设置"预付账款"总分类科目,借方登记预付或补付的款项,贷方登记收到材料和商品时实际转销或退回的预付款项。期末如为借方余额,反映企业已经预付但尚未结清的各种预付款项;期末如为贷方余额,反映企业尚未补付的款项。本科目应按供货单位设置明细账进行明细核算。

企业按购货合同的规定预付购货款时,借记"预付账款"科目,贷记"银行存款"科目;企业收到所购物资时,应根据发票账单等列明的应计入购入货物成本的金额,借记"材料采购"、"原材料"、"库存商品"等科目,按可抵扣的增值税进项税额,借记"应交税费——应交增值税(进项税额)"科目;按应支付的金额,贷记"预付账款"科目;补付款项时,借记"预付账款"科目,贷记"银行存款"等科目;收到退回多余的款项时,借记"银行存款"科目,贷记"预付账款"科目。

预付款项情况不多的企业,也可不单独设置"预付账款"科目,而将预付的款项直接计入"应付账款"科目。

【例 3-14】 2012 年 5 月 8 日,海河公司开出 50 000 元的转账支票一张,按照合同规定预付给海泰公司购买材料款。

借:预付账款——海泰公司	50 000
贷:银行存款	50 000

2012 年 5 月 12 日,海河公司收到海泰公司发来的材料,发票标明货款 50 000 元,增值税 8 500 元,材料已验收入库。

借:原材料	50 000
应交税费——应交增值税(进项税额)	8 500
贷:预付账款——海泰公司	58 500

2012 年 5 月 15 日,海河公司开出 8 500 元转账支票一张,补付给海泰公司款项。

借：预付账款——海泰公司   8 500
　贷：银行存款   8 500

二、其他应收款

(一)其他应收款的范围

其他应收款是指除应收票据、应收账款、预付款项、应收利息、应收股利等以外的短期债权。其他应收款产生于企业的非购销活动，主要包括：

1.应收的各种赔款、罚款，如应由保险公司、运输部门或其他过失人赔偿的财产损失、违约罚款等；

2.应收出租包装物租金；

3.应向职工收取的各种垫付款项，如为职工垫付的水电费等；

4.备用金，是指企业预付给内部各职能科室、车间、部门及非独立核算的经营单位等用于日常周转使用的款项；

5.存出保证金，如租入包装物支付的押金；

6.其他各种应收、暂付款项，如职工借支款等。

其他应收款虽然种类繁多，但发生的金额一般不大或不经常发生，根据重要性要求，将其归为一类进行反映，便于财务报表使用者对这些项目和由于购销业务而产生的应收项目的识别。

(二)其他应收款的核算

为了反映其他应收款的发生和结算情况，企业应设置"其他应收款"总分类科目。该科目的借方登记企业发生的其他各种应收、暂付款项；贷方登记企业收回或转销的其他应收、暂付款项；期末借方余额，反映企业尚未收回或转销的其他应收、暂付款项；本科目可按对方单位(或个人)进行明细核算。

企业发生各种其他应收、暂付款项时，借记"其他应收款"科目，贷记"库存现金"、"银行存款"、"营业外收入"等科目；企业收回或转销其他应收、暂付款项时，借记"库存现金"、"银行存款"、"管理费用"等科目。

【例3-15】海河公司购货时从供货单位借入包装物80个，每个包装物押金50元，公司以库存现金支付借入包装物押金。

借：其他应收款   4 000
　贷：库存现金   4 000

海河公司用后退还包装物，收回押金4 000元。

借：库存现金   4 000
　贷：其他应收款   4 000

【例3-16】职工王晓慧违反公司规定，处以500元罚款，尚未收到。

借：其他应收款——王晓慧   500
　贷：营业外收入   500

第四节　应收款项的坏账

一、坏账及坏账损失的概念

应收款项是商业信用的产物,与货币资金相比,它是一种风险资产,不可避免地出现无法收回的情况。会计上将这种无法收回的应收及预付款项称为坏账,企业由于发生坏账而产生的损失称为坏账损失。

二、坏账损失的确认

坏账损失的确认是指会计人员依据客观存在的证据,对确实无法收回的应收款项所做的判断或鉴别。按照我国现行《企业会计准则》的规定,企业应当在资产负债表日对应收及预付款项进行检查,有客观证据表明应收及预付款项发生减值的,应当确认减值损失,计提减值准备。应收及预付款项发生减值的客观证据包括:

1.债务人发生严重财务困难;

2.债务人违反了合同条款;

3.债务人很可能倒闭或进行其他债务重组;

4.其他表明应收及预付款项发生减值的客观证据。

三、坏账损失的确认范围

按照我国《企业会计准则》的规定,坏账损失确认的范围包括应收票据、应收账款、预付账款、其他应收款、长期应收款等。

四、坏账损失的核算方法

坏账损失的核算方法一般有两种:直接转销法和备抵法。

(一)直接转销法

直接转销法又称直接冲销法或直接核销法,是指应收款项被确认为坏账时,将其确定的金额直接从应收款项账户中转销,作为资产减值损失,计入当期损益的一种核算坏账损失的方法。

直接转销法的优点是账务处理简单。但是,这种方法忽视了坏账损失与赊销业务的联系。在转销坏账损失的前期,对于坏账的情况不做任何处理,从而导致日常核算的应收款项价值虚增,损益虚列,显然不符合收入与费用相配比及谨慎性的要求。我国《企业会计准则》不允许企业采用这种方法核算坏账损失。

(二)备抵法

备抵法是指按期估计坏账损失,形成坏账准备,当某一应收款项全部或者部分被确认为坏账时,应根据其金额冲减坏账准备,同时转销相应的应收款项金额的一种核算坏账损失的方法。

1.设置"坏账准备"科目

采用备抵法核算坏账损失时,因为每期提取的坏账准备只是一个估计数,不可能知道哪一笔应收款项不能收回,企业并没有放弃对应收款项的法律上追索权,因此,不能直接冲销应收款科目,而需单独设置一个应收款项的备抵科目,专门反映坏账准备的提取和坏账损失的实际冲销情况。我国《企业会计准则》规定,企业应设置"坏账准备"科目核算应收款项的坏账,该科目借方登记发生坏账的损失数;贷方登记坏账准备的提取数和已确认并转销的应收款项收回数;期末贷方余额,反映企业已计提但尚未转销的坏账准备。本科目可按应收款项的类别进行明细核算。

2.会计处理

(1)资产负债表日,应收款项发生减值的,应按减记的金额,借记"资产减值损失"①科目,贷记"坏账准备"科目。

(2)对于确实无法收回的应收款项,按管理权限报经批准后作为坏账,转销应收款项。按实际发生坏账损失数,借记"坏账准备"科目,贷记"应收账款"、"应收票据"、"其他应收款"、"预付账款"等科目。

(3)已经冲销的应收账款有时也会部分或者全部收回,当这种情况发生时,应当将坏账准备予以恢复。因为按照会计程序确认为坏账的应收及预付款项,并不意味着企业放弃其法律上的追索权,一旦重新收回,应及时入账。收回已作为坏账转销的应收及预付款项,应先做一笔与原来转销应收款项相反的分录,借记"应收账款"、"应收票据"、"预付账款"、"其他应收款"等科目,贷记"坏账准备"科目;然后再按正常方式记录应收款项的收回,借记"银行存款"科目,贷"应收账款"、"应收票据"、"预付账款"、"其他应收款"等科目。这样处理,可以通过账簿记录完整地揭示客户的信誉全貌,有利于企业通过进一步分析,决定是否与该客户继续业务往来。

我国《企业会计准则》规定,对于已确认并转销的应收款项以后又收回的,也可以按照实际收回的金额,借记"银行存款"科目,贷记"坏账准备"科目。

【例3-17】海河公司对坏账损失采用备抵法核算。2011年12月31日,海河公司对应收账款进行减值测试,估计有20 000元可能成为坏账。

借:资产减值损失   20 000

    贷:坏账准备——应收账款   20 000

2012年3月,海河公司确认应收春桃公司的账款15 000元无法收回。

借:坏账准备——应收账款   15 000

    贷:应收账款——春桃公司   15 000

3.优点

采用备抵法对坏账损失进行核算,虽不如直接转销法简便,但克服了直接转销法的缺

---

① "资产减值损失"科目,是用来核算企业计提各项资产减值准备所形成的损失,包括应收款项的坏账损失、存货跌价损失、长期股权投资减值损失、持有至到期投资减值损失、固定资产减值损失、无形资产减值损失等资产发生的减值损失。该科目为损益类,借方登记计提的各项资产减值损失,贷方登记允许转回及期末转入"本年利润"科目的各项资产减值损失,期末结转后无余额。

点,使坏账损失的会计处理更符合谨慎性的要求。与直接转销法相比较,备抵法具有如下优点:

(1)预计不能收回的应收款项作为坏账损失及时入账,计入资产减值损失,避免企业虚增利润。

(2)在资产负债表上,列示应收款项净额,避免了虚记资产价值,使报表使用者更能了解企业真实的财务状况。

我国《企业会计准则》规定,企业应采用备抵法核算坏账损失。

五、坏账损失的估计

(一)坏账损失的估计方法

在备抵法下,每期确认的坏账损失是一个估计数,因此,合理估计坏账损失是恰当运用备抵法的关键。在会计实务中,常用的估计坏账损失方法有余额百分比法、账龄分析法、赊销百分比法和个别认定法等。

1.余额百分比法

余额百分比法是指按会计期末应收款项余额的一定百分比计算确定坏账损失,计提坏账准备的一种方法。在该方法下,某一会计期末,企业可按下列公式估计坏账损失,提取坏账准备:

(1)本期估计的坏账损失金额=应收款项的期末余额[①]×坏账估计百分比

该公式计算得出的数额,即为本会计期末"坏账准备"科目的余额,也就是在编制资产负债表时应从应收款项余额中扣除的数额,以便客观地反映应收款项的可变现净值。

(2)本期实际提取的坏账准备金额=本期估计的坏账损失金额−本期估计前"坏账准备"科目的贷方余额(如为借方余额则减负数)

该公式计算得出的数额,即为本会计期间应承担的坏账损失数,应列入利润表反映。因为实际发生的坏账会与估计数有差异,此公式就是对这种差异的调整。计算结果为正数,则为补提的坏账准备数,借记"资产减值损失"科目,贷记"坏账准备"科目;计算结果为负数,则为冲减多提的坏账准备数,借记"坏账准备"科目,贷记"资产减值损失"科目。

下面以应收账款为例说明采用余额百分比法估计坏账损失的会计处理。

【例 3-18】海河公司从 2009 年起采用备抵法核算坏账损失,根据相关资料,确定按应收账款期末余额的 5% 估计坏账损失。2009 年末应收账款的余额为 4 800 000 元;2010 年 8 月确认应收广宇公司的 70 000 元已无法收回;2010 年末应收账款的余额为 4 500 000元;2011 年 5 月确认已冲销广宇公司的 36 000 元又收回;2011 年末应收账款的余额为 3 000 000 元。

(1)2009 年末估计的坏账损失金额=4 800 000×5%=240 000(元)

借:资产减值损失——坏账损失　　　　　　　　　　　　　240 000
　　贷:坏账准备——应收账款　　　　　　　　　　　　　　　　　　240 000

---

① 这里讲的应收款项期末余额是按编制资产负债表时计算方法确定,即根据"应收账款"、"预收账款"等科目所属的明细科目借方余额加总计算的,不是应收款项的总账科目期末余额。

(2)2009 年 8 月,转销应收广宇公司账款

借:坏账准备——应收账款　　　　　　　　　　　　　　　70 000
　　贷:应收账款——广宇公司　　　　　　　　　　　　　　　　　　70 000

(3)2010 年末应估计的坏账损失金额 = 4 200 000 × 5‰ = 210 000(元)

2010 年应提取的坏账准备 = 210 000 - (240 000 - 70 000) = 40 000 元

借:资产减值损失——坏账损失　　　　　　　　　　　　　　40 000
　　贷:坏账准备——应收账款　　　　　　　　　　　　　　　　　　40 000

(4)2011 年 5 月,收回已冲销广宇公司的账款 36 000 元入账

借:应收账款——广宇公司　　　　　　　　　　　　　　　　36 000
　　贷:坏账准备　　　　　　　　　　　　　　　　　　　　　　　　36 000

同时:

借:银行存款　　　　　　　　　　　　　　　　　　　　　　36 000
　　贷:应收账款——广宇公司　　　　　　　　　　　　　　　　　　36 000

或:

借:银行存款　　　　　　　　　　　　　　　　　　　　　　36 000
　　贷:坏账准备——应收账款　　　　　　　　　　　　　　　　　　36 000

(5)2011 年末应估计的坏账损失金额 = 3 400 000 × 5‰ = 170 000(元)

2011 年应提取的坏账准备 = 170 000 - (210 000 + 36 000) = -76 000 元

借:坏账准备——应收账款　　　　　　　　　　　　　　　　76 000
　　贷:资产减值损失——坏账损失　　　　　　　　　　　　　　　　76 000

2.账龄分析法

账龄分析法是指对应收及预付款项按账龄的长短进行分类并分别确定坏账损失估计的百分比,据以计算坏账损失,提取坏账准备的一种方法。应收款项账龄是指客户所欠账款超过结算期的时间。虽然应收款项能否收回以及能收回多少,不一定完全取决于时间的长短,但一般来说,账款拖欠的时间越短,发生坏账的可能性就越小,估计坏账损失的比率就越低;账款拖欠的时间越长,发生坏账的可能性就越大,估计坏账损失的比率就应越高。

采用账龄分析法估计坏账损失,一般是列出"应收款项账龄分析表",将所有应收款项按账龄长短进行分段排列,然后分段确定坏账估计百分比,分段估计坏账损失,把各段估算出来的坏账损失相加后确定为本期估计的坏账损失总额,提取坏账准备。

下面以应收账款为例,说明账龄分析法的应用。

【例 3-19】方圆公司通过分析 2011 年 12 月 31 日各客户的应收账款明细账,编制"应收账款账龄分析表",如表 3-1 所示。

表 3-1 应收账款账龄分析表

2011 年 12 月 31 日　　　　　　　　　　　　　　单位:元

客户名称	账户余额	未超过信用期限	超过信用期限					
			1～30 天	31～60 天	61～90 天	91～120 天	121～180 天	破产或追诉中
A	60 000	50 000	10 000					
B	347 000	347 000						
C	110 000			80 000	30 000			
D	180 000	80 000				100 000		
E	106 000					66 000	40 000	
F	57 000							57 000
	860 000	477 000	10 000	80 000	30 000	166 000	40 000	57 000

　　根据历史资料和有关变化条件,为上述各账龄区间分别估计坏账比例,然后编制"坏账损失估计表",如表 3-2 所示。

表 3-2 坏账损失估计表

2011 年 12 月 31 日　　　　　　　　　　　　　　单位:元

账龄情况	应收账款金额	估计坏账损失百分比	估计坏账损失金额
未超过信用期限	477 000	1%	4 770
超过信用期限 1～30 天	10 000	5%	500
超过信用期限 31～60 天	80 000	10%	8 000
超过信用期限 61～90 天	30 000	12%	3 600
超过信用期限 91～120 天	166 000	20%	33 200
超过信用期限 121～180 天	40 000	30%	12 000
破产或追诉中	57 000	80%	45 600
合计	860 000	—	107 670

　　表 3-2 中的 107 670 元为方圆公司 2011 年 12 月 31 日按账龄分析法估计的坏账损失金额,也就是编制 2011 年资产负债表时应从应收账款账面余额中扣除的金额,即 2011 年末应收账款净额为 752 330(860 000－107 670)元。如果方圆公司 2011 年首次提取坏账准备,则列入 2011 年度利润表的坏账损失为 107 670 元;如果方圆公司之前"坏账准备"科目有贷方余额 4 000 元,则列入 2011 年度利润表的坏账损失为 103 670(107 670－4 000)元;如果方圆公司之前"坏账准备"为借方余额 5 500 元,则列入 2011 年度利润表的坏账损失为 113 170(107 670＋5 500)元。

　　3.赊销百分比法

　　赊销百分比法,就是根据当期赊销金额的一定百分比估计坏账损失的方法。百分比一般根据以往的经验,按赊销金额中平均发生坏账损失的比率加以确定。各期按当期赊销金额的一定比率估计坏账损失,是因为应收账款的坏账只与赊销有关,而与现销无关,赊销业务越多,赊销金额越大,发生坏账的可能性就越大。

在采用赊销百分比法的情况下,估计坏账损失百分比可能由于企业生产经营情况的不断变化而不相适应,因此,需要经常检查百分比是否能足以反映企业坏账损失的实际情况,倘若发现过高或过低的情况,应及时调整百分比。

4.个别认定法

个别认定法,就是根据每一应收款项的情况来估计坏账损失的方法。如果债务方已有确凿证据表明没有偿债能力,则债权方应对该项应收款项全额计提坏账。

(二)我国坏账损失的估计原则

根据我国《企业会计准则》的有关规定,一般企业对应收款项进行减值测试时,应将应收款项分为单项金额重大和非重大两类。企业可以根据具体情况确定单项金额重大的标准,该标准一经确定,应当一致运用,不得随意变更。对于单项金额重大的应收款项,应单独进行减值测试。如有客观证据表明其已发生减值,应当根据其未来现金流量现值低于其账面价值的差额,确认减值损失,计提坏账准备。对于单项金额非重大的应收款项可以单独进行价值测试,确定减值损失,计提坏账准备;也可以与经单独测试后未减值的应收款项一起按类似信用风险特征划分若干组合,再按这些应收款项组合在资产负债表日余额的一定比例计算确定减值损失,计提坏账准备。

短期应收款项的预计未来现金流量与其现值相差很小的,在确定相关减值损失时,可不对其预计未来现金流量进行折现。企业应当根据以前年度与之相同或类似的、具有类似信用风险特征的应收款项组合的实际损失率为基础,结合现实情况确定各项组合计提坏账准备的比例。

案例 3-2

广钢股份(600894)应收款项的坏账准备

广州钢铁股份有限公司,(简称广钢股份,由于连续两年亏损,2012 年 2 月 14 日被实行"退市风险警示"特别处理,股票简称变更为"＊ST 广钢"),有关应收款项计提坏账准备信息的披露情况如下:

1.计提坏账准备的应收款项

应收款项包括应收账款、其他应收款等。

2.坏账的确认

凡因债务人破产,依照法律清偿程序清偿后仍无法收回;或因债务人死亡,既无遗产可供清偿,又无义务承担人,确实无法收回;或因债务人逾期未能履行偿债义务,经法定程序审核批准,该等应收账款列为坏账损失。

3.坏账准备的计提

(1)单项金额重大并单项计提坏账准备的应收款项

①单项金额重大的判断依据或金额标准:单项金额超过 500 万元的应收账款、单

项金额超过 300 万元的其他应收款。

②单项金额重大并单项计提坏账准备的计提方法：期末如果有客观证据表明应收款项发生减值，根据其未来现金流量现值低于其账面价值的差额，单独进行减值测试，计提坏账准备。单独测试未发生减值的单项金额重大的应收款项，以账龄为信用风险组合计提坏账准备。

（2）按组合计提坏账准备应收款项

①确定组合的依据：相同账龄的应收款项具有类似信用风险特征。

②按组合计提坏账准备的计提方法：账龄分析法。

③组合中，采用账龄分析法计提坏账准备的比例如下：

账龄	应收账款计提比例	其他应收款计提比例
1 年以内（含 1 年）	0%	0%
1～2 年	5%	5%
2～3 年	10%	10%
3～4 年	20%	20%
4～5 年	30%	30%
5 年以上	100%	100%

（3）单项金额虽不重大但单项计提坏账准备的应收款项

①单项计提坏账准备的理由：期末如果有客观证据表明应收款项发生减值。

②坏账准备的计提方法：根据其未来现金流量现值低于其账面价值的差额，单独进行减值测试，计提坏账准备。

资料来源：广州钢铁股份有限公司 2011 年年度报告，www.sse.com.cn。

本章小结

本章主要阐述应收票据、应收账款、预付款项和其他应收款的确认、入账价值、核算及坏账的处理等。

1. 应收票据

我国的应收票据是指企业因销售商品、产品、提供劳务等而收到的商业汇票，包括商业承兑汇票和银行承兑汇票。应收票据按照是否带息，分为带息应收票据和不带息应收票据两种。我国目前主要使用不带息商业汇票。

确认应收票据的入账价值，在会计上一般有两种方法：一种是按票据的面值确认，另一种是按票据未来现金流量的现值确认。在我国会计实务中应收票据都按照票据的面值入账。

当企业资金短缺时，可将持有未到期的商业汇票经过背书，向银行申请贴现。应收票据贴现的会计处理，要视贴现的商业汇票是否带有追索权分别采用不同的方法进行处理。

不带追索权的应收票据贴现,符合金融资产终止确认条件,可直接冲销"应收票据"科目;带追索权的应收票据贴现,不符合金融资产终止确认条件,申请贴现企业应将票据贴现作为以票据为质押取得借款处理,不能直接冲销"应收票据"科目。

2. 应收账款

应收账款是指企业因销售商品、提供劳务等经营活动而向客户应收取的款项,包括应收的货款或劳务款、应收的增值税销项税额及垫付的运杂费等,一般在赊销成立时按实际发生额入账。有折扣政策的,还应考虑商业折扣和现金折扣因素。在存在商业折扣的情况下,企业应收账款入账金额应按扣除商业折扣后的实际售价确定。存在现金折扣销售的情况下,应收账款入账金额的确认一般有总价法和净价法两种。我国《企业会计准则》规定对现金折扣采用总价法,按照扣除现金折扣前的金额确认应收账款和收入,现金折扣在实际发生时计入当期财务费用。

3. 预付款项和其他应收款

预付款项是指企业按照合同规定预先支付的款项。如预付给供货方的材料、商品款、预付的劳务款、预付的工程款等。预付款项属于企业的短期债权,一般应按实际发生额入账。预付款项情况不多的企业,也可不单独设置"预付账款"科目,而将预付的款项直接计入"应付账款"科目。

其他应收款是指除应收票据、应收账款、预付款项、应收利息、应收股利等以外的短期债权。其他应收款产生于企业的非购销活动。

4. 应收款项的坏账

会计上将无法收回的应收及预付款项称为坏账,企业由于发生坏账而产生的损失称为坏账损失。坏账损失的核算方法一般有直接转销法和备抵法两种。按照我国现行《企业会计准则》的规定,企业应当在资产负债表日对应收及预付款项进行检查,有客观证据表明应收及预付款项发生减值的,应当确认减值损失,计提减值准备。

常用的估计坏账损失方法有余额百分比法、账龄分析法、赊销百分比法和个别认定法等。

思考题

1. 应收款项包括哪些内容?
2. 怎样确认应收票据的入账价值?
3. 如何确定应收票据的到期日?
4. 怎样计算应收票据的贴现所得额?
5. 商业折扣与现金折扣有何区别?
6. 其他应收款包括哪些内容?
7. 坏账损失的估计方法有哪些?我国是如何规定的?
8. 采用备抵法核算坏账损失如何进行会计处理?

练习题

(一)单项选择题

1.企业销售商品收到商业汇票时,应以( )入账。

A.到期值的现值　　B.到期值　　　　C.面值　　　　D.贴现值

2.下列各项中,不会影响应收票据账面价值的是( )。

A.计提坏账准备

B.应收票据到期收回票款

C.带追索权的应收票据贴现

D.不带追索权的应收票据贴现

3.在采用总价法确认应收账款入账金额的情况下,销售方应将其给予客户的现金折扣计入( )。

A.管理费用　　B.销售费用　　C.财务费用　　D.营业外支出

4.企业销售货物时代购货方垫付的运杂费,应记入( )科目。

A.应收账款　　B.预收账款　　C.其他应收款　　D.其他应付款

5.在以应收账款余额百分比法计提坏账准备的情况下,若年初应收账款余额为800 000元,本年发生坏账损失60 000元,年末应收账款余额为600 000元,坏账估计比例为5%,则记入当年"资产减值损失"的金额为( )元。

A.30 000　　B.40 000　　C.50 000　　D.-10 000

6.企业收到下列票据中,应记入"应收票据"科目借方的是( )。

A.银行汇票　　B.银行本票　　C.支票　　D.银行承兑汇票

7.海马公司采用托收承付结算方式向万丰企业销售商品一批,货款为36 000元,应收取的增值税为6 120元,以银行存款代万丰企业垫付运杂费650元,海马公司按规定确认收入时,应同时确认的"应收账款"金额为( )元。

A.36 000　　B.421 200　　C.36 650　　D.42 770

8.预付货款业务不多的企业,可不设"预付账款"科目,直接将预付的货款记入( )。

A."应收账款"科目的借方　　　　B."应付账款"科目的借方

C."应收账款"科目的贷方　　　　D."应付账款"科目的贷方

9.某企业2012年4月1日赊销一批商品,售价为120 000元(不含增值税),适用的增值税税率为17%,规定的现金折扣条件为2/10、1/20、n/30,计算现金折扣时考虑增值税。客户于2012年4月15日付清货款,该企业收款金额为( )元。

A.118 800　　B.137 592　　C.138 996　　D.140 400

10.2011年末阳光企业应收甲公司的应收账款余额为600万元,已提坏账准备40万元,经单独减值测试,确定该应收账款的未来现金流量现值为500万元,则2011年末阳光企业应确认的该应收账款减值损失为( )万元。

A.40　　B.60　　C.100　　D.140

(二)多项选择题

1.按照我国《企业会计准则》的规定,下列各项中可以计入"应收账款"账户的有( )。

A. 增值税销项税额   B. 总价法核算的现金折扣

C. 存出保证金   D. 代购货单位垫付的运杂费

2. 下列各项中,应在"坏账准备"科目贷方登记的是( )。

A. 提取的坏账准备   B. 已发生的坏账损失

C. 收回以前已确认并转销的坏账损失 D. 冲回多提的坏账准备

3. 按照我国《企业会计准则》的规定,在备抵法下,应计提坏账准备的项目包括( )。

A. 应收票据   B. 应收账款   C. 其他应收款   D. 预付账款

4. 下列各项中,应在"其他应收款"科目核算的有( )。

A. 应收保险公司的各种赔款   B. 应收的各种罚款

C. 租入包装物支付的押金   D. 应向职工收取的各种垫付款项

5. 坏账损失的核算方法一般有( )。

A. 直接转销法   B. 备抵法

C. 应收款项余额百分比法   D. 账龄分析法

6. 带息商业汇票到期值的计算与( )有关。

A. 票面金额   B. 票面利率   C. 票据期限   D. 贴现期限

7. 根据我国《企业会计准则》规定,应收及预付款项发生减值的客观证据包括( )。

A. 债务人发生严重财务困难

B. 债务人违反了合同条款

C. 债务人很可能倒闭或进行其他债务重组

D. 其他表明应收及预付款项发生减值的客观证据

8. 按照我国现行《企业会计准则》规定,以下表述正确的有( )。

A. 企业收到商业汇票时按票据的面值入账

B. 现金折扣实际发生时计入当期财务费用

C. 应收款项的坏账采用备抵法核算

D. 带追索权的商业汇票贴现可直接冲减"应收票据"科目

9. 下列各项中,会引起应收账款账面价值发生变化的有( )。

A. 计提坏账准备   B. 收回应收账款

C. 转销多提坏账准备   D. 收回已转销的坏账

10. 按照我国现行《企业会计准则》规定,企业收到的下列票据中,不能通过"应收票据"科目核算的有( )。

A. 支票   B. 银行本票   C. 银行汇票   D. 商业汇票

(三)判断题

1. 按我国《企业会计准则》的规定,应收票据的贴现息应计入"财务费用"科目。
( )

2. 在存在商业折扣的情况下,应收账款应按扣除商业折扣后的实际售价入账。
( )

3. 在存在现金折扣的情况下,若采用总价法核算,应收账款应按销售收入扣除预计的

现金折扣后的金额确认。( )

4.应收票据到期,承兑人无力兑付票款而退票,企业应将应收票据的面值转为应收账款。( )

5.我国《企业会计准则》规定,对于单项金额重大的应收款项,应单独进行减值测试。如有客观证据表明其已发生减值,应当根据其未来现金流量现值低于其账面价值的差额,确认减值损失,计提减值准备。( )

6.在备抵法下冲销发生的坏账,将会使资产总额减少。( )

7.采用备抵法对坏账损失进行核算,使坏账损失的会计处理更符合谨慎性的要求。( )

8.对于带息应收票据来说,其到期值是应收票据面值加上票据约定的应收利息。( )

9.企业按年末应收款项余额的一定百分比计算确定的坏账损失,就是企业当年应承担的坏账损失数。( )

10.企业已经确认为坏账的应收款项,意味着企业应该放弃其追索权。( )

(四)业务题

1.

(1)目的:掌握应收票据的会计处理。

(2)资料:吉峰公司 2012 年发生的有关经济业务。

①1 月 12 日,向康辉公司销售产品一批,价款 24 000 元,增值税 4 080 元,当日收到康辉公司签发并承兑的商业汇票一张,面值 28 080 元,期限 3 个月。

②公司于 3 月 5 日向百利公司销售一批商品,增值税专用发票上注明的商品价款为 200 000 元,增值税额为 34 000 元。当日收到百利公司签发的无息商业承兑汇票一张,该票据的期限为 120 天。

③4 月 10 日,企业因资金需要,持百利公司签发的商业承兑汇票到银行贴现,银行的年贴现率为 6%,贴现收入存入银行。企业与银行签订的贴现协议规定,贴现票据到期时,如果百利公司不能如期付款,吉峰公司负有还款责任。

④4 月 12 日,公司持有康辉公司签发并承兑的商业汇票到期,如数收到票款存入银行。

⑤5 月 20 日,公司收到海洋公司交来银行承兑汇票一张,面值 42 120 元,期限 5 个月,票面利率为 7.2%,用以抵付以前所欠货款。

⑥7 月 3 日,百利公司如数支付票据款。

⑦7 月 3 日,若企业已贴现的商业承兑汇票到期,因百利公司的银行账户无款支付,贴现银行将已贴现的票据退回企业,同时从企业的账户中将票据款划回。

⑧10 月 20 日,企业持有的海洋公司交来的银行承兑汇票到期,如数收到票款及利息存入银行。

(3)要求:根据上述资料,编制相关会计分录。

2.

(1)目的:掌握应收账款的会计处理。

(2)资料:滨海公司 2012 年发生的有关经济业务。

①2 月 18 日,采用托收承付方式向华菱公司销售商品一批,货款 24 000 元,增值税 4 080 元,并以库存现金垫付运杂费 1 500 元。商品已发运,并已向银行办妥了托收手续。

②3 月 20 日,公司赊销给大地公司商品一批,按价目表的价格计算,货款金额总计 18 000 元,滨海公司给大地公司开出的增值税专用发票标明商业折扣为 10%,增值税 税率为 17%。滨海公司已将开出的增值税专用发票交给大地公司,符合收入确认条件。

③5 月 7 日向利达公司赊销商品一批,增值税专用发票上标明价款 50 000 元,增值税 8 500 元,现金折扣条件为 2/10、n/30,现金折扣不考虑增值税,滨海公司现金折扣采用总价法核算。

④5 月 14 日,滨海公司收到银行收账通知,利达公司购买商品款已到账。

⑤若利达公司 6 月 15 日付款呢?

(3)要求:根据上述资料,编制相关会计分录。

3.

(1)目的:掌握预付款项和其他应收款的会计处理。

(2)资料:

①企业开出转账支票一张 5 000 元,为职工垫付医药费。

②企业因遭水灾房屋倒塌,应收保险公司赔款 60 000 元。

③企业开出转账支票一张,按合同规定预付给仁立企业购买材料款 12 000 元。

④仁立企业发来预付货款的材料,价款 40 000 元,增值税 6 800 元,企业当即通过银行补足款项。

⑤以库存现金 800 元支付租入包装物押金。

(3)要求:根据上述资料,编制相关会计分录。

4.

(1)目的:掌握应收款项坏账的会计处理。

(2)资料:玉龙公司按备抵法核算坏账损失,采用应收款项余额百分比法计提坏账准备。根据以往的营业经验、债务单位的财务状况和现金流量情况,并结合当前的市场状况、企业的赊账方针等相关资料,玉龙公司确定按应收款项期末余额的 5% 计提坏账准备。以下是该公司各年应收账款期末余额、坏账转销、坏账回收的有关资料。

①2008 年末,应收账款余额为 5 000 000 元,"坏账准备"科目无余额。

②2009 年 3 月,确认应收四环公司的账款 60 000 元无法收回,确认为坏账损失,予以转销。

③2009 年末,应收账款余额为 3 000 000 元。

④2010 年 7 月,确认应收海王公司的账款 10 000 元已无法收回,确认为坏账损失,予以转销。

⑤2010 年末,应收账款余额为 1 800 000 元。

⑥2011 年 10 月,玉龙公司于 2009 年 3 月已作为坏账予以转销的四环公司账款 60 000 元又全部收回。

⑦2011 年末，应收账款余额为 36 000 000 元。

(3)要求：

①根据上述资料，为玉龙公司编制有关会计分录。

②计算玉龙公司 2009、2010 年末应收账款的账面价值。

③计算坏账对玉龙公司 2009 年损益的影响额。

④计算坏账对玉龙公司 2011 年损益的影响额。

第四章

存货

学习目的：通过本章学习，使学生了解存货的概念及存货的种类；理解存货的确认条件；掌握存货的入账价值、发出价值、期末价值的计量方法；掌握原材料、库存商品、委托加工物资、周转材料等主要存货项目日常收发的核算；掌握存货跌价准备计提的会计处理。

引导案例

合肥三洋(600983)的存货计量

合肥荣事达三洋电器股份有限公司(简称合肥三洋)2011年年度财务报表附注中有关存货项目注释如下所示(单位:元)：

(1)发出存货计价方法

原材料采用计划成本核算，发出材料按月结转应负担的材料成本差异，将计划成本调整为实际成本；

库存商品按实际成本进行核算，发出计价采用加权平均法。

项目	期末数		期初数	
	账面余额	账面价值	账面余额	账面价值
原材料	45 567 383.49	45 567 383.49	74 744 020.30	74 744 020.30
在产品	9 813 576.40	9 813 576.40	7 354 644.65	7 354 644.65
库存商品	601 716 572.35	589 387 203.85	505 418 709.09	492 037 289.36
自制半成品	19 927 084.89	19 927 084.89	9 359 319.08	9 359 319.08
存货合计	677 024 617.13	664 695 248.63	596 876 693.12	583 495 273.39

(2)存货跌价准备

资产负债表日按成本与可变现净值孰低计量，存货成本高于其可变现净值的，计提存货跌价准备，计入当期损益。

存货种类	期初账面余额	本期计提额	本期减少		期末账面余额
			转回	转销	
库存商品	13 381 419.73	12 329 368.50		13 381 419.73	12 329 368.50
合计	13 381 419.73	12 329 368.50		13 381 419.73	12 329 368.50

根据上述资料,你能回答下列问题吗?

(1)何为计划成本法和加权平均法?发出存货计价是否有其他方法?若有,会产生怎样的差异和影响?

(2)何为可变现净值?

(3)合肥三洋公司计提存货跌价准备会对公司财务状况和损益产生怎样的影响?

资料来源:合肥荣事达三洋电器股份有限公司 2011 年年度报告,www.sse.com.cn。

第一节 存货概述

一、存货的概念

存货是指企业在日常活动中持有以备出售的产成品或商品、处在生产过程中的在产品、在生产过程或提供劳务过程中耗用的材料和物料等。

与其他资产项目相比,企业存货资产具有以下特征:

(1)存货是一种具有物质实体的有形资产,不同于应收款项、无形资产、对外投资等没有实物形态的资产。

(2)企业持有存货的最终目的是为了出售(不论是可直接供出售,还是进一步加工后才能出售),而不是自用。这一特征就使存货明显区别于固定资产和为建造固定资产而购入的各种工程物资等有形资产。例如汽车公司生产的拟出售给客户的汽车就是该企业的存货,同样,汽车公司为生产汽车而储备的轮胎、钢板、配件等也是存货。但是,汽车公司用于拉运材料的卡车等运输工具就不能列入企业的存货,而应划入固定资产的范畴。类似地,房地产开发商为销售而持有的房产也是存货,而汽车公司的生产用房、办公楼等应划为固定资产。

(3)存货具有较大的流动性。存货通常都将在一年或长于一年的一个营业周期内被销售或者耗用,并不断地被重置,具有较强的变现能力和较大的流动性,因此,存货在资产负债表中被归为流动资产。但存货的流动性又低于货币资金、应收款项,所以在资产负债表中,存货项目列在应收款项之后。

二、存货的确认

企业在确认某项资产是否作为存货时,首先要看其否符合存货的概念,在此前提下,按照我国《企业会计准则》规定,还应当同时满足两个条件,才能予以确认:一是与该存货有关的经济利益很可能流入企业,二是该存货的成本能够可靠地计量。

(一)与该存货有关的经济利益很可能流入企业

存货作为企业一项重要的流动资产,其确认的条件也必须符合资产本身的特性,因此对于存货的确认,关键是要判断是否很可能给企业带来经济利益或与存货有关的经济利益是否很可能流入企业。通常来说,拥有存货所有权是与该存货有关的经济利益很可能流入企业的一个重要标志。所以,凡是盘存日法定所有权属于企业的一切存货,无论存货存放在何处,即使不存放在本企业,也应作为该企业的存货列报于资产负债表中;反之,在盘存日无法定所有权,即使存放在本企业中,也不属于该企业的存货。

在会计实务中,应当注意以下几种情况下的存货确认:

1. 在途物资

在途物资是指销货方已将货物发运给购货方,但购货方尚未验收入库的货物。对于在途物资通常根据所有权转移确认其归属,而所有权又取决于交易双方之间的合同约定交货方式。货物的交付方式有起运点交货和目的地交货两种:

在起运点交货的方式下,销货方根据合同或协议约定,将货物交给运输单位办理完发运手续后,货物的所有权即转移给购货方,此时,该货物应包括在购货方的存货中。

在目的地交货的方式下,销货方根据合同或协议约定,将货物发运到购货方指定的地点交货后,货物的所有权才转移给购货方,此时,购货方才将该货物列在存货中。

【例 4-1】2011 年 12 月福耀公司销售汽车用玻璃给一汽夏利公司。2011 年 12 月 28 日福耀公司已发货,于 2012 年 1 月 5 日到达一汽夏利公司的仓库。如果购销双方约定按起运点交货,则一汽夏利公司应将该汽车用玻璃列报于 2011 年 12 月 31 日的资产负债表存货项目中;如果购销双方约定按目的地交货,则该汽车用玻璃应列报于福耀公司 2011 年 12 月 31 日资产负债表存货项目中,一汽夏利公司 2012 年记为购货。

2. 委托代销商品

委托代销商品是指一方委托另一方代其销售的商品。委托方将商品交付代销方时,代销方仅仅是代理买卖,在商品最终销售给第三方之前,商品所有权上的主要风险和报酬实质上并未转移给代销方,委托方仍应将委托代销的商品包括在本企业的存货之中。只有代销方将商品销售出去而且所有权转移给第三方客户时,售出的代销商品才不再包括在委托方的存货中。

3. 附有销售退回条件的商品销售

附有销售退回条件的商品销售是指购货方依照有关协议有权退货的销售方式。在这种销售方式下,如果销货方能够按照以往的经验对退货的可能性做出合理估计,应在发出商品时作为一般商品销售处理,售出的商品不再包括在销货方的存货中;对不能合理确定退货可能性的发出商品,不确认收入,已发出的商品仍应包括在销货方的存货中。

(二)该存货的成本能够可靠地计量

存货成本能够可靠地计量,是指存货成本的计量必须以取得确凿、可靠的证据为依据,并且具有可验证性。例如企业外购的存货成本就可依据购货发票标明的价格确认。如果存货成本不能可靠地计量,则存货不能予以确认。

三、存货的种类

不同行业的企业，因其经营范围不同，对存货的需求也不一样。因此，存货的种类视企业性质并结合存货的用途而定。

（一）制造企业存货

制造企业主要从事产品的制造，生产出要销售给批发商、零售商或其他制造商的产品，围绕采购材料、生产产品、销售产品展开，即遵循"采购——生产——销售"的业务流程，其存货种类比较复杂，包括原材料、在产品、半成品、产成品及周转材料等。

1. 原材料

原材料是指企业在生产过程中经加工改变其形态或性质并构成产品主要实体的各种原料及主要材料、辅助材料、外购半成品（外购件）、修理用备件（备品备件）、包装材料、燃料等。为建造固定资产等各项工程而储备的各种材料，虽然同属于材料，但是由于用于建造固定资产等各项工程，不符合存货的定义，因此不能作为企业的存货进行核算。

2. 在产品

在产品是指企业正在制造尚未完工的产品，包括正在各个生产工序加工的产品，和已加工完毕但尚未检验或已检验但尚未办理入库手续的产品。

3. 半成品

半成品是指经过一定生产过程并已检验合格交付半成品仓库保管，但尚未制造完工成为产成品，仍需进一步加工的中间产品。

4. 产成品

产成品是指制造企业已经完成全部生产过程并验收入库，可以按照合同规定的条件送交订货单位或者可以作为商品对外销售的产品。企业接受外来原材料加工制造的代制品和为外单位加工修理的代修品，制造和修理完成验收入库后，应视同企业的产成品。

5. 周转材料

周转材料是指企业能够多次使用、逐渐转移其价值但仍保持原有形态不确认为固定资产的有形物质，周转材料与原材料的区别在于它们并不独立地构成产成品的一部分；与产成品、商品的区别在于它们并不被销售出去；与固定资产的区别在于它们的单位价值比较低，使用期限较短。只要周转材料符合固定资产标准的，就应作为固定资产处理。制造企业的周转材料主要包括包装物和低值易耗品。

包装物是指为包装本企业产品而储备的各种包装容器，如桶、箱、瓶、坛、袋等。

低值易耗品是指不符合固定资产确认条件的各种用具物品，如各种工具、管理用具、玻璃器皿、修理用具以及在经营过程中周转使用的容器等。

（二）商品流通企业存货

商品流通企业主要业务是商品购销，处在将商品从制造商转移至最终使用者过程中的中间环节，其存货种类主要是外购入库用于待销售的各种商品，也包括少量的包装物和低值易耗品。

（三）服务企业存货

服务企业主要业务是提供无形服务产品而非有形产品，如运输企业、旅游企业、律师事务所、会计师事务所、专业培训机构等,其存货种类主要是为客户发生的但尚未收款的劳务成本,但其也会有少量的有形存货,包括构不成固定资产的家具用具及少量的消耗性用品等。

第二节　存货取得、发出的计量

存货作为资产负债表中流动资产的一个重要项目和利润表中营业成本的来源,计量是否正确,直接或间接地关系到企业财务状况和经营成果是否正确,进而还会影响企业所得税、收益的分配及管理人员业绩的评价等。因此,存货的计量对财务报表使用者而言是至关重要的。

一、存货取得的计量

存货取得的计量,即存货的初始计量,就是确定存货的入账价值。按照我国《企业会计准则》的规定,企业取得存货应按成本进行计量。存货成本包括采购成本、加工成本和其他成本三个组成部分。由于存货的取得方式不同,存货初始成本的具体构成内容也不完全一样。因此,存货取得的实际成本应结合存货的具体取得方式分别确定。企业存货的取得方式有外购、自制、委托加工、接受投资人投入、通过非货币性资产交换及债务重组取得、企业合并取得等等,本章仅对外购存货、自制存货、委托加工存货取得成本进行说明,其他方式取得存货的初始成本确定将在有关章节及后续的《高级财务会计》中阐述。

（一）外购存货的成本

外购存货主要包括制造企业的原材料和商品流通企业的商品。根据我国《企业会计准则》规定,外购存货成本即存货的采购成本,指企业存货从采购到入库前所发生的全部支出,一般包括购买价款、相关税费、运输费、装卸费、保险费以及其他可归属于存货采购成本的费用。

1.存货的购买价款

存货的购买价款,是指企业购入的材料或商品的发票账单上列明的价款,但不包括按规定可以抵扣的增值税。在赊购方式下,如果存在现金折扣,采用总价法核算,不调整购货价格,而是把获得的现金折扣作为理财收入计入财务费用。

2.存货的相关税费

存货的相关税费,是指企业购买、自制或委托加工存货发生的进口关税、消费税、资源税和不能抵扣的增值税进项税额等应计入存货成本的税费。

3.其他可归属于存货采购成本的费用

其他可归属于存货采购成本的费用,是指除上述各项以外的可归属于存货采购成本的费用,如在存货采购过程中发生的仓储费、包装费、运输途中的合理损耗、入库前的挑选整理费等。这些费用能分清负担对象的,应直接计入存货的采购成本;不能分清负担对象的,应选择合理的分配方法,分配计入有关存货的采购成本。分配方法通常可按所购存货的数量或采购价格比例进行分配。

　　商品流通企业在采购商品过程中发生的运输费、装卸费、保险费以及其他可归属于存货采购成本的费用等进货费用,应计入所购商品成本。在实务中,企业也可以将发生的运输费、装卸费、保险费以及其他可归属于存货采购成本的费用等进货费用先进行归集,期末按照所购商品的存销情况进行分摊。对于已销售商品的进货费用,计入主营业务成本;对于未售商品的进货费用,计入期末存货成本。商品流通企业采购商品的进货费用金额较小的,可以在发生时直接计入当期销售费用。

　　需要注意的是,在确认存货采购成本时,对于采购过程中发生的物资毁损、短缺等,除合理的损耗应作为存货的"其他可归属于存货采购成本的费用"计入采购成本外,应区别不同情况进行会计处理:

　　(1)从供货单位、外部运输机构等收回的物资短缺或其他赔款,应冲减物资的采购成本;

　　(2)因遭受意外灾害发生的损失和尚待查明原因的途中损耗,暂作为待处理财产损溢进行核算,查明原因按照管理权限报经批准后计入管理费用或营业外支出。

　　【例 4-2】渤海公司为增值税一般纳税企业,2012 年 3 月购入 A 材料 1 000 千克,增值税专用发票上标明的买价为 60 000 元,增值税额为 10 200 元。所购 A 材料到达后实际验收入库 900 千克,发现短缺 10%,其中在运输途中发生的合理损耗 3%,另 7% 尚待查明原因后处理。该材料在入库前发生挑选整理费用 200 元。则该批入库 A 材料的实际总成本确认为:

　　　　A 材料的采购成本＝60 000－60 000×7%＋200＝56 000(元)

(二)自制存货的成本

　　企业自制存货主要包括在产品、半成品、产成品等,通常按照其制造过程中发生的实际支出计量。按照我国《企业会计准则》规定,企业自制存货的成本由采购成本、加工成本和其他成本构成。

　　1.采购成本

　　采购成本是由所使用的或消耗的原材料采购成本转移而来的。

　　2.加工成本

　　存货的加工成本是指企业在进一步加工存货的过程中追加发生的生产成本,包括直接人工和制造费用。直接人工是指企业在生产产品过程中直接从事产品生产的工人的职工薪酬。直接人工和间接人工的划分依据通常是生产工人是否与所生产的产品直接相关(即可否直接确定其服务的产品对象)。制造费用是指企业为生产产品和提供劳务而发生的各项间接费用。制造费用是一种间接生产成本,包括企业生产部门(如生产车间)管理人员的职工薪酬、折旧费、办公费、水电费、机物料消耗、劳动保护费、季节性和修理期间的停工损失等。

　　企业在制造存货过程中发生的直接人工和制造费用,如果能够直接计入有关的成本核算对象,则应直接计入该成本核算对象。否则,应按照合理方法分配计入有关成本核算对象,分配方法一经确定,不得随意变更。如需变更,应当在财务报表附注中予以说明。

3.其他成本

自制存货的其他成本是指除采购成本、加工成本以外的,使存货达到目前场所和状态所发生的其他支出。如为特定客户设计产品所发生的、可直接确定的设计费用;可直接归属于符合资本化条件的存货、应当予以资本化的借款费用等。

在确定存货成本的过程中,应当注意,依据我国《企业会计准则》规定,下列费用不应当计入存货成本,而应当在其发生时计入当期损益:

(1)非正常消耗的直接材料、直接人工和制造费用。例如,企业超定额的废品损失以及由自然灾害而发生的直接材料、直接人工及制造费用,由于这些费用的发生无助于使该存货达到目前场所和状态,不应计入存货成本,而应计入当期损益。

(2)仓储费用。仓储费用是指企业在采购入库后发生的储存费用。但是,在生产过程中为达到下一个生产阶段所必需的仓储费用则应计入存货成本。例如,某种酒类产品生产企业为使生产的酒达到规定的产品质量标准,而必须发生的仓储费用,就应计入酒的成本,而不是计入当期损益。

(3)不能归属于使存货达到目前场所和状态的其他支出。如不符合资本化条件的借款费用。

(三)委托外单位加工存货的成本

委托外单位加工完成存货的成本,包括加工过程中实际耗用的原材料或半成品成本、加工费、运输费、装卸费和保险费等费用以及按规定应计入加工成本的税金。

二、发出存货的计量

发出存货的计量通常按实际成本法确定,但在日常核算中,为简化会计处理,也可采用计划成本法和估价法等简化方法确定。

(一)实际成本法

1.存货成本流转假设

企业取得存货的目的,是为了满足生产和销售的需要。随着存货的取得,存货源源不断地流入企业,而随着存货的销售或耗用,存货则从一个生产经营环节流向另一个生产经营环节,并最终流出企业。存货的这种不断流动,就形成了生产经营过程中的存货流转。存货流转包括实物流转和成本流转两个方面。从理论上说,存货的成本流转应当与实物流转相一致,即取得存货时确定的各项存货入账成本应当随着各该存货的销售或耗用而同步结转。但在会计实务中,由于存货品种繁多,流进流出数量很大,而且同一存货因不同时间、不同地点、不同方式取得而单位成本各异,很难保证存货的成本流转与实物流转完全一致。因此,会计上可行的处理方法是,按照一个假定的成本流转方式来确定发出存货的成本,而不强求存货的成本流转与实物流转相一致,这就是存货成本流转假设。

【例 4-3】海河公司 2012 年 4 月份 K 商品的购入、发出和结存资料如表 4-1 所示。

表 4-1 库存商品明细账

商品名称:K 商品   计量单位:件

2012年		凭证编号	摘要	收 入			发 出			结 存		
月	日			数量	单价	金额	数量	单价	金额	数量	单价	金额
4	1		期初结存							30	50	1 500
	10	略	购入	90	60	5 400				120		
	12		销售				80			40		
	18		购入	60	70	4 200				100		
	20		销售				50			50		
	22		购入	20	80	1 600				70		
	28		销售				30			40		
	30		期末结存	170		11 200	160			40		

从表 4-1 数据显示,2012 年 4 月海河公司以不同价格共购入了 170 件 K 商品并销售了 160 件,这 160 件商品的销售成本是多少? 如果所有 K 商品,包括期初结存的,是以相同价格购入的,那么答案很明了,直接用销售商品的数量乘以该项商品的单位成本就是该项销售商品的销售成本,但是很少会出现这种情况。海河公司 2012 年年初有 K 商品 30 件,本期购入了 170 件,并销售了 160 件,这就意味着期末 K 商品还有 40 件,那么这 40 件期末结存 K 商品的成本是多少呢?

图 4-1、图 4-2 描述了本期可供销售数量和可供销售成本的分配。

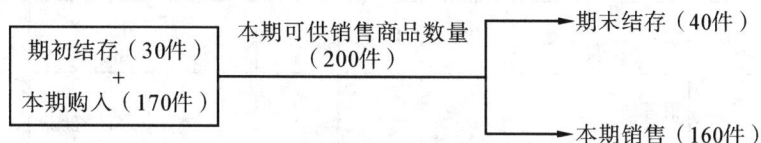

图 4-1 可供销售数量的分配

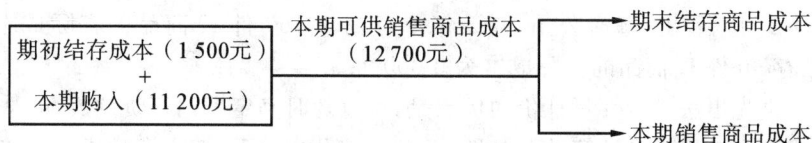

图 4-2 本期可供销售商品成本分配

由此,在一个会计期间内,当一项或多项存货的单位成本变动时,需要采用一定的方法将可供销售的商品在销货成本和期末存货之间进行分配。可行的分配方法有个别认定法、平均成本法、先进先出法、后进先出法。不同的分配方法会产生不同的计量结果,对会计信息的揭示会产生一定的影响。因此,发出存货计量方法的选择,必须限定在会计准则的允许范围之内。依据我国《企业会计准则——存货》的规定,企业应当采用先进先出法、加权平均法或者个别计价法确定发出存货的实际成本,不允许用后进先出法。

2.发出存货成本的计价方法

(1)先进先出法

先进先出法是以先购入的存货应先发出(销售或耗用)这样一种存货实物流动假设为前提,对发出存货进行计价的一种方法。采用这种方法,存货的成本流动也建立在同样假设的基础上,先购入的存货成本也在后购入存货成本之前转出,据此确定发出存货成本和期末结存存货成本。

【例 4-4】以表 4-1 的资料,假设海河公司采用先进先出法计算本期销售和结存 K 商品的成本,则计算结果如表 4-2 所示。

表 4-2　库存商品明细账(先进先出法)

商品名称:K 商品　　　　　　　　　　　　　　　　　　　　　　　　　　　　　　计量单位:件

2012年 月	日	凭证编号	摘要	收入 数量	单价	金额	发出 数量	单价	金额	结存 数量	单价	金额
4	1		期初结存							30	50	1 500
	10	略	购入	90	60	5 400				30 90	50 60	1 500 5 400
	12		销售				30 50	50 60	1 500 3 000	40	60	2 400
	18		购入	60	70	4 200				40 60	60 70	2 400 4 200
	20		销售				40 10	60 70	2 400 700	50	70	3 500
	22		购入	20	80	1 600				50 20	70 80	3 500 1 600
	28		销售				30	70	2 100	20 20	70 80	1 400 1 600
	30		期末结存	170		11 200	160		9 700	20 20	70 80	1 400 1 600

从表 4-2 可以看出,海河公司 2012 年 4 月销售 160 件 K 商品的实际成本为 9 700元,月末结存 40 件 K 商品的实际成本为 3 000 元。

采用先进先出法进行存货计价的优点是,可以随时确定发出存货的成本,从而保证了存货耗用成本和销售成本计算的及时性,并且在该种方法下,期末存货成本是按最近购货的价值确定的,比较接近现行的市场价值。但采用该方法进行存货计价,有时对同一批发出存货要采用两个或两个以上单位成本计价,计价工作比较烦琐,这就使日常核算工作量大,特别是存货的进出量大且较烦琐的企业更是如此。

(2)加权平均法

加权平均法是平均计算存货成本的一种方法。该方法是用本期收货成本与期初存货成本之和,去除各批收货数量与期初存货数量之和,来计算存货的加权平均单位成本,从而确定存货的发出和结存成本。按计算方法的不同,又可分为月末一次加权平均法和移动加权平均法两种。

①月末一次加权平均法

月末一次加权平均法是指以月初结存存货数量和本月全部收入的存货数量为权数，计算本月存货的加权平均单位成本，据以确定本期发出存货成本和期末结存存货成本的方法。其计算公式为：

$$加权平均单位成本=\frac{月初结存存货实际成本＋本月收入存货成本}{月初结存存货数量＋本月收入存货数量}$$

$$本月发出存货的实际成本=本月发出存货数量×加权平均单位成本$$

$$月末结存存货的实际成本=月末结存存货数量×加权平均单位成本$$

当计算加权平均单位成本除不尽时，为了保证月末结存存货的数量、单位成本与总成本的一致性，应先按加权平均单位成本计算月末结存存货成本，然后倒推出本月发出存货的成本，将计算尾差挤入发出存货成本。即按以下公式确定发出存货的实际成本：

$$本月发出存货的实际成本=月初结存存货的实际成本＋本月收入存货的实际成本－月末结存存货的实际成本$$

【例 4-5】仍以表 4-1 的资料，假设海河公司选择月末一次加权平均法计算本期发出和结存 K 商品的成本，则计算结果如表 4-3 所示。

表 4-3 库存商品明细账（月末一次加权平均法）

商品名称：K商品 　　　　计量单位：件

2012年		凭证编号	摘要	收入			发出			结存		
月	日			数量	单价	金额	数量	单价	金额	数量	单价	金额
4	1		期初结存							30	50	1 500
	10	略	购入	90	60	5 400				120		
	12		销售				80			40		
	18		购入	60	70	4 200				100		
	20		销售				50			50		
	22		购入	20	80	1 600				70		
	28		销售				30			40		
	30		期末结存	170		11 200	160	63.5	10 160	40	63.5	2 540

从表 4-3 可以看出，海河公司 2012 年 4 月销售 160 件 K 商品的实际成本为 10 160 元，月末结存 40 件 K 商品的实际成本为 2 540 元。

其中：

$$加权平均单位成本=\frac{1\,500＋11\,200}{30＋170}=63.50(元/件)$$

$$本月销售 K 商品成本=160×63.50=10\,160(元)$$

$$本月结存 K 商品成本=40×63.50=2\,540(元)$$

采用月末一次加权平均法进行存货计价,平时不对发出存货计价,在存货品种、数量较多的情况下,简化了计价核算手续,因而日常核算工作量较小。但因加权平均单位成本只于月末计算一次,不能随时计算、登记存货的发出和结存成本,因此不利于存货的日常管理。

②移动加权平均法

移动加权平均法是在每次收货后,即根据当前存货的数量及其成本计算出存货新的平均单位成本,并据以计算发出存货的成本及库存存货成本的方法。其计算公式为:

$$移动加权平均单位成本 = \frac{本次存货入库前结存存货的实际成本 + 本次收入存货实际成本}{本次存货入库前结存存货的数量 + 本次收入存货的数量}$$

【例4-6】仍以表4-1的资料,假设海河公司采用移动加权平均法计算本期发出和结存K商品的成本,则计算结果如表4-4所示。

表4-4 库存商品明细账(移动加权平均法)

商品名称:K商品 　　　　　　　　　　　　　　　　　　　　　　　　　　　计量单位:件

2012年		凭证编号	摘要	收入			发出			结存		
月	日			数量	单价	金额	数量	单价	金额	数量	单价	金额
4	1		期初结存							30	50	1 500
	10	略	购入	90	60	5 400				120	57.5	6 900
	12		销售				80	57.5	4 600	40	57.5	2 300
	18		购入	60	70	4 200				100	65	6 500
	20		销售				50	65	3 250	50	65	3 250
	22		购入	20	80	1 600				70	69.29	4 850
	28		销售				30		2 078.4	40	69.29	2 771.6
	30		期末结存	170		11 200	160		9 928.4	40	69.9	2 771.6

从表4-4可以看出,海河公司2012年4月销售160件K商品的实际成本为9 928.40元,月末结存40件K商品的实际成本为2 771.60元。

其中:

$$4月10日购入后K商品的移动加权平均单位成本 = \frac{1\ 500 + 5\ 400}{30 + 90} = 57.50(元/件)$$

$$4月18日购入后K商品的移动加权平均单位成本 = \frac{2\ 300 + 4\ 200}{40 + 60} = 65(元/件)$$

$$4月22日购入后K商品的移动加权平均单位成本 = \frac{3\ 250 + 1\ 600}{50 + 20} = 69.29(元/件)$$

因为4月22日购入K商品后,计算的加权平均单位成本69.29元为近似数(小数四舍五入),所以4月28日销售K商品的成本按以下公式倒推计算,以保证总成本的一致性:

4月28日销售K商品的成本 = (3 250 + 1 600) − 2 771.60 = 2 078.4(元)

移动加权平均法的优点在于可以随时结转发出存货的成本,便于存货的日常管理,相对于全月一次加权平均法,由于平均的范围小,使计算结果较准确。缺点是在存货收入批次较多的情况下,经常计算移动平均单价,计价工作量较大。采用移动加权平均法,在每次收发货时都可能改变存货的单位成本,因而较适合于品种较少或收发次数不多的存货。

(3)个别计价法

个别计价法也称个别认定法、具体辨认法、分批实际法,是指按个别存货的实际成本确定发出存货成本和期末结存存货成本的方法。采用这种方法,注重所发出存货具体项目的实物流转与成本流转之间的联系,逐一辨认各批发出存货和期末结存存货所属的购进或生产的批别,分别按其购入或生产时所确定的单位成本作为计算各批发出存货和期末存货的成本。这就要求存货分批存放,设置标签并注明进货批次、单价及入库凭证等,同时存货明细账也相应进行详细记载,以便确认每批存货的实际成本。

采用个别计价法有利于具体、准确地掌握存货储存情况,存货的成本计价符合实际情况。但这种方法并不适用于所有种类的存货,如超市经营着上千种相对低价的商品,跟踪每一种商品的成本是不可能,也是不现实的。因此,这种方法一般适用于数量不多、单位价值较高或体积较大、不能替代使用并单独存放的存货,如船舶、飞机、重型设备、珠宝、名画等贵重物品。

3.发出存货计价方法对财务报表的影响

表4-5归纳了先进先出法、月末一次加权平均法、移动加权平均法三种发出存货计价方法对海河公司4月份K商品同一例子的计量结果(个别计价法依赖于每次挑出的个别存货)。

表 4-5 三种计量方法计量结果汇总

单位:元

计价方法	可供销售商品成本	销售成本	期末存货
先进先出法	12 700	9 700	3 000
月末一次加权平均法	12 700	10 160	2 540
移动加权平均法	12 700	9 928.4	2 771.6

从表4-5可以看出,企业在一定会计期间用于可供销售商品成本是相同的(12 700元),但在三种计价方法下,销售成本和期末存货成本是有很大差异的,这种差异会影响企业财务报表,我们可以通过以下公式来确定其影响:

期初存货成本+本期购货成本-期末存货成本=本期销货成本

资产负债表项目 利润表项目

如果期末存货成本被低估了,销货成本将会被高估,从而导致本期报告的资产价值偏低,利润偏低;如果期末存货成本被高估了,销货成本将会被低估,从而导致本期报告的资产价值偏高,利润偏高。而如果期初存货成本被低估了,销货成本也将会被低估,从而导致本期报告的利润偏高;如果期初存货成本被高估了,销货成本也将会被高估,从而导致本期报告的利润偏低。

发出存货计价方法对企业利润表的影响如表 4-6 所示。

表 4-6 发出存货计量对利润表的影响

存 货	销售成本	本期利润
期初存货被低估	被低估	偏高
期初存货被高估	被高估	偏低
期末存货被低估	被高估	偏低
期末存货被高估	被低估	偏高

因为净利润是股东权益的一个主要来源项目,因而,存货计量不仅影响资产负债表中的资产价值,也会影响股东权益总额。发出存货计价对资产负债表的影响如表 4-7 所示。

表 4-7 发出存货计量对资产负债表的影响

期末存货	资 产	股东权益
被高估	高估	高估
被低估	低估	低估

在先进先出法下,最早购进的货物成本最先被确认为销货成本,期末存货成本是以最近购进的单位成本为基础的,因此,当物价上涨时,会高估企业库存存货价值和当期利润,因为和收入进行配比的是最先购入单位较低的成本;反之,当物价下跌时,会低估企业库存存货价值和当期利润。在月末一次加权平均法下,用于可供销售货物成本是在加权平均单位成本基础上分配的,对存货计价结果较为均衡,但会导致当月销售成本和月末库存存货价值均背离现行成本。当物价上涨时加权平均成本将会低于现行成本,当物价下跌时加权平均成本将会超过现行成本。

存货计价方法的选择是管理决策,不同的方法对实际发生的采购成本和制造存货的总成本并无影响,但对企业财务报表将产生不同的结果,因此,财务报表使用者需要理解不同存货计价方法的影响。企业一旦选用某种方法,就要将这种方法一贯使用,不能随意变更,并通常应在报表附注中披露所采用的方法。若确需变更,必须解释变更的理由,并充分披露变更对财务报表的影响。

案例 4-1

四创电子(600990)存货的计价

安徽四创电子股份有限公司(简称四创电子)在 2011 年年度报表附注(十)中注明:存货在取得时,按成本进行初始计量,包括采购成本、加工成本和其他成本。存货发出时,采用加权平均法确定发出存货的实际成本。

资料来源:安徽四创电子股份有限公司 2011 年度报告,www.sse.com.cn。

(二)计划成本法

计划成本法就是存货日常的收入、发出和结存业务都以预先制定的计划成本计价,期末再通过对材料成本差异的分摊,将发出存货的计划成本和期末结存存货的计划成本调整为实际成本的一种计价方法。对于存货品种、规格、数量繁多,收发频繁的企业,为了简化日常存货的核算,可以采用计划成本法。

采用计划成本法计价主要是确定存货成本差异的形成与分配。

1.存货成本差异的形成

存货成本差异是存货的实际成本与计划成本之间的差额。当企业收入存货的实际成本大于计划成本时,这个差额称为超支差异,或称为不利差异;当企业收入存货实际成本小于计划成本时,这个差额称为节约差异,或称为有利差异。实际成本、计划成本和成本差异之间的关系为:

$$实际成本-计划成本=成本差异$$

2.存货成本差异的分配

存货成本差异随存货的收入而形成,因而也随存货的发出而转销,期初存货成本差异和本期形成的存货成本差异之和即为本期待分配存货成本差异总数,它应当在本期发出存货和期末结存存货之间加以分配,从而确定本期发出存货和期末结存存货的实际成本。存货成本差异的分配通常通过计算存货成本差异率进行。存货成本差异率的计算有本期存货成本差异率和期初存货成本差异率两种计算方法。

(1)本期存货成本差异率

本期存货成本差异率是指本期全部存货形成的差异额与本期全部存货计划成本的比率,其计算公式为:

$$本期存货成本差异率=\frac{期初结存存货的成本差异+本月验收入库存货的成本差异}{期初结存存货的计划成本+本期验收入库存货的计划成本}\times100\%$$

(2)期初存货成本差异率

期初存货成本差异率是指期初存货形成的差异额与期初存货计划成本的比率,其计算公式为:

$$期初存货成本差异率=\frac{期初结存存货成本差异}{期初结存计划成本}\times100\%$$

(3)本期发出存货成本和期末结存存货实际成本的确定

$$本期发出存货的实际成本=本期发出存货计划成本\pm发出存货的计划成本\times(本期或期初)存货成本差异率$$

$$期末结存存货的实际成本=期末结存存货计划成本\pm期末结存存货的计划成本\times(本期或期初)存货成本差异率$$

我国《企业会计准则应用指南》规定,发出材料应负担的成本差异,应当按期(月)分摊,不得在季末或年末一次计算。发出材料应负担的成本差异,除委托外部加工材料可按期初材料成本差异率计算外,应使用当期的实际差异率;期初成本差异率与本期成本差异率相差不大的,也可按期初成本差异率计算。计算方法一经确定,不得随意变更。

【例 4-7】海河公司采用计划成本法进行材料的日常核算,材料成本差异采用本期差异率法分配。2012 年 5 月,月初结存材料计划成本为 300 000 元,成本差异为超支 60 000 元;本月采购入库材料计划成本为 700 000 元,实际成本为 595 000 元;本月发出材料计划成本为 620 000 元。

海河公司 2012 年 5 月发出材料和结存材料的实际成本计算如下:

$$本月材料成本差异率 = \frac{60\ 000 - 105\ 000}{300\ 000 + 700\ 000} \times 100\% = -4.5\%$$

本月发出材料的实际成本 = 620 000 - 620 000 × 4.5% = 592 100(元)

本月结存材料的实际成本 = (300 000 + 700 000 - 620 000) × (1 - 4.5%) = 362 900(元)

(三)存货的估价法

经常使用的存货估价法有毛利率法和零售价格法两种。

1.毛利率法

毛利率法,是根据本期销售净额乘以上期实际(或本期计划)毛利率匡算本期销售毛利,据以计算发出存货和期末结存存货成本的一种方法。毛利率法的有关计算公式如下:

$$毛利率 = \frac{销售毛利}{销售净额} \times 100\%$$

销售净额 = 销售收入 - 销售退回与折让

本期销售毛利 = 本期销售净额 × 毛利率

本期销售成本 = 本期销售净额 - 销售毛利 = 本期销售净额 × (1 - 毛利率)

期末存货成本 = 期初存货成本 + 本期购货成本 - 本期销售成本

【例 4-8】北方五金批发商场 2012 年 3 月初结存商品成本为 860 000 元,本月购进商品成本为 1240 000 元,本月销售收入 1800 000 元,销售退回与折让 50 000 元,上季度五金的实际毛利率为 30%。则采用毛利率法计算本月结存商品成本和销售商品成本如下:

本月销售净额 = 1 800 000 - 50 000 = 1750 000(元)

本月销售毛利 = 1 750 000 × 30% = 525 000(元)

本月销售成本 = 1 750 000 - 525 000 = 1 225 000(元)

月末结存商品成本 = 860 000 + 1 240 000 - 1 225 000 = 875 000(元)

采用毛利率法估算存货成本的关键在于确定一个合理的毛利率,如果毛利率不合理,估算的存货成本就会与实际情况发生较大的背离。采用前期实际毛利率要求前后各期的毛利率大致相同,而采用本期估计毛利率则需要根据存货采购成本、销售价格、销售结构等因素的变化情况,对毛利率不断进行修正。

毛利率法在我国商品流通企业比较常用,特别是商品批发企业,由于经营的商品种类繁多,若按月采用发出存货的实际成本计价法对每种商品计算并结转销售成本,工作量较为繁重。而且,商品批发企业的同类商品毛利率大致相同,采用这种方法对商品计价也比较接近实际。

2.零售价格法

零售价格法是指用存货成本占零售价格的比率(即成本率)乘以期末存货的售价总额,估算期末存货成本,并据以计算本期发出存货成本的一种方法。

零售价格法的有关计算公式为：

$$成本占零售价格的比率(成本率)=\frac{期初存货成本+本期购货成本}{期初存货售价+本期购货售价}\times100\%$$

期末存货的售价总额＝本期可供销售存货的售价总额－本期已销存货的售价总额

期末存货成本＝期末存货售价总额×成本占零售价格的比率(成本率)

本期销售成本＝期初存货成本＋本期购货成本－期末存货成本

【例 4-9】 津工超市 2012 年 1 月初结存商品成本为 300 000 元,售价总额为 450 000 元;本月购进商品成本为 780 000 元,售价金额为 1 050 000 元;本月销售商品售价总额 680 000 元。则采用零售价格法计算本月结存商品成本和销售商品成本如下:

$$成本占零售价格的比率=\frac{300\,000+780\,000}{450\,000+1\,050\,000}\times100\%=72\%$$

月末结存商品的成本＝(450 000＋1 050 000－680 000)×72%＝590 400(元)

本月销售商品成本＝300 000＋780 000－590 400＝489 600(元)

零售价格法是商品零售企业普遍采用的一种存货估价方法。在百货商店、超级市场等零售企业中,商品的品种、型号、款式繁多,很难采用通常的发出存货计价方法,按月确定销售成本和结存存货成本,而零售企业必须按零售价格标明商品价值,也为采用零售价格法提供了便利。

第三节 存货日常收发的核算

存货日常收发的会计核算,主要是对企业生产经营过程中存货的收入、发出进行反映和监督,从而达到对存货实施计划和控制的目的。不同的存货项目其核算也不尽相同。

一、原材料

在我国会计实务中,原材料的日常核算有两种方法:实际成本法和计划成本法。

(一)实际成本法

原材料按实际成本法核算是指材料的收入、发出及结存,无论是总分类核算,还是明细分类核算均按实际成本进行。

1.会计科目设置

原材料按实际成本核算,需设置"在途物资"、"原材料"科目。

(1)在途物资

本科目核算企业采用实际成本(或进价)进行材料、商品等物资的日常核算,货款已付尚未验收入库的在途物资的采购成本。借方登记材料、商品的采购成本;贷方登记验收入库材料、商品的采购成本;本科目期末借方余额,反映在途材料、商品等物资的采购成本。本科目可按供应单位和物资品种进行明细核算。

(2)原材料

本科目核算企业各种库存材料的收、发、存实际成本情况,包括原料及主要材料、辅助材料、外购半成品(外购件)、修理用备件(备品备件)、包装材料、燃料等。借方登记入库材料的实际成本,贷方登记出库材料的实际成本,期末借方余额反映库存材料的实际成本。本科目可按材料的保管地点(仓库)、材料的类别、品种和规格等进行明细核算。

2.会计处理

(1)收入原材料的核算

企业材料的收入来源会有不同渠道,如外购、自制、投资者投入等,因此核算也有差异。但其主要来源仍然是外购的,故此处以外购材料为例,说明收入材料的核算。

由于距离采购地点的远近不同,货款转账结算方式不同等原因,企业外购材料从采购至验收入库结束的整个过程中,可能面临不同的情况,企业应分不同情况进行相应的会计处理。

①材料验收入库与结算款项同时完成

在材料已经验收入库,货款也已同时结算的情况下,企业应于支付货款或开出、承兑商业汇票,并且材料验收入库后,按发票账单等结算凭证确定的实际采购成本借记"原材料"科目,按增值税专用发票上注明的可抵扣增值税额,借记"应交税费——应交增值税(进项税额)"科目;按实际结算的款项贷记"银行存款"、"其他货币资金"、"预付账款"或"应付票据"等科目。

【例 4-10】海河公司 2012 年 4 月 2 日在本市某公司购进甲材料 200 公斤,专用发票注明单价 400 元,共计货款 80 000 元,增值税额 13 600 元,开出转账支票支付上述款项,材料已验收入库。根据发票、支票存根和收料单编制会计分录:

```
借:原材料——甲材料                                    80 000
    应交税费——应交增值税(进项税额)                  13 600
  贷:银行存款                                                      93 600
```

②货款已经结算,但材料尚未办理入库手续

企业从外地购入材料,由于货物运输和货款结算存在着"时间差",经常出现货款已支付,但材料尚未运达企业的现象。在已经支付货款或开出、承兑商业汇票,但材料尚在运输途中或虽已运达但未验收入库的情况下,企业应于支付货款或开出、承兑商业汇票时,按发票账单等结算凭证确定的材料采购成本,借记"在途物资"科目,按增值税专用发票上注明的可抵扣增值税额,借记"应交税费——应交增值税(进项税额)"科目,按实际结算的款项,贷记"银行存款"、"其他货币资金"、"预付账款"或"应付票据"等科目。待材料到达企业并验收入库后,再根据有关收料凭证,借记"原材料"账户,贷记"在途物资"科目。

【例 4-11】海河公司 2012 年 4 月 28 日从外埠购入乙材料 600 千克,单价 80 元。收到银行转来结算凭证,共计货款 48 000 元,增值税额 8 160 元,上述款项已用银行汇票支付,材料尚未收到。根据发票等结算凭证编制会计分录:

```
借:在途物资                                            48 000
    应交税费——应交增值税(进项税额)                   8 160
  贷:其他货币资金——银行汇票                                      56 160
```

上述材料已于 2012 年 5 月 10 日运抵企业并验收入库,根据收料单等编制会计分录:

```
借:原材料——乙材料                                     48 000
  贷:在途物资                                                      48 000
```

③材料已验收入库,但尚未支付款项

对已验收入库尚未付款的材料,企业应分情况处理:

一种情况是:材料已运达企业并验收入库,发票账单已到,企业因银行存款不足而未能付款,形成企业对供货单位的债务,这时应根据发票账单等确定的材料采购成本,借记"原材料"科目,按增值税专用发票上注明的可抵扣增值税额,借记"应交税费——应交增值税(进项税额)"科目;按应付未付的款项,贷记"应付账款"科目。待以后支付款项时,借记"应付账款"科目,贷记"银行存款"等科目。

【例 4-12】海河公司 2012 年 6 月 15 日从创新公司购入丙材料 150 千克,单价 180元,共计货款 27 000 元,增值税额 4 590 元,材料已验收入库,因银行存款不足,款项暂欠。根据发票、运单和收料单等编制会计分录:

借:原材料 27 000

应交税费——应交增值税(进项税额) 4 590

贷:应付账款——创新公司 31 590

上述款项于 2012 年 7 月 5 日支付,根据银行结算凭证编制会计分录:

借:应付账款——创新公司 31 590

贷:银行存款 31 590

另一种情况是:材料已运达企业并验收入库,由于凭证传递时间多于材料运输时间造成发票账单未到,因而尚未支付货款。在一般情况下,发票账单随后几天就能到达,所以材料到达时可先不作账务处理,待月份内收到发票账单付款时,再按料到款已付的业务进行账务处理。如果到月末时仍未收到发票账单,为了在月份报表中真实地反映企业库存材料物资情况,企业应按合同价暂估入账,借记"原材料"科目,贷记"应付账款"科目,下月初用红字予以冲销,待收到发票账单并付款后,再按料到款已付的业务进行账务处理。

【例 4-13】海河公司 2012 年 6 月 25 日收到邯郸钢铁公司发来的 D 材料 750 千克,材料已验收入库,但发票账单等结算凭证未到。

2012 年 6 月 25 日,对验收入库的材料,暂不进行账务处理。

至 6 月 30 日仍未收到发票账单时,根据合同单价 68 元暂估记账,编制会计分录:

借:原材料 51 000

贷:应付账款——邯郸钢铁 51 000

7 月 1 日,编制红字记账凭证冲回估价入账分录:

借:原材料 51 000 ①

贷:应付账款——邯郸钢铁 51 000

7 月 4 日,收到上述 D 材料的发票账单,实际价款 52 500 元,增值税额 8 925 元,款项通过银行付清。根据发票、运单、银行结算凭证和收料单编制会计分录:

借:原材料 52 500

应交税费——应交增值税(进项税额) 8 925

贷:银行存款 61 425

---

① □框表示红字。

（2）发出原材料的核算

原材料在生产经营过程中领用后,其原有实物形态会发生改变乃至消失,其成本也随之形成产品成本或直接转化为费用,或形成其他有关项目支出的一部分。根据原材料的消耗特点,企业发出原材料时,应根据发出原材料的用途,按计算确定的实际成本,分别借记"生产成本"、"制造费用"、"销售费用"、"管理费用"等科目,贷记"原材料"科目。

【例 4-14】海河公司对原材料采用实际成本核算法进行核算,2012 年 6 月末,根据"发料凭证汇总表",计算出各部门领用原材料的实际成本分别为:基本生产车间领用 90 000元,辅助车间领用 50 000 元,车间管理部门领用 20 000 元,公司管理部门领用 8 000 元,独立的销售部门领用 2 000 元。

根据"发料凭证汇总表"编制会计分录为:

借:生产成本——基本生产成本	90 000
——辅助生产车间	50 000
制造费用	20 000
管理费用	8 000
销售费用	2 000
贷:原材料	170 000

（二）计划成本法

1.计划成本法核算的基本程序

（1）为每一品种、规格的材料制订计划成本,计划成本一经确定,在年度内一般不做调整,但实际单位成本与计划单位成本相差过大时,应做调整。

（2）取得材料时,确定成本差异的形成。

（3）发出材料时,分配结转材料成本差异。

2.会计科目设置

计划成本法下,为了及时反映材料的收入、发出、结存及材料成本差异的形成和结转,应设置"材料采购"、"原材料"和"材料成本差异"科目。

（1）材料采购

本科目核算企业采用计划成本进行材料日常核算而购入材料的采购成本。企业支付材料价款和运杂费等,记入本科目的借方;期末,对于已经付款或已开出、承兑商业汇票的收料凭证,按材料计划成本计入本科目的贷方。同时,若入库材料的实际成本大于计划成本,将该差异记入本科目的贷方;若入库材料的实际成本小于计划成本,将该差异记入本科目的借方。本科目期末借方余额,反映企业在途材料的采购成本。本科目可按供应单位和材料品种进行明细核算。

（2）原材料

企业采用计划成本进行材料日常核算时,本科目借方登记入库材料的计划成本;贷方登记发出材料的计划成本。本科目期末借方余额,反映企业库存材料的计划成本。本科目可按材料的保管地点(仓库)、材料的类别、品种和规格等进行明细核算。

（3）材料成本差异

本科目核算企业采用计划成本进行材料日常核算的材料计划成本与实际成本的差

额。本科目借方登记入库材料的实际成本大于计划成本的差异额（超支差异）及发出材料应负担的实际成本小于计划成本的差异额（节约差异）；贷方登记入库材料的实际成本小于计划成本的差异额及发出材料应负担的实际成本大于计划成本的差异额（超支差异）。期末若为借方余额，反映企业库存材料的实际成本大于计划成本的差异；期末若为贷方余额，反映企业库存材料的实际成本小于计划成本的差异。本科目可以分别"原材料"、"周转材料"等，按类别和品种进行明细核算。

3. 会计处理

（1）收入原材料的核算

在计划成本法核算下，由于付款时按实际成本支付，收料时按计划成本入账，实际成本与计划成本的差异还要结转，为了完整地反映上述业务，对每一笔购料业务，都要从付款、收料和结转差异三个方面进行核算，以便完整地反映和监督材料采购资金的支出情况，考核材料采购过程的业务成果。

①材料验收入库与结算款项同时完成

在材料已经验收入库，货款也已同时结算的情况下，企业应于支付货款或开出、承兑商业汇票时，按发票账单等结算凭证确定的实际采购成本，借记"材料采购"科目，按增值税专用发票上注明的可抵扣增值税额，借记"应交税费——应交增值税（进项税额）"科目；按实际结算的款项贷记"银行存款"、"其他货币资金"、"预付账款"或"应付票据"等科目。材料验收入库后，按材料的计划成本，借记"原材料"科目，贷记"材料采购"科目；若实际成本大于计划成本形成超支差异，借记"材料成本差异"科目，贷记"材料采购"科目；若实际成本小于计划成本形成节约差异，借记"材料采购"科目，贷记"材料成本差异"科目。

【例 4-15】海河公司对 N 材料采用计划成本法核算。2012 年 3 月 10 日，公司由本市 L 公司购入 N 材料 100 千克，实际单价 200 元，计划单价 205 元。增值税专用发票注明价款 20 000 元，增值税额 3 400 元。材料已验收入库，款项已用转账支票付清。根据发票、银行结算凭证和收料单同时编制如下会计分录：

付款时：

借：材料采购——N 材料	20 000	
应交税费——应交增值税（进项税额）	3 400	
贷：银行存款		23 400

收料时：

借：原材料——N 材料	20 500	
贷：材料采购——N 材料		20 500

结转材料成本差异时：

借：材料采购——N 材料	500	
贷：材料成本差异——N 材料		500

②货款结算在先，材料入库在后

对于已经付款或已开出承兑的商业汇票，材料尚未办理入库手续的采购业务，其会计处理与"材料验收入库与结算款项同时完成"采购业务情况相同，只是在入账的时间上稍有延迟，即必须等到材料运达企业并验收入库时，再编制收料和结转差异的会计分录。

【例 4-16】2012 年 3 月 25 日,海河公司由东方公司购入 M 材料 200 千克,实际单价 210 元,计划单价 190 元。增值税专用发单价票注明价款 42 000 元,增值税额 7 140 元,款项用银行汇票付清,材料尚未运达企业。根据银行结算凭证编制付款时的会计分录。

借:材料采购——M 材料   42 000
 应交税费——应交增值税(进项税额) 7 140
  贷:其他货币资金——银行汇票   49 140

以后待材料运回并验收入库后,再按其计划成本记入"原材料"账户,同时结转相应的材料成本差异。

【例 4-17】承接【例 4-16】,4 月 2 日海河公司由东方公司购入的 M 材料到达并已办理入库手续。

借:原材料——M 材料   42 000
  贷:材料采购——M 材料   42 000

同时,结转入库材料的成本差异:

借:材料成本差异——M 材料   4 000
  贷:材料采购——M 材料   4 000

应当注意的是:当发票账单到达企业而原材料月底仍未到达企业时,财会部门只能根据发票账单确定这部分材料的实际成本,但却不能做材料入库和确定入库材料成本差异的会计分录。因此,在这种情况下,月末计算成本差异率时,公式中的分子和分母均不会涉及这部分原材料。

③材料已验收入库,但尚未支付款项

对已验收入库尚未付款的材料,企业应分情况处理:

一种情况是:材料已运达企业并验收入库,发票账单已到,企业因银行存款不足而未能付款,形成企业对供货单位的债务,这时应根据发票账单等确定的材料采购成本,借记"材料采购"科目,按允许抵扣的增值税额借记"应交税费——应交增值税(进项税额)"科目,按材料实际采购成本与增值税额之和贷记"应付账款"科目;同时,按计划成本借记"原材料"科目,贷记"材料采购"科目,并做结转材料成本差异的账务处理。待以后支付款项时,借记"应付账款"科目,贷记"银行存款"等科目。

另一种情况是:材料已运达企业并验收入库,由于凭证传递时间多于材料运输时间造成发票账单未到,企业无法确定材料的实际成本,因而尚未支付货款。在一般情况下,发票账单随后几天就能到达,所以材料到达时可先不做账务处理,待当月内收到发票账单付款时,再按料到款已付的业务进行账务处理。如果到月末时仍未收到发票账单,为了在月份报表中真实地反映企业库存材料物资情况,企业应按计划成本估计入账,借记"原材料"科目,贷记"应付账款"科目,下月初,用红字冲销该记录,待下月结算凭证到达并付款后,按料到款已付的正常程序进行账务处理。

【例 4-18】海河公司 2012 年 5 月 27 日收到鞍山钢铁公司发来的材料 400 千克,材料已验收入库,但发票账单等结算凭证未到。该材料的计划单价 560 元。

2012 年 5 月 27 日,对验收入库的材料暂不进行账务处理。

至 2012 年 5 月 31 日仍未收到发票账单时,根据计划单价 560 元暂估记账,编制会计分录:

借:原材料　　　　　　　　　　　　　　　　　　224 000
　　贷:应付账款——邯郸钢铁　　　　　　　　　　　　　　224 000

6 月 1 日,编制红字记账凭证冲回估价入账分录:

借:原材料　　　　　　　　　　　　　　　　　224 000
　　贷:应付账款——邯郸钢铁　　　　　　　　　　　　　224 000

6 月 3 日,海河公司收到上述材料的发票账单,增值税专用发票标明单价 580 元,价款 232 000 元,增值税额 39 440 元,款项用银行汇票付清。根据发票、运单、银行结算凭证和收料单编制会计分录:

付款:

借:材料采购——钢材　　　　　　　　　　　　232 000
　　应交税费——应交增值税(进项税额)　　　　39 440
　　贷:其他货币资金——银行汇票　　　　　　　　　　271 440

结转入库材料计划成本:

借:原材料——钢材　　　　　　　　　　　　224 000
　　贷:材料采购——钢材　　　　　　　　　　　　22 4000

结转入库材料成本差异:

借:材料成本差异——钢材　　　　　　　　　8 000
　　贷:材料采购——钢材　　　　　　　　　　　　8 000

以上账务处理均采用的是逐笔结转计划成本和成本差异,即每笔结算和每笔收料都随时编制会计分录。在会计实务中,为简化核算工作,材料入库计划成本及材料成本差异结转的账务处理,也可集中在月末进行,根据收料单汇总后,编制收料凭证汇总表,一次结转入库材料的计划成本和材料成本差异。

(2)发出原材料的核算

按计划成本法核算发出原材料,与按实际成本法相同的是,也是在月末根据月份内签发的发料凭证,按领料部门和用途汇总,编制“发料凭证汇总表”,并据以进行账务处理。与实际成本不同的是:一是发料凭证都是按计划成本计价的;二是需计算结转发出材料应负担的成本差异,将发出材料的计划成本调整为实际成本。因此按计划成本法核算发出原材料的,包括结转发出原材料的计划成本和结转发出原材料应负担的成本差异两部分内容。

①结转发出材料的计划成本

企业发出材料时,应根据领用部门和用途,分别计入有关成本费用项目。领用原材料时,按确定的计划成本,分别借记“生产成本”、“制造费用”、“销售费用”、“管理费用”、“在建工程”、“其他业务成本”等科目,贷记“原材料”科目。

【例 4-19】2012 年 6 月末,海河公司根据“发料凭证汇总表”,计算出各部门领用原材料的计划成本分别为:基本生产车间领用 150 000 元,辅助车间领用 30 000 元,车间管理部门领用 45 000 元,公司管理部门领用 10 000 元,独立的销售部门领用 12 000 元。

借:生产成本——基本生产成本	150 000	
——辅助生产车间	30 000	
制造费用	45 000	
管理费用	10 000	
销售费用	12 000	
贷:原材料		247 000

②结转发出材料应负担的成本差异

企业结转发出材料应负担的成本差异时,按实际成本大于计划成本的差异,借记"生产成本"、"制造费用"、"管理费用"、"其他业务成本"等科目,贷记"材料成本差异";实际成本小于计划成本的差异做相反的会计分录。

【例 4-20】承接【例 4-19】,2012 年 6 月末,海河公司计算确定的本期材料成本差异率为 2%,则本期发出材料应负担的材料成本差异为:

基本生产车间:150 000×2%=3 000(元)

辅助车间:30 000×2%=600(元)

车间管理部门:45 000×2%=900(元)

公司管理部门:10 000×2%=200(元)

独立的销售部门:12 000×2%=240(元)

合计:4 940(元)

借:生产成本——基本生产成本	3000	
——辅助生产车间	600	
制造费用	900	
管理费用	200	
销售费用	240	
贷:材料成本差异		4 940

2012 年 6 月末,如果海河公司计算确定的本期材料成本差异率为−2%,则结转本期发出材料应负担的成本差异时:

借:材料成本差异	4 940	
贷:生产成本——基本生产成本		3 000
——辅助生产车间		600
制造费用		900
管理费用		200
销售费用		240

二、库存商品

(一)制造企业的库存商品

制造企业的库存商品是指已经完成全部生产过程并已验收入库,可按合同规定的条件交订货单位或可以作为商品对外销售的产成品。企业接受外来原材料加工的代制品和为外单位加工修理的代修品,制造和修理完成验收入库后应视同企业的产成品。

1. 会计科目设置

为了反映工业企业库存商品的收入、发出和结存情况,企业应设置"库存商品"科目,该科目借方登记生产完成验收入库的产成品,贷方登记对外销售结转的产成品实际成本,期末余额反映库存产成品的实际成本。本科目可按产成品的种类、品种和规格进行明细核算。

2.会计处理

制造企业生产完成验收入库时,按其入库产成品实际成本,借记"库存商品"科目,贷记"生产成本"科目;对外销售等发出产成品,可采用先进先出法、加权平均法或个别计价法计算确定销售产成品的实际成本,结转销售产成品成本时,借记"主营业务成本"科目,贷记"库存商品"科目。

【例4-21】海河公司2012年3月31日编制"产成品入库汇总表",如表4-8所示。

表4-8 产成品入库汇总表

2012年4月

产品名称	单位	数量	单位成本	总成本
A产品	件	200	380	76 000
B产品	件	150	420	63 000
合计	—	350	—	139 000

借:库存商品——A产品   76 000
      ——B产品   63 000
  贷:生产成本——A产品   76 000
      ——B产品   63 000

【例4-22】海河公司2012年4月30日按月末加权平均法计算确定本月销售A产品的实际成本为88 800元。月末结转已售A产品成本时:

借:主营业务成本——A产品   88 800
  贷:库存商品——A产品   88 800

(二)商品流通企业的库存商品

商品流通企业库存商品是指外购或委托加工完成验收入库用于销售的各种商品,其中外购是库存商品的主要来源。

商品流通企业根据其在流通领域所处的地位不同,可分为批发企业和零售企业。根据其经营特点不同,对库存商品可分别采用"数量成本金额法"和"售价金额法"核算。

批发企业经营的特点是经营范围较小,品种有限,且交易次数较少,而每次的成交额都较大,需要储备一定数量的商品,随时掌握各种商品进、销、存的数量和结存金额。因此,批发企业一般单设仓库,商品购销存分工较细,各由专人负责,采用"数量成本金额法"核算,即以实物数量和成本金额两种指标来反映商品流转过程及其结果。批发企业购进商品时,按其实际采购成本,借记"在途物资"或"库存商品"科目,按其可以抵扣的增值税进项税额,借记"应交税费——应交增值税"科目,按实际结算的款项贷记"银行存款"、"其他货币资金"、"预付账款"或"应付票据"等科目。批发企业销售发出的商品应按商品的实际成本结转,如库存商品中各批进货成本不一致,可按先进先出法、加权平均法或个别计价法等方法计算确定。批发企业商品销售成本可随商品销售在平时逐笔结转,也可于月末一次结转,结转销售商品的成本时,借记"主营业务成本"科目,贷记"库存商品"科目。

与批发企业相比较,零售企业的经营特点是经营的范围广,经营的商品品种繁多,交易次数频繁,但每次的交易额较小,而数量零星。因此,零售企业一般不单设仓库,随进随销,商品的进销存也没有明确的分工,如柜台的营业员即负责销货,又负责收款、开票,同时还要负责柜组商品的保管工作。为了简化核算工作,零售企业一般采用"售价金额法"核算,即对商品购、销、存的数量不做计量,按商品售价计价,只核算商品购、销、存的金额而不核算数量。在"售价金额法"核算下,"库存商品"科目按商品售价记账,其借方、贷方和余额均反映商品的售价,且一般按实物负责人设置明细账。此外,为了核算商品售价与进价之间的差额,还要增设"商品进销差价"科目,本科目是"库存商品"科目的备抵调整科目,其贷方登记商品售价大于进价的差额,借方登记已销商品转销的进销差价,期末贷方余额反映企业库存商品的进销差价。本科目可按商品类别或实物管理负责人进行明细核算。

在"售价金额法"下,商品日常的进、销、存记录均按售价进行,为了真实确定本期已销商品的成本和结存商品的成本,期末通过计算商品进销差价率,将商品进销差价在本期已销商品和结存商品之间进行分配。

商品进销差价率计算公式为:

$$商品进销差价率=\frac{期初库存商品进销差价+本期购进商品进销差价}{期初库存商品售价+本期购进商品售价}\times100\%$$

本期已销商品应分摊的进销差价=本期商品销售收入×商品进销差价率

本期已销商品的实际成本=本期商品销售收入-本期已销商品应分摊的进销差价

$$期末结存商品的实际成本=期初库存商品的成本+本期购进商品的成本-本期已销商品的实际成本$$

企业的商品进销差价率各月之间比较均衡的,也可以采用上月商品进销差价率计算分摊本月的商品进销差价。年度终了,应对商品进销差价进行核实调整。

【例 4-23】远东百货商厦 2011 年 10 月 1 日库存羊毛衫 30 件,实际成本为 18 000 元,售价金额为 30 000 元,进销差价为 12 000 元。10 月份发生以下经济业务:

(1)10 月 5 日购进羊绒衫 50 件,增值税专用发票标明单价 640 元,货款 32 000 元,增值税 5 440 元,货款及增值税已用转账支票付清,但羊毛衫尚未到达入库。

借:在途物资——羊毛衫	32 000	
应交税费——应交增值税(进项税额)	5 440	
贷:银行存款		37 440

(2)2011 年 10 月 12 日,上述羊毛衫 50 件已到,针织组已办理了入库手续。羊毛衫每件售价 1 000 元。

借:库存商品——针织组——羊毛衫	50 000	
贷:在途物资——羊毛衫		32 000
商品进销差价——针织组——羊毛衫		18 000

(3)2011 年 10 月卖出羊毛衫 70 件,收到款项 70 000 元存入银行。

借:银行存款	70 000	
贷:主营业务收入		70 000

（4）按售价结转已销商品成本：

借：主营业务成本 70 000

　　贷：库存商品——针织组 70 000

（5）月末，计算销售该商品已实现的进销差价：

$$进销差价率=\frac{12\ 000+18\ 000}{30\ 000+50\ 000}\times100\%=37.5\%$$

本期已销商品应分摊的进销差价＝70 000×37.5%＝26 250（元）

结转已销商品应分摊的进销差价：

借：商品进销差价——针织组——羊毛衫 26 250

　　贷：主营业务成本 26 250

三、委托加工物资

在企业的生产经营活动中，由于一部分材料物资在规格、质量上不符合生产设计的特定要求，或者对库存材料缺乏特殊加工处理的工艺设备条件，或者由于生产业务量大而企业生产能力有限等，往往需要将一部分材料物资委托外单位加工，以满足企业生产经营需要。委托外单位加工的物资虽然存放在外单位，但其所有权属于委托企业，加工完成后作为一种新的材料物资要收回。与库存材料物资不同的是，加工前后不仅实物形态和用途发生变化，而且材料物资的价值也有所增加，因此，必须单独进行核算。

（一）设置"委托加工物资"科目

为了核算委托外单位加工的各种材料、商品等物资的发出、收回和结存情况，企业应设置"委托加工物资"科目。该科目借方登记发出材料、商品等物资的实际成本和支付的委托加工物资的加工费、运杂费、税金等；贷方登记已加工完毕并已验收入库委托加工物资的实际成本；期末借方余额反映委托外单位加工尚未完成物资的实际成本。本科目可按加工合同、受托单位以及加工物资的品种等进行明细核算。

（二）委托加工物资的会计处理

企业委托外单位加工物资，在会计处理上主要包括拨付加工物资、支付加工费和税金、收回加工物资和剩余物资等环节。委托加工物资可采用实际成本法核算，也可采用计划成本法或售价金额法核算。

1. 拨付委托加工物资

企业发给外单位加工的物资时，按拨付物资的实际成本，借记"委托加工物资"科目，贷记"原材料"、"库存商品"等科目；按计划成本或售价核算的，还应同时结转材料成本差异或商品差价。

2. 支付加工费、增值税和运杂费

委托单位支付委托加工物资的加工费、增值税以及应负担的运费等时，借记"委托加工物资"、"应交税费——应交增值税（进项税额）"等科目，贷记"银行存款"等科目。

3. 交纳消费税

如果委托加工物资属于应税消费品时，企业还须缴纳消费税。消费税由受托方代收代交。委托方对缴纳的消费税应分别按以下情况处理：

(1)委托加工物资收回后直接用于销售的,委托方应将受托方代收代交的消费税额计入委托加工物资的成本,借记"委托加工物资"科目,贷记"应付账款"、"银行存款"等科目;

(2)委托加工物资收回后用于连续生产应税消费品的,委托方应按准予抵扣受托方代扣代交的消费税额,借记"应交税费——应交消费税"科目,贷记"应付账款"、"银行存款"等科目。

4.加工完成收回物资

加工完成验收入库的物资和剩余的物资,按加工收回物资的实际成本和剩余物资的实际成本,借记"原材料"、"库存商品"等科目,贷记"委托加工物资"科目。采用计划成本或售价核算的,按计划成本或售价,借记"原材料"、"库存商品"科目,按实际成本,贷记"委托加工物资"科目,按实际成本与计划成本或售价之间的差额,借记或贷记"材料成本差异"科目或贷记"商品进销差价"科目。

采用计划成本或售价核算的,也可以采用上期材料成本差异率或商品进销差价率计算分摊本期应分摊的材料成本差异或商品进销差价。

【例 4-24】海河公司委托运河公司加工一批应纳消费税的物资。海河公司拨付加工用物资用材料 8 000 元,向运河公司支付加工费 1 000 元,增值税 170 元。委托加工物资适用的消费税税率为 10%。已经加工完毕验收入库。海河公司按实际成本法对该批物资进行核算,有关会计处理如下:

(1)发出委托加工物资用材料时

借:委托加工物资   8 000

 贷:原材料   8 000

(2)支付加工费时

借:委托加工物资   1 000

  应交税费——应交增值税(进项税额)   170

 贷:银行存款   1170

(3)支付代扣代缴消费税时

$$代扣代缴消费税 = \frac{8\ 000 + 1\ 000}{1 - 10\%} \times 10\% = 1\ 000(元)$$

如果河海公司加工后的物资收回:

借:应交税费——应交消费税   1 000

 贷:银行存款   1 000

如果海河公司委托加工的物资收回后直接用于销售:

借:委托加工物资   1 000

 贷:银行存款   1 000

(4)加工完毕收回委托加工物资时

用于连续生产应税消费品:

借:原材料   9 000

 贷:委托加工物资   9 000

直接用于销售:

借:库存商品　　　　　　　　　　　　　　　　　　　　　　　　10 000
　贷:委托加工物资　　　　　　　　　　　　　　　　　　　　　　　　　10 000

四、周转材料

周转材料的核算包括取得和摊销两个方面。

(一)会计科目设置

企业周转材料的核算同原材料一样,也有实际成本法和计划成本法两种。为了核算企业周转材料的实际成本或计划成本的变动和结存情况,企业应设置"周转材料"科目,借方登记收入周转材料的实际成本或计划成本,贷方登记转销周转材料的实际成本或计划成本,期末借方余额反映在库周转材料的实际成本或计划成本以及在用周转材料的摊余价值。本科目可按周转材料的种类,分别按"在库"、"在用"和"摊销"进行明细核算。

企业的包装物和低值易耗品较多时,也可以单独设置"包装物"、"低值易耗品"科目。

(二)周转材料取得的核算

企业取得周转材料的核算,可比照原材料的相关处理进行,此处不再重复。

(三)周转材料的领用和摊销

1.周转材料的领用

企业周转材料种类繁多,分布于生产经营的各个环节,领用时应根据具体用途,分别按不同情况处理:

(1)生产部门领用的周转材料,构成产品实体一部分的,其账面价值应直接计入产品"生产成本"。

(2)属于车间一般性物料消耗的,其账面价值应计入"制造费用"。

(3)销售部门领用的周转材料,随同商品出售但不单独计价的,其账面价值应计入"销售费用";随同商品出售并单独计价的,应视为材料销售,将取得的收入作为"其他业务收入",相应的周转材料账面价值应计入"其他业务成本"。

(4)用于出借的周转材料,其账面价值应计入"销售费用"。

(5)企业管理部门领用的周转材料,其账面价值应计入"管理费用"等。

2.周转材料的摊销

企业的周转材料在生产经营中可多次参加周转而不改变其实物形态,它的价值也应按其损耗的程度,逐渐转移到成本费用中去,这种因损耗而转移的价值就是周转材料的摊销。常用的周转材料摊销方法有一次转销法、"五五"摊销法和分次摊销法等。企业领用周转材料,应根据其消耗方式、价值大小、耐用程度等,选择适当的摊销方法。我国《企业会计准则》规定,周转材料可以采用一次转销法或分次摊销法。

(1)一次转销法

一次转销法是指周转材料在领用时就将其全部账面价值计入相关资产成本或当期损益的方法。一次转销法通常适用于价值较低或极易损坏的管理用具和小型工具、卡具以及在单件小批生产方式下为制造某批订货所用的专用工具等低值易耗品以及生产领用的包装物和随同商品出售的包装物;数量不多、金额较小,且业务不频繁的出租或出借包装物,也可以采用一次转销法结转包装物成本,但在以后收回使用过的出租或出借包装物时,应加强实物管理,并在备查簿上进行登记。

采用一次转销法,领用周转材料时,应按其账面价值,借记"生产成本"、"制造费用"、"销售费用"、"管理费用"、"其他业务成本"等科目,贷记"周转材料"科目;周转材料报废时回收残料,应当作为当月周转材料摊销额的减少,冲减有关资产成本或当期损益。周转材料报废时,按其残料价值,借记"原材料"等科目,贷记"生产成本"、"制造费用"、"销售费用"、"管理费用"、"其他业务成本"等科目。

【例4-25】2012年2月,海河公司基本生产车间领用专用工具一批,实际成本为4 000元。对该专用工具采用一次转销法核算。

借:制造费用 4 000
　贷:周转材料——低值易耗品 4 000

2012年5月,基本生产车间领用的专用工具报废,收回残料估价200元入库。

借:原材料 200
　贷:制造费用 200

【例4-26】海河公司2012年3月随同产品出售不单独计价的包装物40个,每个包装物成本20元。

借:销售费用 800
　贷:周转材料——包装物 800

(二)分次摊销法

分次摊销法是指根据周转材料可供使用的估计次数,将其成本分期计入有关成本费用的一种摊销方法。

各期周转材料摊销额的计算公式为:

$$某期周转材料摊销额 = \frac{周转材料账面价值}{预计可使用次数} \times 该期实际使用次数$$

采用分次摊销法时,周转材料应分别在"在库"、"在用"和"摊销"进行明细核算。领用周转材料时,按其账面价值,借记"周转材料——在用"科目,贷记"周转材料——在库"科目;分期摊销其账面价值时,按计算的本期摊销额,借记"管理费用"、"销售费用"、"其他业务成本"、"生产成本"、"制造费用"等科目,贷记"周转材料——摊销"科目;周转材料报废时,应将其账面摊余价值一次摊销,借记"管理费用"、"销售费用"、"其他业务成本"、"生产成本"、"制造费用"等科目,贷记"周转材料——摊销"科目;同时,转销周转材料全部已提摊销额,借记"周转材料——摊销"科目,贷记"周转材料——在用"科目。报废周转材料的残料价值应冲减有关资产成本或当期损益,借记"原材料"、"银行存款"等科目,贷记"管理费用"、"销售费用"、"其他业务成本"、"生产成本"、"制造费用"等科目。

【例4-27】2012年7月,海河公司领用生产用模具100个,每个模具成本240元,预计可使用6次,采用分次摊销法。领用当月,实际使用4次;月末,经检查有30个模具不能继续使用,决定予以报废,将残料出售,收取价款1 600元存入银行。

(1)领用模具时

借:周转材料——低值易耗品——在用 24 000
　贷:周转材料——低值易耗品——在库 24 000

（2）摊销在用模具时

$$本月领用模具应摊销额=\frac{24\,000}{6}×4=16\,000(元)$$

借：制造费用 16 000

　　贷：周转材料——低值易耗品——摊销 16 000

（3）将 30 个报废模具摊余价值一次摊销并转销全部已提摊销额

$$30 个模具摊余价值=240×30-\frac{240×30}{6}×4=2\,400(元)$$

借：制造费用 2 400

　　贷：周转材料——低值易耗品——摊销 2 400

同时：

借：周转材料——低值易耗品——摊销 7 200

　　贷：周转材料——低值易耗品——在用 7 200

（4）收到报废模具残料变价收入时

借：银行存款 1 600

　　贷：制造费用 1 600

第四节　存货的期末计量

一、存货期末计量的原则

为了在资产负债表中更加合理地反映期末存货价值,企业应当选择适当的方法对期末存货进行再计量。我国《企业会计准则》规定,资产负债表日,存货应当按照成本与可变现净值孰低计量。即当成本低于可变现净值时,存货按成本计量;当成本高于可变现净值时,存货可按可变现净值计量,同时按照成本高于可变现净值的差额计提存货跌价准备,计入当期损益。这里所讲的"成本"是指期末存货的实际成本。如果企业在存货成本的日常核算中采用计划成本法、售价金额法等简化核算方法,则"成本"为经调整后的实际成本。存货的可变现净值是指在日常活动中,存货的估计售价减去至完工时估计将要发生的成本、估计的销售费用以及相关税费后的金额。需注意的是,可变现净值为存货的预计未来净现金流量,而不是存货的预计售价或合同价。

成本与可变现净值孰低计量的理论基础主要是使存货符合资产的定义。当存货的可变现净值跌至成本以下时,表明该存货会给企业带来的未来经济利益低于其账面成本,因而应将这部分损失从资产价值中扣除,计入当期损益。否则,存货的可变现净值低于成本时,如果仍以其成本计量,就会出现虚计资产的现象,将违背谨慎性会计的要求。

二、存货可变现净值低于成本迹象的判断

企业应当定期对存货进行全面检查,如果有迹象表明存货的可变现净值低于成本,应

按可变现净值低于成本的部分,计提存货跌价准备。

(一)存货存在下列情形之一的,通常表明存货的可变现净值低于成本

1.该存货的市场价格持续下跌,并且在可预见的未来无回升的希望;

2.企业使用该项原材料生产的产品的成本大于产品的销售价格;

3.企业因产品更新换代,原有库存原材料已不适应新产品的需要,而该原材料的市场价格又低于其账面成本;

4.因企业所提供的商品或劳务过时或消费者偏好改变而使市场的需求发生变化,导致市场价格逐渐下跌;

5.其他足以证明该项存货实质上已经发生减值的情形。

(二)存货存在下列情形之一的,通常表明存货的可变现净值为零

1.已霉烂变质的存货;

2.已过期且无转让价值的存货;

3.生产中已不再需要,并且已无使用价值和转让价值的存货;

4.其他足以证明已无使用价值和转让价值的存货。

案例 4-2

钢企存货大跌价

截至 2012 年 2 月 12 日,已经有 36 家上市公司披露了 2011 年年报,其中,具有同比数据的 33 家上市公司的资产减值损失总额为 3.81 亿元,同比增加 120.53%。以广钢股份(600894)为代表的钢铁行业则是受钢材价格的大跌影响,资产减值损失大幅上升,高居已披露年报上市公司榜首。

广钢股份年报显示,2011 年公司计提资产减值损失 1.63 亿元,同比增加 164.36倍。公司表示,2011 年 9 月中旬以来,国内建筑钢材价格大幅度跳水,下跌 15% 左右。这造成了公司资产减值损失大幅提升。同时,公司计提存货跌价准备 1.54 亿元,同比增加 132.48 倍。

广钢股份在年报里对钢铁业不景气做了生动介绍:"受国内外不良经营环境影响,今年来国内钢铁行业持续不景气,特别是 9 月中旬以来,在短短的 40 天时间内,国内建筑钢材价格经历了大幅度跳水行情,跌幅普遍在 15% 左右。而决定钢厂成本的铁矿石处于垄断地位,与钢材价格下滑严重不同步,钢厂成本居高不下,利润空间严重被挤压。10 月份全行业盈利处于历史最低水平,据行业统计表明,国内 77 家大中型钢铁企业产品销售利润率仅为 0.47%,扣除投资收益后,四季度几乎全行业亏损。"

资料来源:http://finance.qq.com/a/20120213/000153.htm

三、可变现净值的确定

在运用成本与可变现净值孰低法对期末存货进行计量时,根据存货账面记录,存货的成本资料可以很容易地获得,关键是合理确定存货的可变现净值。

　　企业在确定存货的可变现净值时,应当以取得的确凿证据为基础,并且考虑持有存货的目的、资产负债表日后事项的影响等因素。这里所讲的"确凿证据"是指对确定存货的可变现净值和成本有直接影响的客观证明。如产品或商品的市场销售价格、与企业产品或商品相同或类似商品的市场销售价格、销售方提供的有关资料和生产成本资料等。

　　企业持有存货的目的不同,确定存货可变现净值的计算方法也不同。根据存货的定义,企业持有存货的目的基本有两个:为销售而持有和为继续加工而持有。

　　(一)为销售而持有存货可变现净值的确定

　　企业的产成品、商品和用于出售的原材料等直接用于出售的存货,其可变现净值根据在正常生产经营过程中,以存货的估计售价减去估计的销售费用以及相关税金后的金额确定。在具体确定时,还应当根据存货是否有销售合同约定分别确定:

　　1.为执行销售合同或者劳务合同而持有的存货,通常以产成品或商品的合同价格作为可变现净值的计量基础。

　　　　可变现净值＝合同价格－估计的销售费用和相关税金

　　【例 4-28】 2011 年 10 月 12 日,海河公司与赛象公司签订了一份不可撤销的销售合同,合同约定,2012 年 1 月 20 日,海河公司应按每件 6 000 元的价格向赛象公司提供 Z 产品 50 件。2011 年 12 月 31 日,海河公司已生产完成 Z 产品 50 件,Z 产品的一般市场销售价格为每件 6 200 元。预计销售每件 Z 产品将发生销售费用 20 元及税金 120 元。

　　本例中,根据海河公司与赛象公司签订的销售合同规定,该批 Z 产品的销售价格已由销售合同约定,并且其库存数量等于销售合同约定的数量,因此,在这种情况下,计算 Z 产品的可变现净值应以销售合同约定的价格 6000 元作为计量基础。

　　Z 产品的可变现净值计算过程如下:

　　　　Z 产品可变现净值＝6 000×50－20×50－120×50＝293 000(元)

　　2.如果企业持有存货的数量多于销售合同订购数量,超出部分的存货可变现净值应当以产成品或商品的一般销售价格作为计量基础。

　　有合同约定的:

　　　　可变现净值＝合同价格－估计的销售费用和相关税金

　　超过合同约定的:

　　　　可变现净值＝一般销售价格－估计的销售费用和相关税金

　　【例 4-29】 承接【例 4-28】,2011 年 12 月 31 日,如果海河公司已生产完成 Z 产品 70 件,其他条件不变。

　　因为生产完成的 Z 产品库存数量超过了销售合同数量 20 件,所以其中 50 件应以销售合同价格 6 000 元为基础计算可变现净值,没有销售合同 20 件应以一般市场销售价格为基础计算可变现净值。

　　Z 产品可变现净值的计算过程如下:

　　　　有销售合同部分的可变现净值＝6 000×50－20×50－120×50＝293 000(元)

超过销售合同部分的可变现净值＝6 200×20－20×20－120×20＝121 200(元)

3.没有销售合同或者劳务合同约定的存货,其可变现净值应当以产成品或商品一般价格或原材料的市场价格为基础计算。

【例4-30】承接【例4-28】,2011年12月31日,如果海河公司已生产完成Z产品50件没有签订有关销售合同,其他条件不变。

因为海河公司没有就Z产品签订任何销售合同,所以已生产完工的50件Z产品的可变现净值应以一般市场销售价格6 200元为基础确定。

Z产品可变现净值的计算过程如下:

Z产品的可变现净值＝6 200×50－20×50－120×50＝303 000(元)

(二)为继续加工而持有存货可变现净值的确定

用于生产的材料、在产品或自制半成品等需要经过加工的存货,其可变现净值的确定应与其所生产的产成品联系起来。

1.如果用其生产的产成品的可变现净值高于产品的生产成本,则为继续加工而持有的存货价值应当按成本计量,无需再计算其可变现净值。

【例4-31】2011年12月31日,海河公司持有用于生产H产品的A材料的账面成本为50 000元,A材料的市场购买价格45 000元;由于A材料的市场价格下降,用其生产H产品的市场价格也相应由原来的120 000元降为110 000元,将A材料进一步加工成H产品尚需发生直接人工和制造费用30 000元,估计H产品销售费用及相关税金为20 000元。

本例中,海河公司持有的A材料是用于生产H产品的,首先比较H产品的生产成本和可变现净值。

H产品的成本＝50 000＋30 000＝80 000(元)

H产品的可变现净值＝110 000－20 000＝90 000(元)

H产品的可变现净值90 000元高于H产品的成本80 000元,因此,A材料仍应按账面成本50 000元计量,列示于海河公司2011年12月31日资产负债表的存货项目之中,无需再计算A材料的可变现净值。

2.如果用其生产的产成品的可变现净值低于产品的生产成本,而且是由于该持有继续加工存货的市场价格下降引起的,则为继续加工而持有存货的可变现净值,应根据在正常生产经营过程中,以所生产的产成品的估计售价减去至完工估计将要发生的成本、估计的销售费用以及相关的税金的金额确定。

可变现净值＝所生产的产成品估计售价－至完工估计将要发生的成本－销售产成品估计的销售费用和相关税金

【例4-32】承接【例4-31】,如果H产品的市场价格由原来的120 000元降为98 000元,其他条件不变。

H产品的成本＝50 000＋30 000＝80 000(元)

H产品的可变现净值＝98 000－20 000＝78 000(元)

H 产品的可变现净值 78 000 元低于 H 产品的成本 80 000 元,因此,需进一步计算 A 材料的可变现净值。

A 材料可变现净值＝78 000－30 000＝48 000(元)

A 材料的可变现净值 48 000 元低于账面成本 50 000 元,A 材料应以可变现净值 48 000元列示于海河公司 2011 年 12 月 31 日资产负债表的存货项目之中。

四、存货跌价准备的计提

(一)存货跌价准备的计提方法

企业存货按成本与可变现净值孰低计价时,对成本与可变现净值的比较计算通常有三种方法:单项比较法、分类比较法和总额比较法。

1.单项比较法

单项比较法就是按存货的每一项目逐项比较其成本和可变现净值,取其较低者确定存货价值的方法。在此法下,只要某存货项目的可变现净值低于其成本,就将该存货项目按可变现净值计价,不考虑其他存货的可变现净值是否低于成本,不受其他存货项目可变现净值大小的影响。

2.分类比较法

分类比较法就是先将存货分类,并计算出各类存货的成本与可变现净值,然后逐类比较其成本和可变现净值,取其较低者确定存货价值的方法。按存货类别进行比较时,只要某类存货的可变现净值低于成本,就将该类存货按可变现净值计价,不考虑其他类存货的可变现净值是否低于成本,不受其他类别存货市价的影响。但在采用这种方法时,有些存货的可变现净值高于其成本,有些存货的可变现净值低于其成本,有些存货的可变现净值等于其成本,按该类存货可变现净值总额计价就会将不同存货项目可变现净值同成本的差异相互抵消,使得不同存货项目的可变现净值与成本的关系不能清晰地反映。

3.总额比较法

总额比较法就是先计算出所有存货的成本总额与可变现净值总额,然后进行比较,取其较低者确定存货价值的方法。按存货总额比较,不仅会将不同存货项目之间可变现净值与成本的差异相互抵消,而且还会将不同存货类别之间可变现净值与成本之间的差异相互抵消,使得不同存货项目的可变现净值与成本的关系,以及不同类别存货可变现净值与成本的关系无法清晰地反映。

【例 4-33】世纪公司 2011 年 12 月 31 日有库存商品甲、乙两大类,A、B、C、D 四种,采用成本与可变现净值孰低法计价。每种商品分别按单项比较法、分类比较法和总额比较法计算结果如表 4-9 所示。

表 4-9　成本与可变现净值比较计算表

单位:元

项目		结存数量	单价		总价		单项比较		分类比较		总额比较	
			成本	可变现净值	成本	可变现净值	存货价值	存货跌价准备	存货价值	存货跌价准备	存货价值	存货跌价准备
甲类	A项	500	200	240	100 000	120 000	100 000	0				
	B项	600	160	150	96 000	90 000	90 000	6 000	196 000	0		
	合计	—	—	—	196 000	210 000	190 000	6 000				
乙类	C项	400	300	280	120 000	112 000	112 000	8 000				
	D项	200	200	220	40 000	44 000	40 000					
	合计	—	—	—	160 000	156 000	152 000	8 000	156 000	4 000		
合计		—	—	—	356 000	366 000	342 000	14 000	352 000	4 000	356 000	0

由表 4-9 可见,单项比较法确定的期末存货价值最低,分类比较法次之,总额比较法最高,其原因是单项比较法所确定的均为各项存货的最低价。从谨慎性会计要求出发,应选择单项比较法,但该方法工作量较大。

根据我国《企业会计准则》的规定,企业通常应当按照单个存货项目计提存货跌价准备。对于数量繁多、单价较低的存货,可以按照存货类别计提存货跌价准备。与在同一地区生产和销售的产品系列相关、具有相同或类似最终用途或目的且难以与其他项目分开计量的存货,可以合并计提存货跌价准备。

(二)存货跌价准备的会计处理

1.设置“存货跌价准备”科目

“存货跌价准备”科目用来核算企业存货跌价准备的提取和转销情况,其贷方登记提取的存货跌价准备,借方登记恢复及转销的存货跌价准备,期末贷方余额反映企业已计提但尚未转销的存货跌价准备。本科目可按企业存货项目或类别进行明细核算。

2.存货跌价准备的计提和转回

资产负债表日,企业计提存货跌价准备时,首先应当确定存货的可变现净值。企业确定存货的可变现净值应当以资产负债表日的状况为基础确定,既不能提前确定存货的可变现净值,也不能延后确定存货的可变现净值,并且在每一个资产负债表日都应当重新确定存货的可变现净值。然后将本期存货可变现净值与本期存货的成本进行比较,确定本期存货的减值金额,再将该减值金额与“存货跌价准备”科目原有的余额进行比较,确定本期计提存货跌价准备或转回存货跌价准备金额。如果本期存货的可变现净值低于成本的差额大于“存货跌价准备”科目原有贷方余额,则应按两者之间的差额补提存货跌价准备,借记“资产减值损失”科目,贷记“存货跌价准备”科目;如果本期存货的可变现净值低于成本的差额小于“存货跌价准备”科目原有贷方余额,表明以前引起存货减值的影响因素已经部分消失,企业应当恢复存货的账面价值,即按两者之间的差额冲减已计提的存货跌价准备,借记“存货跌价准备”科目,贷记“资产减值损失”科目。当符合存货跌价准备转回的条件时,应在原已计提的存货跌价准备的金额内转回,即转回的存货跌价准备与计提该准备的存货项目或类别应当存在直接对应关系,转回的金额以将存货跌价准备的余额冲减至零为限。

【例 4-34】 宏达公司从 2008 年度开始对 F 商品按成本与可变现净值孰低法计量。2008—2011 年,有关 F 商品期末计量的资料及相应的会计处理如下:

(1)2008 年 12 月 31 日,宏达公司 F 商品的账面成本为 500 000 元,但由于 F 商品的市场价格下跌,预计其可变现净值为 420 000 元,则 F 商品的可变现净值低于成本 80 000 元(420 000−500 000),由此应计提存货跌价准备 80 000 元。

借:资产减值损失　　　　　　　　　　　　　　　　　　　　80 000
　贷:存货跌价准备　　　　　　　　　　　　　　　　　　　　　　　80 000

(2)2009 年 12 月 31 日,F 商品的账面成本为 600 000 元,预计其可变现净值为 480 000元,则 F 商品的可变现净值低于成本的差额 120 000 元(480 000−600 000),计提存货跌价准备前"存货跌价准备"科目贷方余额为 80 000 元,由此确认本期应计提存货跌价准备为 40 000 元(120 000−80 000)。

借:资产减值损失　　　　　　　　　　　　　　　　　　　　40 000
　贷:存货跌价准备　　　　　　　　　　　　　　　　　　　　　　　40 000

(3)2010 年 12 月 31 日,F 商品账面成本为 900 000 元,由于影响 F 商品减值的因素部分消失,F 商品的市场价格有所回升,预计 F 商品的可变现净值为 870 000 元,则 F 商品的可变现净值低于成本的差额 30 000 元(900 000−870 000),计提存货跌价准备前"存货跌价准备"账户贷方余额为 120 000 元,由此确认本期应冲减存货跌价准备 90 000 元(120 000−30 000)。

借:存货跌价准备　　　　　　　　　　　　　　　　　　　　90 000
　贷:资产减值损失　　　　　　　　　　　　　　　　　　　　　　　90 000

(4)2011 年 12 月 31 日,F 商品账面成本为 1 200 000 元,由于影响 F 商品减值的因素已经全部消失,F 商品的市场价格进一步回升,预计 F 商品的可变现净值为 1 380 000 元,计提存货跌价准备前"存货跌价准备"账户贷方余额为 30 000 元,由于 F 商品的可变现净值高于成本,由此应将 F 商品的账面价值恢复至账面成本,即将已计提的存货跌价准备全部转回。

借:存货跌价准备　　　　　　　　　　　　　　　　　　　　30 000
　贷:资产减值损失　　　　　　　　　　　　　　　　　　　　　　　30 000

3.存货跌价准备的结转

已经计提了存货跌价准备的存货发出时,企业应在结转发出存货的成本时,同时结转对其已计提的存货跌价准备。借记"存货跌价准备"科目,贷记"生产成本"、"主营业务成本"、"其他业务成本"等科目。

【例 4-35】 宜华公司 2012 年 5 月 20 日销售一批 R 商品,价款 120 000 元,增值税20 400元,货款已存入本公司账户。该批商品账面成本 80 000 元,已计提存货跌价准备4 000元。

宜华公司根据发票及收款单据等,记为:

借：银行存款 140 400
贷：主营业务收入 120 000
应交税费——应交增值税 20 400

结转该批已售商品成本时，记为：

借：主营业务成本 80 000
贷：库存商品 80 000

同时，结转相应已计提的存货跌价准备，记为：

借：存货跌价准备 4 000
贷：主营业务成本 4 000

本章小结

本章主要阐述了存货的确认；存货取得、发出及期末的计量；原材料、库存商品、委托加工物资、周转材料等主要存货项目的核算。

1. 存货的确认

存货是指企业在日常活动中持有以备出售的产成品或商品、处在生产过程中的在产品、在生产过程或提供劳务过程中耗用的材料和物资等。存货的确认应同时满足两个条件：第一，与该存货有关的经济利益很可能流入企业；第二，该存货的成本能够可靠地计量。

2. 存货取得的计量

依据我国《企业会计准则》规定，企业取得存货应按成本进行计量。存货成本包括采购成本、加工成本和其他成本三个组成部分。采购成本是指企业存货从采购到入库前所发生的全部支出，一般包括购买价款、相关税费、运输费、装卸费、保险费以及其他可归属于存货采购成本的费用；加工成本是指企业在进一步加工存货的过程中追加发生的生产成本，包括直接人工以及按照一定方法分配的制造费用；其他成本是指除采购成本、加工成本以外的、使存货达到目前场所和状态所发生的其他支出。具体应结合存货取得方式分别确定。

3. 发出存货的计量

发出存货的计量通常按实际成本法确定，但在日常核算中，也可采用计划成本法和估价法等简化方法确定。在实际成本法下，可行的计量方法有先进先出法、加权平均法和个别计价法，不同的计量方法会产生不同的计量结果，会影响企业财务报表。因此，企业一旦选用某种方法，就要将这种方法一贯使用，不能随意变更，并应在报表附注中披露。

周转材料领用可采用一次转销法或分次摊销法摊销。

4. 存货的期末计量

资产负债表日，存货应当按照成本与可变现净值孰低计量。当成本高于可变现净值时，按照成本高于可变现净值的差额计提存货跌价准备，计入当期损益。这里的"成本"是指期末存货的实际成本；可变现净值是指在日常活动中，存货的估计售价减去至完工时估计将要发生的成本、估计的销售费用以及相关税费后的金额。在确定存货的可变现净值时，应当以取得的确凿证据为基础，并且考虑持有存货的目的、资产负债表日后事项的影响等因素。在估计存货售价时,还应考虑是否有销售合同约定。

思考题

1. 存货的确认应具备哪些条件?
2. 怎样确定外购存货的采购成本?
3. 实际成本法下发出存货的计价方法有哪些? 对企业财务报表有何影响?
4. 什么是计划成本法? 如何分摊材料成本差异?
5. 周转材料摊销的方法有哪些?
6. 存货期末计量的原则是什么?
7. 怎样确定存货的可变现净值?
8. 如何结转发出存货已计提的存货跌价准备?

练习题

(一)单项选择题

1. 下列项目中,不应计入制造企业存货成本的是(　　)。
  A. 生产过程中发生的制造费用　　　　　B. 进口原材料支付的关税
  C. 非正常消耗的直接材料和直接人工　　D. 为特定客户设计产品的设计费

2. 下列项目不属于制造企业存货的是(　　)。
  A. 原材料　　　　　B. 工程物资　　　　　C. 在产品　　　　　D. 周转材料

3. 方大公司为增值税一般纳税企业。2012 年本 6 月购入甲材料 2 060 公斤,每公斤单价(不含增值税)50 元,另外支付运杂费 3 500 元,运输途中发生合理损耗 60 公斤,入库前发生挑选整理费用 620 元。该批材料入库的实际单位成本为每公斤(　　)元。
  A. 50　　　　　B. 52　　　　　C. 53.25　　　　　D. 53.56

4. 2011 年,东方公司根据市场需求的变化,停止生产丙产品。为减少不必要的损失,将原材料中专门用于生产丙产品的外购 D 材料准备全部出售,2011 年 12 月 31 日其成本为 200 万元,数量为 10 吨。据市场调查,D 材料的市场销售价格为 10 万元/吨,同时销售 10 吨 D 材料可能发生的销售费用及税金 1 万元。2011 年 12 月 31 日 D 材料的账面价值为(　　)万元。
  A. 90　　　　　B. 100　　　　　C. 99　　　　　D. 200

5. 期末对存货采用成本与可变现净值孰低法计价时,其可变现净值的含义为(　　)。
  A. 预计售价
  B. 预计售价减去进一步加工成本和销售所必需的预计税金、费用
  C. 现时重置成本
  D. 现时重置成本加正常利润

6. 中海公司采用成本与可变现净值孰低法计量期末存货,按单项存货计提跌价准备。2011 年 12 月 31 日,中海公司库存 S 产品成本为 50 万元,预计 S 产品不含增值税的销售

价格为 60 万元,销售费用为 5 万元。该 S 产品未计提过存货跌价准备,不考虑其他因素。2011 年 12 月 31 日,中海公司对该 S 产品应计提的存货跌价准备为(   )万元。

A. 0 　　　　　 B. 5 　　　　　 C. 9 　　　　　 D. 15

7. 下列关于存货可变现净值的表述中,正确的是(   )。

A. 可变现净值等于存货的市场销售价格

B. 可变现净值等于销售存货产生的现金流入

C. 可变现净值等于销售存货产生现金流入的现值

D. 可变现净值是确认存货跌价准备的重要依据之一

8. 三泰公司库存甲材料 50 吨,账面余额 60 万元,专用于生产 A 产品。预计可生产 A 产品 100 件,生产加工成本共计 132 万元。A 产品不含税市场售价为每台 2.1 万元,估计每售出一件 A 产品公司将发生相关费用 0.3 万元。则期末甲材料的可变现净值为(   )万元。

A. 210 　　　　　 B. 78 　　　　　 C. 60 　　　　　 D. 48

9. 金雅公司 7 月 1 日库存甲材料为 200 千克,单价为 700 元/千克;7 月 6 日购入 500 千克,单价 800 元/千克;7 月 10 日发出 400 千克;7 月 15 日购入 300 千克,单价 750 元/千克。7 月末甲材料的加权平均单价为(   )元/千克。

A. 750 　　　　　 B. 765 　　　　　 C. 763 　　　　　 D. 761

10. 提取或补提存货跌价准备时,应借记(   )账户。

A. 存货跌价准备 　　 B. 资产减值损失 　　 C. 制造费用 　　 D. 生产成本

(二)多项选择题

1. 在我国的会计实务中,下列项目中构成企业存货实际成本的有(   )。

A. 支付的买价

B. 入库后的挑选整理费

C. 运输途中的合理损耗

D. 加工货物收回后直接用于销售的消费税

2. 企业确定存货的可变现净值时应考虑的因素包括(   )。

A. 存货的成本 　　　　　　　　 B. 存货可变现净值的确凿证据

C. 持有存货的目的 　　　　　　 D. 资产负债表日后事项的影响

3. 企业期末存货成本如果计价过高,可能会引起(   )。

A. 当期利润增加 　　　　　　　 B. 当期销售收入增加

C. 当期所得税增加 　　　　　　 D. 当期股东权益增加

4. 下列项目中,计算用于生产产品的材料的可变现净值时,会影响其可变现净值的因素有(   )。

A. 材料的估计售价 　　　　　　 B. 产品的估计售价

C. 至完工估计将要发生的加工成本 　　 D. 估计发生的销售费用

5. 在计划成本计价核算原材料时,企业一般设置的会计科目有(   )。

A. 在途物资 　　 B. 材料采购 　　 C. 材料成本差异 　　 D. 原材料

6. 下列有关确定存货可变现净值基础的表述,正确的有(   )。

A.无销售合同的库存商品以该库存商品的估计售价为基础

B.有销售合同的库存商品以该商品的合同价格为基础

C.用于出售的无合同的材料以该材料的市场价格为基础

D.用于生产有销售合同的材料以该材料的市场价格为基础

7.根据我国《企业会计准则》的规定,企业计提存货跌价准备时,以下允许采用的计提方式有（　　）。

A.按照存货单个项目计提

B.与具有类似目的或最终用途并在同一地区生产和销售的产品系列相关,且难以将其与该产品系列的其他项目区别开来进行估计的存货,可以合并计提

C.数量繁多,单价较低的存货可以按照类别计提

D.按照存货总体计提

8.在实际成本法下,我国《企业会计准则》允许采用的发出存货计价方法有（　　）。

A.个别计价法　　　　B.先进先出法　　　　C.加权平均法　　　　D.后进先出法

9."材料成本差异"科目的贷方登记（　　）。

A.入库材料的超支差异　　　　　　　　B.入库材料的节约差异

C.结转发出材料应分摊的节约差异　　　D.结转发出材料应分摊的超支差异

10.周转材料是指（　　）的材料。

A.企业能够多次使用　　　　　　　　B.逐渐转移其价值

C.保持原有形态　　　　　　　　　　D.不确认为固定资产

(三)判断题

1.商品流通企业在采购商品时,如果发生的进货费用金额较小,可以将该费用在发生时直接计入当期损益。（　　）

2.采用全月一次加权平均法对存货进行计价,在物价上涨的情况下,存货单位成本大于现行成本;在物价下跌的情况下,存货单位成本小于现行成本。（　　）

3.存货跌价准备转回是指存货价值回升时,转回多提的跌价准备;转销是指存货发出后,转销相应的跌价准备。都是借记"存货跌价准备"科目,贷记"资产减值损失"科目。（　　）

4.用于出借的周转材料,其账面价值应计入销售费用。（　　）

5.采用计划成本进行材料日常核算的,结转入库材料的材料成本差异时,无论是节约差异还是超支差异,均计入"材料成本差异"科目的借方。（　　）

6.企业每期都应当重新确定存货的可变现净值,如果以前减记存货价值的影响因素已经消失,则减记的金额应当予以恢复,并在原已计提的存货跌价准备的金额内转回。（　　）

7.持有存货的数量多于销售合同订购数量,超出部分的存货可变现净值也应当以产成品或商品的合同价格作为计算基础。（　　）

8.发出材料采用计划成本法核算的应于资产负债表日调整为实际成本。（　　）

9.存货计价方法的选择影响资产负债表中资产总额的多少,不会影响利润表中的净利润。（　　）

10.根据我国《企业会计准则》的规定,企业采用计划成本对材料进行日常核算,应按月分摊发出材料应负担的成本差异,不应在季末或年末一次计算分摊。（　　）

(四)业务题

1.

(1)目的:掌握实际成本法下原材料收发的核算。

(2)资料:好友股份有限公司为增值税一般纳税企业,增值税税率为17%。原材料按实际成本计价核算,发出材料采用月末一次加权平均法计量。好友股份有限公司2012年6月初A材料结存200公斤,实际成本19 000元。6月发生有关A材料的业务如下:

①6月4日,从外地购入A材料600公斤,货款为52 800元,增值税税额为8 976元,另发生装卸费1 200元,各种款项已用银行存款支付,材料已验收入库。

②6月10日,从本市购入A材料400公斤增值税专用发票注明价款34 400元,增值税税额5 848元,货款未付。

③6月20日,从外埠购入A材料800公斤,价款65 600元,增值税11 152元,材料已验收入库,货款已用银行汇票支付。

④6月30日,汇总本月发出A材料1 600公斤,其中产品生产直接耗用1 100公斤,生产车间共同耗用200公斤,公司管理部门耗用300公斤。

(3)要求:

①采用加权平均法计算本月发出A材料和月末结存A材料的实际成本。

②编制A材料收发的会计分录。

2.

(1)目的:掌握计划成本法下原材料收发的核算。

(2)资料:金质公司为增值税一般纳税企业,原材料按计划成本计价核算,B材料计划单位成本为200元/千克。2011年12月初结存B材料300千克,"材料成本差异"月初为借方余额2 700元。该公司2011年12月发生有关B材料的业务如下:

①5日,从外地购入B材料1 020千克,增值税专用发票上注明的单价为210元,共计214 200元,增值税额为36 414元,另发生运杂费1 800元。各种款项已用银行汇票支付,材料尚未到达。

②12日,所购B材料到达企业,验收入库的实际数量为1 000千克,短缺的20千克系定额内合理损耗。

③25日,从本市某企业购入B材料500千克,增值税专用发票注明单价为195元,共计货款97 500元,增值税额为16 575元,B材料已验收入库。

④12月31日,汇总本月发出B材料1 200千克,其中产品生产直接耗用900千克,生产车间共同耗用180千克,公司管理部门耗用120千克。

(3)要求:

①计算本月B材料成本差异率,并分摊本月材料成本差异。

②编制B材料收发的会计分录。

3.

(1)目的:掌握发出存货的计价方法。

(2)资料:光华公司2012年7月份商品收、发、结存资料如下:

①期初结存300件,单价50元。

②10 日,购入 900 件,单价 60 元。

③11 日,销售 800 件。

④18 日,购入 600 件,单价 70 元。

⑤20 日,销售 800 件。

⑥23 日,购入 200 件,单价 80 元。

(3)要求:

①按先进先出法计算本月销售商品和月末结存商品成本。

②按月末一次加权平均法计算本月销售商品和月末结存商品成本。

4.

(1)目的:掌握委托加工存货的核算。

(2)资料:金峰公司与普林公司均为增值税一般纳税人,适用的增值税率为 17%,2012 年 5 月金峰公司委托普林公司加工一批材料。金峰公司发出原材料实际成本 40 000 元,完工收回时支付加工费 2 000 元(不含增值税)。该材料属于消费税应税物资,消费税税率为 10%,同类物资在金峰公司的销售价格为 60 000 元。该材料金峰公司已收回验收入库,将用于生产应税消费品,加工费用等已经支付。

(3)要求:

①计算金峰公司收回委托加工材料的实际成本。

②为金峰公司编制有关会计分录。

5.

(1)目的:掌握存货的期末计量。

(2)资料:通顺公司对存货按照单项存货计提存货跌价准备,2011 年年末关于计提存货跌价准备的资料如下:

①库存 01 号商品账面余额为 280 000 元,已计提存货跌价准备 20 000 元。按照一般市场价格预计售价为 330 000 元,预计销售费用和相关税金为 10 000 元。

②库存 02 号商品账面余额为 400 000 元,未计提存货跌价准备。库存 02 商品中,有 40% 已签订销售合同,合同价款为 180 000 元;另 60% 未签订合同,按照一般市场价格预计销售价格为 230 000 元。库存 02 号商品的预计销售费用和税金共 30 000 元。

③库存 N 材料因改变生产结构,导致无法使用,准备对外销售。N 材料的账面余额为 120 000 元,预计销售价格为 110 000 元,预计销售费用及相关税金为 5 000 元,未计提存货跌价准备。

④库存 M 材料 20 千克,每千克实际成本 1 600 元。20 千克 M 材料全部用于生产 03 号产品 10 件,03 号产品每件加工成本为 2 000 元,每件一般售价为 5 000 元,现有 8 件已签订销售合同,合同规定每件为 4 500 元,假定销售税费均为销售价格的 10%。M 材料未计提存货跌价准备。

(3)要求:

①计算上述存货的期末可变现净值和应计提的存货跌价准备。

②编制有关存货跌价准备的会计分录。

第五章

证券投资

学习目的:通过本章学习使学生了解证券投资的种类及特征;熟悉交易性金融资产、持有至到期投资、可供出售金融资产的取得、持有收益、处置的会计处理;掌握交易性金融资产、持有至到期投资、可供出售金融资产等证券投资的初始计量、持有收益的确认及期末的计量。

引导案例

海欣股份(600851)证券投资

上海海欣集团股份有限公司(简称海欣股份)为在中国境内公开发行 A、B 股股票并在上海证券交易所上市的股份有限公司,该公司 2011 年证券投资相关信息如下:

(1)公司证券投资对象主要为长江证券公司股票。

(2)公司持有交易性金融资产公允价值变动损失 2 760 121.20 元,主要原因为公司持有的长江证券公司股票期末公允价值下降所致。

(3)2011 年公司实现投资收益 112 170 947.02 元。其中,出售作为交易性金融资产的长江证券股票取得的投资收益为 578 395.15 元;持有作为可供出售金融资产期间取得的分红收益 92 250 428.60 元。公司出售交易性金融资产取得的投资收益和持有可供出售金融资产持有获取的投资收益 92 828 823.75 元占公司实现投资收益的82.76%,占公司营业利润 63 906 418.78 元的 145.26%。

(4)公司持有的交易性金融资产减少当期利润 2 181 726.05 元,公司持有的可供出售金融资产增加当期利润 51 420 000 元。

(5)公司持有的可供出售金融资产公允价值变动减少公司股东权益(资本公积)552 796 211.17元,主要原因为公司持有的长江证券公司股票期末公允价值下降所致。

根据上述海欣股份公司 2011 年证券投资的相关资料,你是否理解"交易性金融资产"、"可供出售金融资产"、"投资收益"、"公允价值变动"这些概念? 你如何看待证券投资对企业损益及股东权益的影响?

资料来源:上海海欣集团股份有限公司 2011 年年度报告,www.sse.com.cn。

第一节　证券投资概述

一、证券投资的概念

证券投资是指企业以购买股票、债券、基金的方式直接投资于证券市场。在企业正常的经营活动中,大部分资金总是投放于货币性资产(如库存现金、银行存款、应收票据和应收账款等)和生产性资产(如存货、固定资产、无形资产等)上,以便向其客户提供商品或劳务,实现企业的经营目标。除此之外,为了提高资金使用效率,获取一定的收益,企业往往还将一部分资金投放于股票、债券、基金等有价证券上,这就形成了企业的证券投资。

证券投资按其投资的对象分为股票投资、债券投资和基金投资。

(一)股票投资

股票投资是指企业以购买股票的方式对被投资方的投资。股票是股份公司发给股东证明其所入股份的一种有价证券。股票代表着其持有者(即股东)对股份公司的所有权,这种所有权是一种综合权利,不仅有权按公司章程从公司领取股息和分享公司的经营红利,还有权出席股东大会,选举董事会,参与企业经营管理的决策等。从而,股东的投资意愿通过其行使股东参与权而得到实现,同时股东也要承担相应的责任和风险。同一类别的每一份股票所代表的公司所有权是相等的,每个股东所拥有的公司所有权份额的大小,取决于其持有的股票数量占公司总股本的比重。股票一般可以通过买卖方式有偿转让,股东能通过股票转让收回其投资,但不能要求公司返还其出资。

(二)债券投资

债券投资是指企业以购买债券的方式对被投资方的投资。债券是债务人向债权人出具的债务证明。债券持有人与被投资方的关系是债权债务关系,而不是所有权关系,一般不享有被投资方各项经营活动的参与权和决策权,只有按照约定条件向债券发行方定期收取利息及到期收回本金的权力。与股票投资相比,债券投资的风险较小,有较稳定的收益和投资回收期。

(三)基金投资

基金投资是指企业通过购买基金投资于证券市场。与股票投资、债券投资不同的是,基金单位的持有人是基金的受益人,体现的是信托关系,不是所有权关系和债权债务关系。

二、证券投资按投资意图的分类

企业购入股票、债券、基金后,按其持有意图可分为交易性金融资产、持有至到期投资、可供出售金融资产、长期股权投资四个项目。因长期股权投资对象不只限于股票投资,还包括其他股权投资,因此,长期股权投资将在第六章单独阐述。

(一)交易性金融资产

交易性金融资产是指企业购入为了近期内出售而持有的股票、债券和基金。交易性

金融资产投资的目的,主要是为了在证券市场的价格变化中赚取价差收益,不打算长期持有。交易性金融资产主要特征:

1.在活跃市场上有公开报价、公允价值能够持续可靠获得和计量;

2.以近期内出售赚取差价收益为目的;

3.以公允价值计量且其变动计入当期损益。

(二)持有至到期投资

持有至到期投资是指企业购入的到期日固定、回收金额固定或可确定,且企业有明确意图和能力持有至到期的各种债券。股票投资因其没有固定的到期日,不可作为持有至到期投资。持有至到期投资的主要特征:

1.到期日固定、回收金额固定或可确定;

2.企业有明确意图持有至到期;

3.企业有能力持有至到期。

(三)可供出售金融资产

可供出售金融资产是指企业在活跃市场上购入有报价的股票、债券、基金等证券后持有意图不明确的投资。与交易性金融资产投资相比,可供出售金融资产投资目的不打算在近期内出售,不在于获取短期价差收益;与持有至到期投资相比,可供出售金融资产投资也不准备持有至到期日。按照我国《金融工具确认和计量》准则规定,企业应当结合自身业务特点、投资策略和风险管理要求,将取得的金融资产在初始确认时划分为以公允价值计量且其变动计入当期损益的金融资产、持有至到期投资、贷款和应收款项、可供出售金融资产四类。企业在初始确认时将某项金融资产划分为以公允价值计量且其变动计入当期损益的金融资产后,不能重分类为其他金融资产;其他类金融资产也不能重分类为以公允价值计量且其变动计入当期损益的金融资产。可供出售金融资产的确定依据两个方面:一是企业在活跃市场上购入债券、股票、基金等有价证券后直接指定为可供出售金融资产,二是企业全部金融资产中未划分为其他三类的那部分金融资产。可供出售金融资产有以下主要特征:

1.在活跃市场上有公开报价、公允价值能够持续可靠获得和计量;

2.持有意图不十分明确;

3.以公允价值计量且其变动计入所有者权益。

第二节 交易性金融资产

一、交易性金融资产的取得

(一)交易性金融资产的初始计量

交易性金融资产初始确认时,应按公允价值计量,发生的相关交易费用应当直接计入当期损益,不构成交易性金融资产的初始确认金额。其中,交易费用是指可直接归属于购买、发行或处置金融工具^①新增的外部费用。所谓新增的外部费用,是指企业不购买、发行或处置金融工具就不会发生的费用。交易费用包括支付给代理机构、咨询公司、券商等的手续费和佣金及其他必要支出,不包括债券溢价、折价、融资费用、内部管理成本及其他与交易不直接相关的费用。

如果企业取得交易性金融资产所支付的价款中,包含已宣告但尚未发放的现金股利或已到付息期但尚未领取的债券利息的,应当单独确认为应收项目,不计入交易性金融资产的初始确认金额。

(二)设置"交易性金融资产"科目

为了反映企业交易性金融资产投资的购买、持有和出售情况,应设置"交易性金融资产"科目,并按照交易性金融资产的类别和品种设"成本"、"公允价值变动"两个明细科目,分别反映交易性金融资产的取得成本和持有期间公允价值变动。需说明的是:按照我国《企业会计准则》规定,企业持有的直接指定为以公允价值计量且其变动计入当期损益的金融资产,也在本科目核算。

(三)交易性金融资产取得的会计处理

企业取得交易性金融资产时,按其公允价值,借记"交易性金融资产——成本"科目,按发生的交易费用,借记"投资收益"科目,按已到付息期但尚未领取的利息或已宣告但尚未发放的现金股利,借记"应收利息"或"应收股利"科目,按实际支付的金额,贷记"银行存款"或"其他货币资金"等科目。收到上列债券利息或现金股利时,应借记"银行存款"科目,贷记"应收利息"或"应收股利"科目。

【例5-1】2012年2月10日,海河公司按每股12元价格从二级市场购入极峰公司发行的股票10 000股,另发生手续费等交易费用1 800元,全部款项从海河公司在证券公司开设的账户中支付。海河公司将持有的极峰公司股权划分为交易性金融资产。

海河公司购入该股票时:

借:交易性金融资产——成本	120 000	
投资收益	1 800	
贷:其他货币资金——存出投资款		121 800

【例5-2】2011年7月1日,海河公司以108 000元购入百利公司于2011年1月1日发行的面值为100 000元的债券,该债券票面年利率为4%,期限为3年,每半年付息一次,债券购买价格中含有已到付息期但尚未支付的利息2 000元,海河公司支付交易费用1 500元。海河公司将其划分为交易性金融资产。

海河公司购入该债券时:

借:交易性金融资产——成本	100 000	
应收利息	2 000	
投资收益	1 500	
贷:银行存款		103 500

2011年7月3日,海河公司收到百利公司支付的上半年利息2 000元。

---

① 金融工具是指形成一个企业的金融资产,并形成其他单位的金融负债或权益工具的合同。

借:银行存款   2 000
 贷:应收利息   2 000

二、交易性金融资产持有收益的确认

企业在交易性金融资产持有期间获得的现金股利或债券利息,应确认为投资收益。

企业持有交易性金融资产期间,被投资单位宣告发放现金股利时,企业应按享有的份额,借记"应收股利"科目,贷记"投资收益"科目;在资产负债表日按分期付息、一次还本债券投资的票面利率计算应得的利息,借记"应收利息"科目,贷记"投资收益"科目。

【例5-3】承接【例5-1】资料,2012年3月25日,极峰公司宣告股利分配方案,每股分配现金股利0.50元,并于2012年4月5日发放。

(1)2012年3月25日,极峰公司宣告分配现金股利时,海河公司确认的应收股利为10 000×0.50=5 000元。

借:应收股利   5 000
 贷:投资收益   5 000

(2)2012年4月5日海河公司收到极峰公司发放的现金股利时:

借:银行存款   5 000
 贷:应收股利   5 000

【例5-4】承接【例5-2】资料,2011年12月31日海河公司对持有百利公司面值为100 000元,票面利率为4%的债券确认下半年应得利息为100 000×4%÷2=2 000元。

借:应收利息   2 000
 贷:投资收益   2 000

三、交易性金融资产的期末计量

交易性金融资产的期末计量,是指采用一定的价值标准,对交易性金融资产的期末价值进行后续计量,并以此列示于资产负债表中的会计过程。根据我国《企业会计准则》的规定,交易性金融资产应按资产负债表日的公允价值列示于资产负债表中,公允价值的变动计入当期损益。

资产负债表日,交易性金融资产的公允价值高于其账面余额时,确认公允价值上升的收益,按其差额,借记"交易性金融资产——公允价值变动"科目,贷记"公允价值变动损益"科目;交易性金融资产的公允价值低于其账面余额时,确认公允价值下跌损失,按其差额,借记"公允价值变动损益"科目,贷记"交易性金融资产——公允价值变动"科目。

【例5-5】承接【例5-1】资料,2012年6月30日,极峰公司股票每股公允价值为20元,海河公司应确认持有该股票的公允价值变动损益为:(20-12)×10 000=80 000元。

借:交易性金融资产——公允价值变动   80 000
 贷:公允价值变动损益   80 000

【例5-6】承接【例5-2】资料,2011年12月31日,百利公司面值为100 000元、票面利率为4%、期限为3年债券的公允价值为104 000元(不含应收利息),海河公司确认持有该债券公允价值变动损益为:104 000-106 000=-2 000元。

借:公允价值变动损益　　　　　　　　　　　　　　　　　　　2 000

　贷:交易性金融资产——公允价值变动　　　　　　　　　　　　　　　　　2 000

四、交易性金融资产的处置

企业购入交易性金融资产的目的就是为了近期内出售,交易性金融资产的处置主要就是指出售交易性金融资产。企业处置交易性金融资产时,应正确确认处置损益。交易性金融资产的处置损益,是指处置交易性金融资产实际收到的价款,减去所处置交易性金融资产账面余额后的差额。如果处置交易性金融资产时,已记入应收项目的现金股利或债券利息尚未收回,还应先从处置价款中扣除该部分现金股利或债券利息之后,确认处置损益。

企业处置交易性金融资产,应按实际收到的金额,借记"银行存款"等科目,按该交易性金融资产的初始成本,贷记"交易性金融资产——成本"科目,按该项交易性金融资产的公允价值变动,贷记或借记"交易性金融资产——公允价值变动"科目,按其差额,贷记或借记"投资收益"科目。同时,将原计入该交易性金融资产的公允价值变动损益转出,借记或贷记"公允价值变动损益"科目,贷记或借记"投资收益"科目。

【例 5-7】承接【例 5-1】、【例 5-3】、【例 5-5】资料,2012 年 7 月 25 日,海河公司将持有极峰公司 10 000 股的股票全部售出,每股出售价格为 23 元。

借:银行存款　　　　　　　　　　　　　　　　　　　　　230 000

　贷:交易性金融资产——成本　　　　　　　　　　　　　　　　120 000

　　　　　　　　　——公允价值变动　　　　　　　　　　　　　　80 000

　　投资收益　　　　　　　　　　　　　　　　　　　　　　30 000

同时,

借:公允价值变动损益　　　　　　　　　　　　　　　　　　80 000

　贷:投资收益　　　　　　　　　　　　　　　　　　　　　　　80 000

案例 5-1

烟台万华(600309)2011 年交易性金融资产信息披露情况

烟台万华聚氨酯股份有限公司(简称烟台万华)2011 年年报显示:

(1)公司 2011 年年初持有交易性金融资产公允价值为 39 611 586.60 元,年末公允价值为 25 236 889.89 元,2011 年年末较年初减少 14 374 696.71 元,为公司本期出售部分股票及股票公允价值下降所致。

(2)持有交易性金融资产投资期间取得的投资收益为 181 999.95 元。

(3)处置交易性金融资产取得的投资收益为 1 759 968.68 元。

(4)持有交易性金融资产公允价值变动损失为 9 444 630.11 元。

(5)交易性金融资产投资使烟台万华公司 2011 年度利润减少 7 502 661.48 元。

资料来源:烟台万华聚氨酯股份有限公司 2011 年年度报告,www.sse.com.cn。

第三节　持有至到期投资

一、持有至到期投资的取得

(一)持有至到期投资初始计量

按照我国《企业会计准则》规定,持有至到期投资初始确认时,应当按照公允价值和相关交易费用之和作为初始入账金额。如果实际支付的价款中包括的已到付息期但尚未领取的债券利息,应单独确认为应收项目,不构成持有至到期的初始成本。

(二)设置"持有至到期投资"科目

设置"持有至到期投资"科目,核算企业持有至到期投资的摊余成本,并按照持有至到期投资的类别或品种,分别按"成本"、"利息调整"、"应计利息"等进行明细核算。其中,"成本"反映债券的面值,"利息调整"反映初始成本与债券面值的差额,"应计利息"反映到期一次还本付息债券在持有期间应收的利息。期末借方余额反映企业持有至到期的摊余成本。

(三)持有至到期投资取得的会计处理

企业取得持有至到期投资时,应按该债券投资的面值,借记"持有至到期投资——成本"科目,按支付的价款中包含的已到付息期但尚未领取的债券利息,借记"应收利息"科目,按实际支付的价款,贷记"银行存款"科目,按其差额借记或贷记"持有至到期投资——利息调整"科目。

【例5-8】海河公司 2009 年 1 月 1 日购入晨鸣公司于 2008 年 1 月 1 日发行的五年期债券作为持有至到期投资。该债券票面金额为 600 000 元,票面利率为 8%,每年 12 月 31 日付息一次,到期还本,海河公司实际支付的购买价款 680 000 元,该价款中包含已到付息期但尚未领取的利息 48 000 元,另支付交易费用 9 500 元。

海河公司 2009 年 1 月 1 日购入债券时:

借:持有至到期投资——成本	600 000	
——利息调整	41 500	
应收利息	48 000	
贷:银行存款		689 500

2009 年 1 月 5 日海河公司收到债券利息时:

借:银行存款	48 000	
贷:应收利息		48 000

【例5-9】海河公司 2009 年 1 月 1 日购入奇峰公司于同日发行的五年期债券作为持有至到期投资。该债券票面金额为 300 000 元,票面利率为 6%,到期一次还本付息。海河公司实际支付的购买价款为 260 000 元,另支付交易费用 5 000 元。该债券利息按单利法计算。

借:持有至到期投资——成本	300 000	
贷:银行存款		265 000
持有至到期投资——利息调整		35 000

二、持有至到期投资持有收益及摊余成本的确定

(一)持有至到期投资持有收益的确定

持有至到期投资持有收益是指企业购入的持有至到期投资在持有期间实际获得的利息收益。根据我国《企业会计准则》的规定,企业应在持有至到期投资持有期间,采用实际利率法,按照摊余成本和实际利率计算确认利息收入,计入投资收益。实际利率与票面利率差别较小的,也可按票面利率计算利息收入,计入投资收益。

投资收益＝持有至到期投资的摊余成本×实际利率

(二)实际利率

实际利率是指将持有至到期投资在未来收回的利息和本金折现为该持有至到期投资初始成本所使用的折现率。持有至到期投资初始确认时,应当计算确定其实际利率,并在该持有至到期投资预期存续期间或适用的更短期间内保持不变。实际利率可以通过下列关系式计算确定。

1.对分期付息、到期还本债券,可用下列关系式测定:

债券面值＋债券溢价(或－债券折价)＋交易费用＝债券到期应收本金×复利现值系数＋

各期债券应收利息×年金现值系数

使上式成立时的贴现率即为实际利率。

2.对一次还本付息债券,可用下列关系式测定:

债券面值＋债券溢价(或－债券折价)＋交易费用＝债券到期应收本金和利息×复利现值系数

使上式成立时的贴现率即为实际利率。

(三)持有至到期的摊余成本

持有至到期投资的摊余成本,初始确认时为该项持有至到期投资的初始入账金额;后续期间是在该持有至到期投资的初始确认金额基础上经下列调整后的结果:

1.扣除已偿还的本金;

2.加上或减去采用实际利率法将该初始确认金额与到期日金额之间的差额进行摊销形成的累计摊销额;

3.扣除已发生的减值损失。

用公式表示为:

持有至到期投资期末摊余成本＝持有至到期投资期初摊余成本－已收回的本金＋实际利息收入(期初摊余成本×实际利率)－收到的利息(债券面值×票面利率)－已发生的减值损失

(四)持有至到期投资持有收益的会计处理

1.分期付息债券

资产负债表日,持有至到期投资若为分期付息、一次还本债券投资的,应按票面利率计算确定的应收未收的利息,借记"应收利息"科目,按持有至到期投资摊余成本和实际利率计算确定的利息收入,贷记"投资收益"科目,按其差额,借记或贷记"持有至到期投

资——利息调整"科目。

持有至到期投资各期应收利息、利息收入、期末摊余成本计算如下:

应收利息=债券面值×票面利率×结息期限

投资收益(利息收入)=持有至到期投资期初摊余成本×实际利率×结息期限

本期利息调整摊销额=投资收益(实际利息收入)-应收利息

$$\begin{array}{l} \text{持有至到期投资} \\ \text{期末摊余成本} \end{array} = \begin{array}{l} \text{持有至到期投资} \\ \text{期初摊余成本} \end{array} + \begin{array}{l} \text{本期利息} \\ \text{调整摊销额} \end{array} - \begin{array}{l} \text{已收回的} \\ \text{本金} \end{array} - \begin{array}{l} \text{已发生的} \\ \text{减值损失} \end{array}$$

$$= \begin{array}{l} \text{持有至到期投资} \\ \text{期初摊余成本} \end{array} + \begin{array}{l} \text{投资} \\ \text{收益} \end{array} - \begin{array}{l} \text{应收} \\ \text{利息} \end{array} - \begin{array}{l} \text{已收回的} \\ \text{本金} \end{array} - \begin{array}{l} \text{已发生的} \\ \text{减值损失} \end{array}$$

【例 5-10】承接【例 5-8】资料,海河公司采用实际利率法确认利息收入,计算该债券的实际利率为 6%,则确认该债券各期利息收入如表 5-1 所示。

表 5-1 利息收入确认表

金额单位:元

年份	期初摊余成本 (a)	实际利息(b) (a×6%)	应收利息(c) 600 000×8%	利息调整摊销额 (d)b-c	期末摊余成本 (a-d)或(a+b-c)
2009.12.31	641 500	38 490	48 000	9 510	631 990
2010.12.31	631 990	37 919*	48 000	10 081	621 909
2011.12.31	621 909	37 315*	48 000	10 685	611 224
2012.12.31	611 224	36 776**	48 000	11 224	600 000

注:* 数字四舍五入取整:631 990×6%=37 919.4

** 数字考虑了计算过程中出现的尾差:

41 500-(9 510+10 081+10 685)=11 224;48 000-11 224=36 776

根据上述数据,海河公司的有关账务处理如下:

(1)2009 年 12 月 31 日,确认实际利息收入时

借:应收利息 48 000

  贷:投资收益 38 490

    持有至到期投资——利息调整 9 510

收到票面利息时:

借:银行存款 48 000

  贷:应收利息 48 000

(2)2010 年 12 月 31 日,确认实际利息收入时

借:应收利息 48 000

  贷:投资收益 37 919

    持有至到期投资——利息调整 10 081

收到票面利息时:

借:银行存款 48 000

  贷:应收利息 48 000

(3)2011 年 12 月 31 日,确认实际利息收入时

借:应收利息	48 000	
贷:投资收益		37 315
持有至到期投资——利息调整		10 685

收到票面利息时:

借:银行存款	48 000	
贷:应收利息		48 000

(4)2012 年 12 月 31 日,确认实际利息收入时

借:应收利息	48 000	
贷:投资收益		36 776
持有至到期投资——利息调整		11 224

2.到期一次还本付息债券

持有至到期投资若为一次还本付息债券投资的,应于资产负债表日按票面利率计算确定的应收未收的利息,借记"持有至到期投资——应计利息"科目,按持有至到期投资摊余成本和实际利率计算确定的利息收入,贷记"投资收益"科目,按其差额,借记或贷记"持有至到期投资——利息调整"科目。

持有至到期投资各期应计利息、利息收入、期末摊余成本计算如下:

应计利息=债券面值×票面利率×结息期限

投资收益(利息收入)=持有至到期投资期初摊余成本×实际利率×结息期限

本期利息调整摊销额=投资收益(实际利息收入)－应计利息

$$\frac{持有至到期投资}{期末摊余成本}=\frac{持有至到期投资}{期初摊余成本}+\frac{投资}{收益}-\frac{已收回的}{本~金}-\frac{已发生的}{减值损失}$$

【例 5-11】承接【例 5-9】,海河公司采用实际利率法确认利息收入。计算该债券的实际利率为 8.04%,则确认该债券各期利息收入,如表 5-2 所示。

表 5-2 利息收入确认表

金额单位:元

年份	期初摊余成本 (a)	实际利息(b) (a×8.04%)	应计利息(c) 300 000×6%	利息调整摊销额 (d)b－c	期末摊余成本 (a+b)或(a+c+d)
2009.12.31	265 000	21 306	18 000	3 306	286 306
2010.12.31	286 306	23 019	18 000	5 019	309 325
2011.12.31	309 325	24 870	18 000	6 870	334 195
2012.12.31	334 195	26 869	18 000	8 869	361 064
2013.12.31	361 064	28 936*	18 000	10 936	390 000

注:*数字考虑了计算过程中出现的尾差。

根据上述数据,海河公司的有关账务处理如下

(1)2009 年 12 月 31 日,确认实际利息收入

借:持有至到期投资——应计利息	18 000	
——利息调整	3 306	
贷:投资收益		21 306

(2)2010 年 12 月 31 日,确认实际利息收入

借:持有至到期投资——应计利息   18 000

           ——利息调整   5 019

   贷:投资收益   23 019

(3)2011 年 12 月 31 日,确认实际利息收入

借:持有至到期投资——应计利息   18 000

           ——利息调整   6 870

   贷:投资收益   24 870

(4)2012 年 12 月 31 日,确认实际利息收入

借:持有至到期投资——应计利息   18 000

           ——利息调整   8 869

   贷:投资收益   26 869

(5)2013 年 12 月 31 日,确认实际利息收入

借:持有至到期投资——应计利息   18 000

           ——利息调整   10 936

   贷:投资收益   28 936

三、持有至到期投资的期末计量

我国《企业会计准则》规定,资产负债表日,有证据表明持有至到期投资发生了减值的,企业应当根据其账面摊余成本与预计未来现金流量现值之间的差额确认减值损失,计提减值准备。

(一)持有至到期投资减值迹象的判断

企业应当在资产负债表日对持有至到期投资的账面价值进行检查,根据下列迹象判断持有至到期投资减值:

1.发行方或债务人发生严重财务困难;

2.债务人违反了合同条款,如偿付利息或本金发生违约或逾期等;

3.债权人出于经济或法律方面因素的考虑,对发生财务困难的债务人作出让步;

4.债务人很可能倒闭或进行其他财务重组;

5.因发行方发生重大财务困难,该金融资产无法在活跃市场继续交易;

6.其他表明持有至到期投资发生减值的客观证据。

(二)持有至到期投资减值的计量

企业对持有至到期投资进行减值测试时,应根据本企业的实际情况,将持有至到期投资分为单项金额重大和非重大两类。对单项金额重大的持有至到期投资,应单独进行减值测试;对单项金额不重大的持有至到期投资,可以单独进行减值测试,或者将其包含在具有类似风险特征的持有至到期投资组合中进行减值测试。单独测试未发生减值的持有至到期投资,应当包括在具有类似信用风险特征的持有至到期投资组合中再进行减值测试。企业进行持有至到期减值测试时,可以根据自身管理水平和业务特点,确定单项金额重大持有至到期投资的标准。标准一经确定,不得随意变更。

企业对于单独进行减值测试的持有至到期投资,有客观证据表明其发生了减值的,应

当计算资产负债表日的预计未来现金流量现值,该现值低于其账面摊余成本的差额,确认为持有至到期投资减值损失。预计未来现金流量的现值应当按照该持有至到期投资初始确定的实际利率折现计算,也可采用合同规定的现行实际利率折现计算。采用组合方式对持有至到期投资进行减值测试的,可以根据自身风险管理模式和数据支持程度,选择合理的方法确认和计量减值损失。

持有至到期投资确认减值损失后,如有客观证据表明该持有至到期投资价值得以恢复,且客观上与确认该损失后发生的事项有关,原确认的减值损失应当予以转回,计入当期损益。但是,该转回后的账面价值不应当超过假定不计提减值准备情况下该持有至到期投资在转回日的摊余成本。

(三)持有至到期投资减值的会计处理

资产负债表日,持有至到期投资发生减值的,按应减记的金额,借记"资产减值损失"科目,贷记"持有至到期投资减值准备"科目;已计提减值准备的持有至到期投资价值以后又得以恢复,应在原已计提的减值准备的金额内,按恢复增加的金额,借记"持有至到期投资减值准备"科目,贷记"资产减值损失"科目。

【例 5-12】承接【例 5-8】、【例 5-10】资料,假设 2010 年 12 月 31 日海河公司对持有至到期投资进行减值测试时发现晨鸣公司发生财务困难,所持有的晨鸣公司债券只能收回分期支付的利息和 70% 的本金。

由表 5-1 得知,2010 年 12 月 31 日,海河公司持有晨鸣公司债券账面摊余成本为 621 909 元。

> 海河公司持有晨鸣公司债券预计到期可收回本金＝600 000×70%＝420 000(元)
> 海河公司持有晨鸣公司债券预计每年可收回利息＝600 000×8%＝48 000(元)

按实际利率 6% 计算该持有至到期投资预计未来现金流量现值 461 803.20(420 000×0.89[①]＋48 000×1.8334[②])元,该项持有至到期投资发生减值损失 160 105.80(621 909－461 803.20)元。

借:资产减值损失   160 105.80
 贷:持有至到期投资减值准备   160 105.80

四、持有至到期投资持有到期和处置

(一)持有至到期投资持有到期

持有至到期投资持有到期收回本金和利息时,应按实际收到的金额,借记"银行存款"科目,按持有至到期投资的票面金额,贷记"持有至到期投资——成本"科目,按实际收到的利息贷记"应收利息"、"持有至到期投资——应计利息"科目。

【例 5-13】承接【例 5-9】和【例 5-11】资料,海河公司 2013 年 12 月 31 日持有奇峰公司的债券持有到期,收回本金和利息时:

---

① 0.89 为 2 年期利率 6% 的复利现值系数。
② 1.8334 为 2 年期利率 6% 的年金现值系数。

```
借:银行存款                                          390 000
  贷:持有至到期投资——成本                                    300 000
            ——应计利息                                    90 000
```

(二)持有至到期投资的处置

持有至到期投资的处置通常是指对未到期的持有至到期投资的出售和重分类。企业将所持有的债券划分为持有至到期投资,并不意味着必须将该债券持有至到期。如果企业的持有意图或能力发生了变化,在持有至到期前,可以重分类为可供出售金融资产,也可以将其出售。

出售持有至到期投资时,应将所取得价款与持有至到期投资账面价值之间的差额,计入当期损益。其中,持有至到期投资的账面价值是指持有至到期投资的账面余额减除已经计提的减值准备后的差额。

出售持有至到期投资时,应按实际收到的金额,借记"银行存款"科目,按持有至到期投资的账面余额,贷记"持有至到期投资——成本"科目,贷记"持有至到期投资——应计利息"科目,贷记或借记"持有至到期投资——利息调整"科目,按其差额,借记或贷记"投资收益"科目。已计提减值准备的,还应同时结转减值准备。

【例 5-14】承接【例 5-8】、【例 5-10】、【例 5-12】资料,假设由于贷款基准利率的变动和其他市场因素的影响,海河公司持有的、原划分为持有至到期投资的晨鸣公司债券价格持续下跌,海河公司于 2011 年 2 月将 2009 年 1 月 1 日购买晨鸣公司于 2008 年 1 月 1 日发行的五年期债券、债券面值为 600 000 元,票面利率为 8%,每年 12 月 31 日付息的债券全部提前出售,获得出售收入 610 000 元(不含应收利息)。

该债券的出售损益=610 000-(621 909-160 105.80)=148 196.80(元)

```
借:银行存款                                          610 000
  持有至到期投资减值准备                                 160 105.80
  贷:持有至到期投资——成本                                    600 000
            ——利息调整                                  21 909
     投资收益                                        148 196.80
```

(三)持有至到期投资重分类的会计处理

企业因持有意图或能力发生变化,使某项债券投资不再适合划分为持有至到期投资的,应当将其重分类为可供出售金融资产,并以公允价值进行后续计量。重分类日,该项债券投资的账面价值与公允价值的差额计入所有者权益(资本公积——其他资本公积),在该项可供出售金融资产发生减值或终止确认时转出,计入当期损益(投资收益)。

企业将持有至到期投资重分类为可供出售金融资产时,应在重分类日按债券投资的公允价值,借记"可供出售金融资产"科目,按投资的账面余额,贷记"持有至到期投资——成本"、"持有至到期投资——应计利息"科目,贷记或借记"持有至到期投资——利息调整"科目,按其差额,贷记或借记"资本公积——其他资本公积"科目。已计提减值准备的,还应同时结转减值准备。

【例 5-15】2012 年 6 月 5 日,津滨公司因持有意图发生改变,将 2011 年 1 月 1 日购入的原划分为持有至到期投资的海虹公司债券重分类为可供出售金融资产。该债券的面值为 200 000 元,票面利率为 5‰,每年末付息一次。重分类日,该债券的公允价值为 220 000 元,账面余额为 206 800 元,其中成本 200 000 元,利息调整 6 800 元,未计提减值准备。

重分类日,津滨公司记为:

借:可供出售金融资产——成本	200 000	
——利息调整	20 000	
贷:持有至到期投资——成本		200 000
——利息调整		6 800
资本公积——其他资本公积		13 200

第四节　可供出售金融资产

一、可供出售金融资产的取得

(一)可供出售金融资产初始计量

可供出售金融资产应当按取得该金融资产的公允价值和相关交易费用之和作为初始确认金额。如果支付的价款中包含已到付息期但尚未领取的债券利息或已宣告但尚未发放的现金股利,应单独确认为应收项目,不构成可供出售金融资产的初始确认金额。

(二)设置"可供出售金融资产"科目

为反映企业持有的可供出售金融资产的购入、持有、出售以及持有期内的公允价值变动情况,应设置"可供出售金融资产"科目,并按可供出售金融资产投资的类别和品种,分别按"成本"、"利息调整"、"应计利息"、"公允价值变动"等科目进行明细核算。其中"成本"明细科目反映可供出售股票投资的初始确认金额或可供出售债券投资的面值;"利息调整"明细科目反映可供出售债券投资的初始确认金额与其面值的差额;"应计利息"明细科目反映到期一次还本付息债券在持有期间应收的利息;"公允价值变动"明细科目反映可供出售金融资产持有期间的公允价值变动金额;期末借方余额反映企业可供出售金融资产的公允价值。

(三)可供出售金融资产取得的会计处理

1. 企业取得可供出售金融资产为股票投资

企业取得可供出售金融资产为股票投资的,应按其公允价值与交易费用之和,借记"可供出售金融资产——成本"科目,按支付的价款中包含的已宣告但尚未发放的现金股利,借记"应收股利"科目,按实际支付的金额,贷记"银行存款"科目。

【例 5-16】2011 年 4 月 10 日,海河公司从二级市场按每股 12 元的价格购入中环公司的股票 50 000 股,发生手续费等交易费用 9 200 元,款项已通过银行全部付清。初始确认时,海河公司将该股票投资划分为可供出售金融资产。

海河公司购入股票时:

```
借:可供出售金融资产——成本                                    609 200
    贷:银行存款                                                    609 200
```

2.企业取得可供出售金融资产为债券投资

企业取得可供出售金融资产为债券投资的,应按债券的面值,借记"可供出售金融资产——成本"科目,按支付的价款中包含的已到付息期但尚未领取的债券利息,借记"应收利息"科目,按实际支付的金额,贷记"银行存款",按其差额,借记或贷记"可供出售金融资产——利息调整"科目。

【例 5-17】2009 年 1 月 1 日,海河公司从证券市场以每张 52 元价格购入大成公司同日公开发行的面值为每张 50 元的债券 10 000 张划分为可供出售金融资产。该债券期限为 5 年,票面利率为 6%,每年 1 月 5 日支付上年度的利息,到期还本。购买该债券时支付交易费用为 8 000 元。该债券购入时计算的实际利率为 4.72%。

海河公司购入债券时:

```
借:可供出售金融资产——成本                                    500 000
              ——利息调整                                       28 000
    贷:银行存款                                                    528 000
```

二、可供出售金融资产持有收益的确认

可供出售金融资产在持有期间取得的现金股利或债券利息,应当确认为当期投资收益。

(一)可供出售金融资产持有期间取得的现金股利

可供出售金融资产投资持有期间被投资单位宣告发放现金股利时,按应享有的份额,借记"应收股利"科目,贷记"投资收益"科目。

【例 5-18】承接【例 5-16】资料,2011 年 4 月 28 日,中环公司宣告每股分派现金股利 0.30 元,该现金股利于 2011 年 5 月 8 日发放。

2011 年 4 月 28 日,中环公司宣告分派现金股利,海河公司确认应收股利＝50000×0.30＝15 000(元)。

```
借:应收股利                                                    15 000
    贷:投资收益                                                    15 000
```

2011 年 5 月 8 日收到中环公司发放的现金股利时:

```
借:银行存款                                                    15 000
    贷:应收股利                                                    15 000
```

(二)可供出售金融资产持有期间的利息收入

1.分期付息、一次还本债券投资的

资产负债表日,可供出售债券为分期付息、一次还本债券投资的,应按票面利率计算确定的应收未收利息,借记"应收利息"科目,按可供出售债券的摊余成本和实际利率计算确定的利息收入,贷记"投资收益"科目,按其差额,借记或贷记"可供出售金融资产——利息调整"科目。

【例 5-19】承接【例 5-17】资料,2009 年 12 月 31,海河公司确认债券投资利息收入。

应收利息＝500 000×6％＝30 000(元)

利息收入＝528 000×4.72％＝24 921.60(元)

利息调整摊销额＝30 000－24 921.60＝5 078.40(元)

可供出售金融资产期末摊余成本＝528 000－5 078.40＝522 921.60(元)

借:应收利息   30 000

  贷:投资收益   24 921.60

      可供出售金融资产——利息调整   5 078.40

2010 年 1 月 5 日收到债券利息时:

借:银行存款   30 000

  贷:应收利息   30 000

2.一次还本付息债券投资的

资产负债表日,可供出售债券为一次还本付息债券投资的,应按票面利率计算确定的应收未收利息,借记"可供出售金融资产——应计利息"科目,按可供出售债券的摊余成本和实际利率计算确定的利息收入,贷记"投资收益"科目,按其差额,借记或贷记"可供出售金融资产——利息调整"科目。

三、可供出售金融资产的期末计量

(一)可供出售金融资产的公允价值变动

我国《企业会计准则》规定,资产负债表日,可供出售金融资产应当以公允价值计量,因公允价值变动形成的利得或损失,应直接计入所有者权益,通过资本公积处理。可供出售金融资产的公允价值高于其账面余额的差额,借记"可供出售金融资产——公允价值变动"科目,贷记"资本公积——其他资本公积"科目;可供出售金融资产的公允价值低于其账面余额的差额则做相反的会计处理。

【例 5-20】承接【例 5-16】资料,2011 年 12 月 31 日,海河公司持有的中环公司股票收盘价为每股 10 元。

海河公司确认该股票投资公允价值变动＝50 000×10－609 200＝－109 200(元)

借:资本公积——其他资本公积   109 200

  贷:可供出售金融资产——公允价值变动   109 200

【例 5-21】承接【例 5-17】、【例 5-19】资料,2010 年 12 月 31 日,海河公司持有的大成公司债券每张市场价格为 48 元。

(1)2010 年 12 月 31 日海河公司确认该债券投资利息收入

应收利息＝500 000×6％＝30 000(元)

利息收入＝522 921.60×4.72％＝24 681.90(元)

利息调整摊销额＝30 000－24 681.90＝5 318.10(元)

可供出售金融资产期末摊余成本＝522 921.60－5 318.10＝517 603.50(元)

借:应收利息   30 000

  贷:投资收益   24 681.90

      可供出售金融资产——利息调整   5 318.10

(2)海河公司确认该可供出售金融资产公允价值变动额＝48×10 000－517 603.50
＝－37 603.50(元)

借:资本公积——其他资本公积   37 603.50

 贷:可供出售金融资产——公允价值变动   37 603.50

2010年12月31日该可供出售金融资产账面价值以公允价值480 000元计量。

(3)2011年1月5日收到债券利息时:

借:银行存款   30 000

 贷:应收利息   30 000

(二)可供出售金融资产的减值

1.可供出售金融资产减值的认定

可供出售金融资产公允价值低于其成本本身不足以说明可供出售金融资产已发生减值,但如果可供出售金融资产的公允价值发生了较大幅度的下降,或在综合考虑各种相关因素后,有客观证据(如发行方发生重大财务困难或发行方经营所处的技术、市场、经济或法律环境等发生重大不利变化等)表明,这种下降趋势属于非暂时性的,可以认定该可供出售金融资产已发生减值,应当确认减值损失,计提减值准备。

2.可供出售金融资产减值的计提

可供出售金融资产发生减值时,即使该金融资产没有终止确认,原直接计入所有者权益中的因公允价值下降形成的累计损失,也应当予以转出,计入当期损益(资产减值损失)。

确定可供出售金融资产发生减值的,应按减记金额,借记"资产减值损失"科目,按应从所有者权益中转出原计入资本公积的累计损失金额,贷记"资本公积——其他资本公积"科目,按其差额,贷记"可供出售金融资产——公允价值变动"科目(或贷记"可供出售金融资产减值准备"科目)。

【例5-22】承接【例5-16】、【例5-20】资料,2012年,中环公司因违犯相关证券法规,受到证券监管部门查处。受此影响,中环公司股票的价格发生下跌。至2012年12月31日,该股票的市场价格下跌到每股7元。

资产减值损失金额＝609 200－50 000×7＝259 200(元)

借:资产减值损失   259 200

 贷:资本公积——其他资本公积   109 200

  可供出售金融资产——公允价值变动   150 000

  (或可供出售金融资产减值准备)   150 000

【例5-23】承接【例5-17】、【例5-19】、【例5-21】资料,2011年12月31日,大成公司债券的公允价值下降为每张30元。海河公司预计,如大成公司不采取措施,该债券的公允价值预计会持续下跌。

(1)2011年12月31日海河公司确认该债券投资利息收入

应收利息＝500 000×6％＝30 000(元)

利息收入＝51 7603.50×4.72％＝24 430.89(元)

利息调整摊销额＝30 000－24 430.89＝5 569.11(元)

可供出售金融资产期末摊余成本＝517 603.50－5 569.11＝512 034.39(元)

借:应收利息　　　　　　　　　　　　　　　　　　　30 000
　　贷:投资收益　　　　　　　　　　　　　　　　　　　　　24 430.89
　　　　可供出售金融资产——利息调整　　　　　　　　　　　　5 569.11

（2）确认该可供出售金融资产减值损失额＝30×10 000－512 034.39＝－212 034.39（元）

该可供出售金融资产公允价值变动额＝30×10 000－（480 000－5 569.11）

$$＝－174 430.89（元）$$

借:资产减值损失　　　　　　　　　　　　　　　　　212 034.39
　　贷:资本公积——其他资本公积　　　　　　　　　　　　　37 603.50
　　　　可供出售金融资产——公允价值变动　　　　　　　　174 430.89
　　　　（或可供出售金融资产减值准备）　　　　　　　　　174 430.89

2012 年 12 月 31 日该可供出售金融资产账面价值以公允价值 300 000 元计量。

（3）2013 年 1 月 5 日收到债券利息时

借:银行存款　　　　　　　　　　　　　　　　　　　30 000
　　贷:应收利息　　　　　　　　　　　　　　　　　　　　　30 000

3.可供出售金融资产减值的转回

对已计提资产减值损失的可供出售金融资产,在随后的会计期间公允价值已上升且客观上与确认原减值损失后发生的事项有关的,原确认的资产减值损失应当予以转回。但具体应分别按债务工具和权益工具处理。

对于已确认减值损失的可供出售债务工具,转回的减值损失金额,计入当期损益,借记"可供出售金融资产——公允价值变动(或可供出售金融资产减值准备)"科目,贷记"资产减值损失"科目。

对于已确认减值损失的可供出售权益工具,转回的减值损失金额,计入所有者权益,不得通过损益转回。转回时,借记"可供出售金融资产——公允价值变动(或可供出售金融资产减值准备)"科目,贷记"资本公积——其他资本公积"科目。

四、可供出售金融资产的处置

可供出售金融资产处置时,应将取得的处置价款与该金融资产账面价值之间的差额,计入投资收益;同时,将原直接计入所有者权益的公允价值变动累计额对应处置部分的金额转出,计入投资收益。

处置可供出售债务工具投资时,应按实际收到的金额,借记"银行存款"科目,按债务工具的面值,贷记"可供出售金融资产——成本"科目,按应计未收的利息,贷记"可供出售金融资产——应计利息"科目,按利息调整摊余金额,贷记或借记"可供出售金融资产——利息调整"科目,按持有期间公允价值累计变动额,贷记或借记"可供出售金融资产——公允价值变动"科目,按上述差额,借记或贷记"投资收益"科目;同时,按应从所有者权益中转出的公允价值累计变动额,借记或贷记"资本公积——其他资本公积"科目,贷记或借记"投资收益"科目。

【例 5-24】 承接【例 5-17】、【例 5-19】、【例 5-21】资料,假设海河公司 2011 年 1 月 10 日将持有大成公司债券的 30％出售,实际收到价款 156 000 元。

海河公司出售该可供出售金融资产时：

借：银行存款	156 000.00	
可供出售金融资产——公允价值变动	11 281.05	
贷：可供出售金融资产——成本		150 000.00
——利息调整		5 281.05
投资收益		12 000.00

同时：

借：投资收益	11 281.05	
贷：资本公积——其他资本公积		11 281.05

处置可供出售权益工具投资时，应按实际收到的金额，借记"银行存款"科目，按权益工具的初始确认金额，贷记"可供出售金融资产——成本"科目，按持有期间公允价值累计变动额，贷记或借记"可供出售金融资产——公允价值变动"科目，按上述差额，借记或贷记"投资收益"科目；同时，按应从所有者权益中转出的公允价值累计变动额，借记或贷记"资本公积——其他资本公积"科目，贷记或借记"投资收益"科目。

【例 5-25】 承接【例 5-16】、【例 5-20】、【例 5-22】资料，假定 2013 年海河公司将持有中环公司作为可供出售金融资产的股票全部出售，实际收到价款为 375 000 元。

海河公司出售该可供出售金融资产时记为：

借：银行存款	375 000	
可供出售金融资产——公允价值变动	150 000	
（或可供出售金融资产减值准备）	150 000	
投资收益	84 200	
贷：可供出售金融资产——成本		609 200

案例 5-2

烟台万华(600309)2011 年可供出售金融资产信息披露情况

烟台万华聚氨酯股份有限公司 2011 年年报显示：

(1)公司持有的可供出售金融资产系本公司认购的桂林旅游股份有限公司非公开发行股份。

(2)公司 2011 年年初持有可供出售金融资产公允价值为 173 550 000.00 元，年末公允价值为 98 151 600.00 元，2011 年年末较年初减少 75 398 400.00 元，为公司本期出售部分可供出售金融资产及其公允价值下降所致。

(3)本期持有可供出售金融资产取得的投资收益 1 492 800.00 元。

(4)处置可供出售金融资产取得的投资收益 3 517 503.90 元。

(5)可供出售金融资产增加公司 2011 年度利润 5 010 303.90 元。

(6)可供出售金融资产减少公司股东权益(资本公积)60 335 563.07 元。

资料来源：烟台万华聚氨酯股份有限公司 2011 年年度报告，www.sse.com.cn。

本章小结

证券投资是指企业以购买股票、债券、基金等方式直接投资于证券市场。按企业管理层持有意图分为交易性金融资产、持有至到期投资、可供出售金融资产和长期股权投资四类。本章主要阐述交易性金融资产、持有至到期投资、可供出售金融资产等各类证券投资的特点、初始计量、持有收益的确认、期末计量及相关的会计处理。主要内容见表 5-3 所示。

表 5-3 证券投资的比较

类别	特点	初始计量	持有收益	期末计量	处置	共同点
交易性金融资产	(1)在活跃市场上有公开报价、公允价值能够持续可靠获得和计量; (2)以近期内出售赚取差价为目的; (3)以公允价值计量且其变动计入当期损益。	(1)公允价值; (2)交易费用计入当期损益,不构成投资成本。	股票投资:宣告日按享有份额确认 债券投资:计息日按票面利率确认	(1)公允价值; (2)公允价值变动计入当期损益,不进行减值测试。	(1)售价与账面价值的差额计入投资收益; (2)将持有期间公允价值变动损益转入投资收益。	取得时实际支付款项中含有已宣告但尚未发放的现金股利或已到付息期但尚未领取的债券利息,应当确认为应收项目,不构成初始投资成本。
持有至到期投资	(1)到期日固定、回收金额固定或可确定; (2)企业有明确意图持有至到期; (3)企业有能力持有至到期。	公允价值＋交易费用	计息日按摊余成本×实际利率确认	(1)摊余成本; (2)有减值迹象,进行减值测试。	售价与账面价值的差额计入投资收益	
可供出售金融资产	(1)在活跃市场上有公开报价、公允价值能够持续可靠获得和计量; (2)持有意图不十分明确; (3)以公允价值计量且其变动计入所有者权益。		股票投资:宣告日按享有份额确认 债券投资:计息日按摊余成本×实际利率确认	(1)公允价值; (2)公允价值变动计入资本公积; (3)公允价值持续性下降的,确认减值损失。	(1)售价与账面价值的差额计入"投资收益"; (2)将持有期间产生的"资本公积"转入"投资收益"。	

思考题

1. 交易性金融资产、持有至到期投资、可供出售金融资产的初始投资成本确定有何不同?
2. 交易性金融资产和可供出售金融资产有何异同?
3. 怎样确认持有至到期投资的持有收益?
4. 怎样确认持有至到期投资的摊余成本?
5. 如何判定可供出售金融资产减值?

练习题

(一)单项选择题

1. 2012 年 6 月 2 日鸿达公司以赚取差价为目的从二级市场购入的一批天同公司发行的股票 600 万股,作为交易性金融资产,取得时公允价值为每股为 4.2 元,含已宣告但尚未发放的现金股利为 0.2 元,另支付交易费用 8 万元,全部价款以银行存款支付。则取得交易性金融资产的入账价值为(   )万元。

  A. 2 400   B. 2 528   C. 2 408   D. 2 520

2. 企业取得交易性金融资产支付的价款中,包含已宣告但尚未发放的现金股利应当记入的科目是(   )。

  A. 交易性金融资产   B. 应收股利

  C. 公允价值变动损益   D. 资本公积

3. 按照我国《企业会计准则》规定,持有至到期投资在持有期间应当按照(   )计算确认利息收入,计入投资收益。

  A. 票面利率 B. 实际利率 C. 合同利率 D. 市场利率

4. 2011 年 7 月 1 日,明光公司从二级市场以 2 100 万元购入方圆公司发行的债券作为交易性金融资产,实际支付价款中含有已到付息期但尚未领取的利息 100 万元,另发生交易费用 10 万元。2011 年 12 月 31 日,该交易性金融资产的公允价值为 2 200 万元,假定不考虑其他因素,明光公司就该资产确认的公允价值变动损益为(   )万元。

  A. 90   B. 100   C. 190   D. 200

5. 对于已确认减值损失的可供出售债务工具,在随后的会计期间公允价值已上升且客观上与原减值损失确认后发生的事项有关的,原确认的减值损失应当予以转回,冲减(   )科目。

  A. 资本公积 B. 投资收益 C. 资产减值损失 D. 营业外收入

6. 按实际利率法摊销一次还本付息的持有至到期投资利息调整贷差时,摊销额会(   )。

  A. 逐期递减 B. 逐期递增 C. 保持不变 D. 变化不能确定

7. 企业取得的可供出售金融资产,下列说法正确的是(   )。

  A. 初始确认应该按照公允价值计量,相关交易费用计入初始入账金额

  B. 资产负债表日,按照公允价值计量,公允价值变动的金额计入公允价值变动损益中

  C. 取得的可供出售金融资产是股票投资的,按照股票的公允价值计入"成本"明细科目中,交易费用反映在"利息调整"明细科目中

  D. 取得的可供出售金融资产是债券投资的,按照债券的公允价值计入"成本"明细科目

8. 伟业公司 2011 年 4 月 10 日支付价款 1 020 万元(含已宣告但尚未发放的现金股利 30 万元)取得一项股权投资,另支付交易费用 5 万元,划分为可供出售金融资产。2011 年 5 月 20 日,收到现金股利 30 万元。2011 年 12 月 31 日,该项股权投资的公允价值为 1 053万元。假定不考虑所得税等其他因素,伟业公司 2011 年因该项股权投资应直接计

入资本公积的金额为(　　)万元。

　　A. 28　　　　　　　B. 33　　　　　　　C. 58　　　　　　　D. 63

　　9. 水木公司 2011 年 7 月 1 日购入绿地公司 2011 年 1 月 1 日发行的债券,支付价款为 1 050 万元(含已到付息期但尚未领取的债券利息 20 万元),另支付交易费用 8 万元。该债券面值为 1 000 万元。票面年利率为 4%(票面利率等于实际利率),每半年付息一次,水木公司将其划分为交易性金融资产。水木公司 2011 年度该项交易性金融资产应确认的投资收益为(　　)万元。

　　A. 16　　　　　　　B. 20　　　　　　　C. 32　　　　　　　D. 40

　　10. 图强公司于 2011 年 1 月 1 日,支付 85 200 元(含债券利息)的价款购入面值80 000 元、2009 年 1 月 1 日发行、票面利率为 5%、期限 4 年、次年 1 月 5 日付息的债券作为持有至到期投资。2011 年 1 月 1 日购入时应记入"持有至到期投资——利息调整"科目的金额为(　　)元。

　　A. 5 200　　　　　　B. 4 000　　　　　　C. 2 000　　　　　　D. 1 200

(二)多项选择题

　　1. 下列各项不应计入相关证券投资初始入账金额的有(　　)。

　　A. 取得交易性金融资产发生的交易费用

　　B. 取得持有至到期投资发生的交易费用

　　C. 取得可供出售金融资产发生的交易费用

　　D. 实际支付价款中含有已宣告但尚未发放的现金股利

　　2. 持有至到期投资的摊余成本是指持有至到期投资的初始确认金额经下列(　　)调整后的结果。

　　A. 扣除已收回的本金

　　B. 减去采用实际利率法将该初始确认金额大于到期日金额之间的差额进行摊销形成的累计摊销额

　　C. 扣除已发生的减值损失

　　D. 加上采用实际利率法将该初始确认金额小于到期日金额之间的差额进行摊销形成的累计摊销额

　　3. 关于可供出售金融资产,下列说法中正确的有(　　)。

　　A. 实际支付价款中包括已宣告尚未发放的现金股利应单独确认为应收项目

　　B. 可供出售金融资产应当以公允价值计量,且公允价值变动计入资本公积

　　C. 资产负债表日可供出售金融资产应当以公允价值计量,且公允价值变动计入当期损益

　　D. 取得可供出售金融资产时支付的相关税费计入投资损益

　　4. 下列各项中,应确认投资收益的事项有(　　)。

　　A. 持有至到期投资在持有期间按摊余成本和实际利率计算确认的利息收入

　　B. 可供出售金融资产在资产负债表日公允价值与其账面价值的差额

　　C. 交易性金融资产持有期间获得的现金股利

　　D. 交易性金融资产在资产负债表日的公允价值大于账面价值的差额

5. 企业对交易性金融资产进行有关会计处理时,涉及"投资收益"科目的情况有(   )。

A. 取得投资时支付的相关税费

B. 取得投资时支付的价款中包含的现金股利

C. 持有期间获得的现金股利

D. 持有期间发生的公允价值变动

6. 下列各项会引起持有至到期投资账面价值发生变动的是(   )。

A. 利息调整的摊销

B. 确认分期付息债券应得的票面利息

C. 计提减值准备

D. 确认到期付息债券的应计票面利息

7. 下列项目中,应作为持有至到期投资减值迹象判断的有(   )。

A. 发行方或债务人发生严重财务困难

B. 债务人很可能倒闭或进行其他财务重组

C. 债权人出于经济或法律方面因素的考虑,对发生财务困难的债务人作出让步

D. 因发行方发生重大财务困难,该金融资产无法在活跃市场继续交易

8. 下列项目中,符合持有至到期投资特点的有(   )。

A. 到期日固定、回收金额固定或可确定

B. 企业有明确意图持有至到期

C. 企业有能力持有至到期

D. 以公允价值计量且其变动计入所有者权益

(三)判断题

1. 交易性金融资产期末按公允价值计量,期末不计提减值准备。(   )

2. 处置可供出售金融资产时,应将原直接计入所有者权益的公允价值变动累计额对应处置部分的金额转出,计入投资收益。(   )

3. 持有至到期投资在持有期间应当按照摊余成本和实际利率计算确认利息收入,计入投资收益。(   )

4. 可供出售权益性工具投资计提的减值准备不得转回。(   )

5. 对于可供出售金融资产已确认的减值损失,均可通过损益转回。(   )

6. 资产负债表日,可供出售金融资产应当以公允价值计量,且公允价值变动计入当期损益。(   )

7. 交易性金融资产为债券投资的,在持有期间按票面利率确认利息收入。(   )

8. 持有至到期投资应按实际支付价款加上交易费用计入"成本"明细科目。(   )

9. 可供出售金融资产应当按取得时的公允价值作为初始确认金额,相关的交易费用在发生时计入当期损益。(   )

10. 在资产负债表中,持有至到期投资通常应以账面摊余成本列示。(   )

(四)业务题

1.

(1)目的:掌握交易性金融资产投资的核算。

(2)资料:滨海公司每年6月30日和12月31日对外提供财务报告。

2010年11月,公司以每股7元购入洪雅公司公开发行股票600 000股作为交易性金

融资产,另支付手续费 30 000 元;

2010 年 12 月 31 日,该股票每股市价为 9 元;

2011 年 4 月 10 日,洪雅公司宣告分派现金股利,每股 0.30 元;

2011 年 4 月 25 日,滨海公司收到分派的现金股利;

2011 年 6 月 30 日,滨海公司仍持有该交易性金融资产,每股市价为 12 元;

2011 年 7 月 10 日,滨海公司以每股 14 元将该交易性金融资产全部出售。

(3)要求:

①确认该交易性金融资产对滨海公司 2010 年损益的影响额。

②确认该交易性金融资产对滨海公司 2011 年损益的影响额。

③编制相关会计分录。

2.

(1)目的:掌握持有至到期投资的核算。

(2)资料:滨海公司于 2009 年 1 月 1 日从证券市场上购入同达公司于 2008 年 1 月 1 日发行的债券、票面年利率为 4%、每年 1 月 5 日支付上年度的利息,到期日为 2012 年 1 月 1 日,到期日一次归还本金和最后一次利息。滨海公司购入债券的面值为 10 000 000 元,实际支付价款为 9 927 700 元,另支付相关费用 200 000 元。滨海公司购入后将其划分为持有至到期投资。购入债券的实际利率为 5%,假定按年计提利息。

(3)要求:

①确认该持有至到期投资 2009 年应获取的投资收益。

②确认该持有至到期投资 2010 年 12 月 31 日的摊余成本。

③编制有关的会计分录。

3.

(1)目的:掌握可供出售金融资产投资的核算。

(2)资料:

2009 年 2 月 5 日,滨海公司从股票二级市场以每股 13 元的价格购入建通公司发行的股票 450 000 股,另支付相关税费 12 000 元。初始确认时,滨海公司将其划分为可供出售金融资产。

2009 年 4 月 10 日,建通公司宣告发放现金股利每股 0.5 元。

2009 年 4 月 20 日公司收到发放的现金股利。

2009 年 12 月 31 日,该股票的市场价格为每股 10 元。滨海公司预计该股票的价格下跌是暂时的。

2010 年,建通公司因违犯相关证券法规,受到证券监管部门查处。受此影响,建通公司股票的价格发生下跌,至 2010 年 12 月 31 日,该股票的市场价格下跌到每股 4 元,滨海公司判断该股票投资已发生减值。

2011 年,建通公司整改完成,加之市场宏观面好转,股票价格有所回升,至 12 月 31 日,该股票的市场价格上升到每股 6 元。

(3)要求:

①确认该可供出售金融资产投资 2010 年 12 月 31 日的账面价值。

②编制相关会计分录。

第六章

长期股权投资

学习目的：通过本章学习，使学生了解长期股权投资的范围；熟悉长期股权投资成本法和权益法的核算；掌握长期股权投资初始计量和后续计量；掌握长期股权投资取得、持有收益、减值、处置的会计处理。

涪陵电力（600452）长期股权投资收益

　　根据重庆涪陵电力实业股份有限公司（简称涪陵电力）2011年年度报告可知：公司持有道真仡佬族苗族自治县华源电力有限责任公司有表决权比例为30%，采用权益法核算，道真公司2011年度实现净利润为－1 840 512.89元；持有重庆市新嘉南建材有限责任公司有表决权比例为35%，采用权益法核算，重庆新嘉南建材公司2011年度实现净利润20 835 414.45元。上述两项长期股权投资2011年涪陵电力按被投资单位实现净利润确认列入利润表中的投资收益6 470 241.19（20 835 414.45×35%－1 840 512.89×30%）元，比2010年增长1 461.78%。

　　根据上述情况，你如何看待长期股权投资采用权益法核算确认的投资收益对公司利润的影响？长期股权投资还有其他核算方法吗？若有，与权益法有何不同？

　　资料来源：重庆涪陵电力实业股份有限公司2011年年度报告，www.sse.com.cn。

第一节　长期股权投资概述

一、长期股权投资的性质

　　长期股权投资是指通过购买股票或直接投出各种资产取得被投资企业的股份，并准备长期持有、不准备随时交易或出售的投资，包括长期股票投资和其他长期股权投资。企业进行长期股权投资，其目的并不是为了获取近期的收益，而是在于通过股权投资控制被投资企业或对被投资企业施加重大影响，来强化与被投资企业之间的密切关系，以分散经营风险,获取长远利益。

二、长期股权投资的范围

依据我国《企业会计准则》规定,长期股权投资的范围包括对子公司投资、对合营企业投资、对联营企业投资及重大影响以下公允价值不能可靠计量的权益性投资四项。

(一)对子公司投资

企业持有的能够对被投资单位实施控制的权益投资,即对子公司投资。控制,是指有权决定一个企业的财务和经营政策,并能据以从该企业的经营活动中获取利益。通常,当投资企业直接拥有被投资单位50%以上表决权资本的,表明对被投资单位能够控制;或投资企业虽然直接拥有被投资单位50%或以下的表决权资本,但具有实质控制权时,也说明投资企业能够控制被投资单位。实质控制权的判断情形包括:

1.通过与被投资单位其他投资者之间的协议,投资企业拥有被投资单位50%以上表决权;

2.根据公司章程或协议,投资企业有权控制被投资单位的财务和经营政策;

3.有权任免被投资单位董事会或类似权力机构的多数成员;

4.在被投资单位董事会或类似权力机构会议上有半数以上投票权。

能够直接或间接控制其他公司的公司称为母公司,被母公司控制的公司称为子公司。

(二)对合营企业投资

企业持有的能够与其他合营方一同对被投资单位实施共同控制的权益性投资,即对合营企业投资。共同控制,是指按照合同约定对某项经济活动所共有的控制,仅在与该项经济活动相关的重要财务和经营决策需要分享控制权的投资方一致同意时存在。共同控制的特点在于合营企业的合营各方均受合营合同的限制和约束。投资企业与其他方对被投资单位实施共同控制的,被投资单位为其合营企业。

(三)对联营企业投资

企业持有的能够对被投资单位施加重大影响的权益性投资,即对联营企业投资。重大影响,是指对一个企业的财务和经营政策有参与决策的权力,但并不能够控制或者与其他方一起共同控制这些政策的制定。投资企业能够对被投资单位施加重大影响的,被投资单位为其联营企业。当投资企业直接拥有被投资单位20%或以上至50%的表决权资本时,一般认为对被投资单位具有重大影响。此外,虽然投资企业直接拥有被投资单位20%以下的表决权资本,但符合下列情况之一的,也应确认为对被投资单位具有重大影响:

1.在被投资单位的董事会或类似的权力机构中派有代表;

2.参与被投资单位的政策制定过程,包括股利分配政策等的制定;

3.与被投资单位之间发生重要交易;

4.向被投资单位派出管理人员;

5.向被投资单位提供关键技术资料。

案例 6-1

烟台万华(600309)对重大影响的说明

烟台万华聚氨酯股份有限公司 2011 年年度报表注释 10 说明长期股权投资情况如下:林德气体(烟台)有限公司系 2011 年度本公司与林德气体(香港)有限公司合资成立的公司,本公司投资比例为 10%。根据公司章程,董事会由 5 名董事组成,其中本公司委派 1 名董事,因此能够对该公司的经营决策产生重大影响。

资料来源:烟台万华聚氨酯股份有限公司 2011 年年报,www.sse.com.cn。

(四)重大影响以下公允价值不能可靠计量的权益性投资

投资企业持有的对被投资单位不具有控制、共同控制或重大影响,并且在活跃市场中没有报价、公允价值不能可靠计量的权益性投资,也属长期股权投资。

除上述四项外,企业持有的其他权益性证券投资,应当根据持有意图,划分为交易性金融资产投资或可供出售金融资产投资,不可划分为长期股权投资。

第二节　长期股权投资的取得

一、长期股权投资的初始计量

长期股权投资在取得时,应按初始投资成本入账。长期股权投资取得的方式不同,其初始投资成本的确认也有差异。我国《企业会计准则》将长期股权投资取得的方式分为合并形成和其他方式形成两种。

(一)企业合并形成的长期股权投资的初始成本

企业合并,是指将两个或者两个以上单独的企业合并形成一个报告主体的交易或事项。企业合并具体又分为同一控制下的企业合并和非同一控制下的企业合并两种。

1. 同一控制下企业合并形成的长期股权投资初始成本

同一控制下的企业合并,是指参与合并的企业在合并前后均受同一方或相同的多方最终控制且该控制并非暂时性的。同一控制下的企业合并,在合并日取得对其他参与合并企业控制权的一方为合并方,参与合并的其他企业为被合并方。

同一控制下的企业合并,合并双方的合并行为不完全是自愿进行和完成的,这种企业合并不属于交易行为,而是资产和负债的重新组合。从能够对参与合并各方在合并前及合并后均实施最终控制的一方来看,其能够控制的资产在合并前及合并后并没有发生变化。因此,同一控制下企业合并形成的长期股权投资初始成本在合并日可以按照被合并方所有者权益账面价值的享有份额计量。依据我国《企业会计准则》规定,具体计量如下:

(1)合并方以支付现金、转让非现金资产或承担债务方式作为合并对价的,应当在合并日按照取得被合并方所有者权益账面价值的份额作为长期股权投资的初始投资成本。长期股权投资初始投资成本与支付的现金、转让的非现金资产以及所承担债务账面价值之间的差额,应当调整资本公积(资本溢价或股本溢价);资本公积不足冲减的,调整留存收益。

(2)合并方以发行权益性证券作为合并对价的,应当在合并日按照取得被合并方所有者权益账面价值的份额作为长期股权投资的初始投资成本。按照发行股份的面值总额作为股本,长期股权投资初始投资成本与所发行股份面值总额之间的差额,应当调整资本公积(资本溢价或股本溢价);资本公积不足冲减的,调整留存收益。

(3)合并方为进行企业合并发生的各项直接相关费用,包括为进行企业合并而支付的审计费用、评估费用、法律服务费用等,应当在发生时计入当期管理费用,不构成长期股权投资的初始成本。直接相关费用不包括为企业合并发行的债券或承担其他债务支付的手续费、佣金等,也不包括企业合并中发行权益性证券发生的手续费、佣金等费用。为企业合并发行的债券或承担其他债务的手续费、佣金等,应当计入所发行债券及其他债务的初始计量金额;企业合并中发行权益性证券发生的手续费、佣金等费用,应当抵减权益性证券溢价收入,溢价收入不足冲减的,冲减留存收益。

2.非同一控制下企业合并形成的长期股权投资初始成本

非同一控制下的企业合并,是指参与合并的各方在合并前后不受同一方或相同的多方最终控制。相对于同一控制下的企业合并来说,非同一控制下企业合并是合并各方自愿进行的交易行为,作为一种公平交易,应当以公允价值为基础进行计量。

非同一控制下企业合并,在购买日取得对其他参与合并企业控制权的一方为购买方,参与合并的其他企业为被购买方。依据我国《企业会计准则》规定,在购买日非同一控制下的企业合并形成的长期股权投资初始成本具体计量如下:

(1)购买方应当按照确定的企业合并成本作为长期股权投资的初始投资成本。企业合并成本包括购买方在购买日为取得对被投资单位的控制权而付出的资产、发生或承担的负债以及发行权益性证券的公允价值。

(2)企业以支付非货币性资产为对价的,所支付非货币性资产在购买日的公允价值与其账面价值的差额,应作为资产处置损益,计入企业合并当期损益。

(3)合并方为进行企业合并发生的各项直接相关费用,包括为进行企业合并而支付的审计费用、评估费用、法律服务费用等,应当在发生时计入当期管理费用,不构成长期股权投资的初始成本,即与同一控制下企业合并处理一致。

(二)其他方式取得的长期股权投资初始成本

除企业合并形成长期股权投资外,企业还可通过以支付现金、发行权益性证券、接受投资者投入、债务重组及非货币性资产交换等方式取得。其他方式取得的长期股权投资初始成本应当按照下列规定确定:

1.以支付现金取得的长期股权投资,应当按照实际支付的购买价款作为初始投资成本。初始投资成本包括与取得长期股权投资直接相关的费用、税金及其他必要支出。

2.以发行权益性证券取得的长期股权投资,应当按照发行权益性证券的公允价值作为初始投资成本。

3.投资者投入的长期股权投资,应当按照投资合同或协议约定的价值作为初始投资成本,但合同或协议约定价值不公允的除外。

4.通过债务重组或非货币性资产交换取得的长期股权投资,其初始投资成本应当按照非货币资产交换或债务重组会计准则的规定确定,本章不阐述。

应当注意的是,企业无论是以何种方式取得的长期股权投资,取得投资时,对于实际支付的价款或对价中包含的应享有被投资单位已经宣告但尚未发放的现金股利或利润,应作为应收项目单独核算,不构成取得长期股权投资的初始投资成本。

二、长期股权投资取得的会计处理

(一)同一控制下企业合并取得的长期股权投资

1.合并方以支付现金、转让非现金资产或承担债务方式作为合并对价的,应当在合并日按照取得被合并方所有者权益账面价值的份额,借记"长期股权投资"科目,按享有被投资单位已宣告但尚未发放的现金股利或利润,借记"应收股利"科目,按支付合并对价的账面价值,贷记有关资产或借记有关负债科目,按其差额,贷记"资本公积——资本溢价或股本溢价"科目;为借方差额的,借记"资本公积——资本溢价或股本溢价"科目,资本公积(资本溢价或股本溢价)不足冲减的,借记"盈余公积"、"利润分配——未分配利润"科目。

【例 6-1】 M 公司和 N 公司同为 T 公司的子公司。2011 年 11 月 5 日,M 公司以银行存款 12 000 000 元取得 N 公司 70% 的股权,合并日 N 公司所有者权益的账面价值为 25 000 000 元,公允价值为 30 000 000 元。

M 公司该项投资的初始投资成本＝25 000 000×70%＝17 500 000(元)

借:长期股权投资——N 公司	17 500 000	
贷:银行存款		12 000 000
资本公积		5 500 000

若 M 公司支付银行存款 18 000 000 元,则

借:长期股权投资——N 公司	17 500 000	
资本公积	500 000	
贷:银行存款		18 000 000

若资本公积——资本溢价余额不足冲减,应冲减留存收益。

【例 6-2】 甲公司和乙公司同为 G 公司的子公司。甲公司以一批商品对乙公司进行投资,取得乙公司 60% 的股权,合并日乙公司账面所有者权益总额为 20 000 000 元。甲公司付出商品的成本为 9 000 000 元,已提取减值准备 200 000 元,该批商品的公允价值为 9 800 000 元。

甲公司该项投资的初始投资成本＝20 000 000×60%＝12 000 000(元)

借:长期股权投资——乙公司	12 000 000	
存货跌价准备	200 000	
贷:库存商品		9 000 000
资本公积		3 200 000

2.合并方以发行权益性证券作为合并对价的,在合并日按取得被合并方所有者权益账面价值的份额,借记"长期股权投资"科目,按应享有被投资单位已宣告但尚未发放的现金股利或利润,借记"应收股利"科目,按发行权益性证券的面值总额,贷记"股本"科目,按

照发行权益性证券支付的手续费、佣金等，贷记"银行存款"科目，按其差额，贷记"资本公积——资本溢价或股本溢价"科目；为借方差额的，借记"资本公积——资本溢价或股本溢价"科目，资本公积（资本溢价或股本溢价）不足冲减的，借记"盈余公积"、"利润分配——未分配利润"科目。

【例 6-3】 H 公司和 L 公司同属于 K 公司的子公司。H 公司于 2012 年 3 月 10 日以发行股票的方式从 L 公司的股东手中取得 80% 的股份。H 公司发行 17 200 000 股普通股股票，该股票每股面值为 1 元。L 公司 2012 年 3 月 10 日账面所有者权益总额为 20 000 000 元，H 公司在 2012 年 3 月 10 日资本公积（资本溢价）余额为 800 000 元，盈余公积为 400 000 元，未分配利润为 200 000 元。

H 公司该项投资的初始投资成本＝20 000 000×80%＝16 000 000（元）

借：长期股权投资——L 公司	16 000 000
资本公积	800 000
盈余公积	400 000
贷：股本	17 200 000

（二）非同一控制下企业合并形成的长期股权投资

1. 购买方在购买日以支付现金的方式取得被购买方的股权，应按实际支付的价款，借记"长期股权投资"科目，贷记"银行存款"科目。若实际支付的价款中含有已宣告但尚未发放的现金股利，应借记"应收股利"科目。

2. 购买方在购买日以付出非货币性资产的方式取得被购买方的股权，应按非货币性资产的公允价值，借记"长期股权投资"科目，若含有已宣告但尚未发放的现金股利或利润，按享有份额，借记"应收股利"科目；付出的非货币性资产分别按不同情况处理：

（1）付出资产为存货的，视同销售，按存货的公允价值，贷记"主营业务收入"、"其他业务收入"科目，按增值税销项税额，贷记"应交税费——应交增值税"科目；同时结转存货成本，借记"主营业务成本"、"其他业务成本"科目，贷记"库存商品"、"原材料"等科目。

【例 6-4】 海王公司和地王公司属于非同一控制下的独立企业。海王公司于 2012 年 5 月 8 日以本公司的库存商品对地王公司投资，取得地王公司 60% 的股权。海王公司投出的库存商品成本 8 000 000 元，2012 年 5 月 8 日该商品的公允价值为 10 000 000 元，增值税 1 700 000 元。

海王公司该项投资的初始成本＝10 000 000＋1 700 000＝11 700 000（元）

借：长期股权投资——地王公司	11 700 000
贷：主营业务收入	10 000 000
应交税费——应交增值税（销项税额）	1 700 000
借：主营业务成本	8 000 000
贷：库存商品	8 000 000

（2）付出资产为固定资产或无形资产的，按资产的账面价值，贷记"固定资产清理"、"无形资产"等科目，按资产公允价值和账面价值的差额，借记"营业外支出"科目或贷记"营业外收入"科目。

3. 购买方在购买日以承担债务的方式取得被购买方的股权，应按照负债的公允价值，借记"长期股权投资"科目,贷记有关负债科目。

4.购买方在购买日以发行权益性证券方式取得被购买方的股权,应按照发行权益性证券的公允价值,借记"长期股权投资"科目,按发行权益性证券的面值,贷记"股本"科目,按发行权益性证券公允价值与面值的差额,贷记"资本公积"科目。

(三)其他方式取得的长期股权投资

1.企业以支付现金取得长期股权投资时,按照确定的初始投资成本,借记"长期股权投资"科目,按享有被投资单位已宣告但尚未发放的现金股利或利润,借记"应收股利"科目,按照实际支付的买价及相关税费等,贷记"银行存款"科目。

【例6-5】双龙公司于2012年4月10日,自公开市场中买入华龙公司30%的股份,实际支付价款18 200 000元,其中含有已宣告尚未发放的现金股利200 000元。在购买过程中另外支付手续费等相关税费150 000元。

双龙公司该项投资成本=18 200 000－200 000＋150 000=18 150 000(元)

借:长期股权投资——华龙公司　　　　　　　　　　　　　　　18 150 000
　　应收股利　　　　　　　　　　　　　　　　　　　　　　　　200 000
　　贷:银行存款　　　　　　　　　　　　　　　　　　　　　　　　18 350 000

2.企业发行权益性证券取得长期股权投资时,按照确定的初始投资成本,借记"长期股权投资"科目,按享有被投资单位已宣告但尚未发放的现金股利或利润,借记"应收股利"科目,按照权益证券的面值,贷记"股本"科目,按照权益性证券的公允价值与其面值之间的差额,贷记"资本公积"科目。按发行权益性证券所支付的税金及其手续费等直接相关支出,借记"资本公积"科目,贷记"银行存款"等科目。

【例6-6】2012年6月12日,天宝公司通过增发2 200 000股权益性证券取得对旭日公司23%的股权。天宝公司增发的权益性证券为每股面值1元的普通股股票,每股发行价格为12元。为增发该部分股份,天宝公司支付了460 000元的发行股票佣金等费用。

天宝公司该项投资成本=2 200 000×12=26 400 000(元)

借:长期股权投资——旭日公司　　　　　　　　　　　　　　　26 400 000
　　贷:股本　　　　　　　　　　　　　　　　　　　　　　　　　2 200 000
　　　　资本公积——股本溢价　　　　　　　　　　　　　　　　24 200 000
支付佣金等费用:
借:资本公积——股本溢价　　　　　　　　　　　　　　　　　　460 000
　　贷:银行存款　　　　　　　　　　　　　　　　　　　　　　　　460 000

第三节　长期股权投资的成本法和权益法

投资企业取得长期股权投资并按初始投资成本计价后,在持有期间,根据投资企业对被投资单位是否实施控制、共同控制或重大影响等情况,应当分别采用成本法和权益法进行核算。

一、长期股权投资核算的成本法

成本法，是指长期股权投资按成本计价的一种会计处理方法。在成本法下，长期股权投资以取得股权时的初始成本计价；其后，除了投资企业追加投资、收回投资等情形外，一般不对长期股权投资的账面价值进行调整。

（一）成本法的适用范围

我国《企业会计准则》规定，下列长期股权投资采用成本法核算：

1. 投资企业能够对被投资企业实施控制的长期股权投资，即对子公司的投资。编制合并财务报表时按照权益法进行调整。

2. 投资企业对被投资单位不具有共同控制或重大影响，并且在活跃市场中没有报价、公允价值不能可靠计量的长期股权投资。

（二）成本法核算的要点

1. 长期股权投资应当按照初始投资成本计价，除追加投资或收回投资等特殊情况外，"长期股权投资"科目余额不得随意变更。

2. 除取得投资时实际支付的价款或对价中包含的已宣告但尚未发放的现金股利或利润外，投资企业应当按照享有被投资单位宣告分派的现金股利或利润确认为当期投资收益。

（三）成本法核算的会计处理

企业采用成本法核算长期股权投资时，在"长期股权投资"科目下按照被投资单位进行明细核算。

1. 取得投资

应按长期股权投资的初始投资成本，分别按企业合并和非企业合并两种情况处理，如前述【例6-1】、【例6-2】、【例6-3】、【例6-4】，不调整长期股权投资的账面价值。

2. 持有收益的确认

（1）投资后，被投资企业宣告分派现金股利或利润，投资企业按应享有的份额确认为当期投资收益。

被投资企业宣告分派现金股利或利润时，投资企业按其持股份额确认应得的现金股利或利润，借记"应收股利"科目，贷记"投资收益"科目；收到发放的现金股利时，借记"银行存款"科目，贷记"应收股利"科目。

【例6-7】承接【例6-1】资料，2012年4月20日，N公司宣告分配现金股利51 000 000元。红利发放日为2012年4月28日。

M公司应分得的现金股利＝51 000 000×70％＝35 700 000（元）

借：应收股利——N公司　　　　　　　　　　　　35 700 000
　　贷：投资收益　　　　　　　　　　　　　　　　　　35 700 000

4月28日，M公司收到发放的现金股利时：

借：银行存款　　　　　　　　　　　　　　　　　35 700 000
　　贷：应收股利——N公司　　　　　　　　　　　　　35 700 000

（2）被投资企业宣告分派股票股利，投资企业应于除权日做备忘记录，不做任何会计处理。

二、长期股权投资核算的权益法

权益法,是指投资最初以投资成本计价,以后在投资持有期间根据投资企业享有被投资企业所有者权益份额的变动对长期股权投资账面价值进行调整的一种会计处理方法。

(一)权益法的适用范围

依据我国《企业会计准则》规定,投资企业对被投资单位具有共同控制或重大影响的长期股权投资,即对合营企业及联营企业的投资,应当采用权益法核算。

(二)权益法核算的要点

1. 初始投资或追加投资时,按照初始投资成本或追加投资的投资成本,增加长期股权投资的账面价值。对于长期股权投资的初始投资成本大于投资时应享有被投资单位可辨认净资产公允价值①份额的,不调整长期股权投资的初始投资成本;对于长期股权投资的初始投资成本小于投资时应享有被投资单位可辨认净资产公允价值份额的,其差额应当计入当期损益(营业外收入),同时调增长期股权投资的成本。

2. 长期股权投资持有期间,随着被投资单位实现净损益而产生的所有者权益变动,投资企业按持股比例计算应享有的份额,调增或调减长期股权投资的账面价值,同时确认为当期投资损益。

3. 长期股权投资持有期间,对被投资单位除净损益以外其他因素导致的所有者权益变动,在持股比例不变的情况下,按照持股比例计算应享有或应分担的份额,调增或调减长期股权投资的账面价值,同时增加或减少资本公积(其他资本公积)。

4. 被投资单位宣告分派现金股利或利润时,投资企业按持股比例计算应分得的部分,一般应冲减长期股权投资的账面价值。

(三)会计科目设置

企业采用权益法核算长期股权投资时,应在"长期股权投资"科目下,按照被投资单位设置"成本"、"损益调整"、"其他权益变动"科目进行明细核算。其中:

1. "成本"明细科目,反映长期股权投资的初始投资成本,以及在长期股权投资的初始投资成本小于投资时应享有被投资单位可辨认净资产公允价值份额的情况下,按其差额调整初始投资成本后形成新的投资成本。

2. "损益调整"明细科目,反映企业应享有或应分担的被投资单位实现的净损益的份额,以及被投资单位分派的现金股利或利润中投资企业应获得的份额。

3. "其他权益变动"明细科目,反映被投资单位除净损益以外所有者权益的其他变动中,投资企业应享有或承担的份额。

(四)取得投资的会计处理

投资企业取得对联营企业或合营企业的投资时,初始投资成本与应享有被投资企业可辨认净资产公允价值份额可能一致,也可能不一致。如果不一致,对于取得投资时初始投资成本与应享有被投资单位可辨认净资产公允价值份额之间的差额,应区别情况分别处理。

---

① 被投资单位可辨认净资产公允价值,是指取得长期股权投资时,被投资单位可辨认资产减去负债及或有负债公允价值后的余额。

1.长期股权投资的初始投资成本大于取得投资时应享有被投资单位可辨认净资产公允价值份额的,不调整长期股权投资的初始投资成本。

【例6-8】海河公司于2010年1月3日以5 500 000元取得光宇公司30％的股权。取得投资时光宇公司可辨认净资产账面价值为16 000 000元,公允价值为18 000 000元。海河公司在取得光宇公司的股权后,派人参与了光宇公司的生产经营决策,因能够对光宇公司施加重大影响,海河公司对该项长期股权投资采用权益法核算。

　　借:长期股权投资——光宇公司(成本)　　　　　　　　　　　5 500 000
　　　贷:银行存款　　　　　　　　　　　　　　　　　　　　　　　　5 500 000

长期股权投资的初始成本5 500 000元大于取得投资时应享有被投资单位可辨认净资产公允价值的份额5 400 000元(18 000 000×30％),两者之间有差额,但不调整长期股权投资的成本。

2.长期股权投资的初始投资成本小于取得投资时应享有被投资单位可辨认净资产公允价值份额的,其差额计入取得投资当期损益,同时调增长期股权投资的成本。

长期股权投资的初始投资成本小于投资时应享有被投资单位可辨认净资产公允价值份额时,应按其差额,借记"长期股权投资——××公司(成本)"科目,贷记"营业外收入"科目。

【例6-9】海河公司以银行存款6 000 000元直接对联营企业方圆公司进行投资,取得方圆公司40％股权,能够对方圆公司施加重大影响,但不能控制方圆公司,海河公司对该项长期股权投资采用权益法核算。取得投资时,方圆公司可辨认净资产账面价值为20 000 000元,公允价值为21 000 000元。

　　借:长期股权投资——方圆公司(成本)　　　　　　　　　　　6 000 000
　　　贷:银行存款　　　　　　　　　　　　　　　　　　　　　　　　6 000 000

长期股权投资的初始成本6 000 000元小于取得投资时应享有被投资单位可辨认净资产公允价值的份额8 400 000元(21 000 000×40％),两者之间的差额2 400 000元(8 400 000-6 000 000)应记入取得投资当期的营业外收入,同时调增长期股权投资的成本。

　　借:长期股权投资——方圆公司(成本)　　　　　　　　　　　2 400 000
　　　贷:营业外收入　　　　　　　　　　　　　　　　　　　　　　　2 400 000

(五)持有期间投资损益的确认

1.确认的基本原则

投资企业取得长期股权投资后,应当按照应享有或应分担的被投资企业实现的净损益的份额,确认当期投资损益并调整长期股权投资的账面价值。

应当指出的是,在具体确认时,投资企业应当在被投资企业账面净利润的基础上,考虑以下因素对被投资企业净损益的影响并进行适当调整后,作为确认投资损益的依据:

(1)会计政策和会计期间的调整

被投资企业采用的会计政策及会计期间与投资企业不一致的,应当按照投资企业的会计政策及会计期间对被投资企业的财务报表进行调整,并据以确认投资损益。

(2)以取得投资时被投资企业各项可辨认资产等的公允价值为基础,对被投资企业的

净利润进行调整

被投资企业利润的确定一般基于资产、负债的账面价值,但投资企业在取得对被投资企业的长期股权投资时,往往以被投资企业相关资产和负债的公允价值为基础确定投资成本,因此,投资企业在确认应享有被投资企业净损益的份额时,应当以取得投资时被投资企业各项可辨认资产等的公允价值为基础,对被投资企业的净利润进行调整后确认,不应仅按照被投资企业的账面净利润与持股比例计算结果简单确定。在进行有关调整时,基于重要性要求,通常以取得投资时被投资企业固定资产、无形资产的公允价值为基础计提的折旧额或摊销额对被投资单位净损益进行调整,并按调整后的净损益和持股比例计算确认投资损益。其他项目如为重要的,也应进行调整。但是,存在下列条件之一的,投资企业可以以被投资企业的账面净利润为基础计算确认投资损益,但应在会计报表附注中说明这一事实和原因:

①投资企业无法合理确定取得投资时被投资单位各项可辨认资产等的公允价值;

②投资时被投资单位可辨认资产的公允价值与其账面价值相比,两者之间的差额不具有重要性的;

③其他原因导致无法取得被投资单位的有关资料,不能对被投资单位的净损益进行调整的。

2.持有收益的确认

企业持有的对联营企业或合营企业的投资,在被投资企业实现净利润时,投资企业按照持股比例计算应享有的份额,借记"长期股权投资——××公司(损益调整)"科目,贷记"投资收益"科目。

【例6-10】承接【例6-8】资料,2010年光宇公司实现净利润为6 000 000元。海河公司取得光宇公司投资时,可辨认净资产公允价值大于其账面价值的原因是光宇公司有一项账面价值为3 000 000元的土地使用权,预计其公允价值为5 000 000元。该土地使用权预计剩余使用年限为10年,净残值为零,按照直线法摊销。海河公司和光宇公司采用的会计政策和会计期间一致。

海河公司在确认应享有的投资收益时,应在光宇公司实现净利润的基础上,根据投资时光宇公司有关资产的账面价值与公允价值差额的影响,对光宇公司实现的净利润进行调整(假定不考虑所得税影响)。

土地使用权公允价值与账面价值差额应调增的摊销额=(5 000 000-3 000 000)÷10

=200 000(元)

调整后净利润=6 000 000-200 000=5 800 000(元)

确认应享有的收益份额=5 800 000×30%=1 740 000(元)

借:长期股权投资——光宇公司(损益调整)　　　　　　　　　　　1 740 000

　　贷:投资收益　　　　　　　　　　　　　　　　　　　　　　　　　　　　1 740 000

3.持有投资损失的确认

企业持有的对联营企业或合营企业的投资,在被投资单位发生亏损时,投资企业按照持股比例计算应分担的份额,减少长期股权投资的账面价值,并确认为当期损失。投资企业确认应分担被投资单位发生的损失,原则上应以长期股权投资及其他实质上构成对被投资单位净投资的长期权益减记至零为限,投资企业负有承担额外损失义务的除外。这里所讲"其他实质上构成对被投资单位净投资的长期权益"通常是指长期应收项目。比如,企业对被投资单位的长期债权,该债权没有明确的清收计划、且在可预见的未来期间不准备收回的,实质上构成对被投资单位的净投资,但不包括投资企业与被投资单位之间因销售商品、提供劳务等日常活动所产生的长期债权。

投资企业在确认应分担被投资单位发生的亏损时,具体应按照以下顺序处理:

首先,减记长期股权投资的账面价值;

其次,冲减长期应收项目等的账面价值;

最后,确认预计负债。

按照以上顺序处理后,如果仍有未确认的亏损分担额,投资企业应在备查簿上登记,在被投资企业以后期间实现盈利时,再按应享有的收益份额,先扣除未确认的亏损分担额,然后按照以上相反顺序进行处理,冲减预计负债、恢复长期应收项目及长期股权投资的账面价值,同时确认投资收益。

被投资企业发生亏损时,投资企业应按其持股比例确认应分担的损失,借记"投资收益"科目,贷记"长期股权投资——××公司(损益调整)"、贷记"长期应收款"、贷记"预计负债"等科目。

【例 6-11】承接【例 6-8】、【例 6-10】资料,2011 年光宇公司发生净亏损 10 000 000元,2012 年发生净亏损 14 000 000 元,2013 年实现净利润 800 000 元。假定投资时海河公司对光宇公司还存在实质上构成净投资的长期应收款 100 000 元,但没有承担其他额外义务,路达公司未宣告分派过现金股利。

(1)2011 年海河公司确认应分担的亏损份额＝[10 000 000＋(5 000 000－3 000 000)/10]×30％＝3 060 000(元)

借:投资收益　　　　　　　　　　　　　　　　　　　　　3 060 000
　　贷:长期股权投资——光宇公司(损益调整)　　　　　　　　　　　3 060 000

2011 年末,长期股权投资账面余额为 4 180 000 元(5 500 000＋1 740 000－3 060 000)。

(2)2012 年海河公司确认应分担的亏损份额＝[14 000 000＋(5 000 000－3 000 000)/10]×30％＝4 260 000(元)

借:投资收益　　　　　　　　　　　　　　　　　　　　　4 260 000
　　贷:长期股权投资——光宇公司(损益调整)　　　　　　　　　　　4 180 000
　　　　长期应收款——光宇公司　　　　　　　　　　　　　　　　　　80 000

(3)2013 年海河公司确认应享有的收益份额＝[800 000－(5 000 000－3 000 000)/10]×30％＝180 000(元)

借:长期应收款——光宇公司　　　　　　　　　　　　　　　80 000
　　长期股权投资——光宇公司(损益调整)　　　　　　　　　100 000
　　贷:投资收益　　　　　　　　　　　　　　　　　　　　　　　　180 000

(六)被投资企业宣告分派现金股利或利润

被投资单位宣告分派现金股利或利润时,投资企业按持股比例计算应分得的现金股利或利润,冲减长期股权投资的账面价值,借记"应收股利"科目,贷记"长期股权投资——损益调整"科目;实际收到分派的现金股利时,借记"银行存款"科目,贷记"应收股利"科目。

被投资单位分派股票股利时,投资企业不做账务处理,但应于除权日注明所增加的股数,以反映股份的变化情况。

(七)被投资企业除净损益以外所有者权益的其他变动

在采用权益法核算时,投资企业的账面价值,应随着被投资单位所有者权益的变动而调整。除了实现净损益会影响被投资单位所有者权益变动外,还包括资本公积等其他所有者权益项目变动。如果被投资单位除净损益以外所有者权益增加时,投资企业按照持股比例计算应享有的份额,借记"长期股权投资——××公司(其他权益变动)"科目,贷记"资本公积——其他资本公积"科目;被投资单位除净损益以外所有者权益减少时,投资企业按照持股比例计算应分担的份额,借记"资本公积——其他资本公积"科目,贷记"长期股权投资——××公司(其他权益变动)"科目。

【例 6-12】海河公司持有太平洋公司 40％的股份,对太平洋公司有重大影响,采用权益法核算。2011 年 12 月 31 日,太平洋公司因持有一项可供出售金融资产公允价值上升计入资本公积金额为 980 000 元(不考虑相关的所得税影响)。

海河公司确认应享有资本公积份额＝980 000×40％＝392 000(元)

借:长期股权投资——太平洋公司(其他权益变动)　　　　　　　392 000
　贷:资本公积——其他资本公积　　　　　　　　　　　　　　　　　　392 000

案例 6-2

安徽水利(600502)2011 年长期股权投资情况

根据安徽水利开发股份有限公司(简称安徽水利)2011 年度财务报表附注五注释8、注释 36,长期股权投资情况如下:

单位:元

被投资单位	投资成本	在被投资单位表决权比例(％)	核算方法	期末余额	投资收益
安徽瑞特新型材料有限公司	24 161 758.10	40.00	权益法	23 723 118.98	−658 346.23
安徽康特新型建材有限责任公司	3 865 589.56	33.00	权益法	4 204 779.02	281 275.02
合肥瑞特新型建材有限公司	20 871 669.35	45.00	权益法	14 352 232.68	−368 540.86
合肥奥林匹克花园置业发展有限公司	12 000 000.00	40.00	成本法	12 000 000.00	
合肥高新股份有限公司	10 000 000.00	2.38	成本法	10 000 000.00	
合计	70 899 017.01			64 280 130.68	−745 612.07

注:合肥奥林匹克花园置业发展有限公司 40％股权为母子公司合并持有,无重大影响,采用成本法核算。

资料来源:安徽水利开发股份有限公司 2011 年年报,www.sse.com.cn。

三、长期股权投资成本法和权益法的转换

长期股权投资在持有期间,因追加投资或减少投资等因素,投资企业对被投资企业的影响程度也会随之发生相应变化,长期股权投资核算方法也要相应转换。

(一)成本法转换为权益法

长期股权投资的核算方法由成本法转换为权益法时,应以成本法下长期股权投资的账面价值作为按照权益法下核算的初始投资成本,并在此基础上比较该初始投资成本与应享有被投资单位可辨认净资产公允价值的份额,确定是否要对长期股权投资的账面价值进行调整。

1.因持股比例上升由成本法转换为权益法

投资企业原持有的对被投资单位不具有控制、共同控制或重大影响,并且在活跃市场中没有报价、公允价值不能可靠计量的长期股权投资,因追加投资导致持股比例上升,能够对被投资单位施加重大影响或实施共同控制的,应该由成本法转换为权益法核算。在转换时,应当按原持股比例部分和追加投资新增加的持股比例部分分别处理。

(1)原持股比例部分

原持有的长期股权投资账面余额与按照原持股比例计算确定应享有原取得投资时被投资单位可辨认净资产公允价值份额之间的差额,属于通过投资作价体现的商誉部分,不调整长期股权投资的账面价值;属于原取得投资时因投资成本小于应享有被投资单位可辨认净资产公允价值份额的差额,应按其差额调整长期股权投资的账面价值,同时调整留存收益。

对于原取得投资后至新取得投资的交易日之间被投资单位可辨认净资产的公允价值变动相对于原持股比例的部分,属于在此之间被投资单位实现净损益中应享有份额的,一方面应调整长期股权投资的账面价值,同时对于原取得投资时至新增投资当期期初按照原持股比例应享有被投资单位实现的净损益,应调整留存收益,对于新增投资当期期初至新增投资交易日之间应享有被投资单位的净损益,应计入当期损益;属于其他原因导致的被投资单位可辨认净资产公允价值变动中应享有的份额,在调整长期股权投资账面价值的同时,应当计入资本公积(其他资本公积)。

(2)新增持股比例部分

对于追加投资新取得的长期股权投资部分,应比较新增投资的成本与取得该部分投资时应享有被投资单位可辨认净资产公允价值的份额。其中,新增的长期股权投资成本大于应享有取得投资时被投资单位可辨认净资产公允价值份额的,不调整长期股权投资的账面价值;新增的投资成本小于应享有取得投资时被投资单位可辨认净资产公允价值份额的,应调增长期股权投资的成本,同时计入追加投资当期的营业外收入。

上述与原持股比例相应的商誉或是应计入留存收益的金额与新取得投资过程中体现的商誉与计入当期损益的金额应综合考虑,在此基础上确定与整体相关的商誉或因投资成本小于应享有被投资单位可辨认净资产公允价值份额应计入留存收益或是损益的金额。

【例 6-13】海河公司于 2009 年 1 月 1 日以 6 000 000 元取得金立公司有表决权股份

的 6%,取得时金立公司可辨认净资产公允价值总额为 66 000 000 元,金立公司各项可辨认资产、负债的公允价值与其账面价值相同。因对被投资单位不具有重大影响且无法可靠确定该项投资的公允价值,海河公司将其划分为长期股权投资,并采用成本法核算。海河公司按照净利润的 10%提取盈余公积,与金立公司采用的会计年度及会计政策相同。

购入金立公司 6%股份时:

借:长期股权投资——金立公司　　　　　　　　　　　　　　　　6 000 000

　　贷:银行存款　　　　　　　　　　　　　　　　　　　　　　　　　6 000 000

2010 年 3 月 1 日,海河公司再次以 14 000 000 元的价款取得金立公司有表决权股份 18%,当日金立公司可辨认净资产公允价值总额为 70 000 000 元。取得该部分股权后,按照公司章程规定,海河公司能够派人参与金立公司的财务和生产经营决策,因此,对该项长期股权投资改按权益法核算。海河公司在取得对金立公司 6%的股权后,双方未发生任何内部交易。金立公司通过生产经营活动 2009 年实现净利润为 3 600 000 元,未派发现金股利或利润,2010 年 1 月 1 日至 3 月 1 日实现净利润 220 000 元。除所实现净利润外,未发生其他计入资本公积的交易或事项。

2010 年 3 月 1 日,海河公司再次购入金立公司 18%股份,确认投资成本为:

借:长期股权投资——金立公司　　　　　　　　　　　　　　　　14 000 000

　　贷:银行存款　　　　　　　　　　　　　　　　　　　　　　　　　14 000 000

2010 年 3 月 1 日对长期股权投资账面价值的调整:

对于原 6%股权的成本 6 000 000 元与原投资时应享有被投资单位可辨认净资产公允价值份额 3 960 000 元(66 000 000×6%)之间的差额 2 040 000 元,属于原投资时体现的商誉,该部分差额不调整长期股权投资的成本。

对于被投资单位的可辨认净资产在原投资时至新增投资交易日之间公允价值的变动 4 000 000 元(70 000 000－66 000 000),海河公司按原持股比例计算应享有的份额 240 000元(4 000 000×6%),其中属于投资后被投资单位实现净利润部分 229 200 元 (3 820 000×6%),一方面应调整增加长期股权投资的账面余额,另一方面,属于 2009 年金立公司实现的净利润中应享有的份额 216 000 元(3 600 000×6%),应调整留存收益 (按净利润的 10%提取盈余公积),属于 2010 年 1 月 1 日至 3 月 1 日金立公司实现净利润中应享有的份额 13 200 元(220 000×6%),应计当期损益;属于该期间除实现净损益外其他原因导致的可辨认净资产公允价值的变动中应享有的份额 10 800 元(240 000－ 229 200),应当调整增加长期股权投资的账面余额,同时计入资本公积(其他资本公积)。

借:长期股权投资　　　　　　　　　　　　　　　　　　　　　　240 000

　　贷:资本公积——其他资本公积　　　　　　　　　　　　　　　　　10 800

　　　盈余公积　　　　　　　　　　　　　　　　　　　　　　　　　21 600

　　　利润分配——未分配利润　　　　　　　　　　　　　　　　　　194 400

　　　投资收益　　　　　　　　　　　　　　　　　　　　　　　　　13 200

对于新取得的股权,其成本为 14 000 000 元,取得该投资时按照持股比例计算确定应享有被投资单位可辨认净资产公允价值的份额 12 600 000(70 000 000×18%)元之间的差额为投资作价中体现出的商誉,该部分商誉不要求调整长期股权投资的成本。

2.因持股比例下降由成本法改为权益法

投资企业原持有的对被投资单位具有控制权的长期股权投资,因处置投资导致持股比例下降,不再对被投资单位具有控制权,但仍能够施加重大影响或者与其他投资方一起实施共同控制的,应由成本法转换为权益法核算。转换时,首先应按处置或收回投资的比例结转应终止确认的长期股权投资成本。在此基础上,应当比较剩余的长期股权投资成本与按照剩余持股比例计算原投资时应享有被投资单位可辨认净资产公允价值的份额,属于投资作价中体现的商誉部分,不调整长期股权投资的账面价值;属于投资成本小于原投资时应享有被投资单位可辨认净资产公允价值份额的,在调整长期股权投资成本的同时,应调整留存收益。对于原取得投资后至因处置投资导致转变为权益法核算之间被投资单位实现净损益中应享有的份额,一方面应当调整长期股权投资的账面价值,同时对于原取得投资时至处置投资当期期初被投资单位实现的净损益(扣除已发放及已宣告发放的现金股利和利润)中应享有的份额,调整留存收益,对于处置投资当期期初至处置投资之日被投资单位实现的净损益中享有的份额,调整当期损益;其他原因导致被投资单位所有者权益变动中应享有的份额,在调整长期股权投资账面价值的同时,应当记入资本公积(其他资本公积)。

【例 6-14】2009 年 1 月 1 日,海河公司支付 68 000 000 元取得康辉公司 70% 的股权,投资当时康辉公司可辨认净资产公允价值为 100 000 0000 元。2012 年 1 月 5 日,海河公司将其持有的对康辉公司 25% 的股权出售给其他企业,出售股权取得价款 32 000 000 元存入银行。自 2009 年 1 月 1 日取得对康辉公司长期股权投资后至 2012 年 1 月 5 日处置投资前,康辉公司按购买日公允价值持续计算实现的净利润 60 000 000 元,假定康辉公司一直未进行利润分配。除所实现净损益外,康辉公司未发生其他计入资本公积的交易或事项。海河公司按净利润的 10% 提取盈余公积。

在出售 25% 的股权后,海河公司对康辉公司的持股比例为 45%,在被投资单位董事会中派有代表,但不能对康辉公司生产经营决策实施控制,对康辉公司长期股权投资应由成本法转换为权益法进行核算。

2012 年 1 月 5 日确认长期股权投资处置损益:

借:银行存款　　　　　　　　　　　　　　　　　　　　32 000 000
　贷:长期股权投资——康辉公司　　　　　　　　　　　　　　17 000 000
　　　投资收益　　　　　　　　　　　　　　　　　　　　　　15 000 000

2012 年 1 月 5 日调整剩余长期股权投资账面价值:

剩余长期股权投资的账面价值为 30 600 000 元(68 000 000×45%)小于原投资时应享有被投资单位可辨认净资产公允价值份额 45 000 000 元(100 000 000×45%),其差额 14 400 000 元应调增长期股权投资的成本,同时调整留存收益。

借:长期股权投资——康辉公司(成本)　　　　　　　　　14 400 000
　贷:盈余公积　　　　　　　　　　　　　　　　　　　　　　1 440 000
　　　利润分配——未分配利润　　　　　　　　　　　　　　12 960 000

取得投资以后被投资单位实现净利润中应享有的份额 27 000 000 元(60 000 000×45%),应调整增加长期股权投资的账面价值,同时调整留存收益。

借:长期股权投资　　　　　　　　　　　　　　　　　　27 000 000
　贷:盈余公积　　　　　　　　　　　　　　　　　　　　　　2 700 000
　　　利润分配——未分配利润　　　　　　　　　　　　　　24 300 000

（二）权益法转换为成本法

1.因持股比例上升由权益法转换为成本法

投资企业因追加投资等原因使原持有的对联营企业或合营企业的投资转变为对子公司的投资，即形成企业合并的，应将长期股权投资由权益法转换为成本法核算。购买日长期股权投资的初始投资成本为原权益法下的账面价值加上购买日取得进一步股份新支付对价的公允价值之和。

2.因持股比例下降由权益法转换为成本法

企业原持有的对联营企业或合营企业的投资，因处置投资等原因对被投资单位不再具有共同控制或重大影响，并且该投资在活跃市场没有报价、公允价值不能可靠计量，应将长期股权投资由权益法转换为成本法核算，以转换时长期股权投资的账面价值作为按照成本法核算的基础。

第四节 长期股权投资的期末计量

一、长期股权投资期末计量的原则

企业应当在资产负债表日对长期股权投资进行逐项检查，判断长期股权投资是否存在减值迹象，如果存在减值迹象的（如发行方发生严重财务困难或被投资方经营所处的技术、市场、经济或法律环境等发生重大不利变化等，使投资人可能无法收回投资成本），应当按照规定确认减值损失，计提减值准备。

二、长期股权投资减值的计量

长期股权投资减值，是指长期股权投资预期可收回金额低于其账面价值的情形。按照我国《企业会计准则》规定，对长期股权投资预期可收回金额应按不同情况确定：

（1）对子公司，联营企业及合营企业的长期股权投资，其可收回金额应当根据长期股权投资的公允价值减去处置费用后的净额与长期股权投资预计未来现金流量的现值两者之间较高者确定。长期股权投资的公允价值减去处置费用后的净额与长期股权投资预计未来现金流量的现值，只要有一项超过了长期股权投资的账面价值，就表明长期股权投资没有发生减值，不需再估计另一项金额。处置费用是指企业处置长期股权投资所支付的直接相关税费。

（2）企业持有的对被投资单位不具有共同控制或重大影响，在活跃市场上没有报价，公允价值不能可靠计量的长期股权投资，其可收回金额按照类似金融资产当时市场收益率对未来现金流量折现的现值确定。

（3）可收回金额计量结果表明，长期股权投资的可收回金额低于其账面价值的，应当将长期股权投资的账面价值减至可收回金额，减计的金额确认为长期股权投资损失，计入当期损益，同时计提长期股权投资减值准备。长期股权投资减值损失一经确定，在以后会计期间均不允许转回。

三、长期股权投资减值的会计处理

资产负债表日,长期股权投资发生减值的,按应减记的金额,借记"资产减值损失"科目,贷记"长期股权投资减值准备"科目;处置长期股权投资时,应同时结转已计提的长期股权投资减值准备。

第五节　长期股权投资的处置

长期股权投资的处置,主要是指企业持有长期股权投资的过程中,出于各方面的考虑,决定将所持有的对被投资单位的股权全部或部分对外出售转让。企业处置长期股权投资时,其账面价值与实际取得价款的差额,应当计入处置当期损益。采用权益法核算的长期股权投资,因被投资单位除净损益以外所有者权益的其他变动而计入所有者权益的,处置该项投资时应当将原计入所有者权益的部分按相应比例转入当期损益。

出售转让长期股权投资时,应按实际收到的金额,借记"银行存款"等科目,原已计提减值准备的,借记"长期股权投资减值准备"科目,按其账面余额,贷记"长期股权投资"科目,按尚未领取的现金股利或利润,贷记"应收股利"科目,按其差额,贷记或借记"投资收益"科目。出售采用权益法核算的长期股权投资时,还应按处置长期股权投资的投资成本比例结转原记入"资本公积——其他资本公积"科目的金额,借记或贷记"资本公积——其他资本公积"科目,贷记或借记"投资收益"科目。

【例 6-15】2012 年 6 月 10 日,运河公司将持有天河公司 30％ 的股份全部转让,取得转让价款 7 500 000 元存入银行。转让日,该项股权的账面余额为 5 500 000 元。其中,"成本"为 3 600 000 元,"损益调整"为借方 1 280 000 元,"其他权益变动"为借方 620 000元。运河公司对该项长期股权投资已计提减值准备 100 000 元。

转让日应确认的转让损益＝7 500 000－(5 500 000－100 000)＝2 100 000(元)

借:银行存款	7 500 000	
长期股权投资减值准备	100 000	
贷:长期股权投资——天河公司(成本)		3 600 000
——天河公司(损益调整)		1 280 000
——天河公司(其他权益变动)		620 000
投资收益		2 100 000

同时,结转相应的资本公积:

借:资本公积	620 000	
贷:投资收益		620 000

本章小结

本章主要阐述了长期股权投资的初始计量、成本法和权益法的核算、期末计量及处置等。

1. 长期股权投资的初始计量

长期股权投资包括股票投资和其他股权投资,其初始投资成本分别按企业合并方式取得和非企业合并方式取得确定。

同一控制下企业合并取得的长期股权投资初始投资成本为合并日取得被合并方所有者权益账面价值的份额;非同一控制下企业合并取得长期股权投资初始投资成本为合并方作为合并对价所付出资产、发生或承担的负债及发行权益性证券的公允价值。无论是同一控制下还是非同一控制下企业合并取得长期股权投资,为进行企业合并发生的审计、评估咨询、法律服务等直接相关费用,应当于发生时计入当期损益。

非合并方式取得长期股权投资初始投资成本为进行投资支付对价所付出资产、发生或承担的负债及发行权益性证券的公允价值加上支付的直接相关费用。

2. 长期股权投资的成本法和权益法核算

根据投资企业与被投资企业的关系,长期股权投资分别采用成本法和权益法核算。

投资企业能够对被投资企业实施控制以及投资企业对被投资企业不具有共同控制或重大影响情况下,并且在活跃市场中没有报价、公允价值不能可靠计量的长期股权投资,采用成本法核算。在成本法下,除了投资企业追加投资、收回投资等情形外,一般不对长期股权投资的账面余额进行调整;持有投资期间,被投资企业宣告分派现金股利或利润时,投资企业按照享有的份额确认为当期投资收益。

投资企业对被投资企业具有共同控制或重大影响的长期股权投资,采用权益法核算。在权益法下,长期股权投资最初以投资成本计价,以后在投资持有期间随着被投资企业所有者权益的变动,投资企业按享有的份额对长期股权投资账面价值进行调整。

因为追加投资或减少投资等因素,投资企业对被投资企业的影响程度也会随之发生相应变化,投资核算方法也应发生相应转换。

3. 长期股权投资减值

资产负债表日,长期股权投资可收回金额低于其账面价值的,应当将长期股权投资的账面价值减至可收回金额,减计的金额确认为长期股权投资损失,计入当期损益,同时计提长期股权投资减值准备。长期股权投资减值损失一经确定,在以后会计期间均不允许转回。

4. 长期股权投资的处置

企业处置长期股权投资时,其账面价值与实际取得价款的差额,应当计入当期损益。采用权益法核算的长期股权投资,因被投资单位除净损益以外所有者权益的其他变动而计入所有者权益的,处置该项投资时应当将原计入所有者权益的部分按相应比例转入当期损益。

思考题

1. 我国《企业会计准则》是如何规定长期股权投资范围的?
2. 如何确定企业合并形成长期股权投资的初始投资成本?
3. 长期股权投资成本法的适用范围是什么? 成本法下持有收益如何确认?
4. 长期股权投资权益法的适用范围是什么? 其核算要点有哪些?

5.怎样计提长期股权投资减值准备?

6.怎样确认长期股权投资的处置损益?

7.发生什么情况会使长期股权投资的核算方法由成本法改为权益法?如何进行会计处理?

练习题

(一)单项选择题

1.对于同一控制下的企业合并,合并方以发行权益性证券作为合并对价的,应当在合并日按照(　　)作为长期股权投资的初始投资成本。

A.发行权益性证券的公允价值

B.取得被合并方所有者权益账面价值的份额

C.发行权益性证券的面值

D.发行权益性证券的公允价值加上相关费用

2.对被投资单位不具有控制、共同控制或重大影响,且在活跃市场中没有报价、公允价值不能可靠计量的权益性投资,应作为(　　)。

A.可供出售金融资产　　　　　　　　B.交易性金融资产

C.长期股权投资　　　　　　　　　　D.持有至到期投资

3.投资企业采用权益法核算长期股权投资,在被投资企业宣告分派现金股利时,按其应分得的份额贷记(　　)科目。

A.投资收益　　　B.资本公积　　　C.应收股利　　　D.长期股权投资

4.天河公司于2011年1月1日取得对联营企业30%的股权,取得投资时被投资单位的固定资产公允价值为400万元,账面价值为300万元,固定资产的预计使用年限为10年,净残值为零,按照直线法计提折旧。被投资单位2011年度利润表中净利润为500万元。不考虑所得税和其他因素的影响,天河公司按权益法核算,2011年应确认的投资收益为(　　)万元。

A.150　　　　　　B.153　　　　　　C.147　　　　　　D.60

5.A公司和B公司同为M集团的子公司。2011年8月2日,A公司出资银行存款3 250万元,取得了B公司80%的控股权。A公司购买B公司股权时B公司的账面净资产价值为3 750万元。A公司在合并日"资本公积——股本溢价"科目的金额为375万元。则A公司计入长期股权投资的金额为(　　)万元。

A.3 000　　　　　B.3 750　　　　　C.250　　　　　D.500

6.在权益法下,下列各项中不影响长期股权投资账面价值增减变动的是(　　)。

A.被投资单位实现净利润　　　　　B.被投资单位宣告分派现金股利

C.被投资单位宣告分派股票股利　　D.计提长期股权投资减值准备

7.红旗公司对宏昌公司进行投资,持股比例为80%。截止到2010年末,该项长期股权投资账户余额为1 200万元,2010年末该项投资的减值准备余额为20万元,宏昌公司2011年发生亏损1 000万元。2011年末红旗公司"长期股权投资"的账面价值应为

（　　　）万元。

    A. 1 180　　　　　　　B. 20　　　　　　　C. 380　　　　　　　D. 420

    8. 2011 年 1 月 5 日,西山公司以银行存款 1 000 万元对东山公司进行投资,取得东山公司 30％的股权。投资时,东山公司可辨认净资产的公允价值为 5 000 万元,与账面价值相同。西山公司取得投资后即派人参与东山公司生产经营决策,但无法对东山公司实施控制。2011 年 3 月,东山公司宣告分派现金股利 400 万元。2011 年度,东山公司实现净利润 600 万元。不考虑所得税等因素,该项投资对西山公司 2011 年度损益的影响金额为（　　　）万元。

    A. 120　　　　　　　B. 180　　　　　　　C. 500　　　　　　　D. 680

    9. 对于权益法核算的长期股权投资,被投资单位除净损益以外所有者权益的其他变动,投资企业按照持股比例计算应享有或分担的份额,一方面调整"长期股权投资"的账面价值,同时确认为（　　　）。

    A. 投资收益　　　　B. 盈余公积　　　　C. 未分配利润　　　　D. 资本公积

    10. 企业采用权益法核算时,长期股权投资的初始投资成本小于投资时应享有被投资单位可辨认净资产公允价值份额的差额,应当计入取得投资当期的（　　　）。

    A. 投资收益　　　　B. 营业外收入　　　　C. 资本公积　　　　D. 盈余公积

（二）多项选择题

    1. 通过同一控制下企业合并取得的长期股权投资,下列说法正确的有（　　　）。

    A. 合并方以转让非现金资产作为合并对价的,应当在合并日按照取得被合并方所有者权益账面价值的份额作为长期股权投资初始投资成本

    B. 合并方以发行权益性证券作为合并对价的,应当按照发行权益性证券的公允价值作为长期股权投资的初始投资成本

    C. 为进行企业合并发生的审计、评估咨询、法律服务等直接相关费用,应于发生时计入当期损益

    D. 长期股权投资在持有期间应采用成本法核算

    2. 通过非同一控制下企业合并取得的长期股权投资,下列说法不正确的有（　　　）

    A. 长期股权投资初始投资成本应按照取得被投资单位所有者权益账面价值的份额确定

    B. 企业以支付非货币性资产为对价的,所支付非货币性资产在购买日的公允价值与其账面价值的差额,应计入企业合并当期损益

    C. 企业合并中发行权益性证券发生的手续费、佣金等费用,应于发生时计入当期损益

    D. 长期股权投资在持有期间应采用权益法核算

    3. 下列项目中,应采用长期股权投资成本法核算的有（　　　）。

    A. 对子公司的投资

    B. 对联营企业的投资

    C. 对合营企业的投资

    D. 投资企业对被投资单位不具有共同控制或重大影响,并且在活跃市场中没有报价,公允价值不能可靠计量的长期股权投资

4.在成本法下,下列各项会影响长期股权投资账面价值发生增减变动的有(　　)。

A.追加投资 　　　　　　　　B.被投资单位宣告分派现金股利

C.减少投资 　　　　　　　　D.对长期股权投资计提减值准备

5.长期股权投资采用权益法核算下,下列说法正确的有(　　)。

A.长期股权投资的初始投资成本大于投资时应享有被投资单位可辨认净资产公允价值份额的,其差额应确认为商誉,同时调减长期股权投资的成本

B.长期股权投资的初始投资成本小于投资时应享有被投资单位可辨认净资产公允价值份额的,其差额应确认为当期损益,同时调增长期股权投资的成本

C.投资企业在确认应享有被投资单位净损益份额时,应当以取得投资时被投资单位各项可辨认资产等的公允价值为基础,对被投资单位的净损益进行调整后确认

D.被投资单位采用的会计政策及会计期间与投资企业不一致的,应当按照投资企业的会计政策及会计期间对被投资单位的财务报表进行调整,并据以确认投资损益

6.长期股权投资发生下列事项时,可确认为当期损益的有(　　)。

A.权益法下,被投资单位实现净利润时投资方确认应享有的份额

B.成本法下,被投资单位宣告分配的现金股利

C.权益法下,被投资单位宣告分配的现金股利

D.处置长期股权投资时,处置收入大于长期股权投资账面价值的差额

7.在权益法下,下列各项中应记入"长期股权投资"科目借方的有(　　)。

A.初始投资成本小于取得投资时应享有被投资单位可辨认净资产公允价值的差额

B.被投资企业宣告发放现金股利

C.根据被投资企业实现的净利润确认的投资收益

D.根据被投资企业发生的净亏损确认的投资损失

8.关于长期股权投资成本法与权益法转换,下列说法中正确的有(　　)。

A.原持有的对被投资单位不具有控制、共同控制或重大影响、在活跃市场中没有报价、公允价值不能可靠计量的长期股权投资,因追加投资导致持股比例上升,能够对被投资单位施加重大影响或实施共同控制的,应由成本法核算转为权益法核算

B.因处置投资导致对被投资单位的影响能力由控制转为重大影响的,应由权益法核算转为成本法核算

C.原持有的对被投资单位不具有控制、共同控制或重大影响、在活跃市场中没有报价、公允价值不能可靠计量的长期股权投资,因追加投资导致持股比例上升,能够对被投资单位实施控制的,应由成本法核算转为权益法核算

D.因追加投资导致长期股权投资由权益法转为成本法核算的,增资日的长期股权投资成本为原权益法下的账面价值与新增投资成本之和

9.对于长期股权投资的处置,下列说法中正确的有(　　)。

A.出售转让长期股权投资时,实际收取价款与其账面价值的差额,应计入转让当期投资收益

B.如果已计提了长期股权投资减值准备,处置时应按相应比例结转该项长期股权投资减值准备

C. 采用权益法核算的,处置该项长期股权投资时,应当将因被投资单位除净损益以外其他权益变动原计入所有者权益部分,按相应比例转入当期损益,计入营业外收入

D. 处置长期股权投资过程中发生的相关费用计入当期财务费用

10. 在非同一控制下的企业合并中,购买方以支付的现金、非现金资产和发行的股票作为合并对价取得长期股权投资,构成合并成本的有( )。

A. 支付的现金金额 　　　　　　　　B. 付出非现金资产的公允价值

C. 所发行股票的面值 　　　　　　　D. 支付的直接合并费用

(三)判断题

1. 投资企业直接或间接拥有被投资单位20%以上但低于50%的表决权股份时,一般认为对被投资单位具有重大影响。( )

2. 同一控制下企业合并形成的长期股权投资,合并方以支付现金作为合并对价的,应按合并日所付出的现金及发生的相关费用作为初始投资成本。( )

3. 同一控制下企业合并,长期股权投资初始投资成本与支付的现金、转让的非现金资产以及所承担债务账面价值之间的差额,应当计入当期损益。( )

4. 对长期股权投资的可收回金额均应当根据长期股权投资的公允价值减去处置费用后的净额与长期股权投资预计未来现金流量的现值两者之间较高者确定。( )

5. 企业无论以何种方式取得长期股权投资,取得投资时,实际支付的价款或对价中包含的已宣告但尚未发放的现金股利或利润,应作为应收项目单独核算。( )

6. 权益法下,投资企业在确认应享有被投资单位净损益的份额时,应当以取得投资时被投资单位各项可辨认资产等的公允价值为基础,对被投资单位的净利润进行调整后确认。( )

7. 企业采用权益法核算时,长期股权投资的初始投资成本小于投资时应享有被投资单位可辨认净资产公允价值份额,应调减长期股权投资的账面价值。( )

8. 企业对长期股权投资计提的减值准备,在该长期股权投资价值回升期间应当转回,但转回的金额不应超过原计提的减值准备。( )

9. 同一控制下企业合并发生的审计、法律服务、评估咨询等中介费用应计入长期股权投资成本。( )

10. 无论是成本法还是权益法下,被投资方宣告分派的股票股利,投资企业均不需要做账务处理,也不需做备忘记录。( )

(四)业务题

1.

(1)目的:掌握同一控制下长期股权投资成本的确定及长期股权投资成本法核算

(2)资料:

①黄海公司和建业公司是同属创业公司的子公司。2010年2月1日,黄海公司以银行存款2 300 000元和其自用的土地使用权一项对建业公司进行投资,取得建业公司60%的普通股权,并准备长期持有。该土地使用权的账面余额为5 300 000元,累计摊销100 000元,合并日的公允价值为4 200 000元;建业公司2010年2月1日的所有者权益

账面价值总额为 12 000 000 元,可辨认净资产的公允价值为 15 000 000 元。黄海公司为上述交易支付咨询、评估等费用 75 000 元,不考虑其他相关税费。

②2010 年 4 月 5 日,建业公司宣告分配现金股利 1 400 000 元,并于 4 月 12 日发放。

③建业公司 2010 年实现净利润 5 000 000 元。

④2011 年 3 月 20 日建业公司宣告分配现金股利 1 600 000 元,并于 3 月 28 日发放。

(3)要求:

①确认黄海公司该项长期股权投资的初始投资成本。

②为黄海公司编制相关会计分录。

2.

(1)目的:掌握长期股权投资权益法核算。

(2)资料:

①2010 年 1 月 1 日,元丰公司以 14 000 000 元购入晋迪公司 30％的股权,另外支付相关费用 230 000 元。投资时晋迪公司可辨认净资产的账面价值为 50 000 000 元,公允价值为 50 240 000 元。净资产公允价值大于其账面价值的原因是晋迪公司有一项固定资产,预计其公允价值为 800 000 元,账面价值 560 000 元,预计剩余使用年限为 10 年,净残值为零,按照直线法摊销。元丰公司取得投资后能够对晋迪公司生产经营决策产生重大影响,但无法对晋迪公司实施控制。元丰公司与晋迪公司均以公历年度作为会计年度,两者之间采用的会计政策不存在差别。

②2010 年 4 月 2 日,晋迪公司宣告分派 2009 年度的现金股利 1 000 000 元,并于 4 月 10 日发放。

③2010 年 4 月 10 日,元丰公司收到晋迪公司分派的现金股利。

④2009 年晋迪公司实现净利润 9 000 000 元。

⑤2011 年 3 月 10 日,晋迪公司召开股东大会,审议董事会于 2008 年 3 月 2 日提出的 2009 年度利润分配方案。审议通过的利润分配方案为:按净利润的 10％提取法定盈余公积;按净利润的 5％提取任意盈余公积金;分配现金股利 3 800 000 元,现金股利于 3 月 12 日发放。该利润分配方案于当日对外公布。

⑥2011 年晋迪公司发生净亏损 6 000 000 元。

⑦2011 年 12 月 31 日,晋迪公司因持有的可供出售金融资产公允价值变动调整增加资本公积 1 500 000 元。

⑧2012 年 4 月 12 日,元丰公司转让对晋迪公司的全部投资,实得价款 24 800 000 元存入银行。

(3)要求:

①确认该项长期股权投资对元丰公司 2010 年损益的影响额。

②确认该项长期股权投资 2011 年年末余额。

③为元丰公司编制相关业务会计分录(不考虑所得税的影响)。

第七章

固定资产

学习目的：通过本章学习，使学生了解固定资产特征与分类；理解固定资产的确认条件；理解不同折旧方法对企业的影响；掌握固定资产的初始计量及折旧计算方法；掌握固定资产取得、折旧、后续支出、减值、处置的会计处理。

引导案例

房屋及建筑物折旧年限、折旧率的比较

房屋建筑物是每个企业固定资产的重要组成部分，通常所占比重也较大。下表列出了相关企业 2011 年年度报告对房屋及建筑物折旧年限、残值率及年折旧率的注释。

企　业	折旧年限（年）	残值率（%）	年折旧率（%）
安徽水利（600502）	30～40	3	3.23～2.43
西宁特钢（600117）	30	5	3.17
农业银行（601288）	15～35	3	2.77～6.47
金丰投资（600606）	30～64	5	1.48～3.17
中国国贸（600007）	42	10	2.13
迪康药业（600466）	35	4	2.74
中国玻纤（600176）	10～40	5	2.38～9.5
航天通讯（600667）	20～50	3	4.85～1.94

根据上表资料，你能判断这些企业的年折旧率是如何确定的吗？折旧年限、残值率的确定对企业固定资产折旧额会产生怎样的影响？固定资产折旧额对企业资产负债表和利润表有怎样的影响？

资料来源：www.sse.com.cn，作者根据相关公司 2011 年年报整理。

第一节　固定资产概述

一、固定资产的概念与特征

根据我国《企业会计准则——固定资产》的规定,固定资产是指同时具备下列特征的有形资产:一是为生产商品、提供劳务、出租或经营管理而持有;二是使用寿命超过一个会计年度。由此可见,固定资产具有以下基本特征:

(一)为生产商品、提供劳务、出租或经营管理而持有

企业持有固定资产的目的是为了生产商品、提供劳务、出租或经营管理,即企业持有的固定资产是企业的劳动工具或手段,而不是用于出售的产品,这一特征使固定资产区别于存货等流动资产,如房地产开发企业持有的待售房产就不是固定资产,而是存货。这里"出租"的固定资产,是指企业以经营租赁方式出租的机器设备类固定资产,不包括以经营租赁方式出租的建筑物,后者属于企业的投资性房地产,不属于固定资产。

(二)使用寿命超过一个会计年度

固定资产的使用寿命,是指企业使用固定资产的预计期间,或者该固定资产所能生产产品或提供劳务的数量。通常情况下,固定资产的使用寿命是指使用固定资产的预计期间,比如自用房屋建筑物的使用寿命表现为企业对该建筑物的预计使用年限。对于某些机器设备或运输设备等固定资产,其使用寿命表现为以该固定资产所能生产产品或提供服务的数量,例如,汽车或飞机等,按其预计行驶或飞行里程估计使用寿命。固定资产使用寿命超过一个会计年度,意味着固定资产属于非流动资产,随着使用和磨损,通过计提折旧方式逐渐减少账面价值。

(三)固定资产是有形资产

固定资产必须是有形资产。所谓有形,是指他们能够被人们"看得见、摸得着",人们可以凭视觉知道他们的存在。我们所经常接触到的厂房、建筑物、机器设备等都是实实在在地被大家所看得见、摸得着的实物,这一特征将固定资产与无形资产区别开来。对于企业所持有的工具、用具、备品备件、维修设备等资产,尽管该类资产具有固定资产的某些特征,但由于数量多,单价低,考虑到成本效益原则,在实务中,通常确认为存货。

二、固定资产的确认条件

根据我国《企业会计准则——固定资产》规定,固定资产同时满足下列条件的,才能予以确认:

(一)与该固定资产包含的经济利益很可能流入企业

固定资产是企业的一项重要的资产,应满足资产的特征,即:预期会给企业带来经济利益。所以,对于固定资产的确认,关键是判断其所包含的经济利益是否很可能流入企业。如果某一固定资产包含的经济利益无法流入企业,那么,即使其满足固定资产确认的其他条件,企业也不应将其确认为固定资产。判断固定资产包含的经济利益是否很可能

流入企业,主要是依据与该固定资产所有权相关的风险和报酬是否转移到了企业。与固定资产所有权相关的风险是指由于经营情况变化造成的相关收益的变动,以及由于资产闲置、技术陈旧等原因造成的损失;与固定资产所有权相关的报酬是指在固定资产使用寿命内直接使用该资产而获得的经济利益,以及处置该资产所实现的收益等。取得固定资产的所有权是判断与固定资产所有权相关的风险和报酬转移到企业的一个重要标志,但并非唯一标志。有些情况下,企业虽然不能取得某项固定资产的所有权,但企业能够控制与该项固定资产有关的经济利益流入企业,如融资租入固定资产,承租期内企业虽然不拥有固定资产的所有权,但与固定资产所有权相关的风险和报酬实质上已转移到企业,此时企业能够控制该固定资产所包含的经济利益,因此,应将融资租入的固定资产予以确认。

(二)该固定资产的成本以能够可靠地计量

固定资产作为企业资产的一种,要予以确认,取得该固定资产而发生的支出也必须能够确切地计量或合理地估计。

企业在确定固定资产成本时,有时需要根据所获得的最新资料,对固定资产的成本进行合理估计。如,对于企业已达到预定可使用状态的固定资产,在尚未办理竣工决算时,需要根据工程预算、工程造价或者工程实际发生的成本等资料,按暂估价值确定固定资产的入账价值,待办理了竣工决算手续后再做调整。

三、固定资产的分类

作为具有实物形态的固定资产,其种类繁多,为了便于对固定资产的管理和正确核算,应按不同标准对固定资产进行分类。

(一)按固定资产经济用途分类

按固定资产的经济用途分类,可分为生产经营用固定资产和非生产经营用固定资产。

1.生产经营用固定资产,是指直接服务于企业生产经营过程的各种固定资产。如生产经营用的房屋、建筑物、机器、设备等。

2.非生产经营用固定资产,是指不直接服务于生产经营过程的各种固定资产。如职工宿舍、食堂、浴室、理发室等使用的房屋、设备和其他固定资产等。

(二)按固定资产使用情况分类

按固定资产使用情况分类,可分为使用中固定资产、未使用固定资产和不需用固定资产。

1.使用中固定资产,是指正在使用中的经营性和非经营性固定资产。由于季节性经营或大修理等原因,暂停使用的固定资产仍属于企业使用中的固定资产,企业出租(指经营性租赁)给其他单位使用的固定资产和内部替换使用的固定资产也属于使用中的固定资产。

2.未使用固定资产,是指已完工或已购建的尚未正式使用的新增固定资产以及因进行改建、扩建等原因暂停使用的固定资产。如企业购建的尚未正式使用的固定资产、经营任务变更停止使用的固定资产以及主要的备用设备等。

3.不需用固定资产,是指本企业多余或不适用的各种固定资产。

（三）按固定资产的所有权分类

按固定资产的所有权分类，可分为自有固定资产和租入固定资产。

1. 自有固定资产，是指企业拥有的可供企业自由支配使用的固定资产，其所有权归企业。

2. 租入固定资产，是指企业采用租赁方式从其他单位租入的固定资产。企业对租入固定资产依照租赁合同拥有使用权，同时负有支付租金的义务，但资产的所有权属于出租单位。按租入的方式不同，租入固定资产可分为经营性租入固定资产和融资租入固定资产。

（1）经营性租入固定资产，是指企业为解决生产经营上的临时需要，从其他单位租入的固定资产。这种租赁方式，租赁期通常都比较短，只占被租赁固定资产使用寿命的一小部分，一般长则几个月，短则几天甚至几小时，租赁期满时，承租企业即将租赁固定资产交还出租人。因此，承租企业对经营性租入的固定资产一般不作为固定资产的增加来核算，只通过备查登记的方式记录和管理租入的固定资产。

（2）融资性租入固定资产，是指企业为了满足生产经营的长期需要，从其他单位租入的固定资产。这种租赁方式，租期通常都比较长。当企业急需某项固定资产，直接购买需支付大额资金，而企业资金又不是很充足情况下，可采用这种方式租入固定资产，以期尽快投入使用，然后再以分期支付租赁费的方式支付固定资产的价款及其他相关费用，最终以取得固定资产大部分经济使用年限内的使用权。企业采用融资租赁方式租入的固定资产，虽然在法律形式上固定资产的所有权在租赁期间仍然属于出租人，但由于固定资产的租赁期基本上包括了固定资产的有效使用年限，承租企业实质上获得了租赁资产所能提供的主要经济利益，同时承担了与固定资产所有权有关的风险。因此，承租企业应将融资租入固定资产视为本企业一项自有固定资产进行核算。

案例 7-1

中国联通（600050）融资租入固定资产情况

中国联合网络通信股份有限公司（简称中国联通）2011 年年度财务报表项目注释 9：于 2011 年 12 月 31 日，账面价值约 1.97 亿元固定资产系为融资租入。具体分析如下（单位：亿元）：

2011 年 12 月 31 日	账面原值	累计折旧	账面价值
通讯设备	232	35	197

资料来源：中国联合网络通信股份有限公司 2011 年年度报告，www.sse.com.cn。

第二节 固定资产取得

一、固定资产的初始计量

根据我国《企业会计准则——固定资产》规定,固定资产应当按照成本进行初始计量。固定资产的初始成本,是指企业购建某项固定资产达到预定可使用状态前所发生的一切合理、必要的支出。这些支出包括直接发生的价款、运杂费、包装费和安装成本等,也包括间接发生的费用,如应承担的借款利息、外币借款折算差额以及应分摊的其他间接费用,对于特殊行业的特定固定资产,确定其初始入账成本时还应考虑弃置费用,如核电站废料的处置等。

固定资产的取得,按其来源不同有外购的固定资产、自行建造的固定资产、投资者投入的固定资产、融资租入的固定资产、接受捐赠的固定资产、非货币资产交换及债务重组取得的固定资产等。固定资产取得的方式不同,其初始成本构成内容也不同,本章主要阐述外购、自建、投资者投入固定资产的初始成本及会计处理。

(1)企业外购固定资产的初始成本,包括购买价款、相关税费[①]、使固定资产达到预定可使用状态前所发生的可归属于该项资产的运输费、装卸费、安装费和专业人员服务费等。

(2)企业自行建造的固定资产,是指企业利用自己的力量自营建造以及出包他人建造的固定资产。企业自行建造固定资产的初始成本,由建造该项固定资产达到预定可使用状态前所发生的必要支出构成。包括工程用物资成本、人工成本、交纳的相关税费、应予以资本化的借款费用以及应分摊的间接费用等。

(3)投资者投入固定资产的初始成本,应当按照投资合同或协议约定的价值确定,但合同或协议约定价值不公允的除外。

二、会计科目设置

为了反映取得固定资产原值增减变动及固定资产购建过程中的实际支出情况,企业应设置"固定资产"、"在建工程"和"工程物资"等会计科目。

"固定资产"科目用来核算企业持有固定资产的原始价值,反映固定资产原值的增减变动和结存情况。借方登记增加的固定资产原值,贷方登记减少的固定资产原值,期末借方余额反映企业现有固定资产原值。本科目可按固定资产的类别和项目进行明细核算。融资租入的固定资产,可在本科目"融资租入固定资产"明细科目进行核算。

"在建工程"科目用来核算企业进行各项工程所发生的各种实际支出。借方登记各项工程实际支出数,贷方登记完工工程实际成本的结转数,期末借方余额反映尚未完工在建

---

① 增值税转型改革后,企业购建(包括购进、接受捐赠、实物投资、自制、改扩建和安装)生产用固定资产发生的增值税进项税额,可以从销项税额中抵扣,不计入固定资产成本。

工程的实际支出。在本科目下,应按工程项目设置明细科目,进行明细分类核算。

"工程物资"科目用来核算企业为在建工程准备的各种物资的实际成本,包括工程用的材料、尚未安装的设备以及为生产准备的工器具等。借方登记企业为在建工程准备的各种物资的实际成本,贷方登记在建工程领用物资及工程完工后转作存货物资的成本,期末借方余额反映企业为在建工程准备的各种物资的实际成本。本科目可按"专用材料"、"专用设备"、"工器具"等进行明细核算。

三、固定资产取得的会计处理

(一)外购固定资产

外购固定资产分为购入不需要安装的固定资产和购入需要安装的固定资产两类。

1.购入不需要安装的固定资产

购入不需要安装的固定资产,是指固定资产购入后即可发挥作用,因此购入后即可达到预定使用状态,如购买运输车辆。企业购入不需要安装的固定资产,应按照有关发票账单等确定的计入固定资产初始成本的金额,借记"固定资产"科目,按照可抵扣的增值税进项税额,借记"应交税费——应交增值税"科目,按照实际支付或应付的价款,贷记"银行存款"、"其他货币资金"、"应付账款"、"应付票据"等科目。

【例 7-1】2012 年 2 月 2 日,海河公司购入一台不需要安装就可投入使用的生产用设备,取得的增值税专用发票上注明的设备价款为 500 000 元,增值税进项税额为 85 000元,发生运杂费为 2 000 元,款项均已通过银行转账支付。假定不考虑其他相关税费。海河公司购入该设备的会计处理如下:

借:固定资产　　　　　　　　　　　　　　　　　　　　　　502 000
　应交税费——应交增值税　　　　　　　　　　　　　　　　85 000
　　贷:银行存款　　　　　　　　　　　　　　　　　　　　　　　　587 000

2.购入需要安装的固定资产

购入需要安装的固定资产,是指购入只有安装调试后达到设计要求或合同规定的标准,该项固定资产才可发挥作用,才意味着达到预定可使用状态。由于从支付价款、设备运抵企业到设备正式投入使用,尚需要经过设备安装过程,并发生各种安装成本,其安装成本应通过"在建工程"科目进行核算。企业购入需要安装的固定资产时,应根据实际支付的买价、包装费、运杂费和安装费等,借记"在建工程"科目,根据可抵扣的增值税进项税额,借记"应交税费——应交增值税"科目,按照实际支付或应付的价款,贷记"银行存款"、"其他货币资金"、"应付账款"、"应付票据"等科目,按安装工程耗用的材料费、人工费等安装费用,贷记"原材料"、"应付职工薪酬"等科目。待安装工程完成后,按其全部成本,借记"固定资产"科目,贷记"在建工程"科目。

【例 7-2】2012 年 4 月 6 日,海河公司购买了一套工业用设备,用于公司的产品生产,取得增值税专用发票上注明的该套设备价款为 1 200 000 元,增值税为 204 000 元,为将设备运送生产厂房,海河公司支付运杂费 5 000 元,款项已通过银行转账支付;除此之外,该套工业用设备必须安装、安放在一个为该设备专门建造的平台上,为建造该平台领用生产用原材料一批,其账面成本为 14 500 元,购进该批原材料时支付的增值税进项税额为

2 465 元;支付安装工人薪酬 6 000 元。假定不考虑其他相关税费,海河公司的会计处理如下:

(1)支付设备价款、增值税、运费等

借:在建工程	1 205 000
应交税费——应交增值税	204 000
贷:银行存款	1 409 000

(2)领用本公司原材料、支付安装工人薪酬等

借:在建工程	20 500
贷:原材料	14 500
应付职工薪酬	6 000

(3)设备安装完毕达到预定可使用状态时,结转其成本为 1 225 500 元(1 205 000 + 20 500)

| 借:固定资产 | 1 225 500 |
| 贷:在建工程 | 1 225 500 |

如果企业以一笔款项购入多项没有单独标价的固定资产,应当按照各项固定资产的公允价值比例对总成本进行分配,分别确定各项固定资产的成本。如果以一笔款项购入多项资产中还包括固定资产以外的其他资产,也应按类似的方法予以处理。

(二)自行建造固定资产

企业自行建造的固定资产按其经营方式分为自营工程和出包工程两种方式。无论采用何种方式,所建造工程都应当按照实际发生的支出确定其工程成本,并通过"在建工程"科目进行核算。

1.自营工程

企业以自营方式建造固定资产,意味着企业自行组织工程物资采购、自行组织施工人员从事工程施工。企业以自营方式建造固定资产,其成本应当按照直接材料、直接人工、直接机械施工费等计量。

企业自行组织建造固定资产过程中核算的内容主要有:

(1)企业为在建工程准备的各种材料、物资,应按实际支付的购买价款、增值税税额(用于自建房屋及建筑物的进项税额不得抵扣)、运输费、保险费等相关税费,作为实际成本,借记"工程物资"科目,贷记"银行存款"、"其他货币资金"、"应付票据"等科目。

(2)企业自营的在建工程领用工程物资时,按其实际领用工程物资成本,借记"在建工程"科目,贷记"工程物资"科目,已计提减值准备的,还应同时结转减值准备。

(3)企业自营的在建工程领用生产用原材料时,按原材料的实际成本和不允许抵扣的增值税(用于自建房屋及建筑物的进项税额不得抵扣),借记"在建工程"科目,按原材料的实际成本,贷记"原材料"科目,按取得原材料时的增值税进项税额,贷记"应交税费——应交增值税(进项税额转出)"科目。

(4)企业自营工程领用本企业自己生产商品时,按领用商品的实际成本和应负担的增值税销项税额,借记"在建工程——××工程"科目,按领用商品的成本,贷记"库存商品"科目,按确认的增值税销项税额,贷记"应交税费——应交增值税(销项税额)"科目。

(5)企业自营工程应负担的职工薪酬,应借记"在建工程——××工程"科目,贷记"应

付职工薪酬"科目。

（6）企业辅助生产部门为自营工程提供水、电、设备安装、修理、运输等劳务，借记"在建工程——××工程"科目，贷记"生产成本——辅助生产成本"科目。

（7）自营工程发生的借款费用满足借款费用资本化条件的，借记"在建工程——××工程"科目，贷记"长期借款"、"应付利息"科目。

（8）企业自营工程建造的固定资产已达到预定可使用状态，但尚未办理竣工决算的，应当自达到预定可使用状态之日起，按照工程实际成本，借记"固定资产"科目，贷记"在建工程——××工程"科目。

（9）在建工程完工已领出的剩余物资应办理退库手续，借记"工程物资"科目，贷记"在建工程"科目。建设期间发生的工程物资盘亏、报废及毁损净损失，借记"在建工程"科目，贷记"工程物资"科目；工程完工后发生的工程物资盘盈、盘亏、报废、毁损，计入营业外收支。

（10）已交付使用的固定资产办理竣工结算时，如果该项固定资产的实际成本与原入账价值有差额，应按其差额对原入账价值进行调整，借记"固定资产"科目，贷记"在建工程"科目；实际成本小于原入账价值的差额做相反的处理。

【例7-3】2011年2月，海河公司准备自行建造一座生产用房，为此购入工程物资一批，价款为1 500 000元，支付的增值税进项税额为255 000元，款项以银行存款支付。3—12月，先后将所购工程物资全部投入生产用房工程建设。此外，该工程建设还领用生产用原材料一批，实际成本为100 000元，购进该批原材料时支付的增值税进项税额为17 000元；辅助生产车间为工程提供有关劳务支出80 000元；应支付工程人员薪酬260 000元；2012年6月，工程达到预定可使用状态并交付使用。假定海河公司适用的增值税税率为17%，不考虑其他相关税费。

海河公司该项自建生产用房工程的相关会计处理如下：

（1）购入为工程准备的物资时

借：工程物资	1 755 000	
贷：银行存款		1 755 000

（2）建造生产用房工程领用工程物资时

借：在建工程——生产用房	1 755 000	
贷：工程物资		1 755 000

（3）建造生产用房工程领用原材料时

借：在建工程——生产用房	117 000	
贷：原材料		100 000
应交税费——应交增值税(进项税额转出)		17 000

（4）辅助生产车间为生产用房建设工程提供劳务支出

借：在建工程——生产用房	80 000	
贷：生产成本——辅助生产成本		80 000

（5）计提应付工程人员薪酬

借：在建工程——生产用房	260 000	
贷：应付职工薪酬		260 000

(6)2012 年 6 月,工程达到预定可使用状态并交付使用,结转在建工程成本 2 212 000 (1 755 000+117 000+80 000+260 000)元

借:固定资产 2 212 000

    贷:在建工程——生产用房 2 212 000

2.出包工程

出包工程是指企业委托建筑安装公司等其他单位进行的固定资产建造工程,多为房屋、建筑物的新建、改建及扩建工程,以及大型机器设备的安装工程。采用出包工程方式建造固定资产的,其入账价值应按照建造该项固定资产达到预定可使用状态前所发生的必要支出确定,包括建筑工程支出、安装工程支出,以及需分摊计入各固定资产价值的待摊支出。

在出包方式下,固定资产建造工程的具体支出由建造承包商核算,"在建工程"科目实际上成为企业与承包单位结算科目,企业将与承包单位结算的工程价款作为工程成本,通过"在建工程"科目核算。企业按出包合同规定预付承包单位的工程价款时,借记"预付账款"科目,贷记"银行存款"等科目;按合理估计的发包工程进度和合同规定结算的进度款,借记"在建工程——××工程"科目,贷记"银行存款"、"预付账款"科目。工程完工收到承包单位账单,补付工程价款时,借记"在建工程——××工程"科目,贷记"银行存款"等科目;工程完工交付使用时,按实际发生的全部支出,借"固定资产"科目,贷记"在建工程——××工程"科目。

【例 7-4】2011 年 4 月 8 日,海河公司与铁三建筑公司签订合同,将本公司一仓库新建工程出包给铁三建筑公司。海河公司与该仓库建设有关的会计处理如下:

(1)2011 年 4 月 8 日,根据工程发包合同海河公司预付给铁三建筑工程备料款 600 000元

借:预付账款——铁三公司 600 000

    贷:银行存款 600 000

(2)2011 年 7 月,根据工程发包合同海河公司与铁三公司结算工程款 680 000 元,预付款不足的差额当即以银行存款补足

借:在建工程——仓库 680 000

    贷:预付账款——铁三公司 600 000

        银行存款 80 000

(3)2012 年 7 月,仓库建设工程完工,铁三公司交来账单,补付工程款 300 000 元

借:在建工程——仓库 300 000

    贷:银行存款 300 000

(4)仓库达到预定使用状态,交付使用,结转工程成本 980 000 元(680 000+300 000)

借:固定资产——仓库 980 000

    贷:在建工程——仓库 980 000

第三节　固定资产折旧

一、固定资产折旧的概念

与有形的流动资产存货相比,固定资产可在多个会计期间内产生收入,为了使成本和相应的收入相配比,就必须将固定资产的取得成本在其产生收入的这些会计期间中进行分摊,这种分摊的过程就称为固定资产折旧。我国《企业会计准则——固定资产》规定,折旧是指在固定资产使用寿命内,按照确定的方法对应计折旧额进行系统分摊。应计折旧额,是指应当计提折旧的固定资产的原价扣除其预计净残值后的金额。已计提减值准备的固定资产,还应当扣除已计提的固定资产减值准备累计金额。

二、影响固定资产折旧的因素

由前述可知,计提固定资产折旧的过程就是将固定资产的原始成本扣除预计净残值后的应计折旧总额在固定资产预计使用寿命内进行合理分摊的过程,因此,影响固定资产折旧的因素主要包括原始成本、预计净残值和预计使用寿命三项。

（一）原始成本

原始成本是指固定资产取得的实际成本,也称固定资产原值。固定资产折旧以取得固定资产时的实际成本作为计提的基数,可以使折旧的计算建立在客观的基础之上,不受主观因素影响。

（二）预计净残值

预计净残值是指假定固定资产预计使用寿命已满并处于使用寿命终了时的预期状态,企业目前从该项资产处置中获得的扣除预计处置费用后的金额。其中,处置费用是指企业处置固定资产时预计发生的拆卸、整理、搬运等清理费用以及他相关税费。

（三）预计使用寿命

预计使用寿命是指企业使用固定资产的预计期间,或者该固定资产所能生产产品或提供劳务的数量。企业在确定固定资产使用寿命时应考虑以下因素:

1.预计生产能力或实物产量;

2.预计有形损耗或无形损耗[①];

3.法律或者类似规定对资产使用的限制。

影响固定资产折旧的因素中,除原始成本比较容易确定外,其余两个因素的估计都具有相当大的不确定性。企业应当根据固定资产的性质和使用情况,合理确定固定资产使用寿命和预计净残值。依据我国《企业会计准则——固定资产》的规定,企业至少应当于

---

① 有形损耗是指固定资产在使用过程中由于磨损而发生的使用性损耗和由于受自然力影响而发生的自然损耗;无形损耗是指由于科学技术进步、消费者爱好的变化等原因而引起的固定资产价值损失。有形损耗决定固定资产的自然寿命,无形损耗决定固定资产的经济寿命。

每年年度终了,对固定资产的使用寿命、预计净残值进行复核,如果发现固定资产使用寿命预计数与原先估计数有差异的,应当调整固定资产使用寿命;如果固定资产预计净残值预计数与原先估计数有差异的,应当调整预计净残值。

三、固定资产折旧范围

我国《企业会计准则——固定资产》规定,企业应对所有固定资产计提折旧。但是,已提足折旧仍继续使用的固定资产和按照规定单独估计作为固定资产入账的土地除外。

在会计实务中,企业在确定计提折旧的范围时还应注意以下几点:

(1)固定资产应当按月计提折旧,当月增加的固定资产,当月不计提折旧,从下月起计提折旧;当月减少的固定资产,当月仍计提折旧,从下月起不计提折旧。

(2)固定资产提足折旧后,不论能否继续使用,均不再计提折旧,提前报废的固定资产也不再补提折旧。所谓提足折旧是指已经提足该项固定资产的应计折旧额。

(3)已达到预定可使用状态但尚未办理竣工决算的固定资产,应当按照估计价值确定其成本,并计提折旧;待办理竣工决算后再按实际成本调整原来的暂估价值,但不需要调整原已计提的折旧额。

四、固定资产折旧方法

固定资产折旧方法是指将应计折旧额在固定资产使用寿命内进行系统分摊时所采用的具体计算方法。根据我国《企业会计准则——固定资产》的规定,企业可选用的折旧方法包括年限平均法、工作量法、双倍余额递减法和年数总和法等。

(一)年限平均法

年限平均法又称直线法,是将固定资产的应计折旧额均衡地分摊至各期的一种方法。采用这种方法计算的各期折旧额均是相等的,不受固定资产使用频率或生产量的影响。其计算公式如下:

$$年折旧额 = \frac{固定资产原值 - 预计净残值}{预计使用年限}$$

在实际工作中,固定资产的折旧额往往是以其折旧率来计算的,其计算公式如下:

$$年折旧率 = \frac{年折旧额}{固定资产原始成本} \times 100\%$$

$$或 = \frac{1 - 预计残值率}{预计使用年限} \times 100\%$$

$$月折旧率 = \frac{年折旧率}{12}$$

$$月折旧额 = 固定资产原价 \times 月折旧率$$

【例 7-5】海河公司 2006 年 12 月取得一生产用设备,原值为 500 000 元,预计使用年限为 5 年,预计净残值率 4%。采用年限平均法计算该设备的折旧过程如下:

$$年折旧额 = \frac{500\,000 - 20\,000}{5} = 96\,000(元)$$

$$年折旧率 = \frac{1 - 4\%}{5} \times 100\% = 19.2\%$$

月折旧率＝19.2%/12＝1.6%

月折旧额＝500 000×1.6%＝8 000(元)

　　采用年限平均法计算固定资产折旧简便易学,容易理解,是会计实务中应用最广泛的一种方法。但年限平均法只注重资产的使用时间,不考虑资产的使用程度,忽视了固定资产各期磨损程度和服务效能的差异。因此,这种方法适用于各期提供的服务效能大致相同、耗费的使用成本较为均衡的固定资产。

　　(二)工作量法

　　工作量法是以固定资产预计可完成的工作量为分摊标准,根据各期实际完成的工作量计算折旧额的一种方法。采用这种方法计提折旧,各期固定资产折旧额随工作量的变动而成正比例变动。其计算公式为:

$$每单位工作量折旧额 = \frac{固定资产原价 \times (1 - 预计净残值率)}{预计总工作量}$$

某项固定资产月折旧额＝该项固定资产当月实际工作量×每单位工作量折旧额

　　采用工作量法,不同的固定资产应按不同的工作量标准计算折旧,如机器设备应按工作小时计算折旧,运输车辆应按行驶里程计算折旧,建筑施工机械应按工作台班计算折旧等。

　　【例 7-6】 滨海公司有运输货车一辆,原值为 150 000 元,预计总行驶里程为 500 000公里,预计净残值率为 5%,本月行驶 4 000 公里。该辆汽车的折计算过程如下:

$$每单位里程折旧额 = \frac{150 000 \times (1 - 5\%)}{500 000} = 0.285(元/公里)$$

本月折旧额＝4 000×0.285＝1 140(元)

　　采用工作量法的优点是简单易算,所提折旧额与资产的使用程度成正比,反映了收益与费用配比的原则,适合于在使用年限内各期工作量不均衡的固定资产,如季节性生产。这种方法不足之处在于它只关心固定资产的使用程度,强调其物质损耗,忽视了无形损耗。

　　(三)双倍余额递减法

　　双倍余额递减法是指在不考虑固定资产净残值的情况下,根据每期期初固定资产账面净值和双倍的直线折旧率计算各年折旧的一种方法。其计算公式为:

$$年折旧率 = \frac{2}{预计的折旧年限} \times 100\%$$

某年折旧额＝该年年初固定资产账面净值×年折旧率

$$月折旧额 = \frac{年折旧额}{12}$$

　　由于双倍余额递减法不考虑固定资产的预计净残值,因此,在应用这种方法时必须注意不能使固定资产的账面折余价值降低到它的预计净残值以下。为了简化折旧的计算,实行双倍余额递减法计提折旧的固定资产,企业可以在其固定资产预计使用年限到期前两年内,将未提足的折旧平均摊销。

【例题 7-7】承接【例 7-5】资料,采用双倍余额递减法计算该设备的折旧过程如下:

$$双倍余额递减法的折旧率 = \frac{2}{5} \times 100\% = 40\%$$

各年的折旧额如表 7-1 所示:

表 7-1   固定资产折旧计算表(双倍余额递减法)

使用年份	年折旧额计算	每年折旧额	累计折旧	账面净值
取得时				500 000
2007	500 000×40%	200 000	200 000	300 000
2008	300 000×40%	120 000	320 000	180 000
2009	180 000×40%	72 000	392 000	108 000
2010	(108 000−20 000)÷2	44 000	436 000	64 000
2011		44 000	480 000	20 000

(四)年数总和法

年数总和法又称合计年限法,是将固定资产的原值减去预计净残值后的净额乘以一个逐年递减的分数计算每年的折旧额,这个分数的分子代表固定资产尚可使用的年数,分母代表使用年数的逐年数字总和。计算公式如下:

$$年折旧率 = \frac{尚可使用年数}{预计使用年限的年数总和}$$

$$年折旧额 = (固定资产原值 - 预计净残值) \times 年折旧率$$

$$月折旧额 = \frac{年折旧额}{12}$$

【例 7-8】承接【例 7-5】资料,采用年数总和法计算折旧过程见表 7-2 所示:

表 7-2   固定资产折旧计算表(年数总和法)

年份	尚可使用年数	折旧率	年折旧额计算	年折旧额(元)	累计折旧(元)	账面净值
取得时						500 000
2007	5	5/15	(500 000−20 000)×5/15	160 000	160 000	340 000
2008	4	4/15	(500 000−20 000)×5/15	128 000	288 000	212 000
2009	3	3/15	(500 000−20 000)×5/15	96 000	384 000	116 000
2010	2	2/15	(500 000−20 000)×5/15	64 000	448 000	52 000
2011	1	1/15	(500 000−20 000)×5/15	32 000	480 000	20 000

双倍余额递减法和年数总和法都属于加速折旧法,其特点是在固定资产有效使用年限的前期多提折旧,后期则少提折旧,从而相对加快折旧的速度,以使固定资产成本在有

效使用年限中加快得到补偿,使无形损耗的影响降至最低,符合谨慎性要求。与平均年限法相比,加速折旧法既不意味着要增大或减少应计折旧额,只是对应计折旧额在各使用年限之间的分摊上采用了递减的方式而不是平均的方式。采用加速折旧法计提折旧可以使收入和费用合理配比,可以使固定资产的使用成本各年保持大致相同,可以降低无形损耗的风险。

(五)折旧方法比较

由表7-3可见,每种折旧方法5年内计提的折旧总额是相等的,都是480 000元,但不同方法下各年的折旧额会有很大差异:2007年平均年限法下的折旧额最低,双倍余额递减法下的折旧额最高。由于折旧是一项费用,因此不同折旧方法对各期利润的影响也是显而易见的:2007年平均年限法下的利润最高,双倍余额递减法下的利润最低。因此,我国《企业会计准则》规定:企业应当根据与固定资产有关的经济利益的预期实现方式,合理选择固定资产折旧方法。固定资产的折旧方法一经确定,不得随意变更;如需变更,应当在会计报表附注中予以说明。

表 7-3　不同折旧方法下各年所计提折旧额的比较

各年折旧额／折旧方法／年份	平均年限法	双倍余额递减法	年数总和法
2007	96 000	200 000	160 000
2008	96 000	120 000	128 000
2009	96 000	72 000	96 000
2010	96 000	44 000	64 000
2011	96 000	44 000	32 000
合计	480 000	480 000	480 000

五、固定资产折旧的会计处理

(一)会计科目设置

为了核算固定资产的累计折旧情况,企业应设置"累计折旧"科目,按固定资产的类别或项目进行明细核算。本科目贷方登记提取固定资产折旧额,借方登记转销的固定资产已提折旧额,期末贷方余额反映固定资产的累计折旧额。

(二)会计处理

企业无论采用何种折旧计算方法,每月计提的折旧额,都应根据固定资产的用途,在各受益对象之间进行分配,分别计入有关成本费用科目的借方和"累计折旧"科目的贷方。

在会计实务中,企业具体计提折旧时,通常以月初可计提折旧固定资产的账面原值为依据,计算当月的固定资产应计提折旧额。这样,除第一个月需按固定资产项目逐项计算其折旧额以外,以后各月均可在上月计提折旧额的基础上,考虑上月固定资产增减变动的影响,加以调整即可。

当月应提固定资产折旧额＝上月固定资产计提折旧额＋上月增加固定资产应计提折

旧额－上月减少固定资产应计提折旧额

为便于固定资产折旧核算,企业一般通过编制"固定资产折旧计算表"进行折旧的计算和分配。

【例 7-9】2012 年 6 月 30 日,天河公司编制的"固定资产折旧计算表"见表 7-4 所示。

表 7-4 固定资产折旧计算表

2012 年 6 月 30 日 单位:元

使用部门	固定资产项目	上月折旧额	上月增加固定资产		上月减少固定资产		本月折旧额
			原值	月折旧额	原值	月折旧额	
生产车间	厂房	5 000					5 000
	机器设备	35 000	400 000	5 000			40 000
	其他设备	12 000			60 000	700	11 300
	小计	52 000					56 300
企业管理部门	办公楼	4 000					4 000
	办公设备	2 400	80 000	2 000			4 400
	运输工具	3 800					3 800
	小计	10 200					12 200
	合计	62 200	480 000	7 000	60 000	700	68 500

根据表 7-3 的计算,天河公司应做如下会计处理:

借:制造费用　　　　　　　　　　　　　　　　　　　　56 300
　　管理费用　　　　　　　　　　　　　　　　　　　　12 200
　　贷:累计折旧　　　　　　　　　　　　　　　　　　　　　　68 500

案例 7-2

安徽水利(600502)固定资产折旧情况

据安徽水利开发股份有限公司 2011 年年度财务报表附注显示固定资产折旧情况如下:

(1)各类固定资产的折旧方法

本公司从固定资产达到预定可使用状态的次月起按年限平均法计提折旧,按固定资产的类别、估计的经济使用年限和预计的净残值分别确定折旧年限和年折旧率如下:

类别	折旧年限(年)	残值率(%)	年折旧率(%)
房屋及建筑物	30～40	3	3.23～2.43
机械设备	10～14	3	9.70～6.93
试验仪器	7～12	3	13.86～8.08
运输设备	6～12	3	16.17～8.08
其他设备	7～14	3	13.86～6.93

（2）各类固定资产折旧额

项目	2010.12.31	本年增加		本年减少	2011.12.31
		本年新增	本年计提		
累计折旧合计	175 495 921.73	—	49 018 817.47	27 317 392.58	197 197 346.62
房屋及建筑物	57 293 876.06	—	17 854 992.97	7 592 056.84	67 556 812.19
机械设备	83 029 902.89	—	24 183 698.19	9 756 336.80	97 457 264.28
试验仪器	2 153 394.96	—	995 506.03	716 260.33	2 432 640.66
运输设备	5 138 275.26	—	1 219 281.59	850 952.66	5 506 604.19
其他设备	27 880 472.56	—	4 765 338.69	8 401 785.95	24 244 025.30

资料来源：安徽水利开发股份有限公司 2011 年年度财务报表附注,www.sse.com.cn。

第四节 固定资产的后续支出

一、固定资产后续支出的内容

企业的固定资产投入使用后,了为适应新技术发展的需要,或者为维持或提高固定资产的使用效能,需要对固定资产进行维护、改建、扩建或者改良等。固定资产后续支出,是指固定资产在使用过程中发生的更新改造支出、修理费用等。

固定资产更新改造支出,是指对原有固定资产项目所属部分进行替换、添加、补充、改良、扩建等而发生的支出。固定资产通过更新改造,或者可以提高使用效能,或者可以在实物量上有所增加。

固定资产修理支出是为了维持或恢复固定资产的使用效能而发生的,一般不会导致流入企业的经济利益超过原先的估计。

二、固定资产后续支出处理的原则

如果固定资产后续支出增强了固定资产获取未来经济利益的能力,提高了固定资产的性能,如延长了使用寿命、提高了生产能力,使所生产的产品质量有实质性提高或使产品成本有实质性降低等,并且这些支出的结果可能使流入企业的经济利益超过了原先的估计,符合资产确认条件,那么应将其计入固定资产价值。否则,计入发生当期损益。根据我国《企业会计准则——固定资产》及指南规定,与固定资产有关的更新改造等后续支出,符合固定资产确认条件的,应当记入固定资产成本,同时将被替换部分的账面价值扣除;与固定资产有关的修理费用等后续支出,不符合固定资产确认条件的,应当记入当期损益。

三、固定资产后续支出的会计处理

(一)固定资产更新改造支出

固定资产更新改造支出应通过"在建工程"科目核算。企业固定资产进行改建期间,由于停止使用,工期又比较长,应将其账面价值转入在建工程,借记"在建工程","累计折旧"、"固定资产减值准备"科目,贷记"固定资产"科目;固定资产更新改造过程中需拆除的原有部件其残值计价回收时,应借记"原材料"等科目,贷记"在建工程"科目;固定资产更新改造过程中添加新的部件时,应借记"在建工程"科目,贷记"原材料"等科目;固定资产更新改造完工后,应将更新改造的全部后续支出转为更新改造后固定资产的原值,借记"固定资产"科目,贷记"在建工程"科目,并按重新确定的固定资产使用寿命、预计净残值和折旧方法计提折旧。

【例7-10】海河公司改建一条生产流水线,改建前该生产流水线的原值为850 000元,预计使用年限为10年,预计净残值为34 000元,已使用7年,采用平均年限法计提折旧。该生产流水线采用出包方式进行改建,用银行存款支付改建工程款90 000元;该生产流水线在改建过程中拆除部件的残值变现收入2 000元;改建工程完工后,延长使用年限2年。

海河公司对该生产流水线改建过程的会计处理如下:

(1)改建前的固定资产原值及累计折旧注销,将其净值转入在建工程

改建前固定资产累计折旧额=(850 000−34 000)×7/10=571 200(元)

改建前固定资产净值=850 000−571 200=278 800(元)

借:在建工程	278 800	
累计折旧	571 200	
贷:固定资产		850 000

(2)用银行存款支付改建工程款90 000元时

借:在建工程	90 000	
贷:银行存款		90 000

(3)拆除部件的残料变价收入2 000元

借:银行存款	2 000	
贷:在建工程		2 000

(4)改建工程完工后,该生产流水线的原始成本=278 800+90 000−2 000=366 800(元)

借:固定资产	366 800	
贷:在建工程		366 800

(二)固定资产的修理支出

固定资产在长期使用过程中,由于自然损耗或使用磨损,往往发生部分零部件的损坏,影响其正常使用。为了恢复固定资产的使用效能,保证固定资产处于完好状态,企业必须定期对固定资产进行维护保养,并对损坏部件进行及时的修复。企业发生固定资产日常维护保养等修理支出时,直接计入修理当期损益,按受益对象不同,分别计入当期"管

理费用"或"销售费用"。

【**例 7-11**】海河公司 2012 年 4 月 15 日对某一办公设备进行日常维修,领用修理配件 500 元,发生维修人工费 800 元。

借:管理费用 1 300

贷:原材料 500

应付职工薪酬 800

第五节　固定资产期末计量

一、固定资产期末计量的原则

为了真实反映固定资产的价值,避免虚计资产,企业应当在资产负债表日,对固定资产逐项进行检查,判断固定资产是否存在减值迹象。如果存在减值迹象的,根据谨慎性要求,合理预计可能发生的减值损失,按照固定资产账面价值和可收回金额孰低计量。

资产负债表日,如果出现下列情况之一,表明该项固定资产已出现减值迹象:

(1)固定资产的市价大幅度下跌,其跌幅明显高于因时间的推移或者正常使用而预计的下跌。

(2)企业经营所处的经济、技术或者法律等环境以及资产所处的市场在当期或者将在近期发生重大变化,从而对企业产生不利影响。

(3)市场利率或者其他市场投资报酬率在当期已经提高,从而影响企业计算资产预计未来现金流量现值的折现率,导致资产可收回金额大幅度降低等。

(4)企业有证据表明固定资产已经陈旧过时或者其实体已经损坏。

(5)固定资产已经或者将被闲置、终止使用或者计划提前处置。

(6)企业内部报告的证据表明固定资产的经济绩效已经低于或者将低于预期。

(7)其他表明固定资产已经发生减值迹象。

二、固定资产可收回金额的计量

固定资产存在减值迹象的,应当估计其可收回金额。固定资产的可收回金额应当根据固定资产的公允价值减去处置费用后的净额与固定资产预计未来现金流量的现值两者之间较高者确定。固定资产的公允价值减去处置费用后的净额与固定资产预计未来现金流量的现值,只要有一项超过了固定资产的账面价值,就表明固定资产没有发生减值,不需再估计另一项金额。

(一)固定资产的公允价值减去处置费用后的净额的估计

固定资产的公允价值减去处置费用后的净额,通常反映的是固定资产如果被出售或处置时可以收回的净现金流入。其中,固定资产的公允价值是指在公平交易中熟悉情况的交易双方自愿进行资产交换的金额;处置费用是指可以直接归属于资产处置的增量成本,包括与资产处置有关的法律费用、相关税费、搬运费以及为使资产达到可销售状态所发生的直接费用等,但是,财务费用和所得税费用等不包括在内。

企业在估计资产的公允价值减去处置费用后的净额时,应当根据公平交易中资产的销售协议价格减去可直接归属于该资产处置费用的金额确定;不存在销售协议但存在活跃市场的情况下,应当根据该资产的市场价格减去处置费用后的金额确定;在既不存在资产销售协议又不存在资产活跃市场的情况下,企业应当以可获取的最佳信息为基础,根据在资产负债表日,熟悉情况的交易双方自愿进行公平交易愿意提供的交易价格减去资产处置费用后的金额,估计资产的公允价值减去处置费用后的净额。在实务中,该金额可以参考同行业类似资产的最近交易价格或者结果进行估计。如果企业按照上述要求仍然无法可靠估计资产的公允价值减去处置费用后的净额的,应当以该资产预计未来现金流量的现值作为其可收回金额。

(二)固定资产预计未来现金流量的现值的估计

固定资产预计未来现金流量的现值,应当按照固定资产在持续使用过程中和最终处置时所产生的预计未来现金流量,选择恰当的折现率对其进行折现后的金额加以确定。因此,预计资产未来现金流量的现值,主要应当综合考虑固定资产的预计未来现金流量、固定资产的使用寿命和折现率。

预计的资产未来现金流量应当包括下列各项:

1.资产持续使用过程中预计产生的现金流入。

2.为实现资产持续使用过程中产生的现金流入所必需的预计现金流出(包括为使资产达到预定可使用状态所发生的现金流出)。该现金流出应当是可直接归属于或者可通过合理和一致的基础分配到资产中的现金流出,后者通常是指那些与资产直接相关的间接费用。

3.资产使用寿命结束时,处置资产所收到或者支付的净现金流量。该现金流量应当是在公平交易中,熟悉情况的交易双方自愿进行交易时企业预期可从资产的处置中获取或者支付的减去预计处置费用后的金额。

三、固定资产减值的会计处理

如果固定资产的可收回金额低于其账面价值的,应当将固定资产的账面价值减记至可收回金额,减记的金额确认为资产减值损失,计入当期损益,同时计提相应的固定资产减值准备。固定资产减值损失一经确认,在以后会计期间不得转回。

为了正确地核算计提的固定资产减值准备,企业应设置"固定资产减值准备"科目,贷方登记计提的固定资产减值准备,借方登记转销的固定资产减值准备,本科目期末贷方余额,反映企业已计提但尚未转销的固定资产减值准备。资产负债表日,固定资产发生减值的,应按减记的金额,借记"资产减值损失"科目,贷记"固定资产减值准备"科目;处置固定资产时还应同时结转减值准备。

固定资产减值损失确认后,减值固定资产的折旧费用应当在未来期间做相应调整,以使该固定资产在剩余使用寿命内,系统地分摊调整后的固定资产账面价值(扣除预计净残值)。

【例 7-12】海河公司有一设备,原值 280 000 元,预计使用年限 5 年,预计净残值为 12 000 元,采用平均年限法计提折旧。2011 年 12 月 31 日,该设备已使用 3 年,海河公司估计可收回金额为 100 000 元,设备的预计使用年限、预计净残值和折旧方法均未发生变化。

(1)2011 年 12 月 31 日该设备的账面净值为:

$$280\ 000-\frac{280\ 000-12\ 000}{5}\times3=119\ 200(元)$$

(2)计提减值准备:

$$119\ 200-100\ 000=19\ 200(元)$$

借:资产减值损失　　　　　　　　　　　　　　　　　　　19 200
　贷:固定资产减值准备　　　　　　　　　　　　　　　　　　　19 200

(3)计算 2012 年应提的折旧额:

$$\frac{100\ 000-12\ 000}{2}=44\ 000(元)$$

第六节　固定资产处置

一、固定资产处置的内容

固定资产处置是指由于各种原因对企业固定资产做出退出生产经营过程的处理活动,包括固定资产的出售、转让、报废和毁损、对外投资、非货币性资产交换、债务重组等。处于处置状态的固定资产不再用于生产商品、提供劳务、出租或经营管理,因此不再符合固定资产定义,应予以终止确认。

固定资产在处置时会发生处置损益,固定资产处置净损益计入处置当期营业外收入或营业外支出。出售、报废或毁损的固定资产,处置损益是指取得的处置收入扣除固定资产的账面价值和相关税费后的金额。其中处置收入包括出售价款、残料变价收入、保险及过失人赔偿等项收入;固定资产的账面价值是指固定资产成本扣减累计折旧和累计减值准备后的金额;相关税费是指清理固定资产时发生的拆卸、搬运、整理等项费用及出售不动产计算应缴纳的营业税。对外投资、非货币资产交换、债务重组转出的固定资产,处置损益是指该固定资产的公允价值与账面价值之间的差额。

二、设置"固定资产清理"科目

固定资产处置一般通过"固定资产清理"科目进行核算。本科目贷方登记取得处置收入及结转处置的净损失;借方登记发生的清理费用、应负担的相关税金及结转处置的净收益;期末借方余额,反映企业尚未清理完毕的固定资产清理净损失。

三、固定资产处置的会计处理

固定资产出售、报废或毁损的会计处理一般经过以下步骤:

（一）固定资产转入清理

企业出售、报废或毁损的固定资产转入清理时，按固定资产账面价值，借记"固定资产清理"科目，按已计提的累计折旧，借记"累计折旧"科目，按已计提的减值准备，借记"固定资产减值准备"科目，按固定资产原价，贷记"固定资产"科目。

（二）发生的清理费用

固定资产清理过程中发生的相关税费及其他费用，借记"固定资产清理"科目，贷记"银行存款"、"应交税费"等科目。

（三）收回残料、出售价款和变价收入

收回出售固定资产价款、残料价值和变价收入等，借记"银行存款"、"原材料"等科目，贷记"固定资产清理"科目。

（四）保险赔偿的处理

企业计算或收到应收保险公司或过失人赔偿的损失，应冲减清理支出，借记"其他应收款"、"银行存款"等科目，贷记"固定资产清理"科目。

（五）结转清理净损益

固定资产清理完成后，属于生产经营期间正常的处理损失，借记"营业外支出——处置非流动资产损失"科目，贷记"固定资产清理"科目；属于自然灾害等非正常原因造成的损失，借记"营业外支出——非常损失"科目，贷记"固定资产清理"科目。如为贷方余额，借记"固定资产清理"科目，贷记"营业外收入"科目。

【例 7-13】海河公司出售一座门市用房，该房屋账面原值为 300 000 元，已提折旧 180 000元，出售取得价款 200 000 元存入银行，营业税税率 5%。

（1）门市用房转入清理

借：固定资产清理   120 000

    累计折旧   180 000

  贷：固定资产   300 000

（2）收到出售价款

借：银行存款   200 000

  贷：固定资产清理   200 000

（3）计算应交营业税

    200 000×5%＝10 000(元)

借：固定资产清理   10 000

  贷：应交税费——应交营业税   10 000

（4）结转出售损益

    120 000＋10 000－200 000＝－70 000(元)

借：固定资产清理   70 000

  贷：营业外收入——处置非流动资产利得   70 000

【例 7-14】运通公司有一辆运输货车，因发生交通事故而毁损。该货车原价 150 000 元，已提折旧 55 000 元，确认保险公司应赔偿 46 000 元尚未收到，支付清理费用 3 000 元，残料变卖收入 2 000 元。

（1）将毁损货车账面价值注销

借:固定资产清理	95 000	
累计折旧	55 000	
贷:固定资产		150 000

（2）确认保险公司赔偿

借:其他应收款——保险公司	46 000	
贷:固定资产清理		46 000

（3）支付清理费用

借:固定资产清理	3 000	
贷:银行存款		3 000

（4）收到残料变卖收入

借:银行存款	2 000	
贷:固定资产清理		2 000

（5）结转清理净损益

95 000＋3 000－46 000－2 000＝50 000（元）

借:营业外支出	50 000	
贷:固定资产清理		50 000

本章小结

本章主要阐述固定资产的确认、初始计量、折旧、后续支出、期末计量及处置等内容。

1. 固定资产确认

固定资产是指为生产商品、提供劳务、出租或经营管理而持有的,且使用寿命超过一个会计年度的有形资产。同时满足"与该固定资产包含的经济利益很可能流入企业和该固定资产的成本以能够可靠地计量"两个条件时才能予以确认。

2. 固定资产初始计量

固定资产应当按照成本进行初始计量。固定资产的成本,是指企业购建某项固定资产达到预定可使用状态前所发生的一切合理、必要的支出。固定资产取得的方式不同,其初始成本构成内容不同。固定资产的取得方式有:外购、自行建造、投资者投入、融资租入等。

3. 固定资产折旧

固定资产折旧是指在固定资产使用寿命内,按照确定的方法对应计折旧额进行系统分摊。影响折旧的因素有固定资产原始成本、预计净残值和预计使用寿命。除已提足折旧仍继续使用的固定资产和按照规定单独估计作为固定资产入账的土地外,企业应对所有固定资产计提折旧。企业可选用的折旧计算方法有年限平均法、工作量法、双倍余额递减法和年数总和法,企业应当根据与固定资产有关的经济利益的预期实现方式,合理选择固定资产折旧方法。固定资产的折旧方法一经确定,不得随意变更。

4. 固定资产后续支出

固定资产后续支出是指固定资产在使用过程中发生的更新改造支出、修理费用等。

根据我国《企业会计准则——固定资产》及指南规定，与固定资产有关的更新改造等后续支出，符合固定资产确认条件的，应当记入固定资产成本，同时将被替换部分的账面价值扣除；与固定资产有关的修理费用等后续支出，不符合固定资产确认条件的，应当记入当期损益。

5. 固定资产期末计量

在资产负债表日，如果固定资产存在减值迹象的，按照固定资产账面价值和可收回金额孰低计量。如果固定资产的可收回金额低于其账面价值的，应当将固定资产的账面价值减记至可收回金额，减记的金额确认为资产减值损失，计入当期损益，同时计提相应的固定资产减值准备。固定资产减值损失一经确认，在以后会计期间不得转回。

6. 固定资产处置

固定资产处置是指由于各种原因对企业固定资产做出退出生产经营过程的处理活动，包括固定资产的出售、转让、报废和毁损、对外投资、非货币性资产交换、债务重组等。固定资产处置一般通过"固定资产清理"科目进行核算。固定资产处置净损益计入处置当期营业外收入或营业外支出。

思考题

1. 固定资产有何特征？
2. 怎样确定固定资产的初始成本？
3. 哪些固定资产应计提折旧？
4. 影响固定资产折旧的因素有哪些？
5. 计提固定资产折旧的计算方法有哪些？各有何特点？
6. 采用加速折旧法意味着什么？
7. 怎样对固定资产后续支出进行处理？
8. 怎样判断固定资产减值和计提减值准备？
9. 如何确定固定资产处置损益？
10. 怎样进行固定资产处置的核算？

练习题

(一)单项选择题

1. 某一般纳税企业购入不需安装设备一台，所支付的买价和增值税额分别为 20 000 元和 3 400 元，另支付运杂费 600 元，包装费 400 元。该设备的入账价值为（　　）元。

A. 20 000　　　　B. 23 400　　　　C. 21 000　　　　D. 24 400

2. 企业购入建造固定资产所需材料物资，应记入（　　）科目的借方。

A. 工程物资　　B. 固定资产　　C. 原材料　　　D. 在建工程

3. 某设备的账面原价为 900 万元，预计使用年限为 5 年，预计净残值为 15 万元，按年数总和法计提折旧。该设备在第 3 年应计提的折旧额为（　　）万元。

A. 150   B. 160   C. 177   D. 189

4. 固定资产的应计折旧额是指( )。

A. 固定资产的原价

B. 固定资产原价扣除其预计净残值后的余额,如已计提减值准备,还应扣除已计提的固定资产减值准备累计金额

C. 固定资产原价扣除其预计净残值后的余额,但不得扣除已计提的固定资产减值准备金额

D. 固定资产原价扣除已计提的减值准备后的金额

5. 企业对基本生产车间的车床进行日常检修,发生的修理费用应计入( )科目借方。

A. 在建工程   B. 制造费用   C. 管理费用   D. 销售费用

6. 某企业 2010 年 12 月 31 日购入一台设备,入账价值为 200 万元,预计使用寿命为 10 年,预计净残值为 20 万元,采用年限平均法计提折旧。2011 年 12 月 31 日该设备存在减值迹象,经测试预计可收回金额为 120 万元。2011 年 12 月 31 日该设备账面价值应为( )万元。

A. 120   B. 160   C. 180   D. 182

7. 企业计提固定资产折旧应贷记( )科目。

A. 固定资产   B. 固定资产清理

C. 累计折旧   D. 固定资产减值准备

8. 下列各项中,不会引起固定资产账面价值发生变化的有( )。

A. 计提固定资产减值准备   B. 计提固定资产折旧

C. 固定资产改扩建   D. 固定资产日常修理

9. 下列项目中,不应计提折旧的固定资产是( )。

A. 因季节性原因而暂停使用的固定资产

B. 因改扩建而暂停使用的固定资产

C. 企业临时性出租给其他企业使用的固定资产

D. 融资租入的固定资产

10. 采用年数总和法计提折旧,折旧额( )。

A. 逐年递增   B. 逐年递减

C. 有时增加有时减少   D. 各年不变

(二)多项选择题

1. 企业外购的固定资产,其初始成本包括( )。

A. 买价   B. 运杂费   C. 安装调试费   D. 进口关税

2. 下列各项中,可能会引起固定资产账面价值发生变化的有( )。

A. 计提固定资产折旧   B. 计提固定资产减值准备

C. 发生改扩建支出   D. 发生日常维护修理

3. 影响固定资产折旧的因素有( )。

A. 原始成本   B. 预计使用寿命   C. 预计净残值   D. 实际清理费用

4. 下列各项,应通过"固定资产清理"科目核算的有( )。

A. 盘亏的固定资产　　　　　　　　　B. 出售的固定资产
C. 报废的固定资产　　　　　　　　　D. 毁损的固定资产

5. 不满足固定资产确认条件的固定资产日常维护支出,可能计入的会计科目有（　　）。

A. 长期待摊费用　　B. 管理费用　　C. 制造费用　　D. 销售费用

6. 下列固定资产中应计提折旧的有（　　）。

A. 季节性停用的机器设备　　　　　　B. 大修理停用的机器设备
C. 已提足折旧继续使用的机器设备　　D. 融资租入的机器设备

7. 下列有关固定资产的特征和确认条件的描述,正确的是（　　）。

A. 为生产商品、提供劳务、出租或经营管理而持有
B. 使用寿命超过一个会计年度
C. 固定资产是有形资产
D. 固定资产的成本能够可靠地计量

8. 企业在确定固定资产的使用寿命时,应当考虑的因素有（　　）。

A. 预计有形损耗和无形损耗　　　　　B. 预计清理净损益
C. 预计生产能力或实物产量　　　　　D. 法律或者类似规定对资产使用的限制

9. 下列各项中,影响固定资产清理净损益的因素应包括（　　）。

A. 出售固定资产的价款　　　　　　　B. 转让不动产应交纳的营业税
C. 毁损固定资产取得的赔款　　　　　D. 报废固定资产的原价

10. 下列折旧方法中,属于加速折旧法的是（　　）。

A. 平均年限法　　　　　　　　　　　B. 工作量法
C. 年数总和法　　　　　　　　　　　D. 双倍余额递减法

(三)判断题

1. 企业固定资产一经入账,其入账价值均不得做任何变动。（　　）

2. 已达到预定可使用状态但尚未办理竣工决算的固定资产,应当按照估计价值确定其成本,并计提折旧;办理竣工决算手续后,如果与原暂估入账的金额不等,需要调整固定资产科目的金额,同时调整已经计提的累计折旧金额。（　　）

3. 企业应当根据与固定资产有关的经济利益预期实现方式,合理选择固定资产折旧方法。（　　）

4. 当月增加的固定资产,当月应计提折旧;当月减少的固定资产,当月不再计提折旧。（　　）

5. 固定资产减值损失一经确认,在以后会计期间不得转回。（　　）

6. 已提足折旧继续使用的固定资产,不再计提折旧;提前报废的固定资产也不再补提折旧。（　　）

7. 固定资产可收回金额应当根据固定资产公允价值减去处置费用后的净额与固定资产预计未来现金流量的现值两者之间较低者确定。（　　）

8. 工作量法计提折旧的特点是每年提取的折旧额相等。（　　）

9. 取得固定资产所有权是判断固定资产包含的经济利益很可能流入企业的唯一依

据。（　　）

10.正常报废和非常报废的固定资产均应通过"固定资产清理"科目予以核算。（　　）

（四）业务题

1.

（1）目的：掌握外购固定资产的核算。

（2）资料：

①企业购入办公用计算机 5 台,每台价格 8 000 元,计 40 000 元,增值税 6 800 元,运杂费 200 元。计算机已运达企业交付使用,货款、增值税、运杂费均以银行存款支付。

②企业购入需要安装的生产用设备一台,发票价格 350 000 元,增值税款 59 500 元,运杂费 1 200 元,安装费 1 000 元。货款、增值税、运杂费、安装费均从银行存款户中支付,设备已安装完毕交付使用。

2.

（1）目的：掌握自建固定资产的核算。

（2）资料：丽达企业自建仓库一座,发生下列与仓库建造有关的经济活动:

①企业购入建造仓库所需的各种物资 1 200 000 元,增值税 204 000 元,款项均已开出转账支票支付。

②开工后领用了全部所购工程物资。

③该仓库建造过程中领用本企业生产的产品实际生产成本 20 000 元,计税售价 28 000元,增值税 4 760 元。

④该仓库建造过程中领用本企业生产用材料 60 000 元,增值税 10 200 元。

⑤结算工程应负担的职工工资 220 000 元,福利费 30 800 元。

⑥以银行存款支付工程应负担的其他支出 10 000 元。

⑦该仓库建造完工,经验收合格投入使用,结转工程成本。

（3）要求：根据上述资料编制会计分录。

3.

（1）目的：掌握固定资产折旧额的计算。

（2）资料：

①企业有一行政办公用房,该房屋原始价值为 300 000 元,预计使用 20 年,预计净残值为 12 000 元。该办公用房采用平均年限法计提折旧。

②企业有一建筑机械设备,原值 200 000 元,预计净残值率为 4%,预计工作总时数为 800 000 小时,该月实际工作了 700 小时。该建筑机器设备采用工作量法计提折旧。

③企业生产车间有一台大型设备,该设备原值为 180 000 元,预计使用年限为 5 年,预计净残值为 3 600 元。该设备采用双倍余额递减法计提折旧。

④企业某项固定资产原始价值是 153 000 元,预计可使用 5 年,预计净残值为 3 000元。该项固定资产采用年数总和法计提折旧。

（3）要求：按规定方法计算各年折旧率和折旧额。

4.

（1）目的：掌握固定资产后续支出的核算。

(2)资料:

①企业对生产设备进行日常维护修理,本月以银行存款支付修理费 800 元。

②企业对基本生产车间的车床例行检修,发生检修费用 20 000 元。

③2011 年 3 月 12 日,企业采用出包方式对某固定资产进行改良。该固定资产账面原价为 3 600 000 元,预计使用年限为 5 年,已使用 3 年,预计净残值为零,采用年限平均法计提折旧。企业支付出包工程款 960 000 元。2011 年 10 月 20 日,改良工程达到预定可使用状态并投入使用,预计尚可使用 4 年,预计净残值为零,采用年限平均法计提折旧。

(3)要求:根据上述资料进行必要的计算并编制相关的会计分录。

5.

(1)目的:掌握固定资产减值的核算。

(2)资料:长江公司某项固定资产的账面原价为 80 000 元,预计使用年限为 5 年,预计净残值为 5 000 元,按年数总和法计提折旧。若该项固定资产在使用的第 3 年末,公司在进行检查时发现,该设备有可能发生减值,现时的公允价值减去处置费用后的净额为 18 000 元,未来 5 年内持续使用以及使用寿命结束时的处置中形成的现金流量现值为 16 000元。

(3)要求:

①确定该项固定资产应计提的减值准备和该年末的账面价值。

②编制相关会计分录。

6.

(1)目的:掌握固定资产处置的核算。

(2)资料:

①利民公司有一闲置设备决定予以出售,该设备原值 50 000 元,已提折旧 20 000 元,收取出售价款 35 000 元存入银行。

②红光公司有一生产线使用期已满,经批准予以报废,该生产线原值为 600 000 元,已提折旧 570 000 元,发生清理费用 3 000 元,报废生产线残料变价收入 4 000 元,生产线已清理完毕。

③光明公司有一设备,原值 80 000 元,预计净残值率 4%,预计使用年限为 5 年,该设备采用年数总和法计提折旧。设备使用至第三年末时因意外事故发生毁损,以银行存款支付清理费用 2 000 元,设备残料出售收取价款 950 元,确认应收保险公司赔偿款 28 000元,设备已清理完毕。

(3)要求:确定各项处置固定资产净损益并编制相关会计分录(不考虑有关增值税)。

第八章

无形资产

　　学习目的：通过本章学习，使学生了解无形资产的概念、特征及内容；理解无形资产的初始计量及使用寿命的确定；掌握无形资产取得、摊销、减值、处置的会计处理；掌握研究开发支出的确认及处理原则。

引导案例

品牌价值

　　2011 年 9 月 15 日，中国大连国际领先的综合性品牌战略顾问和设计公司 Interbrand 在 2011 年夏季达沃斯论坛期间揭晓"2011 最佳中国品牌价值排行榜"。据此排行榜，显示以下品牌的价值为：

品牌价值

单位：百万人民币

品牌	品牌价值	品牌	品牌价值	品牌	品牌价值
中国移动	208 980	茅台	29 546	安踏	9 100
中国人寿	104 031	联想	11 622	云南白药	5 877
腾讯	40 320	五粮液	11 292	格力	4 345

　　但我们从相关企业的财务报表中，并未发现这些品牌价值的信息被列入，你知道为什么吗？

　　资料来源：http://wenku.baidu.com/view/e948846b011ca300a6c3907b.html。

第一节　无形资产概述

一、无形资产的概念与特征

无形资产是指企业拥有或者控制的没有实物形态的可辨认非货币性资产。由此定义

可见,无形资产具有以下基本特征:

(一)不具有实物形态

无形资产通常表现为某种权利、某项技术或是某种获取超额利润的综合能力,不具有实物形态,看不见,摸不着,但却能使企业获得高于一般盈利水平的额外经济利益,具有极大的潜在价值。不具有实物形态是无形资产区别于存货、固定资产等有形资产的显著标志。

(二)具有可辨认性

无形资产可辨认性的标准包括:一是能够从企业中分离或者划分出来,并能单独或与有关合同一起用于出售或转让等;二是产生于合同性权利或其他法定权利,无论这些权利是否可以从企业或其他权利和义务中转移或者分离。从可辨认性角度考虑,商誉是与企业整体价值联系在一起的,无法与企业自身相分离,不具有可辨认性,因此,商誉不属于无形资产。

(三)属于非货币性资产

企业持有的以固定或可确定金额收取的资产为货币性资产,除货币性资产以外的资产为非货币性资产。无形资产由于没有发达的交易市场,一般不容易转化成现金,在持有过程中为企业带来的未来经济利益不确定,不属于以固定或可确定的金额收取的资产,属于非货币性资产。无形资产的非货币性,是区别于不具有实物形态的银行存款、应收账款、应收票据、持有至到期投资等货币性资产的显著标志。

(四)所提供的未来经济利益具有较大的不确定性

资产的特征之一是能为企业带来未来经济利益,无形资产也不例外,但无形资产创造经济利益的能力受企业外部因素的影响很大,如相关技术的进步、市场需求的变化、同行业竞争等,使其预期的获利能力不能准确地加以确定。同时,无形资产通常都不能单独获利,需借助于有形资产才能发挥作用,因而企业的收益中究竟有多少来自于无形资产是很难辨认的。

案例 8-1

外资药企业绩下滑

据媒体报道,全球制药老大辉瑞 2011 财年第四季度财报显示,辉瑞当季净利润为 14.4 亿美元,同比下降 50%。强生公司 2011 财年第四季财报显示盈利同比锐减 89%。医药巨头瑞士诺华制药集团 2011 年全球净销售额达 586 亿美元,增长 16%,但是净利润却下滑了 7%,只有 92 亿美元。而全年当中,第四季度诺华同期净利润下降了 47%。全球最大的抗癌药物制造商罗氏控股 2011 财年营收为 425 亿瑞士法郎,比 2010 财年下滑 10%。从全球来看,最明显就是 2010 年 11 月,辉瑞旗下降血脂药物"立普妥"的专利权到期,随着仿制药纷纷上市,该药的销量受到了影响。第四季度,"立普妥"销量下降了 24%,其中在美国市场下滑幅度达 42%,在国际市场下滑 3%。

外资药企业绩下滑,主要原因是药品专利到期,仿制药大量上市所致。

资料来源:http://info.china.alibaba.com/news/detail/v0-d1025244055.html

二、无形资产的确认条件

无形资产应在符合定义的前提下,同时满足以下两个条件,才能予以确认:

(一)与该无形资产有关的经济利益很可能流入企业

作为无形资产确认的项目,必须具备其所产生的经济利益很可能流入企业这一条件。通常情况下,无形资产产生的未来经济利益可能包括在销售商品、提供劳务的收入当中,或者企业使用该项无形资产而减少或节约了成本,或者体现在获得的其他利益当中。在确定无形资产所创造的经济利益是否很可能流入企业时,需要对无形资产在预计使用寿命内可能存在的各种经济因素作出合理估计,并且应当有确凿的证据支持。例如,企业是否有足够的人力资源、高素质的管理队伍、相关性的硬件设备、相关的原材料等来配合无形资产为企业创造经济利益。同时,更为重要的是关注一些外界因素的影响,例如,是否存在与该无形资产相关的新技术、新产品冲击,或据其生产的产品是否存在市场等。

(二)该无形资产的成本能够可靠地计量

成本能够可靠地计量是确认资产的一项基本条件,对于无形资产而言,这个条件相对更为重要。例如,企业自创商誉以及内部产生的品牌、报刊名、客户关系等,因其成本无法可靠地计量,因此不作为无形资产确认。

三、无形资产的主要内容

无形资产通常包括专利权、商标权、土地使用权、著作权、特许权和非专利技术等。

(一)专利权

专利权是指国家专利主管机关依法授予发明创造专利申请人,对其发明创造在法定期限内所享有的专有权利,包括发明专利、实用新型专利和外观设计专利权。发明,是指对产品、方法或者其改进所提出的新的技术方案。实用新型,是指对产品的形状、构造或者其结合所提出的实用的新的技术方案。外观设计,是指对产品的形状、图案或者其结合以及色彩与形状、图案的结合所作出的富有美感并适合工业应用的新设计。发明专利权的期限为20年,实用新型专利权和外观设计专利权的期限为10年,均自申请日起计算。

(二)商标权

商标是用来辨认特定的商品或劳务的标记。商标权是指专门在某类指定的商品或产品上使用特定的名称或图案的权利。根据我国商标法的规定,经商标局核准注册的商标为注册商标,商标注册人享有商标专用权,受法律保护。注册商标的有效期为10年,自核准注册之日起计算。注册商标有效期满,需要继续使用的,应当在期满前6个月内申请续展注册;在此期间未能提出申请的,可以给予6个月的宽展期,宽展期满仍未提出申请的,注销其注册商标。每次续展注册的有效期为10年。

(三)土地使用权

土地使用权是指国家准许某一企业在一定期间对国有土地享有开发、利用、经营的权利。根据我国《土地管理法》的规定,我国土地实行公有制,任何单位和个人不得侵占、买卖或者以其他形式非法转让。企业取得土地使用权的方式大致有行政划拨取得、外购取得(例如以缴纳土地出让金方式取得)及投资者投资取得几种。通常情况下,作为投资性房地产或者作为固定资产核算的土地,按照投资性房地产或者固定资产核算;以缴纳土地出让金等方式外购的土地使用权、投资者投入等方式取得的土地使用权作为无形资产核算。

(四)著作权

著作权是指作者对其创作的文学、科学和艺术作品依法享有的某些特殊权利。著作权包括作品署名权、发表权、修改权和保护作品完整权,还包括复制权、发行权、出租权、展览权、表演权、放映权、广播权、信息网络传播权、摄制权、改编权、翻译权、汇编权以及应当由著作权人享有的其他权利。著作权人包括作者和其他依法享有著作权的公民、法人或者其他组织。

(五)特许权

特许权也称为专营权,是指企业在某一地区经营或销售某种特定商品的权利或是一家企业接受另一家企业使用其商标、商号、技术秘密等的权利。通常有两种形式,一种是由政府机构授权,准许企业使用或在一定地区享有经营某种业务的特权,如水、电、邮电通讯等专营权、烟草专卖权等等;另一种是指企业间依照签订的合同,有限期或无限期使用另一家企业的某些权利,如连锁店的分店使用总店的名称等。会计上的特许权主要是指后一种情况,只有支付了费用取得的特许权才能作为无形资产入账。

(六)非专利技术

非专利技术,也称专有技术,它是指不为外界所知、在生产经营活动中已采用了的、不享有法律保护的、可以带来经济效益的各种技术和诀窍。非专利技术一般包括工业专有技术、商业贸易专有技术、管理专有技术等。非专利技术具有经济性、机密性、动态性等特点。非专利技术并不是专利法的保护对象,但它有专利权的效用,无法定有效期限,主要依靠自我保密的方式来维持其独占性。

第二节 无形资产的取得

一、无形资产初始计量

企业通常是按实际成本对无形资产进行初始计量,即以取得无形资产并使之达到预定用途而发生的全部支出作为无形资产的成本。由于无形资产的取得方式是多种多样的,而在不同的取得方式下,其成本的具体构成内容并不完全相同。因此,无形资产的初始成本应结合取得方式分别确定。

(一)外购的无形资产

外购无形资产的成本,包括购买价款、相关税费以及直接归属于使该项资产达到预定用途所发生的其他支出。其中,直接归属于使该项资产达到预定用途所发生的其他支出,是指使无形资产达到预定用途所发生的专业服务费用、测试无形资产是否能够正常发挥作用的费用等。

购买无形资产的价款超过正常信用条件延期支付,实质上具有融资性质的,无形资产的成本以购买价款的现值为基础确定。实际支付的价款与购买价款的现值之间的差额,除按照有关规定应予资本化的以外,应当在信用期间内采用实际利率法进行摊销,计入当期损益。

（二）自行开发的无形资产

自行开发的无形资产,其成本包括自满足无形资产的确认条件后至达到预定用途前所发生的支出总额,但是对于以前期间已经费用化的支出不再调整。

（三）投资者投入无形资产

投资者投入无形资产的成本,应当按照投资合同或协议约定的价值确定,但合同或协议约定价值不公允的除外。

二、会计科目设置

为了反映无形资产原值增减变动及无形资产研究开发过程中的实际支出情况,企业应设置"无形资产"、"研发支出"等会计科目。

"无形资产"科目用来核算持有无形资产的成本,包括专利权、非专利技术、商标权、著作权、土地使用权等。借方登记取得无形资产的成本,贷方登记处置结转的无形资产成本,期末借方余额反映无形资产的成本。本科目可按无形资产项目进行明细核算。

"研发支出"科目用来核算企业进行研究与开发无形资产过程中发生的各项支出。借方登记企业自行开发无形资产发生的研发支出,贷方登记结转达到预定用途的研究开发项目已资本化的金额和期末结转本科目归集的费用化金额。本科目期末借方余额,反映企业正在进行无形资产研究开发项目满足资本化条件的支出。本科目可按研究开发项目分别按"费用化支出"和"资本化支出"进行明细核算。

三、会计处理

（一）外购的无形资产

企业外购的无形资产,按应计入无形资产成本的金额,借"无形资产"科目,贷记"银行存款"等科目。

【例8-1】海河公司以500 000元购入专利权一项,为取得该专利权,海河公司支付相关税费20 000元,款项已通过银行转账支付。

借:无形资产——专利权　　　　　　　　　　　　　　　　　520 000
　　贷:银行存款　　　　　　　　　　　　　　　　　　　　　520 000

（二）自行开发的无形资产

我国《企业会计准则——无形资产》将研究开发项目区分为研究阶段和开发阶段,企业应当根据研究与开发的实际情况加以判断。

1. 研究阶段

研究阶段是指为获取并理解新的科学或技术知识而进行的独创性的有计划调查。研究阶段的特点在于计划性和探索性。计划性是指研究阶段建立在有计划的调查的基础上,即研发项目已经董事会或者相关管理层的批准,并着手收集相关资料、进行市场调查等。探索性是指为进一步的开发活动进行资料及相关方面的准备,研究成功与否具有较大的不确定性。从研究活动的特点看,已进行的研究活动将来是否会转入开发、开发后是否会形成无形资产等均具有较大的不确定性。我国《企业会计准则》规定,企业内部研究开发项目研究阶段的支出,应当于发生时计入当期损益。企业应根据自行研究开发项目在研究阶段发生的支出,借记"研发支出——费用化支出"科目,贷记"银行存款"、"原材料"、"应付职工薪酬"等科目;期末应根据发生的全部研究支出,借记"管理费用"科目,贷记"研发支出——费用化支出"科目。

2. 开发阶段

开发阶段是指在进行商业性生产或使用前,将研究成果或其他知识应用于某项计划或设计,以生产出新的或具有实质性改进的材料、装置、产品等。开发阶段的特点在于具有针对性和形成成果的可能性较大。

由于开发阶段相对于研究阶段更进一步,相对于研究阶段来讲,进入开发阶段,则很大程度上形成一项新产品或新技术的基本条件已经具备,此时如果企业能够证明满足无形资产的定义及相关确认条件,所发生的开发支出可资本化,确认为无形资产的成本。

我国《企业会计准则》规定,企业内部研究开发项目开发阶段的支出,同时满足下列条件的,才能确认为无形资产:

(1)完成该无形资产以使其能够使用或出售在技术上具有可行性;

(2)具有完成该无形资产并使用或出售的意图;

(3)无形资产产生经济利益的方式,包括能够证明运用该无形资产生产的产品存在市场或无形资产自身存在市场,无形资产将在内部使用的,应当证明其有用性;

(4)有足够的技术、财务资源和其他资源支持,以完成该无形资产的开发,并有能力使用或出售该无形资产;

(5)归属于该无形资产开发阶段的支出能够可靠地计量。

企业开发阶段的支出符合无形资产确认条件的,计入无形资产成本;不符合条件的计入当期损益。如果确实无法区分研究阶段的支出和开发阶段的支出,应将其所发生的研发支出全部计入当期损益。

企业自行开发无形资产发生的开发支出,满足无形资产确认条件的,借记"研发支出——资本化支出"科目,不满足无形资产确认条件的,借记"研发支出——费用化支出"科目,贷记"原材料","银行存款","应付职工薪酬"等科目。研究开发项目达到预定可使用状态或预定用途,将原计入"研发支出——资本化支出"科目的金额转入"无形资产"科目。

【例8-2】海河公司自行研制取得了一项专利权。该专利在研究阶段发生调研费20 000元,以银行存款支付,人工费用40 000元;开发过程中发生材料费120 000元,人工费用250 000元,其他支出90 000元以银行存款支付。该项目研制成功后申请专利,以银行存款支付注册费、律师费等50 000元。该项目开过程中发生的全部支出均符合资本化条件。

(1)研究阶段发生调研费、职工薪酬等

借:研发支出——费用化支出 60 000
 贷:银行存款 20 000
  应付职工薪酬 40 000
 (2)期末将研究费用转入管理费用
借:管理费用 60 000
 贷:研发支出——费用化支出 60 000
 (3)开发过程发生资本化支出
借:研发支出——资本化支出 510 000
 贷:原材料 120 000
  应付职工薪酬 250 000
  银行存款 140 000
 (4)无形资产达到预定的用途
借:无形资产——专利权 51 0000
 贷:研发支出——资本化支出 510 000

案例 8-2

葛洲坝(600068)开发支出情况

据中国葛洲坝集团股份有限公司 2011 年年度报告显示,公司开发支出情况如下:

单位:元

项目	年初余额	本期增加额	本期减少额		期末余额
			计入当期损益	确认为无形资产	
信息化建设	10 856 537.73	5 035 148.81	105 000.00	6 572 020.00	9 214 666.54
现场混装车自动装药控制系统与信息管理系统		1 277 788.00			1 277 788.00
四川内遂高速公路	1 508 166 161.41	1 653 527 277.35			3 161 693 438.76
合计	1 519 022 699.14	1 659 840 214.16	105 000.00	6 572 020.00	3 172 185 893.30

注:开发支出主要系 BOT 项目四川内遂高速公路的建设成本,开发支出中本期利息资本化金额为 97 347 778.10 元。

资料来源:中国葛洲坝集团股份有限公司 2011 年年度报告,www.sse.com.cn。

第三节 无形资产的摊销

一、无形资产摊销范围

无形资产同固定资产一样属于企业的长期资产,其成本也应当在其有效年限内进行系统合理的分摊。无形资产的摊销就是将无形资产成本在其使用寿命内分期摊入各受益期间的过程。要确定无形资产在使用过程中的累计摊销额,基础是估计其使用寿命,只有使用寿命有限的无形资产才需在估计的使用寿命内采用系统合理的方法进行摊销,使用寿命不确定的无形资产则不需要摊销。

对使用寿命有限的无形资产来说,应摊销金额是指无形资产的成本扣除残值后的金额,已计提减值准备的无形资产,还应扣除已计提的无形资产减值准备累计金额。因此,无形资产成本的摊销同固定资产计提折旧一样,需要考虑资产的使用寿命、预计残值以及恰当的分摊方法。

二、无形资产使用寿命的确定

我国《企业会计准则》规定,企业应当于取得无形资产时分析判断其使用寿命。无形资产的使用寿命为有限或确定的,应当估计该使用寿命的年限或者构成使用寿命的产量等类似计量单位数量;无法预见无形资产为企业带来经济利益期限的,应当视为使用寿命不确定的无形资产。

(一)估计无形资产使用寿命应考虑的因素

估计无形资产使用寿命通常应考虑以下因素:

1.该资产通常的产品寿命周期,以及可获得的类似资产使用寿命的信息;

2.技术、工艺等方面的现实情况及对未来发展的估计;

3.以该资产生产的产品或服务的市场需求情况;

4.现在或潜在的竞争者预期采取的行动;

5.为维持该资产产生未来经济利益的能力预期的维护支出,以及企业预计支付有关支出的能力;

6.对该资产的控制期限,以及对该资产使用的法律或类似限制,如特许使用期间、租赁期间等;

7.与企业持有的其他资产使用寿命的关联性等。

(二)无形资产使用寿命确定的原则

1.企业持有的无形资产,通常来源于合同性权利或是其他法定权利,而且合同规定或法律规定有明确的使用年限,其使用寿命不应超过合同性权利或其他法定权利。合同性权利或其他法定权利在到期时因续约等延续且有证据表明企业续约不需付出大额成本的,续约期应当计入使用寿命。

2.合同或法律没有规定使用寿命的,企业应当综合各方面因素判断,以确定无形资产能为企业带来经济利益的期限。比如,与同行业的情况进行比较、参考历史经验、聘请相关专家进行论证等。

按照上述方法仍无法合理确定无形资产为企业带来经济利益期限的,才能将其作为使用寿命不确定的无形资产。

三、无形资产残值的确定

使用寿命有限的无形资产,其残值一般应当视为零。但下列情况除外:

1.有第三方承诺在无形资产使用寿命结束时购买该无形资产;

2.可以根据活跃市场得到预计残值信息,并且该市场在无形资产使用寿命结束时很可能存在。

四、无形资产的摊销方法

使用寿命有限的无形资产,其应摊销额应当在使用寿命内系统合理地摊销。无形资产摊销可以采用平均年限法、工作量法、双倍余额递减法和年数总和法。企业选择无形资产摊销方法时,应当能够反映与该项无形资产有关的经济利益的预期实现方式,并一致地运用于不同会计期间。无法可靠确定其预期实现方式的,应当采用直线法进行摊销。

案例 8-3

葛洲坝(600068)无形资产的摊销方法

据中国葛洲坝集团股份有限公司 2011 年年度报告显示,公司对无形资产采用的摊销方法如下:

(1)使用寿命有限的无形资产,自该无形资产可供使用时起在使用寿命期内平均摊销。使用寿命不确定的无形资产不予摊销。

(2)无形资产——公路收费权采用工作量法进行摊销,预计残值为零。公路收费权摊销额计算公式如下:

某期间高速公路收费权摊销额=该期间工程可行性研究预计的车流量×公路收费权原价/特许权经营期限内工程可行性研究预计总车流量。

资料来源:中国葛洲坝集团股份有限公司 2011 年年度报告,www.sse.com.cn。

五、无形资产摊销的会计处理

企业摊销无形资产,应当自无形资产可供使用时起,至不再作为无形资产确认时止。即无形资产摊销的起始和停止日期为:当月增加的无形资产,当月开始摊销;当月减少的无形资产,当月不再摊销。

无形资产的摊销金额一般应当计入当期损益。某项无形资产包含的经济利益通过所生产的产品或其他资产实现的,其摊销金额应当计入相关资产的成本。

企业应当设置"累计摊销"科目核算企业对使用寿命有限无形资产计提的累计摊销,并按无形资产项目进行明细核算。本科目期末贷方余额反映无形资产无形资产累计摊销额。

企业按期进行无形资产摊销时,按确定的摊销额,借记"管理费用"、"制造费用"、"其他业务成本"等科目,贷记"累计摊销"科目。

【例 8-3】2012 年 3 月 6 日,海河公司以 1 500 000 元外购商标权一项,该商标权的使用寿命为 10 年,净残值均为零,公司对其采用直线法摊销。

购入专利权时:

借:无形资产——专利权　　　　　　　　　　　　　　　　1 500 000
　贷:银行存款　　　　　　　　　　　　　　　　　　　　　　　1 500 000

2012 年该专利权应摊销额$=\dfrac{1\ 500\ 000}{10\times12}\times10=125\ 000$(元)

借:管理费用——商标权摊销　　　　　　　　　　　　　　125 000
　贷:累计摊销　　　　　　　　　　　　　　　　　　　　　　　　125 000

第四节　无形资产期末计量

一、无形资产期末计量原则

根据我国《企业会计准则》规定,企业应当在资产负债表日,对无形资产逐项进行检查,如果存在减值迹象的,如市价大幅下跌、经营环境以及资产市场发生重大变化、已被其他新技术等所代替、已经或者将被闲置等,企业应当估计无形资产的可收回金额。可收回金额计量结果表明,无形资产的可收回金额低于其账面价值的,应当将无形资产的账面价值减记至可收回金额,减记的金额确认为资产减值损失,计入当期损益,同时计提相应的无形资产减值准备。无形资产减值损失一经确认,在以后会计期间不得转回。

可收回金额应当根据无形资产的公允价值减去处置费用后的净额与无形资产预计未来现金流量的现值两者较高者确定。无形资产的公允价值减去处置费用后的净额与无形资产预计未来现金流量的现值,只要有一项超过了无形资产账面价值,就表明无形资产没有发生减值,不需再估计另一项金额。

二、无形资产减值的会计处理

企业应设置"无形资产减值准备"科目核算企业无形资产的减值准备,本科目可按无形资产项目进行明细核算。资产负债表日,无形资产发生减值的,按应减记的金额,借记"资产减值损失"科目,贷记"无形资产减值准备"科目。处置无形资产时还应同时结转减值准备。本科目期末贷方金额,反映企业已计提但尚未转销的无形资产减值准备。

【例 8-4】2012 年 6 月 30 日,海河公司有一产品专利账面余额为 950 000 元,已累计摊销 460 000 元。由于市场情况发生变化,利用该专利生产的产品市场份额大幅降低,预计该专利可收回金额为 350 000 元。

2012 年 6 月 30 日该专利的摊余成本$=950\ 000-460\ 000=490\ 000$(元)
确认该专利的减值损失$=350\ 000-490\ 000=-140\ 000$(元)

借:资产减值损失　　　　　　　　　　　　　　　　　　　140 000
　贷:无形资产减值准备——专利权　　　　　　　　　　　　　140 000

第五节 无形资产的出租和处置

一、无形资产出租

无形资产出租是指根据合同或协议,企业允许他人使用本企业的无形资产并收取使用费,即租金,企业仍保留对该项无形资产的所有权。企业将所拥有的无形资产使用权让渡给他人并收取租金,在满足收入确认条件的情况下,应确认相关的收入及成本,并通过其他业务收支科目进行核算。

企业让渡无形资产使用权而取得的租金收入,借记"银行存款"等科目,贷记"其他业务收入"等科目;摊销出租无形资产的成本并发生与转让有关的各种费用支出时,借记"其他业务成本"科目,贷记"累计摊销"科目。

【例 8-5】海河公司将一项特许权出租给双龙公司使用 3 年,该项特许权账面余额为 420 000 元,摊销期限为 10 年,采用直线法摊销。出租合同规定,承租方双龙公司每年支付使用费 120 000 元,按月支付。

(1)海河公司按月取得该项特许权使用费时

借:银行存款   10 000

  贷:其他业务收入   10 000

(2)租赁期间按月对该项专利技术进行摊销

$$每月摊销额 = \frac{420\ 000}{10 \times 12} = 3\ 500(元)$$

借:其他业务成本   3 500

  贷:累计摊销   3 500

(3)每月按租金收入 5% 计算应交的营业税额 = 10 000×5% = 500(元)

借:营业税金及附加   500

  贷:应交税费——应交营业税   500

二、无形资产处置

无形资产处置是指无形资产出售和报废等。

(一)无形资产出售

企业出售无形资产,表明企业放弃该无形资产的所有权,应当将取得的价款与该无形资产账面价值的差额,确认为处置非流动资产的利得或损失,计入当期营业外收支。

企业出售无形资产时,应按实际收到的金额,借记"银行存款"等科目,按已计提的累计摊销,借记"累计摊销"科目,原已计提减值准备的,借记"无形资产减值准备"科目,按应支付的相关税费,贷记"应交税费"等科目,按其账面余额,贷记"无形资产"科目,按其差额,贷记"营业外收入——处置非流动资产利得"科目或借记"营业外支出——处置非流动资产损失"科目。

【例8-6】海河公司将所拥有的某项专利权以60 0000元的价格出售给子牙公司,应缴营业税为30 000元。该专利权的账面余额为900 000元,已摊销金额为360 000元,已计提的减值准备为20 000元。

滨河公司取得出售收入时:

借:银行存款	600 000	
累计摊销	360 000	
无形资产减值准备	20 000	
贷:无形资产——专利权		900 000
应交税费——应交营业税		30 000
营业外收入——处置非流动资产利得		50 000

三、无形资产报废

无形资产报废是指无形资产由于已被其他新技术所替代或不再受法律保护等原因,预期不能为企业带来经济利益而进行的处置。无形资产报废时,应当将该项无形资产的账面价值予以转销。转销时,按已计提的累计摊销,借记"累计摊销"科目,按已计提的减值准备,借记"无形资产价值准备"科目;按其账面余额,贷记"无形资产"科目;按其差额,借记"营业外支出——处置非流动资产损失"科目。

【例8-7】2012年4月,海河公司拥有某项专利权因被其他新技术所替代,已经完全失去了使用价值,预期不能再为企业带来经济利益,决定予以转销。该专利权的账面余额为400 000元,该专利权的摊销期限为10年,采用直线法进行摊销,残值为零,已摊销6年,已累计计提减值准备30 000元。

该专利权的累计摊销额＝400 000÷10×6＝240 000(元)

该专利权的账面价值＝400 000－240 000－30 000＝1 300 000(元)

借:累计摊销	240 000	
无形资产减值准备	30 000	
营业外支出——处置非流动资产损失	130 000	
贷:无形资产——专利权		400 000

本章小结

本章主要阐述了无形资产的概念与特征;无形资产初始计量及期末计量;无形资产取得、摊销、减值、处置的会计处理等。

1.无形资产的概念及特征

无形资产是指企业拥有或者控制的没有实物形态的可辨认非货币性资产,主要包括专利权、商标权、土地使用权、著作权、非专利技术、特许权等。无形资产有以下基本特征:不具有实物形态,具有可辨认性,属于非货币性资产,所提供的未来经济利益具有较大的不确定性。

2.无形资产初始计量

企业通常是按实际成本对无形资产进行初始计量,即以取得无形资产并使之达到预定用途而发生的全部支出作为无形资产的成本。

3.无形资产摊销

无形资产的摊销就是将无形资产成本在其使用寿命内分期摊入各受益期间的过程。只有使用寿命有限的无形资产才需进行摊销,对于使用寿命不确定的无形资产则不需要摊销。企业应当根据无形资产有关经济利益的预期实现方式选择无形资产摊销方法,并一致地运用于不同会计期间。无法可靠确定其预期实现方式的,应当采用直线法进行摊销。

4.无形资产期末计量

资产负债表日,可收回金额计量结果表明,无形资产的可收回金额低于其账面价值的,应当将无形资产的账面价值减记至可收回金额,减记的金额确认为资产减值损失,计入当期损益,同时计提相应的无形资产减值准备。无形资产减值损失一经确认,在以后会计期间不得转回。

5.无形资产的出租与处置

无形资产出租是指根据合同或协议,企业允许他人使用本企业的无形资产并收取使用费,即租金,企业仍保留对该项无形资产的所有权。企业出租无形资产取得的租金收入计入其他业务收入。

无形资产处置是指无形资产出售和报废等。企业处置无形资产时,应当将无形资产的账面价值予以转销,并确认处置损益,计入当期营业外收支。

思考题

1.无形资产具有哪些特征?

2.怎样确认无形资产?

3.如何对无形资产进行初始计量?

4.企业内部研发支出的处理原则是什么?

5.如何确定无形资产的使用寿命和预计残值?

6.企业怎样选择无形资产的摊销方法?

7.怎样确认无形资产减值?

8.无形资产处置怎样进行会计处理?

练习题

(一)单项选择题

1.按照我国《企业会计准则》规定,下列各项中,应作为无形资产入账的是(　　)。

A. 土地使用权　　　　　　　　　B. 自创品牌

C. 商誉　　　　　　　　　　　　D. 开发新技术过程中发生的研究费

2.云星公司 2010 年 3 月开始研制一项新技术,2011 年 10 月初研发成功,公司申请了专利。研究阶段发生相关费用 15 万元;开发过程发生工资费用 25 万元,材料费用 55 万元,发生的其他相关费用 5 万元(假定均可以资本化);申请专利时发生注册费等相关费用 8 万元。企业该项专利权的入账价值为(   )万元。

    A. 30   B. 85   C. 93   D. 105

3. 企业在研发阶段发生的无形资产支出应先计入(   )科目。

    A. 无形资产   B. 研发支出   C. 管理费用   D. 累计摊销

4. A 公司 2009 年年初开始进行新产品研究开发,2009 年度投入研究费用 300 万元,2010 年度投入开发费用 600 万元(假定均符合资本化条件),至 2011 年初获得成功,并向国家专利局提出专利权申请且获得专利权,实际发生包括注册登记费等 90 万元。该项专利权法律保护年限为 10 年,预计使用年限 12 年。则 A 公司对该项专利权 2011 年度应摊销的金额为(   )万元。

    A. 55   B. 69   C. 80   D. 96

5. 下列各项中,不会引起无形资产账面价值发生增减变动的是(   )。

    A. 摊销无形资产   B. 出售无形资产

    C. 对无形资产计提减值准备   D. 发生无形资产后续支出

6. 无形资产摊销时,应贷记(   )科目。

    A. 无形资产   B. 管理费用   C. 累计折旧   D. 累计摊销

7. 企业出租无形资产取得的收入,应当计入(   )。

    A. 主营业务收入   B. 其他业务收入   C. 投资收益   D. 营业外收入

8. 无法区分研究阶段和开发阶段的支出,应当在发生时(   )。

    A. 作为管理费用全部计入当期损益

    B. 全部确认为无形资产

    C. 按适当比例划分计入当期损益和无形资产的金额

    D. 由企业自行决定计入当期损益或者无形资产

9. 企业 2011 年 7 月 15 日出售一项专利权,出售取得价款 40 万元,应交营业税为 2 万元。该专利权系企业 2008 年 7 月 1 日购入并投入使用,初始入账价值 180 万元,预计使用年限为 5 年,法律规定有效年限为 10 年,采用直线法进行摊销。企业出售该专利权发生的净损失为(   )万元。

    A. 32   B. 34   C. 88   D. 90

10. 资产负债表日,股份有限公司所持有的无形资产的账面价值高于其可收回金额的差额,应借记(   )科目。

    A. 管理费用   B. 资产减值损失   C. 其他业务成本   D. 营业外支出

(二)多项选择题

1. 下列表述中,体现无形资产基本特征的是(   )。

    A. 没有实物形态

    B. 所提供的未来经济利益具有较大的不确定性

    C. 属于非货币性资产

    D. 具有可辨认性

2.下列条件符合无形资产可辨认性标准的是（　　）。

A.能够从企业中分离或者划分出来

B.能够单独或者与相关合同、资产或负债一起,用于出售、转移、授予许可、租赁或交换

C.源自合同性权利或其他法定权利

D.这些合同性权利等必须可以从企业或其他权利和义务中转移或者分离

3.下列关于无形资产摊销的说法中,正确的有（　　）。

A.使用寿命有限的无形资产应当自可供使用当月起开始进行摊销

B.使用寿命有限的无形资产摊销均采用直线法

C.企业自用无形资产的摊销金额都应当计入管理费用

D.企业出租无形资产的摊销价值应该计入其他业务成本

4.企业确定无形资产的使用寿命通常应当考虑的因素有（　　）。

A.以该资产生产的产品(或服务)的市场需求情况

B.技术、工艺等方面的现阶段情况及对未来发展趋势的估计

C.该资产通常的产品寿命周期、可获得的类似资产使用寿命的信息

D.现在或潜在的竞争者预期采取的行动

5.无形资产的可收回金额是以下（　　）两者中的较大者。

A.无形资产的净值

B.无形资产的公允价值减去处置费用后的净额

C.无形资产的原值

D.无形资产的预计未来现金流量的现值

6.对使用寿命有限的无形资产,下列说法中正确的有（　　）。

A.无形资产一定没有净残值

B.其摊销期限应当自无形资产可供使用时起至不再作为无形资产确认时止

C.其摊销期限应当自无形资产可供使用的下个月起至不再作为无形资产确认时止

D.无形资产的应摊销金额为其成本扣除预计残值后的金额。已计提减值准备的无形资产,还应扣除已计提的无形资产减值准备累计金额

7.下列有关无形资产的会计处理中,不正确的是（　　）。

A.转让无形资产使用权所取得的收入应计入营业外收入

B.转让无形资产所有权所发生的支出应计入其他业务成本

C.使用寿命不确定的无形资产,不应摊销

D.购入但尚未投入使用的、使用寿命确定无形资产的价值不应进行摊销

8.下列表述中,按企业会计准则规定,不正确的是（　　）。

A.无形资产的出租收入应当确认为其他业务收入

B.无形资产的成本应自取得当月按直线法摊销

C.无形资产的研究与开发费用应在发生时计入当期损益

D.无形资产均应按期进行摊销

9.下列各项目中,可能会影响企业营业利润的有（　　）。

A.无形资产研究阶段的支出　　　　　　　　B.无形资产开发阶段的支出

C.无形资产处置净损益　　　　　　　　D.出租无形资产的摊销额

10.关于内部研究开发费用的确认和计量,下列说法中错误的有:(　　)。

A.企业研究阶段的支出应全部费用化,计入当期损益

B.企业研究阶段的支出应全部资本化,计入无形资产成本

C.企业开发阶段的支出应全部费用化,计入当期损益

D.企业开发阶段的支出应全部资本化,计入无形资产成本

(三)判断题

1."无形资产"科目的期末借方余额,反映企业无形资产的初始成本。(　　)

2.无法区分研究阶段支出和开发阶段支出,应当将其所发生的研发支出全部资本化,计入无形资产成本。(　　)

3.无形资产预期不能为企业带来经济利益的,应将其账面价值转入营业外支出。(　　)

4.无形资产摊销金额一定影响当期损益。(　　)

5.企业的无形资产均应按照直线法进行摊销。(　　)

6.已计入各期费用的研究费用,在该项无形资产获得成功并依法申请专利时,再将原已计入费用的研究费用予以资本化。(　　)

7.使用寿命不确定的无形资产不用进行摊销,也不用进行减值测试计提减值准备。(　　)

8.为使无形资产达到预定用途所发生的专业服务费用、测试费用应该作为无形资产的初始成本予以确认。(　　)

9.企业内部产生的商誉也应确认为无形资产。(　　)

10.无形资产减值损失一经确认,在以后会计期间不得转回。(　　)

(四)业务题

1.

(1)目的:掌握无形资产取得的会计处理。

(2)资料:

①龙发公司以银行存款 2 000 000 元外购商标权一项,预计使用寿命为 10 年。

②2011 年 2 月 5 日,龙发公司的董事会批准研发某项新技术,该公司董事会认为,研发该项目具有可靠的技术和财务等资源的支持,一旦研发成功,将降低该公司的生产成本。该公司在研究开发过程中发生材料费用 3 000 000 元、人工费用 4 680 000 元、计提专用设备的折旧费用 100 000 元以及其他费用 88 000 元,总计 7 868 000 元,其中,符合资本化条件的支出为 7 500 000 元。2012 年 5 月 12 日,该项新技术已经达到预定用途。

(3)要求:为龙发公司编制相关会计分录。

2.

(1)目的:掌握无形资产摊销、减值、出售的会计处理。

(2)资料:星河公司 2009 年 7 月 10 日,以银行存款 1 750 000 元购入一项专利,发生相关税费 50 000 元,该专利权的预计使用年限为 10 年,预计净残值为零,采用直线法摊销。2011 年 12 月 31 日,由于市场竞争日趋激烈,预计该专利权的可收回金额为 900 000

元。该专利权发生减值后,原预计使用年限不变,摊销方法不变。2012 年 3 月 20 日,星河公司将该专利权对外出售,取得价款 720 000 元并收存银行,应交营业税 36 000 元。

(3)要求:

①计算该项专利权 2009 年应摊销的金额。

②确定该项专利权 2011 年的账面价值。

③计算该项专利权出售净损益。

④为星河公司编制相关会计分录。

第九章

投资性房地产

学习目的:通过本章学习,使学生了解投资性房地产的界定;理解初始计量和后续计量的成本模式和公允价值模式;掌握投资性房地产采用公允价值模式和成本模式的会计处理。

投资性房地产计量情况

据财政部会计司课题组发布的《我国上市公司 2010 年执行企业会计准则情况分析报告》显示:截止到 2010 年 12 月 31 日,2 129 家上市公司中,存在投资性房地产的有 833 家,占比 39.13%。833 家上市公司中,806 家上市公司对投资性房地产采用成本计量模式,占存在投资性房地产上市公司总数的 96.76%,仅深发展 A(000001)等 27 家上市公司采用了公允价值模式对投资性房地产进行后续计量,占存在投资性房地产上市公司总数的 3.24%。

你想知道投资性房地产成本计量模式和公允价值计量模式有何区别吗? 为什么在我国会计实务中,对投资性房地产采用公允价值模式计量的上市公司不多?

资料来源:http://wenku.baidu.com/view/14413d0df12d2af90242e6c6.html

第一节 投资性房地产概述

一、投资性房地产的概念及特征

(一)投资性房地产的概念

房地产通常是土地和房屋及其权属的总称。在我国,土地归国家或集体所有,企业只能取得土地使用权。因此,房地产中的土地是指土地使用权。房屋是指土地上的房屋等建筑物及构筑物。投资性房地产是指为赚取租金或资本增值,或者两者兼有而持有的房地产。投资性房地产应当能够单独计量和出售。

(二)投资性房地产的特征

1.为赚取租金或增值而持有

为赚取租金或资本增值而持有房地产,是投资性房地产与固定资产、无形资产和存货的最大区别。企业为生产商品、提供劳务或经营管理而持有的建筑物属于固定资产;企业为生产商品、提供劳务或经营管理而持有的土地使用权属于无形资产;房地产开发企业以出售为目的而持有的已建完工商品房或正在开发的商品房及土地属于存货。

2.赚取的租金收入和增值收益属于经营性收益

投资性房地产的主要形式是出租建筑物、出租土地使用权,这实质上属于一种让渡资产使用权行为。房地产租金就是让渡资产使用权取得的使用费收入,是企业为完成其经营目标所从事的经营性活动以及与之相关的其他活动形成的经济利益总流入。投资性房地产的另一种形式是持有并准备增值后转让的土地使用权,尽管其增值收益通常与市场供求、经济发展等因素有关,但目的是为了增值后转让以赚取增值收益,也是企业为完成其经营目标所从事的经营性活动以及与之相关的其他活动形成的经济利益总流入。在我国实务中,持有并准备增值后转让的土地使用权这种情况较少。

二、投资性房地产的内容

投资性房地产的内容包括:已出租的土地使用权、持有并准备增值后转让的土地使用权、已出租的建筑物。

(一)已出租的土地使用权

已出租的土地使用权,是指企业通过出让或转让方式取得的、以经营租赁方式出租的土地使用权。企业取得的土地使用权通常包括在一级市场上以交纳土地出让金的方式取得的土地使用权,也包括在二级市场上接受其他单位转让的土地使用权。对于以经营租赁方式租入土地使用权再转租给其他单位的,不能确认为投资性房地产。

(二)持有并准备增值后转让的土地使用权

持有并准备增值后转让的土地使用权,是指企业取得的、准备增值后转让的土地使用权。按照国家有关规定认定的闲置土地,不属于持有并准备增值后转让的土地使用权,也就不属于投资性房地产。

(三)已出租的建筑物

已出租的建筑物是指企业拥有产权的、以经营租赁方式出租的建筑物,包括自行建造或开发活动完成后用于出租的建筑物。企业以经营租赁方式租入再转租的建筑物不属于投资性房地产。

在实务中,如果企业持有的某项房地产部分自用或作为存货出售、部分用于赚取租金或资本增值的,各部分能够单独计量和出售的,应当分别确认为固定资产、无形资产、存货和投资性房地产。

三、投资性房地产的确认

(一)确认条件

符合投资性房地产概念的项目,同时满足下列条件的,才能予以确认:

1.与该投资性房地产有关的经济利益很可能流入企业;

2.该投资性房地产的成本能够可靠计量。

(二)确认时点

1.对已出租的建筑物、已出租的土地使用权,其作为投资性房地产的确认时点为租赁期开始日,即土地使用权、建筑物进入出租状态、开始赚取租金的日期。

2.对持有并准备增值后转让的土地使用权,其作为投资性房地产的确认时点为企业将自用土地使用权停止自用、决定增值后转让的日期。

第二节　投资性房地产的取得

一、投资性房地产的初始计量

根据我国《企业会计准则——投资性房地产》的规定,投资性房地产应当按照成本进行初始计量。但不同来源的投资性房地产,其初始成本的构成内容会有差异。

(一)外购的投资性房地产

外购用作投资性房地产的土地使用权和建筑物,其初始成本包括购买价款、相关税费和可直接归属于该资产的其他支出。企业外购的房地产,如果部分用于出租(或资本增值)、部分自用,用于出租(或资本增值)的部分应当予以单独确认的,应按照不同部分的公允价值占公允价值总额的比例将成本在不同部分之间进行合理分配。否则,全部作为自用房地产进行相应核算。

(二)自行建造的投资性房地产

自行建造的投资性房地产,其初始成本由建造该项资产达到预定可使用状态前发生的必要支出构成,包括土地开发费、建安成本、应予以资本化的借款费用、支付的其他费用和分摊的间接费用等。建造过程中发生的非正常性损失直接计入当期损益,不计入建造成本。

(三)非投资性房地产转换为投资性房地产

非投资性房地产转换为投资性房地产时,其初始成本为转换日的非投资性房地产的账面价值(投资性房地产后续计量采用成本模式时)或转换日的投资性房地产的公允价值(投资性房地产后续计量采用公允价值模式时)。此内容具体见后面阐述。

二、设置"投资性房地产"科目

"投资性房地产"科目核算企业持有成本模式计量的投资性房地产的成本和公允价值模式计量的投资性房地产的公允价值。本科目按投资性房地产类别和项目进行明细核算。采用公允价值模式计量的投资性房地产,还应当分别按"成本"和"公允价值变动"进行明细核算。

三、投资性房地产取得的会计处理

（一）外购的投资性房地产

企业外购投资性房地产时，按应计入投资性房地产成本的金额，借记"投资性房地产"科目，贷记"银行存款"等科目。

【例9-1】2011年5月，大华公司为了拓展经营规模，计划购入一栋商务楼用于对外出租。2011年5月20日，大华公司与北方公司签订了经营租赁合同，约定自商务楼购买日起将这栋商务楼出租给北方公司，为期3年。2011年6月10日，大华公司实际购入商务楼，支付买价21 000 000元，发生相关税费800 000元。

大华公司购入该商务楼时：

借：投资性房地产——商务楼   21 800 000

 贷：银行存款   21 800 000

（二）自行建造的投资性房地产

企业自行建造或开发活动完成后用于出租的房地产属于投资性房地产。自行建造投资性房地产在建造期间通过"在建工程"或"开发产品"科目核算；建造完成后，租赁期开始日，应按自行建造确定的成本，借记"投资性房地产"科目，贷记"在建工程"或"开发产品"科目。

【例9-2】龙溪公司2010年9月，以2 000 000元从其他单位购入一块土地使用权，并在该块土地上开始自行建造写字楼用于出租。2010年12月，龙溪公司分别与志强公司和美达公司签订了经营租赁合同。租赁合同约定，该写字楼于完工（达到预定可使用状态）时开始起租，租期5年。2012年3月20日，自行建造的写字楼完工（达到预定可使用状态）。该栋自行建造的写字楼总造价13 000 000元，能够单独出售。

2012年3月20日，该栋写字楼完工即租赁开始日，龙溪公司的会计处理如下：

借：投资性房地产——写字楼   13 000 000

 贷：在建工程   13 000 000

土地使用权中对应的部分转换为投资性房地产：

借：投资性房地产——土地使用权   2 000 000

 贷：无形资产——土地使用权   2 000 000

第三节　投资性房地产的后续计量

根据我国《企业会计准则》规定，投资性房地产的后续计量有成本模式和公允价值模式两种。但同一企业只能采用一种模式对所有投资性房地产进行后续计量，不得同时采用两种模式。

一、采用成本模式对投资性房地产进行后续计量

采用成本模式进行后续计量的投资性房地产，应当按照固定资产（用于出租的建筑

物)或无形资产(用于出租的土地使用权)的有关规定,按其计提折旧或摊销,借记"其他业务成本"科目,贷记"投资性房地产累计折旧(摊销)"科目;确认租金收入时,借记"其他应收款"、"银行存款"等科目,贷记"其他业务收入"科目。

投资性房地产存在减值迹象的,还应当按照有关规定进行减值测试。经减值测试后确定发生减值的,应当计提减值准备,借记"资产减值损失"科目,贷记"投资性房地产减值准备"科目。如果已经计提减值准备的投资性房地产的价值又得以恢复,不得转回。

【例 9-3】承接【例 9-1】资料,大华公司对该栋商务楼采用成本模式进行后续计量,按照平均年限法计提折旧,使用寿命为 20 年,预计净残值为 200 000 元。按照经营租赁合同约定,北方公司每月支付大华公司租金 1 200 000 元。大华公司相关的会计处理如下:

(1)按月计提折旧

每月计提折旧(21 800 000－200 000)÷20÷12＝900 000(元)

借:其他业务成本   900 000
  贷:投资性房地产累计折旧   900 000

(2)确认租金

借:银行存款(或其他应收款)   1 200 000
  贷:其他业务收入   1 200 000

案例 9-1

安徽水利(600502)投资性房地产后续计量情况

据安徽水利开发股份有限公司(简称安徽水利)2011 年年度报告显示:该公司对投资性房地产采用成本模式进行后续计量,按其预计使用寿命及净残值率采用平均年限法计提折旧或摊销。投资性房地产的预计使用寿命、净残值率及年折旧(摊销)率如下:

类别	折旧年限(年)	净残值率(%)	年折旧率(%)
房屋及建筑物	40	5	2.38

该公司 2011 年投资性房地产折旧和摊销额 625 386.89 元。2011 年末投资性房产无可变现净值低于成本的情形,故未计提投资性房地产减值准备。

资料来源:安徽水利开发股份有限公司 2011 年年度报告,www.sse.com.cn。

二、采用公允价值模式对投资性房地产进行后续计量

(一)采用公允价值模式对投资性房地产进行后续计量需满足的条件

企业有确凿证据表明投资性房地产公允价值能够持续可靠取得的,可以对投资性房地产采用公允价值计量模式进行后续计量。

采用公允价值模式计量投资性房地产,应当同时满足以下两个条件:

1.投资性房地产所在地有活跃的房地产交易市场;

2.企业能够从房地产交易市场上取得同类或类似房地产的市场价格及其他相关信

息,从而对投资性房地产的公允价值做出科学合理的估计。

这里所说"同类或类似"的房地产,对建筑物而言,是指所处地理位置和地理环境相同、性质相同、结构类型相同或相近、新旧程度相同或相近,可使用状况相同或相近的建筑物;对土地使用权而言,是指同一位置区域、所处地理环境相同或相近、可使用状况相同或相近的土地。

(二)采用公允价值模式对投资性房地产进行后续计量的会计处理

投资性房地产采用公允价值模式进行后续计量的,不计提折旧或摊销,应当以资产负债表日的公允价值计量,公允价值与原账面价值之间的差额计入当期损益。资产负债表日,投资性房地产的公允价值高于其原账面价值的差额,借记"投资性房地产——公允价值变动"科目,贷记"公允价值变动损益"科目;公允价值低于其原账面价值的差额做相反的会计处理。

【例 9-4】承接【例 9-2】资料,龙溪公司对该栋写字楼采用公允价值模式进行后续计量。2012 年 12 月 31 日,该写字楼的公允价值为 19 000 000 元。

2012 年 12 月 31 日,按照公允价值为基础调整该写字楼的账面价值,公允价值与原账面价值之间的差额 4 000 000 元(19 000 000−15 000 000)计入当期损益。

借:投资性房地产——公允价值变动 4 000 000
　　贷:公允价值变动损益 4 000 000

三、投资性房地产后续计量模式的变更

企业对投资性房地产的后续计量模式一经选定,不得随意变更。只有在房地产市场比较成熟、有确凿证据表明投资性房地产的公允价值能够持续可靠取得、可以满足采用公允价值模式条件的情况下,企业才能将投资性房地产的计量模式由成本模式变更为公允价值模式。成本模式转为公允价值模式的,应当作为会计政策变更处理。已采用公允价值模式计量的投资性房地产,不得从公允价值模式转为成本模式。

第四节　投资性房地产的转换与处置

一、投资性房地产的转换

房地产的转换,是因房地产用途发生改变而对房地产进行的重新分类。企业必须有确凿证据表明房地产用途发生改变,才能将投资性房地产转换为非投资性房地产或者将非投资性房地产转换为投资性房地产。这里的确凿证据包括两个方面:一是企业董事会或类似机构应当就改变房地产用途形成正式的书面决议,二是房地产因用途改变而发生实际状态上的改变,从自用状态改为出租状态。

(一)非投资性房地产转换为投资性房地产

1.作为存货的房地产转换为投资性房地产

作为存货的房地产转换为投资性房地产,通常是指房地产开发企业将其持有的开发

产品以经营租赁的方式出租,存货相应地转换为投资性房地产。这种情况下,转换日通常为房地产的租赁期开始日。租赁期开始日是指承租人有权行使其使用租赁资产权利的日期。一般而言,如果企业自行建造或开发完成但尚未使用的建筑物,且董事会或类似机构作出正式书面决议,明确表明其持有以备经营出租的空置建筑物,如董事会或类似机构作出书面决议,明确表明其自行建造或开发产品用于经营租出、持有短期内不再发生变化的,应视为存货转换为投资性房地产,转换日为董事会或类似机构作出书面决议的日期。

(1)成本模式下的会计处理

企业将作为存货的房地产转换为采用成本模式计量的投资性房地产,应当按该项存货在转换日的账面价值,借记"投资性房地产"科目,原已计提跌价准备的,借记"存货跌价准备"科目。按其账面余额,贷记"开发产品"等科目。

【例9-5】太平洋公司是从事房地产开发业务的企业,2012年2月8日,太平洋公司与黄海公司签订了租赁协议,将其开发的一栋写字楼出租给黄海公司使用,租赁期开始日为2012年3月20日。2012年3月20日,该写字楼的账面余额48 000 000元,未计提存货跌价准备。太平洋公司对投资性房地产采用成本模式计量。

2012年3月20日,太平洋公司应作如下会计处理:

借:投资性房地产——写字楼 48 000 000
　贷:开发产品 48 000 000

(2)公允价值模式下的会计处理

企业将作为存货的房地产转换为采用公允价值模式计量的投资性房地产时,应当按该项房地产在转换日的公允价值,借记"投资性房地产(成本)"科目;原已计提跌价准备的,借记"存货跌价准备"科目;按其账面余额,贷记"开发产品"等科目。同时,转换日的公允价值小于账面价值的,按其差额,借记"公允价值变动损益"科目;转换日的公允价值大于账面价值的,按其差额,贷记"资本公积——其他资本公积"科目。待该项投资性房地产处理时,因转换计入资本公积的部分应转入当期损益。

【例9-6】承接【例9-5】资料,假定太平洋公司对投资性房地产采用公允价值模式计量,2012年3月20日,该写字楼的公允价值为50 000 000元,其他条件不变。

2012年3月20日,太平洋公司应作如下会计处理:

借:投资性房地产——写字楼(成本) 50 000 000
　贷:开发产品 48 000 000
　　资本公积——其他资本公积 2 000 000

2.自用房地产转换为投资性房地产

企业将原本用于生产商品、提供劳务或者经营管理的房地产改用于出租,通常应于租赁期开始日,将相应的固定资产或无形资产转换为投资性房地产。

(1)成本模式下的会计处理

企业将自用土地使用权或建筑物转换为以成本模式计量的投资性房地产时,应当按该项建筑物或土地使用权在转换日的原价、累计折旧、减值准备等,分别转入"投资性房地产"、"投资性房地产累计折旧(摊销)"、"投资性房地产减值准备"科目转换日,按其账面余额,借记"投资性房地产"科目,贷记"固定资产"或"无形资产"科目,按已计提的折旧或摊销,借记"累计折旧"或"累计摊销"科目,贷记"投资性房地产累计折旧(摊销)"科目,原已计提减值准备的,借记"固定资产减值准备"或"无形资产减值准备"科目,贷记"投资性房地产减值准备"科目。

【例 9-7】红云公司拥有一座厂房。2011 年 9 月 15 日,红云公司与白云公司签订了经营租赁协议,将这座厂房整体出租给白云公司使用,租赁期开始日为 2011 年 10 月 10 日,为期 5 年。2011 年 10 月 10 日,这座厂房的账面余额 62 000 000 元,已计提折旧 2 000 000元。

2011 年 10 月 10 日租赁开始日,红云公司将自用房地产转换为投资性房地产,做会计处理如下:

借:投资性房地产——厂房	62 000 000	
累计折旧	2 000 000	
贷:固定资产		62 000 000
投资性房地产累计折旧		2 000 000

(2)公允价值模下的会计处理

企业将自用房地产转换为采用公允价值模式计量的投资性房地产时,应当按该项土地使用权或建筑物在转换日的公允价值,借记"投资性房地产(成本)"科目;按已计提的累计摊销或累计折旧,借记"累计摊销"或"累计折旧"科目;原已计提减值准备的,借记"无形资产减值准备"、"固定资产减值准备"科目;按其账面余额,贷记"固定资产"或"无形资产"科目。同时,转换日的公允价值小于账面价值的,按其差额,借记"公允价值变动损益"科目;转换日的公允价值大于账面价值的,按其差额,贷记"资本公积——其他资本公积"科目。待该项投资性房地产处置时,因转换计入资本公积的部分应转入当期损益。

【例 9-8】2010 年 10 月,远大公司与梅花公司签订了租赁协议,将其原自用办公楼租赁给梅花公司使用,租赁期开始日为 2011 年 1 月 10 日,租赁期限为 2 年。2011 年 1 月 10 日,该办公楼的公允价值为 18 000 000 元,其原价为 16 000 000 元,已提折旧 2 200 000 元;远大公司对投资性房地产采用公允价值模式计量。

2012 年 1 月 10 日租赁开始日,远大公司将自用房地产转换为投资性房地产,做会计处理如下:

借:投资性房地产——成本	18 000 000	
累计折旧	2 200 000	
贷:固定资产		16 000 000
资本公积		4 200 000

本例中,如果转换日该办公楼的公允价值为 13000000 元,则远大公司做如下会计处理:

借:投资性房地产——成本	13 000 000	
累计折旧	2 200 000	
公允价值变动损益	800 000	
贷:固定资产		16 000 000

(二)投资性房地产转换为非投资性房地产

1.投资性房地产转换为自用房地产

企业将原本用于赚取租金或资本增值的房地产改用于生产商品、提供劳务或者经营管理,投资性房地产相应地转换为固定资产或无形资产。在此种情况下,转换日为房地产达到自用状态,企业开始将房地产用于生产商品、提供劳务或者经营管理的日期。

(1)成本模式下的会计处理

企业将投资性房地产转换为自用房地产时,应当按该项投资性房地产在转换日的账面余额、累计折旧(摊销)、减值准备等,分别转入"固定资产"、"累计折旧"、"固定资产减值准备"等科目;按投资性房地产的账面余额,借记"固定资产"或"无形资产"科目,贷记"投资性房地产"科目;按已计提的折旧或摊销,借记"投资性房地产累计折旧(摊销)"科目,贷记"累计折旧"或"累计摊销"科目;原已计提减值准备的,借记"投资性房地产减值准备"科目,贷记"固定资产减值准备"或"无形资产减值准备"科目。

(2)公允价值模式下的会计处理

企业将采用公允价值模式计量的投资性房地产转换为自用房地产时,应当以其转换当日的公允价值作为自用房地产的账面价值,公允价值与原账面价值的差额计入当期损益。

转换日,按该项投资性房地产的公允价值,借记"固定资产"或"无形资产"科目,按该项投资性房地产的成本,贷记"投资性房地产——成本"科目;按该项投资性房地产的累计公允价值变动,贷记或借记"投资性房地产——公允价值变动"科目;按其差额,贷记或借记"公允价值变动损益"科目。

【例9-9】2012年3月20日,因租赁期满,滨海公司将出租的写字楼收回,准备作为办公楼用于本企业的行政管理。2012年4月1日,该写字楼正式开始自用,相应由投资性房地产转换为自用房地产,当日的公允价值为75 000 000元。该项房地产在转换前采用公允价值模式计量,原账面价值为72 000 000元,其中,成本为70 000 000元,公允价值变动为增值2 000 000元。

滨海公司的账务处理如下:

```
借:固定资产                                          75 000 000
    贷:投资性房地产——成本                                      70 000 000
              ——公允价值变动                                    2 000 000
        公允价值变动损益                                        3 000 000
```

2.投资性房地产转换为存货

房地产开发企业将用于经营租出的房地产重新开发用于对外销售的,从投资性房地产转换为存货。这种情况下,转换日为租赁期届满、企业董事会或类似机构作出书面决议明确表明其重新开发用于对外销售的日期。

(1)成本模式下的会计处理

企业将投资性房地产转换为存货时,应当按照该项投资性房地产在转换日的账面价值,借记"开发产品"科目,按照已计提的折旧或摊销,借记"投资性房地产累计折旧(摊销)"科目,原已计提减值准备的,借记"投资性房地产减值准备"科目,按其账面余额,贷记

"投资性房地产"科目。

(2)公允价值模式下的会计处理

企业将采用公允价值模式计量的投资性房地产转换为存货时,应当以其转换当日的公允价值作为自用房地产的账面价值,公允价值与原账面价值的差额计入当期损益。

转换日,按该项投资性房地产的公允价值,借记"开发产品"科目,按该项投资性房地产的成本,贷记"投资性房地产——成本"科目;按该项投资性房地产的累计公允价值变动,贷记或借记"投资性房地产——公允价值变动"科目;按其差额,贷记或借记"公允价值变动损益"科目。

【例9-10】卧龙地产公司将其开发的部分写字楼用于对外经营租赁。2011年11月15日,因租赁期满,卧龙地产公司将出租的写字楼收回,并作出书面决议,将该写字楼重新开发用于对外销售,即由投资性房地产转换为存货,当日的公允价值为50 000 000元。该项房地产在转换前采用公允价值模式计量,原账面价值为47 000 000元,其中,成本为4 000 000元,公允价值变动为增值7 000 000元。

2011年11月15日转换日,卧龙公司做如下处理:

借:开发产品　　　　　　　　　　　　　　　　　　　　　　　　50 000 000

　　贷:投资性房地产——成本　　　　　　　　　　　　　　　　　　40 000 000

　　　　　　　——公允价值变动　　　　　　　　　　　　　　　　　7 000 000

　　公允价值变动损益　　　　　　　　　　　　　　　　　　　　　　3 000 000

二、投资性房地产的处置

投资性房地产的处置主要是指投资性房地产的出售、报废和毁损。当投资性房地产被处置,或者永久退出使用且预计不能从其处置中取得经济利益时,应当终止确认该项投资性房地产。

企业出售、转让、报废投资性房地产或者发生投资性房地产毁损,应当将处置收入扣除其账面价值和相关税费后的金额计入当期损益。

(一)采用成本模式计量的投资性房地产处置

处置采用成本模式计量的投资性房地产时,应当按实际收到的金额,借记"银行存款"等科目,贷记"其他业务收入"等科目;按该项投资性房地产的账面价值,借记"其他业务成本"科目;按其账面余额,贷记"投资性房地产"科目;按照已计提的折旧或摊销,借记"投资性房地产累计折旧(摊销)"科目;原已计提减值准备的,借记"投资性房地产减值准备"科目。

【例9-11】长青公司将其出租的一座厂房确认为投资性房地产,采用成本模式计量。租赁期届满后,长青公司将该座厂房出售给开开公司,合同价款为70 000 000元,开开公司已用银行存款付清。出售时,该座厂房的成本为68 000 000元,已计提折旧5 600 000元。

收到出售价款时,长青公司做会计处理如下:

借:银行存款　　　　　　　　　　　　　　　　　　　　　　　　70 000 000

　　贷:其他业务收入　　　　　　　　　　　　　　　　　　　　　　70 000 000

长青公司结转出售投资性房地产的账面价值:

借:其他业务成本	62 400 000
投资性房地产累计折旧	5 600 000
贷:投资性房地产——厂房	68 000 000

(二)采用公允价值模式计量的投资性房地产处置

处置采用公允价值模式计量的投资性房地产时,应当按实际收到的金额,借记"银行存款"等科目,贷记"其他业务收入"科目;按该项投资性房地产的账面余额,借记"其他业务成本"科目;按其成本,贷记"投资性房地产——成本"科目;按其累计公允价值变动,贷记或借记"投资性房地产——公允价值变动"科目。同时,按该项投资性房地产的公允价值变动,借记或贷记"公允价值变动损益"科目,贷记或借记"其他业务收入"科目;按该项投资性房地产在转换日计入资本公积的金额,借记"资本公积"科目,贷记"其他业务收入"科目。

【例 9-12】 承接【例 9-8】假定远大公司出租的办公楼 2011 年 12 月 31 日公允价值为 20 000 000 元;2012 年 12 月 31 日公允价值为 21 000 000 元。2013 年 1 月 10 日租赁期届满,远大公司收回该项投资性房地产,并以 2 5000 000 元出售,出售款项已收讫。假设不考虑相关税费。

(1)2011 年 12 月 31 日,远大公司确认该投资性房地产公允价值变动

借:投资性房地产——公允价值变动	2 000 000
贷:公允价值变动损益	2 000 000

(2)2012 年 12 月 31 日,远大公司确认该投资性房地产公允价值变动

借:投资性房地产——公允价值变动	1 000 000
贷:公允价值变动损益	1 000 000

(3)2013 年 3 月 10 日收到出售价款时,远大公司做以下会计处理

借:银行存款	25 000 000
贷:其他业务收入	25 000 000

(4)结转出售投资性房地产的账面价值

借:其他业务成本	21 000 000
贷:投资性房地产——成本	18 000 000
——公允价值变动	3 000 000

(5)将投资性房地产累计公允价值变动转入其他业务收入

借:公允价值变动损益	3 000 000
贷:其他业务收入	3 000 000

(6)将原转换时计入资本公积的金额转入其他业务收入

借:资本公积——其他资本公积	4 200 000
贷:其他业务收入	42 000 000

本章小结

本章主要阐述了投资性房地产的概念和内容;初始计量和后续计量;转换和处置的会

计处理等。

1.投资性房地产的概念和内容

投资性房地产是指为赚取租金或资本增值,或者两者兼有而持有的房地产,包括:已出租的土地使用权、持有并准备增值后转让的土地使用权、已出租的建筑物。

2.投资性房地产的初始计量

投资性房地产应当按照成本进行初始确计量。外购用作投资性房地产的土地使用权和建筑物,其初始成本包括购买价款、相关税费和可直接归属于该资产的其他支出;自行建造的投资性房地产,其初始成本由建造该项资产达到预定可使用状态前发生的必要支出构成,包括土地开发费、建安成本、应予以资本化的借款费用、支付的其他费用和分摊的间接费用等。

3.后续计量

投资性房地产的后续计量有成本模式和公允价值模式两种。但同一企业只能采用一种模式对所有投资性房地产进行后续计量,不得同时采用两种模式。

采用成本模式进行后续计量的投资性房地产,应当按照固定资产或无形资产的有关规定,按其计提折旧或摊销。确定发生减值的,应当计提减值准备,减值准备不得转回。

同时满足"投资性房地产所在地有活跃的房地产交易市场;企业能够从房地产交易市场上取得同类或类似房地产的市场价格及其他相关信息,从而对投资性房地产的公允价值做出科学合理的估计"两个条件的投资性房地产采用公允价值计量模式进行后续计量。采用公允价值模式进行后续计量的,不计提折旧或摊销,应当以资产负债表日的公允价值计量,公允价值与原账面价值之间的差额计入当期损益。

4.投资性房地产的转换和处置

企业必须有确凿证据表明房地产用途发生改变,才能将投资性房地产转换为非投资性房地产或者将非投资性房地产转换为投资性房地产。

投资性房地产的处置主要是指投资性房地产的出售、报废和毁损。当投资性房地产被处置,或者永久退出使用且预计不能从其处置中取得经济利益时,应当终止确认该项投资性房地产。企业出售、转让、报废投资性房地产或者发生投资性房地产毁损,应当将处置收入扣除其账面价值和相关税费后的金额计入当期损益。

思考题

1.投资性房地产的内容有哪些?

2.如何确定投资性房地产的初始成本?

3.投资性房地产成本模式计量和公允价值模式计量有何不同?

4.投资性房地产采用公允价值模式计量需满足什么条件?

5.何种条件下投资性房地产与非投资性房地产之间方可转换?如何做会计处理?

6.处置投资性房地产时如何做会计处理?

练习题

(一)单项选择题

1. 下列各项中,属于投资性房地产的是( )。

A. 企业以经营租赁方式租出的土地使用权

B. 企业以经营租赁方式租入的办公楼

C. 企业持有拟增值后转让的建筑物

D. 企业拥有并自行经营的旅店

2. 企业对采用成本模式进行后续计量的投资性房地产计提折旧(摊销),应该计入( )。

A. 其他业务成本　　B. 管理费用　　C. 营业外支出　　D. 投资收益

3. 企业的投资性房地产采用公允价值模式计量,下列各项中,不影响当期损益的是( )。

A. 存货转为投资性房地产时,公允价值大于账面价值的差额

B. 存货转为投资性房地产时,公允价值小于账面价值的差额

C. 持有期间,资产负债表日公允价值大于账面价值的差额

D. 持有期间,资产负债表日公允价值小于账面价值的差额

4. 杨柳公司为房地产开发企业,投资性房地产按照公允价值模式计量。该公司 2011 年 1 月 1 日将一项账面原值 6 000 万元、已经计提存货跌价准备 300 万元的待售商品房产转为经营性出租,当日公允价值为 6 400 万元,2011 年 12 月 31 日其公允价值为 6 100 万元。2011 年该项投资性房地产应确认公允价值变动损益为( )万元。

A. 收益 300　　B. 损失 300　　C. 收益 400　　D. 损失 400

5. 柳霞公司购入一栋写字楼用于对外出租,并与客户签订了经营租赁合同。写字楼买价为 3 000 万元,另支付相关税费 180 万元。在与客户签订经营租赁合同过程中,支付咨询费 8 万、律师费 10 万元。该投资性房地产的入账价值为( )万元。

A. 3 000　　B. 3 180　　C. 3 188　　D. 3 198

6. 下列关于投资性房地产后续计量的表述中,不正确的是( )。

A. 投资性房地产通常应采用成本模式计量

B. 满足规定条件时投资性房地产才可以采用公允价值模式计量

C. 同一个企业可以分别采用成本模式和公允价值模式

D. 采用公允价值模式计量的投资性房地产不计提折旧或摊销

7. 宏业公司的投资性房地产采用公允价值计量模式。2011 年 7 月 1 日,宏业公司将一座办公楼转换为投资性房地产。该办公楼的账面余额为 600 万元,已提折旧 50 万元,已经计提的减值准备为 10 万元。该投资性房地产的公允价值为 550 万元。转换日投资性房地产的入账价值为( )万元。

A. 600　　B. 550　　C. 650　　D. 640

8. 自用房地产转换为采用公允价值模式计量的投资性房地产,投资性房地产应当按照转换当日的公允价值计量。转换当日的公允价值大于原账面价值的,其差额通过

（   ）科目核算。

    A.其他业务收入   B.公允价值变动损益

    C.投资收益   D.资本公积

  9.下列有关投资性房地产的会计处理中,说法不正确的是(   )。

    A.采用公允价值模式计量的投资性房地产,不计提折旧或进行摊销,应当以资产负债表日投资性房地产的公允价值为基础调整其账面价值

    B.已采用成本模式计量的投资性房地产,不得从成本模式转为公允价值模式

    C.采用公允价值模式计量的投资性房地产转换为自用房地产时,应当以转换日的公允价值作为自用房地产的账面价值

    D.自用房地产转换为采用公允价值模式计量的投资性房地产,应当按照该项投资性房地产转换当日的公允价值计量

  10.企业对采用公允价值模式计量的投资性房地产取得的租金收入,应该贷记(   )科目。

    A.其他业务收入   B.公允价值变动损益

    C.营业外收入   D.投资收益

(二)多项选择题

  1.下列项目中,属于投资性房地产的有(   )。

    A.房地产开发企业正在开发的商品房   B.企业以经营租赁方式租出的办公大楼

    C.持有并准备增值后转让的土地使用权   D.按照国家有关规定认定的闲置土地

  2.关于投资性房地产转换日的确定,下列说法中正确的有(   )。

    A.作为存货的房地产改为出租,或者自用建筑物或土地使用权停止自用改为出租,其转换日为租赁期开始日

    B.投资性房地产转为自用房地产,其转换日为房地产达到自用状态,企业开始将房地产用于生产商品、提供劳务或者经营管理的日期

    C.自用土地使用权停止自用,改用于资本增值,其转换日为自用土地使用权停止自用后确定用于资本增值的日期

    D.作为存货的房地产改为出租,或者自用建筑物或土地使用权停止自用改为出租,其转换日为承租人支付的第一笔租金的日期

  3.关于投资性房地产的后续计量,下列说法中错误的有(   )。

    A.采用公允价值模式计量的,不对投资性房产计提折旧或进行摊销

    B.采用公允价值模式计量的,应对投资性房产计提折旧或摊销

    C.已采用公允价值模式计量的投资性房地产,不得从公允价值模式转为成本模式

    D.已采用成本模式计量的投资性房地产,不得从成本模式转为公允价值模式

  4.若企业采用成本模式对投资性房地产进行后续计量,下列说法中正确的有(   )。

    A.企业应对已出租的建筑物计提折旧,发生减值时也应计提减值准备

    B.在满足一定条件时,可以转换为公允价值模式进行后续计量

    C.在每期计提折旧或摊销时,应借记"管理费用"科目

    D.投资性房地产计提的减值准备不可以转回

5.采用公允价值模式进行后续计量的投资性房地产,应当同时满足( )条件。

A.企业能够取得交易价格的信息

B.投资性房地产所在地有活跃的房地产交易市场

C.所有的投资性房地产有活跃的房地产交易市场

D.企业能够从活跃的房地产交易市场上取得同类或类似房地产的市场价格及其他相关信息,从而对投资性房地产的公允价值作出合理的估计

6.企业将自用房地产转换为采用公允价值模式计量的投资性房地产,下列说法正确的有( )。

A.该项投资性房地产应当按照转换当日的账面价值计量

B.该项投资性房地产应当按照转换当日的公允价值计量

C.转换当日的公允价值小于原账面价值的差额计入"公允价值变动损益"

D.转换当日的公允价值大于原账面价值的差额计入到"资本公积"

7.采用公允价值模式计量的投资性房地产处置时,以下表述不正确的有( )。

A.应将取得的价款与其账面价值的差额计入投资收益

B.应将相关的资本公积转入其他业务收入

C.应将相关的公允价值变动损失转入其他业务成本

D.应将处置投资性房地产的账面价值转入营业外支出

8.下列各项中,一定影响企业当期损益的有( )。

A.采用成本模式计量的投资性房地产发生减值

B.投资性房地产由成本模式转换为公允价值模式时,转换日公允价值与账面价值的差额

C.自用房地产转换为采用公允价值模式计量的投资性房地产时,转换日公允价值小于账面价值的差额

D.采用公允价值模式计量的投资性房地产的期末公允价值变动

9.关于投资性房地产转换后的入账价值的确定,下列说法中正确的有( )。

A.在成本模式下,应当将房地产转换前的账面价值作为转换后的入账价值

B.采用公允价值模式计量的投资性房地产转换为自用房地产时,应当以其转换当日的公允价值作为自用房地产的账面价值

C.采用公允价值模式计量的投资性房地产转换为自用房地产时,应当以其转换当日的账面价值作为自用房地产的账面价值

D.自用房地产或存货转换为采用公允价值模式计量的投资性房地产时,投资性房地产按照转换当日的账面价值计价

10.自行建造的投资性房地产,其初始成本由建造该项资产达到预定可使用状态前发生的必要支出构成,包括( )。

A.土地开发费　　　　　　　　　B.建安成本

C.应予以资本化的借款费用　　　　D.建造过程中发生的非常损失

(三)判断题

1.企业对投资性房地产采用公允价值模式进行后续计量的,不需计提折旧或摊销,但

存在减值迹象的,应当按照资产减值的有关规定进行减值测试。( )

2.企业将某项房地产部分用于出租,部分自用,如果出租部分能单独计量和出售的,企业应将该项房地产整体确认为投资性房地产。( )

3.采用公允价值模式计量的投资性房地产转换为自用房地产时,转换日公允价值与原账面价值的差额应计入公允价值变动损益。( )

4.企业自行建造房地产达到预定可使用状态后一段时间才对外出租或用于资本增值的,可于工程完工时直接将其作为投资性房地产进行核算。( )

5.企业可随意选择成本模式或公允价值模式对投资性房地产进行后续计量。( )

6.企业不论在成本模式下,还是在公允价值模式下,投资性房地产取得的租金收入,均确认为其他业务收入。( )

7.外购用作投资性房地产的土地使用权和建筑物,其初始成本包括购买价款、相关税费和可直接归属于该资产的其他支出。( )

8.房地产开发企业将其持有的开发产品以经营租赁的方式出租,则该房地产的转换日为房地产的租赁期开始日。( )

9.企业持有的采用公允价值模式计量的投资性房地产,公允价值高于账面余额的差额计入资本公积。( )

10.企业出售、转让、报废投资性房地产或者发生投资性房地产毁损时,应当将处置收入扣除其账面价值和相关税费后的金额计入当期投资收益。( )

(四)业务题

1.

(1)目的:掌握投资性房地产成本模式后续计量的会计处理。

(2)资料:海天公司采用成本模式对投资性房地产进行后续计量,有关资料如下:

①2009年1月,海天公司为了拓展经营规模,计划购入一栋写字楼用于对外出租。2009年2月5日,海天公司与黄河公司签订了经营租赁合同,约定自写字楼购买日起将这栋写字楼整体出租给黄河公司,租期3年,年租金为240万元,租期满一年支付。2009年2月25日,海天公司实际购入写字楼成本为3 780万元,成本均以银行存款支付。

②该写字楼预计使用年限为20年,海天采用年限平均法计提折旧,预计净残值为36万元。

③2010年2月25日海天公司收到租金240万元存入银行。

④2012年12月31日,海天公司预计该写字楼可收回金额为2 714万元,预计使用年限、预计净残值及折旧方法不变。

⑤2012年2月25日,租赁期届满,海天公司收回该写字楼转为自用。

(3)要求:

①计算海天公司该写字楼2012年年末累计折旧的金额。

②计算该写字楼对海天公司2012年损益的影响金额。

③编制与该投资性房地产有关的会计分录。

2.

(1)目的:掌握投资性房地产公允价值模式后续计量的会计处理。

(2)资料:洪兴公司为增值税一般纳税企业,适用的增值税税率为17%,不考虑除增值税以外的其他税费。洪兴公司对投资性房地产采用公允价值模式计量。洪兴公司有关房地产的相关业务资料如下:

①2009年3月,洪兴公司自行建造办公大楼。在建设期间,洪兴公司以银行存款购进为工程准备的一批物资,价款为1 200万元,增值税税额为204万元。该批物资全部用于办公大楼工程项目。洪兴公司为建造工程发生在建工程人员薪酬366万元,辅助生产部门为工程提供水、电等劳务支出45万元。

②2010年6月,该办公楼的建设达到了预定可使用状态并投入使用。该办公楼预计使用寿命为20年,预计净残值为15万元,采用平均年限法计提折旧。

③2011年11月,洪兴公司与远洋公司签订了租赁协议,将该办公大楼经营租赁给远洋公司,租赁期为5年,年租金为160万元,租金于每年年末结清。租赁期开始日为2012年1月1日。与该办公大楼同类的房地产在2012年年初的公允价值为2 100万元。

④2012年12月31日与该办公大楼同类的房地产的公允价值为2 500万元。

⑤2013年1月,洪兴公司与远洋公司达成协议并办理过户手续,以2 800万元的价格将该办公大楼转让给远洋公司,全部款项已收到并存入银行。

(3)要求:

①编制洪兴公司自行建造办公大楼的有关会计分录。

②计算洪兴公司该办公大楼2011年年末累计折旧的金额。

③编制洪兴公司将该办公大楼停止自用改为出租的有关会计分录。

④编制洪兴公司该办公大楼有关2012年末后续计量的有关会计分录。

⑤编制洪兴公司该办公大楼有关2012年租金收入的会计分录。

⑥编制洪兴公司2013年处置该办公大楼的有关会计分录。

第十章

非货币性资产交换

学习目的:通过本章学习,使学生了解货币性资产与非货币性资产的区别;熟悉非货币性资产交换的认定;理解非货币性资产交换具有商业实质的判定;掌握非货币性资产交换确认与计量的原则;掌握以公允价值计量和以账面价值计量的非货币资产交换的会计处理。

引导案例

非货币性资产交换确认和计量的变化

1999 年,我国首次颁布了《非货币性资产交换》准则,此后于 2001 年和 2006 年进行了两次修订,比较三项准则,有关非货币性资产交换确认与计量的变化如下:

比较项目		1999	2001	2006
确认	交易确认	区分同类非货币性资产和不同类非货币性资产。	全部按照同一原则处理。	区分具备商业实质和不具备商业实质的非货币性资产交换,商业实质的判断遵循实质重于形式的要求。
	要素确认	不同类非货币性资产交换可以确认损益	涉及补价时有可能确认损益,其他情形不得确认损益。	具备商业实质且公允价值能够可靠计量的,可确认损益,否则不得确认。
计量	换入资产计量	同类非货币性资产交换,以换出资产的账面价值作为换入资产的入账价值;不同类非货币性资产交换以换入资产的公允价值作为换入资产的入账价值。	以换出资产的账面价值加上相关税费作为换入资产的入账价值,涉及补价的,应扣除补价中对换出资产成本的收回部分。	具备商业实质且公允价值能够可靠计量的,以换出资产的公允价值加上相关税费作为换入资产的入账价值;不具备商业实质或公允价值不能够可靠计量的,以换出资产的账面价值加上相关税费作为换入资产的入账价值。
	损益计量	不同类资产交换,换入资产公允价值与换出资产账面价值的差额,计入当期损益。	涉及补价时,补价中扣除属于换出资产成本收回部分的差额,计入当期损益。	具备商业实质且公允价值能够可靠计量的,换出资产的公允价值与账面价值的差额,计入当期损益。

　　根据上表及相关的会计理论知识,你如何看待我国会计准则对非货币性资产交换确认与计量处理的变化?

　　资料来源:作者根据会计准则整理。

第一节　非货币性资产交换概述

一、货币性资产与非货币性资产

要理解非货币性资产交换,首先应区分货币性资产和非货币性资产。

(一)货币性资产

货币性资产是指企业持有的货币资金和将以固定或可确定的金额收取的资产,包括现金、银行存款、应收账款和应收票据以及准备持有至到期的债券投资等。货币性资产的特点是为企业带来的未来经济利益——现金流入金额是固定的或可确定的,如,应收账款作为企业的债权,有相应的发票等原始凭证作为收款的依据,虽然存在坏账损失的风险,但企业可以估计出坏账发生的可能性及金额。因此,应收账款在未来为企业带来的经济利益是可确定的,属于货币性资产;再如,准备持有至到期的债券,到期值连本带息是能计算的,是可确定的,也属于货币性资产。

(二)非货币性资产

非货币性资产是指货币性资产以外的资产。非货币性资产与货币性资产的区别在于:为企业带来的未来经济利益——现金流入金额是不固定的或不可确定的。如,企业持有存货的主要目的是在其正常生产经营过程中通过直接销售获利;或者作为劳动对象,在正常的生产经营过程中通过对其进行加工形成商品,然后通过销售获利;或者作为辅助手段,在正常的生产经营过程中有助于销售过程或有助于加工过程。存货在将来为企业带来的经济利益,即货币金额,会受到内部、外部主客观因素的影响,是不固定的或不可确定的,不符合货币性资产的定义,因此,存货属于非货币性资产。再如,企业持有的债券,如果不准备持有至到期,中途变现,债券的市场价格会受多种因素影响,因此,可收回金额是难以确定的,属于非货币性资产。我国资产负债表列示的项目中属于非货币性资产的项目通常包括交易性金融资产、存货、可供出售金融资产、长期股权投资、投资性房地产、固定资产、在建工程、工程物资、无形资产等。

二、非货币性资产交换的认定

(一)非货币性资产交换的概念

依据我国 2006 年发布的企业会计准则,非货币性资产交换是指交易双方主要以存货、固定资产、无形资产和长期股权投资等非货币性资产进行的交换。该交换不涉及或只涉及少量的货币性资产(补价)。

（二）非货币性资产交换的特征

一般而言，非货币性资产交换具有以下特征：

1.非货币性资产交换主要以非货币性资产作为交易对象

非货币性资产交换主要是非货币性资产之间的交换。在通常情况下，企业进行的商品交易主要是以货币性资产来交换非货币性资产，货币性资产交换的特点是，放弃货币性资产以换入货币性或非货币性资产。如企业以银行存款 80 000 元购入原材料，在这笔交易中，企业放弃的是货币性资产 80 000 元，获得了 80 000 元的非货币性资产——原材料。但是有些商品交易不涉及货币性资产，而是以非货币性资产交换非货币性资产。如长虹公司以电视机同海尔公司交换空调；再如，联想公司以电脑同佳能公司交换复印机；等等。

2.非货币性资产交换有时也可能涉及少量的货币性资产

企业发生非货币性资产交换时，并不意味着整个交易过程不涉及任何货币性资产。在实际经济活动中，如果换出非货币性资产与换入非货币性资产的公允价值不相等，则交易双方一般采用货币性资产结清差价。这种涉及少量货币性资产的交易，仍属于非货币性资产交换。我国《企业会计准则——非货币性资产交换》指南规定，认定涉及少量货币性资产的交换为非货币性资产交换，通常以补价占整个资产交换金额的比例是否低于25％作为参考。即补价占整个资产交换金额的比例低于 25％的，该项交易认定为非货币性资产交换；高于 25％的，则被视为以货币性资产取得非货币性资产。具体可按以下公式计算确定：

收到补价方：收到的补价/换出资产公允价值<25％

支付补价方：支付的补价/（换出资产的公允价值＋支付的补价）<25％

3.非货币性资产交换是互惠资产转让

非货币性资产交换是企业之间主要以非货币性资产形式的互惠转让，即企业取得一项非货币性资产，必须以付出自己拥有的非货币性资产作为代价。如果企业的资产发生单方向转让，即企业将其拥有的非货币性资产无代价地转让给其他所有者或其他企业，或由所有者或其他企业将非货币性资产无代价地转让给该企业，则这种行为属于非互惠行为，不属于非货币性资产交换。如，企业以非货币性资产作为股利发放给股东，政府无偿提供非货币性资产给企业建造固定资产，企业对外进行捐赠付出的非货币性资产等均不属于非货币性资产交换。另外，企业通过债务重组和吸收投资取得的非货币性资产也不属于非货币性资产交换。

第二节 非货币性资产交换的确认与计量

在企业之间进行的非货币性资产交换过程中，换入资产入账价值的确认和计量是重要环节。依据我国现行企业会计准则规定，非货币性资产交换的确认和计量基础有公允价值和账面价值两种。

一、以公允价值为基础计量的非货币性资产交换

根据我国《企业会计准则——非货币性资产交换》规定,非货币性资产交换同时满足下列两个条件的,应当以公允价值和应支付的相关税费作为换入资产的成本,公允价值与换出资产账面价值的差额计入当期损益:一是该项交换具有商业实质,二是换入资产或换出资产的公允价值能够可靠地计量。

（一）商业实质的判断

非货币性资产交换具有商业实质,是换入资产能够采用公允价值计量的重要条件之一。企业应当遵循实质重于形式的要求判断非货币性资产交换是否具有商业实质。在确定非货币性资产交换是否具有商业实质时,企业应当重点考虑由于发生了该项资产交换预期使企业未来现金流量发生变动的程度,通过比较换出资产和换入资产预计产生的未来现金流量或其现值,确定非货币性资产交换是否具有商业实质。只有当换出资产和换入资产预计未来现金流量或其现值两者之间的差额较大时,才能表明交易的发生使企业经济状况发生了明显改变,非货币性资产交换因而具有商业实质。

根据我国《企业会计准则——非货币性资产交换》规定,满足下列条件之一的非货币性资产交换具有商业实质:

1.换入资产的未来现金流量在风险、时间和金额方面与换出资产显著不同。换入资产的未来现金流量在风险、时间和金额方面与换出资产显著不同,通常包括下列情形:

（1）未来现金流量的风险、金额相同,时间不同。此种情形是指换入资产和换出资产产生的未来现金流量总额相同,获得这些现金流量的风险相同,但现金流入企业的时间明显不同。比如,某企业以一批存货换入一项设备,因存货流动性强,能够在较短的时间内产生现金流量,设备作为固定资产要在较长的时间内为企业带来现金流量,两者产生现金流量的时间相差较大,则可以判断上述存货与固定资产的未来现金流量显著不同,因而该两项资产之间的交换具有商业实质。

（2）未来现金流量的时间、金额相同,风险不同。此种情形是指换入资产和换出资产产生的未来现金流量时间和金额相同,但企业获得现金流量的不确定性存在明显差异。比如,甲企业以其用于经营出租的一幢公寓楼,与乙企业同样用于经营出租的一幢公寓楼进行交换,两幢公寓楼的租期、每期租金总额均相同,但是甲企业租给一家财务及信用状况良好的企业（该企业租用该公寓是给其单位职工居住）,乙企业的客户则都是单个租户,相比较而言,甲企业取得租金的风险较小,乙企业由于租给散户,租金的取得依赖于单个散户的财务和信用状况。因此,两者现金流入的风险和不确定性程度存在明显差异,则两幢公寓楼的未来现金流量显著不同,进而可判断该两项资产的交换具有商业实质。

（3）未来现金流量的风险、时间相同,金额不同。此种情形是指换入资产和换出资产产生未来现金流量的总额相同,预计为企业带来现金流量的时间跨度相同,风险也相同,但各年产生的现金流量金额存在明显差异。比如,某企业以一项商标权换入另一企业的一项专利技术,预计两项无形资产的寿命相同,在使用寿命内预计为企业带来的现金流量总额相同,但是换入的专利技术是新开发的,预计开始阶段产生的未来现金流量明显少于

后期,而该企业拥有的商标每年产生的现金流量比较均衡,两者产生的现金流量金额差异明显,则上述商标权与专利技术的未来现金流量显著不同,因而该两项资产的交换具有商业实质。

2.换入资产与换出资产的预计未来现金流量现值不同,且其差额与换入资产和换出资产的公允价值相比是重大的。这种情况是指换入资产对换入企业的特定价值(即预计未来现金流量现值)与换出资产存在明显差异。这里资产预计未来现金流量现值,应当按照资产在持续使用过程和最终处置时预计产生的税后未来现金流量,根据企业自身而不是市场参与者对资产特定风险的评价,选择恰当的折现率对预计未来现金流量折现后的金额加以确定。

在确定非货币性资产交换是否具有商业实质时,企业应当关注交易各方之间是否存在关联方关系等。关联方关系的存在可能导致发生的非货币性资产交换不具有商业实质。

(二)换入或换出资产的公允价值能够可靠计量

根据我国《企业会计准则——非货币性资产交换》指南规定,符合下列情形之一的,表明换入资产或换出资产的公允价值能够可靠计量:

1.换入资产或换出资产存在活跃市场。对于存在活跃市场的存货、长期股权投资、固定资产、无形资产等非货币性资产,应当以该资产的市场价格为基础确定其公允价值。

2.换入资产或换出资产不存在活跃市场,但同类或类似资产存在活跃市场。对于同类或类似资产存在活跃市场的存货、长期股权投资、固定资产、无形资产等非货币性资产,应当以同类或类似资产市场价格为基础确定其公允价值。

3.换入资产或换出资产不存在同类或类似资产的可比市场交易,应当采用估值技术确定其公允价值。该公允价值估计数变动区间很小,或者在公允价值估计数变动区间内,各种用于确定公允价值估计数的概率能够合理确定的,视为公允价值能够可靠计量。

换入资产和换出资产公允价值均能够可靠计量的,应当以换出资产公允价值作为确定换入资产成本的基础。一般来说,取得资产的成本应当按照所放弃资产的对价来确定,在非货币性资产交换中,换出资产就是放弃的对价,如果其公允价值能够可靠确定,应当优先考虑按照换出资产的公允价值作为确定换入资产成本的基础;但如果有确凿证据表明换入资产的公允价值更加可靠的,应当以换入资产公允价值为基础确定换入资产的成本。

案例 10-1

非货币性资产交换公允价值计量情况

据财政部会计准则实施情况课题组统计,2007 年 1 570 家上市公司中,发生非货币性资产交换的有 40 家。非货币性资产交换大都采用了评估价格作为交换资产的公允价值。2010 年 2 129 家上市公司中,发生非货币性资产交换的有 11 家,均采用公允价值计量。

资料来源:《企业会计准则讲解》,人民出版社 2008 年版;财政部会计司课题组:《我国上市公司2010 年执行企业会计准则情况分析报告》,www.mof.gov.cn。

二、以换出资产账面价值为基础计量的非货币性资产交换

根据我国《企业会计准则——非货币性资产交换》规定,未同时满足具有商业实质和换入资产或换出资产的公允价值能够可靠地计量两个条件的非货币性资产交换,应当以换出资产的账面价值和应支付的相关税费作为换入资产的成本,不确认交易损益。

第三节　非货币性资产交换的会计处理

一、以公允价值为基础计量的会计处理

(一)处理原则

依照我国《企业会计准则——非货币资产交换》规定,非货币性资产交换具有商业实质且公允价值能够可靠计量的,应当以换出资产的公允价值和应支付的相关税费作为换入资产的成本,但有确凿证据表明换入资产的公允价值比换出资产公允价值更加可靠的除外。

换出资产公允价值与账面价值的差额计入当期损益,但应视换出资产的类别不同而有所区别:

1. 换出资产为存货的,应当作为销售处理。按照公允价值确认销售收入,同时结转相应销售成本。

2. 换出资产为固定资产、无形资产的,换出资产公允价值和换出资产账面价值的差额计入营业外收入或营业外支出。

3. 换出资产为长期股权投资的,换出资产公允价值和换出资产账面价值的差额计入投资收益。

(二)不涉及补价情况的会计处理

非货币性资产交换具有商业实质且公允价值能够可靠计量的,在不涉及补价的情况下,应当按照换出资产的公允价值作为确定换入资产成本的基础,但有确凿证据表明换入资产的公允价值更加可靠的除外。换出资产公允价值与账面价值的差额计入当期损益。

【例 10-1】东风公司以其生产用的一台设备交换斯通公司生产的汽车轮胎。东风公司换入的轮胎作为生产用配件,斯通公司换入东风公司的设备继续用于生产产品。在交换日,东风公司换出设备的账面原价为 820 000 元,已提累计折旧 48 000 元,公允价值 800 000 元;换入轮胎的账面余额为 750 000 元,已提存货跌价准备 30 000 元,公允价值为 800 000 元。此外,东风公司支付设备清理费用 3 000 元,支付轮胎运杂费 2 000 元。东风公司、斯通公司均为增值税一般纳税人,增值税率 17%,计税价格等于公允价值。整个交易过程中,除支付杂运费外,没有发生其他相关税费。假定东风公司和斯通公司不存在关联关系,交易价格公允。

本例中,整个交易不涉及货币性资产,因此,属于非货币性资产交易。在此项非货币性资产交易中,双方交易具有商业实质,且设备和轮胎的公允价值是可靠的,换入资产采用公允价值计量。

东风公司的会计处理:

(1)借:固定资产清理 772 000
   累计折旧 48 000
  贷:固定资产 820 000

(2)借:固定资产清理 3 000
  贷:银行存款 3 000

(3)借:原材料——轮胎 802 000
   应交税费——应交增值税 136 000
  贷:固定资产清理 775 000
   应交税费——应交增值税 136 000
   银行存款 2 000
   营业外收入 25 000

斯通公司的会计处理:

(1)借:固定资产 800 000
   应交税费——应交增值税 136 000
  贷:主营业务收入 800 000
   应交税费——应交增值税 136 000

(2)借:主营业务成本 720 000
   存货跌价准备 30 000
  贷:库存商品——轮胎 750 000

(三)涉及补价的会计处理

1.支付补价方

(1)换入资产入账价值:换出资产的公允价值+支付的补价+应支付的相关税费

(2)交易损益:换出资产的公允价值-换出资产账面价值-相关税费

2.收到补价方

(1)换入资产入账价值:换出资产的公允价值-收到的补价+应支付的相关税费

(2)交易损益:换出资产的公允价值-换出资产账面价值-相关税费

【例 10-2】渤海公司以其拥有的一座办公用房交换运河公司拥有的一项专利权,交换后双方均保持资产原有使用状态。在交换日,渤海公司换出办公用房的账面原价为6 000 000元,已提累计折旧1 200 000元,未计提减值准备,公允价值5 000 000元;运河公司换出专利权的账面余额4 850 000元,已摊销200 000元,未计提减值准备,公允价值为4 500 000元。此项交换中,经双方商议,运河公司向渤海公司支付补价500 000元。假定渤海公司和运河公司不存在关联关系,交易价格公允,假定不考虑相关税费。

本例中,资产交换涉及货币性资产,确定是否为非货币性资产交换:

  渤海公司:500 000÷5 000 000=10%<25%

  运河公司:500 000÷(4 500 000+5 000 000)=10%<25%

可以认定此项交易属于非货币性资产交换。

渤海公司的会计处理：

(1)借:固定资产清理   4 800 000

   累计折旧   1 200 000

  贷:固定资产   6 000 000

(2)借:无形资产   4 500 000

   银行存款   500 000

  贷:固定资产清理   4 800 000

    营业外收入   200 000

运河公司的会计处理：

借:固定资产   5 000 000

  累计摊销   200 000

  营业外支出   150 000

 贷:无形资产   4 850 000

   银行存款   500 000

(四)涉及多项非货币性资产交换的会计处理

涉及多项非货币性资产交换的情况有:以一项非货币性资产换入多项非货币性资产,或同时以多项非货币性资产换入多项非货币性资产。

非货币性资产交换涉及多项资产交换的,在非货币性资产交换具有商业实质,且换入资产的公允价值能够可靠计量时,应当按照换入各项资产的公允价值占换入资产公允价值总额的比例,对换入资产的成本总额进行分配,确定各项换入资产的成本。具体可按以下步骤处理:

1.确定换入的多项资产的入账价值总额

$$换入多项资产入账价值总额 = 换出资产公允价值总额 + 支付的补价(或减去收到的补价) + 应支付的相关税费$$

2.计算单项换入资产公允价值占换入资产公允价值总额的比例

$$单项换入资产公允价值占换入资产公允价值总额比例 = \frac{单项换入资产公允价值}{换入资产公允价值总额} \times 100\%$$

3.确定单项换入资产的入账价值

$$单项换入资产入账价值 = 换入多项资产入账价值总额 \times 该单项换入资产公允价值占换入资产公允价值总额比例$$

【例 10-3】新城公司和盛大公司均为增值税一般纳税人,适用的增值税税率均为 17%。为适应业务发展的需要,经协商,双方交换资产情况如表 10-1 所示。

表 10-1　资产交换情况

单位:元

新城公司			盛大公司		
资产类别	计量属性	金额	资产类别	计量属性	金额
生产用锻压设备	账面余额	600 000	门市用房	账面余额	880 000
	累计折旧	120 000		累计折旧	160 000
	公允价值	460 000		公允价值	840 000
专利权	账面余额	300 000	办公用电脑	账面余额	200 000
	累计摊销	40 000		累计折旧	24 000
	公允价值	320 000		公允价值	110 000
库存商品	账面余额	180 000	银行存款		50 000
	公允价值	220 000			

交换后,除盛大公司换入的库存商品作为原材料使用外,双方均保持资产原有使用状态。假定新城公司和盛大公司不存在关联关系,交易价格公允,公允价值与计税价格一致,不考虑除增值税以外的相关税费。

本例中,资产交换涉及货币性资产,确定是否为非货币性资产交换:

新城公司:50 000÷(460 000+320 000+220 000)=5%<25%

运河公司:50 000÷(840 000+110 000+50 000)=5%<25%

可以认定此项交易属于非货币性资产交换。

新城公司的处理:

(1)计算换入非货币性资产总成本

换入非货币性资产总成本=460 000+320 000+220 000×(1+17%)-110 000×17%-50 000
=968 700(元)

(2)按照换入各项资产的公允价值占换入资产公允价值总额的比例,对换入资产的成本总额进行分配,确定各项换入非货币性资产的入账价值(见表 10-2)

表 10-2　新城公司换入单项非货币性资产入账价值计算表

资产项目	公允价值(元)	比例(%)	入账价值(元)
门市用房	840 000	88.42	856 524.54
办公用电脑	110 000	11.58	112 175.46
合计	950 000	100	968 700

(3)会计处理

①借:固定资产清理　　　　　　　　　　　　　　　　　　　　　　　480 000

　　累计折旧　　　　　　　　　　　　　　　　　　　　　　　　　　120 000

　　贷:固定资产——锻压设备　　　　　　　　　　　　　　　　　　　　　　600 000

②借:固定资产——门市用房　　　　　　　　　　　856 524.54
　　　　　　　——电脑　　　　　　　　　　　　112 175.46
　累计摊销　　　　　　　　　　　　　　　　　40 000
　银行存款　　　　　　　　　　　　　　　　　50 000
　应交税费——应交增值税　　　　　　　　　　18 700
　　贷:固定资产清理　　　　　　　　　　　　　　　　480 000
　　　无形资产　　　　　　　　　　　　　　　　　　300 000
　　　主营业务收入　　　　　　　　　　　　　　　　220 000
　　　应交税费——应交增值税　　　　　　　　　　　37 400
　　　营业外收入——非货币性资产交换利得　　　　　40 000
③借:主营业务成本　　　　　　　　　　　　　　180 000
　　贷:库存商品　　　　　　　　　　　　　　　　　180 000

盛大公司的会计处理:
(1)计算换入非货币性资产总成本

换入非货币性资产总成本＝840 000＋110 000－220 000×(1＋17%)＋110 000×17%＋50 000
　　　　　　　　　　　＝981 300(元)

(2)按照换入各项资产的公允价值占换入资产公允价值总额的比例,对换入资产的成本总额进行分配,确定各项换入资产的成本(见表10-3)

表10-3　盛大公司换入单项非货币性资产入账价值计算表

资产项目	公允价值(元)	比例(%)	入账价值(元)
锻压设备	460 000	46	451 398
专利权	320 000	32	314 016
原材料	220 000	22	215 886
合计	1 000 000	100	981 300

(3)会计处理
①借:固定资产清理　　　　　　　　　　　　　896 000
　累计折旧　　　　　　　　　　　　　　　　184 000
　　贷:固定资产——门市用房　　　　　　　　　　　880 000
　　　　　　　——电脑　　　　　　　　　　　　　　200 000
②借:固定资产——锻压设备　　　　　　　　　451 398
　无形资产——专利权　　　　　　　　　　　314 016
　原材料　　　　　　　　　　　　　　　　　215 886
　应交税费——应交增值税　　　　　　　　　　37 400
　　贷:固定资产清理　　　　　　　　　　　　　　　896 000
　　　银行存款　　　　　　　　　　　　　　　　　　50 000
　　　应交税费——应交增值税　　　　　　　　　　　18 700
　　　营业外收入——非货币资产交换利得　　　　　　54 000

二、以换出资产账面价值计量的会计处理

非货币性资产交换不具有商业实质,或者虽然具有商业实质但换入资产和换出资产的公允价值均不能可靠计量的,应当以换出资产账面价值为基础确定换入资产成本,无论是否支付补价,均不确认损益。

(一)不涉及补价的会计处理

在不具有商业实质的非货币性资产交换中,不涉及补价的,企业应当按换出资产的账面价值加上应支付的相关税费作为换入资产的成本。

【例 10-4】 求实公司决定以其拥有的非专利技术换入长江公司持有金陵公司的股份,交换后双方均保持资产原有使用状态。交换日,求实公司持有非专利技术的账面余额为500 000 元,已累计摊销 80 000 元,未计提减值准备,该非专利技术为求实公司自创,公允价值不能可靠计量;长江公司持有金陵公司的股份占金陵公司具有表决权资本的比例为10%,对金陵公司不具有共同控制和重大影响,金陵公司为非上市公司,股份的公允价值不能可靠计量,长江公司该长期股权投资的账面余额为 470 000 元,未计提减值准备。假定不考虑相关税费。

本例中,整个交易不涉及货币性资产,因此,属于非货币性资产交易。在此项非货币资产交易中,双方交易虽具有商业实质,交换资产的公允价值均不能可靠计量,因此,换入资产以账面价值计量。

(1)求实公司的会计处理

借:长期股权投资——金陵公司 420 000

　　累计摊销 80 000

　　贷:无形资产——非专利技术 500 000

(2)长江公司的会计处理

借:无形资产——非专利技术 470 000

　　贷:长期股权投资——金陵公司 470 000

(二)涉及补价的会计处理

不具有商业实质的非货币性资产交换中,在涉及补价的情况下,换入资产的入账价值应分别确定:

1. 支付补价方

应当以换出资产的账面价值,加上支付的补价和应支付的相关税费,作为换入资产的成本,不确认损益。

2. 收到补价方

应当以换出资产的账面价值,减去收到的补价并加上应支付的相关税费,作为换入资产的成本,不确认损益。

【例 10-5】 承接【例 10-4】资料,假定在交换过程中,经双方商议,求实公司向长江公司支付 30 000 元的补价。

此项资产交换涉及货币性资产,确定是否为非货币性资产交换:

求实公司:$30\ 000 \div (500\ 000 - 80\ 000 + 30\ 000) = 6.7\% < 25\%$

长江公司:30 000÷470 000＝6.4%＜25%

由于该项交易涉及的补价占交换资产账面价值的比例均低于25%,属于非货币性资产交换。

(1)求实公司的会计处理

借:长期股权投资——金陵公司	450 000	
累计摊销	80 000	
贷:无形资产——非专利技术		500 000
银行存款		30 000

(2)长江公司的会计处理

借:无形资产——非专利技术	440 000	
银行存款	30 000	
贷:长期股权投资——金陵公司		470 000

(三)涉及多项非货币性资产交换的会计处理

非货币性资产交换同时换入多项资产时,非货币性资产交换不具有商业实质,或者虽具有商业实质,但换入资产的公允价值不能可靠计量的,应当按照换入各项资产的原账面价值占换入资产原账面价值总额的比例,对换入资产的成本总额进行分配,确定各项换入资产的成本。具体可按以下步骤处理:

1.确定换入的多项资产的入账价值总额

$$\begin{array}{l}换入多项资产 \\ 入账价值总额\end{array} = \begin{array}{l}换出资产的账面 \\ 价\ 值\ 总\ 额\end{array} + \begin{array}{l}支\ 付\ 的\ 补\ 价 \\ (或减去收到的补价)\end{array} + \begin{array}{l}应支付的 \\ 相关税费\end{array}$$

2.计算单项换入资产账面价值占换入资产账面价值总额的比例

$$\begin{array}{l}单项换入资产账面价值占 \\ 换入资产账面价值总额比例\end{array} = \frac{单项换入资产账面价值}{换入资产账面价值总额} \times 100\%$$

3.确定单项换入资产的入账价值

$$\begin{array}{l}单项换入资产 \\ 入\ 账\ 价\ 值\end{array} = \begin{array}{l}换入多项资产 \\ 入账价值总额\end{array} \times \begin{array}{l}该单项换入资产账面价值占 \\ 换入资产账面价值总额比例\end{array}$$

本章小结

本章主要阐述了货币性资产与非货币性资产的区别,非货币性资产交换的认定,非货币性资产交换公允价值计量基础和账面价值计量基础的应用条件及相关会计处理。

1.货币性资产和非货币性资产的区别

货币性资产是指企业持有的货币资金和将以固定或可确定的金额收取的资产。非货币性资产是指货币性资产以外的资产。非货币性资产与货币性资产的区别在于:为企业带来的未来经济利益——现金流入金额是不固定的或不可确定的。

2.非货币性资产交换的认定

非货币性资产交换是指交易双方主要以存货、固定资产、无形资产和长期股权投资等非货币性资产进行的交换。非货币性资产交换主要以非货币性资产作为交易对象,有时也可能涉及少量的货币性资产(补加),认定涉及少量货币性资产的交换为非货币性资产交换,通常以补价占整个资产交换金额的比例是否低于25%作为参考。非货币性资产交换是互惠资产转让。

3.非货币性资产交换的确认与计量

非货币性资产交换同时满足交换具有商业实质和换入资产或换出资产的公允价值能够可靠地计量两个条件的,应当以公允价值为基础确认计量换入资产的入账价值,否则以换出资产的账面价值为基础确认计量换入资产的入账价值。判断非货币性资产交换是否具有商业实质,应当遵循实质重于形式的要求。

在以公允价值为基础计量时,应当以换出资产的公允价值加上支付的补价(或减去收到的补价)和应支付的相关税费确定换入资产的成本。换出资产公允价值与账面价值的差额计入当期损益。

在以账面价值为基础计量时,应当以换出资产的账面价值加上支付的补价(或减去收到的补价)和应支付的相关税费确定换入资产成本,不确认损益。

思考题

1.货币性资产与非货币性资产的区别在哪儿?

2.非货币性资产交换如何认定?

3.非货币性资产交换的计量基础有哪些?

4.非货币性资产交换采用公允价值计量应具备哪些条件?

5.判断具有商业实质的依据有哪些?

6.具有商业实质且公允价值能够可靠计量的非货币性资产交换交易,换入资产的成本怎样确定? 如何进行会计处理?

7.具有商业实质但公允价值不能可靠计量的非货币性资产交换交易,换入资产的成本怎样确定? 如何进行会计处理?

8.换入多项非货币性资产时,换入各项资产的成本应如何确定?

练习题

(一)单项选择题

1.下列项目中,属于货币性资产的有(　　　)。

A.作为交易性金融资产的股票投资　　　B.准备持有至到期的债券投资

C.专利权　　　　　　　　　　　　　　D.作为可供出售金融资产的权益工具

2.以下交易形式中,属于非货币性资产交换的是(　　　)。

A.以应收票据与固定资产交换

B.以准备持有至到期的债券投资与股权投资交换

C.以固定资产与无形资产交换

D. 以无形资产与准备持有至到期的债券投资交换

3. 企业发生的具有商业实质且换入换出资产的公允价值能够可靠计量的非货币性资产交换,在没有补价的情况下,如果同时换入多项资产,应当按照(　　)的比例,对换入资产的成本总额进行分配,以确定各项换入资产的入账价值。

A. 换入各项资产的公允价值占换入资产公允价值总额

B. 换出各项资产的公允价值占换出资产公允价值总额

C. 换入各项资产的账面价值占换入资产账面价值总额

D. 换出各项资产的账面价值占换出资产账面价值总额

4. 2011 年 3 月 2 日,甲公司以账面价值为 350 万元的厂房和 150 万元的专利权,换入乙公司账面价值为 300 万元的在建房屋和 100 万元的长期股权投资,不涉及补价。上述资产的公允价值均无法获得。不考虑其他因素,甲公司换入房屋的入账价值为(　　)万元。

A. 280　　　　　　　B. 300　　　　　　　C. 350　　　　　　　D. 375

5. 丰业公司以一台设备换入南安公司的一辆小轿车,该设备的账面原值为 500 000 元,公允价值为 350 000 元,累计折旧为 200 000 元;南安公司小轿车的公允价值为 300 000 元,账面原值为 350 000 元,已提折旧 30 000 元。双方协议,南安公司支付丰业公司 30 000元补价。丰业公司未对该设备提减值准备。假设交易具有商业实质,换入换出资产的公允价值均能可靠计量,不考虑相关税费,则丰业公司确认的损益为(　　)元。

A. 30 000　　　　　　B. 50 000　　　　　　C. 20 000　　　　　　D. 0

6. 津滨公司以其持有的一项长期股权投资换取松江企业的一项专利权,该项交易中不涉及补价。假定该项交易具有商业实质。津滨公司该项长期股权投资的账面价值为 120 万元,公允价值为 160 万元。松江企业该项专利权的账面价值为 100 万元,公允价值为 160 万元,津滨公司在此项交易中发生了 15 万元税费。津滨公司换入的该项无形资产入价值为(　　)万元。

A. 160　　　　　　　B. 175　　　　　　　C. 120　　　　　　　D. 135

7. 下列有关非货币性资产交换的说法中,不正确的是(　　)。

A. 非货币性资产交换可以涉及少量补价,通常以补价占整个资产交换金额的比例低于 25% 作为参考

B. 当交换具有商业实质并且公允价值能够可靠计量时,应当以换出资产的公允价值加上支付的补价(或减去收到的补价)和应支付的相关税费作为换入资产的成本

C. 不具有商业实质的交换,应当以换出资产的账面价值和为换入资产支付的相关税费作为换入资产的成本

D. 收到补价时应确认收益,支付补价时不能确认收益

8. 在确定涉及补价的交易是否为非货币性资产交换时,支付补价的企业,应当按照支付的补价占(　　)的比例低于 25% 确定。

A. 换出资产公允价值　　　　　　　　　　B. 换出资产公允价值加上支付的补价

C. 换入资产公允价值加补价　　　　　　　D. 换出资产公允价值减补价

9. 在交换具有商业实质且公允价值能够可靠计量时,下列说法不正确的是(　　)。

A. 非货币性资产交换不能确认损益

B.换出资产为固定资产、无形资产的,换出资产公允价值与其账面价值的差额,计入营业外收入或营业外支出

C.换出资产为长期股权投资的,换出资产公允价值与其账面价值的差额,计入投资损益

D.收到补价方,应当以换出资产的公允价值减去补价(或换入资产的公允价值)加上应支付的相关税费,作为换入资产的成本

10.非货币性资产交换同时换入多项资产的,在确定各项换入资产的成本时,下列说法中正确的是( )。

A.非货币性资产交换不具有商业实质,或者虽具有商业实质但换入资产的公允价值不能可靠计量的,应当按照换入各项资产的原账面价值占换入资产原账面价值总额的比例,对换入资产的成本总额进行分配,确定各项换入资产的成本

B.均按各项换入资产的账面价值确定

C.均按各项换入资产的公允价值确定

D.非货币性资产交换不具有商业实质,或者虽具有商业实质但换入资产的公允价值不能可靠计量的,应当按照换入各项资产的公允价值占换入资产公允价值总额的比例,对换入资产的成本进行分配,确定各项换入资产的成本

(二)多项选择题

1.下列各项交易中,属于非货币性资产交换的有( )。

A.以固定资产换入股权投资　　　　B.以银行汇票购买原材料

C.以银行本票购买固定资产　　　　D.以长期股权投资换入原材料

2.根据我国《企业会计准则》的规定,下列各项中,可视为具有商业实质的有( )。

A.未来现金流量的风险、金额相同,时间不同

B.未来现金流量的时间、金额相同,风险不同

C.未来现金流量的风险、时间相同,金额不同

D.未来现金流量的风险、时间、金额均不同

3.在换入资产按公允价值计量的情况下,换出资产为固定资产、无形资产的,其换出资产公允价值和换出资产账面价值的差额,可计入( )。

A.营业外收入　　　B.其他业务收入　　　C.营业外支出　　　D.其他业务成本

4.下列说法可以表明换入资产或换出资产的公允价值能够可靠计量的有( )。

A.换入资产或换出资产存在活跃市场

B.换入资产或换出资产不存在活跃市场、但同类或类似资产存在活跃市场

C.不存在同类或类似资产的可比市场交易,应当采用估值技术确定其公允价值,采用估值技术确定的公允价值估计数的变动区间很小,视为公允价值能够可靠计量

D.不存在同类或类似资产的可比市场交易,在公允价值估计数变动区间内,各种用于确定公允价值估计数的概率能够合理确定,视为公允价值能够可靠计量

5.益友公司与远鹏公司(均为一般纳税企业)进行非货币性资产交换,具有商业实质且其换入或换出资产的公允价值能够可靠地计量,以下影响益友公司换入资产入账价值的项目有( )。

A. 远鹏公司支付的补价　　　　　　　　B. 益友公司换出存货的增值税销项税额

C. 益友公司换出存货的公允价值　　　　D. 益友公司换出存货的账面价值

6. 根据我国《企业会计准则》的规定,下列项目中不属于货币性资产的是(　　　)。

A. 无形资产　　　　　　　　　　　　B. 应收账款

C. 可供出售金融资产　　　　　　　　D. 持有至到期投资

7. 关于非货币性资产交换,下列说法中正确的有(　　　)。

A. 只要非货币性资产交换具有商业实质,就应当以公允价值和应支付的相关税费作为换入资产的成本

B. 若换入资产的未来现金流量在风险、时间和金额方面与换出资产显著不同,则该非货币性资产交换具有商业实质

C. 若换入资产与换出资产的预计未来现金流量现值不同,且其差额与换入资产和换出资产的公允价值相比是重大的,则该非货币性资产交换具有商业实质

D. 在确定非货币性资产交换是否具有商业实质时,企业应当关注交易各方之间是否存在关联方关系,关联方关系的存在可能导致发生的非货币性资产交换不具有商业实质

8. 以下关于非货币性资产交换以账面价值计价时,正确的处理是(　　　)。

A. 以换出资产的账面价值作为确定换入资产成本的基础

B. 换出资产公允价值与换出资产账面价值的差额计入当期损益

C. 多项非货币性资产交换时,某项资产入账价值等于换出资产账面价值总额乘以换入该项资产的账面价值占换入资产账面价值总额的比例

D. 多项非货币性资产交换时,某项资产入账价值等于换出资产账面价值总额乘以换入该项资产的公允价值占换入资产公允价值总额的比例

9. 在计算补价占整个交易金额 25% 比例时,下列公式中正确的有(　　　)。

A. 收到的补价÷换出资产公允价值<25%

B. 收到的补价÷(收到的补价+换出资产公允价值)<25%

C. 支付的补价÷(支付的补价+换入资产的账面价值)<25%

D. 支付的补价÷(支付的补价+换出资产公允价值)<25%

10. 在不具有商业实质、不涉及补价的非货币性资产交换中,确定换入资产入账价值应考虑的因素有(　　　)。

A. 换出资产的账面余额　　　　　　　B. 换出资产计提的减值准备

C. 收到的补价　　　　　　　　　　　D. 换出资产的公允价值

(三)判断题

1. 非货币性资产交换不具有商业实质的情况下,不确认交易损益。(　　　)

2. 货币性资产就是指企业持有的货币资金。(　　　)

3. 在交易不具有商业实质的情况下,应以换出的账面价值为基础确定换入资产的成本。(　　　)

4. 因为应收账款可能发生坏账,将来收取的货币是不确定的,因此,应收账款属于非货币性资产。(　　　)

5.当换入资产和换出资产的公允价值不能可靠地计量时,若不涉及补价,应当以换入资产的账面价值作为换入资产的成本,不确认损益。(　　)

6.换出资产为长期股权的投资的,换出资产公允价值与其账面价值的差额,计入投资损益。(　　)

7.非货币性资产交换是指交易双方主要以存货、固定资产、无形资产和长期股权投资等非货币性资产进行的交换。该交换不涉及或只涉及少量的货币性资产。(　　)

8.与所有者或所有者以外方面的非货币性资产非互惠转让,也属于非货币性资产交换。(　　)

9.在非货币性资产交换中,企业可以自行确定采用公允价值或换出资产的账面价值对换入资产的成本进行计量。(　　)

10.在非货币性资产交换中,只要该项交易具有商业实质,就可以按公允价值计量换入资产的成本。(　　)

(四)业务题

1.

(1)目的:掌握以公允价值计量的非货币性资产交换的会计处理。

(2)资料:飞人公司和熊猫公司均为增值税一般纳税人,适用增值税率均为17%,飞人公司以其生产用设备交换熊猫公司的一批商品。在交换日,飞人公司换出设备的账面原价为 800 000 元,已提累计折旧 160 000 元,未计提减值准备,公允价值 600 000 元;熊猫公司换出商品的账面余额 485 000 元,已计提减值准备 35 000 元,公允价值为 540 000元。此项交换中,经双方商议,熊猫公司向飞人公司支付补价 60 000 元。交换后,飞人公司将换入的商品作为生产用原料,熊猫公司将换入的设备仍作生产用设备。假定飞人公司和熊猫公司不存在关联关系,交易价格公允,不考除增值税以外的其他相关税费。

(3)要求:

①判断该项交易是否属于非货币性资产交换。

②计算飞人公司该项非货币性资产影响损益的金额。

③分别为飞人公司和熊猫公司编制该项非货币性资产交换的有关会计分录。

2.

(1)目的:掌握以账面价值计量的非货币性资产交换的会计处理。

(2)资料:鼎鑫公司以自用的一座办公用房与巨浪公司的一项专利权相交换,交换后双方均保持资产原有使用状态。交换日,鼎鑫公司办公用房的账面原价为 1 500 000 元,已计提折旧 300 000 元,未计提减值准备;巨浪公司专利权账面原价为 1 200 000 元,已累计摊销 40 000 元,经双方协议,巨浪公司向鼎鑫公司支付补价 50 000 元,交易双方均维持换入资产的原使用状态。该项非货币性资产交换中,办公用房和专利权的公允价值均无法可靠计量,假定不考虑相关税费。

(3)要求:

①判断该项交易是否属于非货币性资产交换。

②确认鼎鑫公司换入专利权的入账价值并为其编制有关会计分录。

③确认巨浪公司换入办公用房的入账价值并为其编制有关会计分录。

3.

(1)目的:掌握以公允价值计量的多项非货币性资产交换的会计处理。

(2)资料:大运公司和凯莉公司均为增值税一般纳税人,适用的增值税税率均为17%。为适应业务发展的需要,经协商,2012年5月20日,双方交换资产情况见下表。

资产交换情况

单位:元

大运公司			凯莉公司		
资产类别	计量属性	金额	资产类别	计量属性	金额
办公楼	账面余额	2 000 000	设备	账面余额	3 000 000
	累计折旧	700 000		累计折旧	1 600 000
	公允价值	1 600 000		公允价值	1 200 000
货运汽车	账面余额	650 000	专利权	账面余额	1 200 000
	累计摊销	200 000		累计摊销	300 000
	公允价值	400 000		公允价值	80 0000
库存商品	账面余额	750 000	可供出售金融资产	账面余额	500 000
	存货跌价准备	50 000		公允价值	850 000
	公允价值	1 000 000	银行存款		184 000

交换后,除凯莉公司换入的库存商品作为原材料使用外,双方均保持资产原有使用状态。假定大运公司和凯莉公司不存在关联关系,交易价格公允,公允价值与计税价格一致,办公楼和无形资产转让适用的营业税率均为5%。

(3)要求:

①计算出大运公司换入三项资产的各自入账成本;

②计算出凯莉公司换入三项资产的各自入账成本;

③分别为大运公司和凯莉公司编制相关会计分录。

第十一章

流动负债

学习目的:通过本章学习,使学生了解流动负债的确认及分类;理解流动负债的入账价值;掌握短期借款、应付账款、应付票据、应交税费等项目的会计处理;掌握应付职工薪酬的确认、计量和会计处理。

引导案例

烟台万华(600309)流动负债情况

烟台万华聚氨酯股份有限公司(简称烟台万华)2011 年 12 月 31 日的资产负债表流动负债部分项目金额(单位:元)如下:

流动负债项目	期末余额	年初余额
短期借款	1 075 373 539.31	172 190 200.00
应付票据	357 657 083.66	300 000 000.00
应付账款	94 240 111.28	93 300 804.23
预收款项	405 108 392.14	239 488 745.09
应付职工薪酬	21 410 716.77	31 094 594.56
应交税费	−15 683 018.36	−64 745 330.71
应付利息	40 450 128.64	704 719.91
其他应付款	38 252 445.31	18 283 834.36
其他流动负债	850 000 000.00	
流动负债合计	3 051 797 521.85	922 771 567.44

你知道上述这些流动负债项目是如何确认和计量的吗?列入资产负债表中的流动负债一般包括哪些?

资料来源:烟台万华聚氨酯股份有限公司 2011 年年度报告,www.sse.com.cn。

第一节 流动负债概述

一、流动负债的确认

负债是指企业过去的交易或事项形成的、预期会导致经济利益流出企业的现时义务。在资产负债表上,企业的负债按其流动性分为流动负债和非流动负债两大类别。我国《财务报表列报》准则规定,负债满足下列条件之一的,应当归类为流动负债:

1.预计在一个正常营业周期中清偿。

2.主要为交易目的而持有。

3.自资产负债表日起一年内到期应予以清偿。

4.企业无权自主地将清偿推迟至资产负债表日后一年以上。

流动负债以外的负债应当归类为非流动负债。

二、流动负债的分类

流动负债的内容较多,按照在资产负债表中的排列顺序,一般包括短期借款、交易性金融负债、应付票据、应付账款、预收款项、应付职工薪酬、应交税费、应付利息、应付股利、其他应付款、一年内到期的流动负债和其他流动负债等。为了进一步认识流动负债的性质,正确对其进行会计核算,可以采用不同的标准,将流动负债进行分类。

(一)按流动负债产生的原因分类

按流动负债产生的原因,可以将流动负债分为以下三类:

1.营业活动产生的流动负债

营业活动产生的流动负债是指企业在正常的生产经营活动中所形成的流动负债。如企业因商品购销与外部往来单位发生结算关系形成的应付票据、应付账款、预收账款等;与税务部门发生的税款结算关系形成的应交税费等;与企业职工发生薪酬结算关系形成的应付职工薪酬等等。

2.收益分配产生的流动负债

收益分配产生的流动负债是指企业根据所实现的收益进行分配所形成的流动负债。如应付股利或应付利润。

3.融资活动产生的流动负债

融资活动产生的流动负债是指企业从银行或其他金融机构筹集资金时形成的流动负债。如各种短期借款、应付利息等。

(二)按应付金额确定的程度分类

按应付金额确定程度,可以将流动负债分为以下三类:

1.应付金额确定的流动负债

应付金额确定的流动负债是指根据契约、合同或法律规定等有确定的债权人和偿付日期并有确定偿付金额的流动负债。如短期借款、应付票据、应付账款、预收账款、应付职工薪酬等。

2.应付金额视经营情况而定的流动负债

应付金额视经营情况而定的流动负债是指需要根据企业一定期间的经营情况才能确定应付金额的流动负债。如应付股利或应付利润、应交所得税等。

3.应付金额需要估计的流动负债

应付金额需要估计的流动负债是没有确切的债权人和偿付日期,或虽有确切的债权人和偿付日期,但其偿付金额需要估计的流动负债。如应付辞退职工福利、应付利息等。

三、流动负债的入账价值

负债是企业应在未来偿付的债务。从理论上来讲,为了提高会计信息的相关性,其入账价值应按未来应付金额的现值计量,即考虑货币时间价值因素。但流动负债的特点是偿还期限短,通常不超过一年,未来应付的金额与贴现值相差不多,为了简化会计核算手续,在我国会计实务中,流动负债入账价值一般按照业务发生时确定的未来需偿付的金额(或面值)计量。

第二节 短期借款

一、短期借款的核算内容

短期借款是指企业向银行或其他金融机构等借入的,偿还期限在一年以内(含一年)的各种借款。短期借款一般是企业为维持正常生产经营活动所需或为偿还某项到期债务而借入的款项。

无论借入款项的来源如何,企业均需要向债权人按期偿还借款的本金及利息,并及时地、如实地反映短期借款的借入、利息的发生和本金及利息的偿还情况。因此,短期借款的核算包括取得借款本金、计提利息、还本付息等内容。

二、会计科目的设置

企业应设置"短期借款"科目,用以核算短期借款的取得及偿还情况,其贷方登记企业借入的各种短期借款本金数额;借方登记企业归还的短期借款本金数额;期末余额在贷方,表示企业尚未偿还的短期借款本金数额。该科目一般按债权人及借款种类设置明细分类账,进行明细分类核算。

企业按权责发生制确认应付的短期借款利息,应通过"应付利息"科目核算,不计入"短期借款"科目。

三、短期借款的会计处理

当企业从银行或其他金融机构取得短期借款本金时,应借记"银行存款"科目,贷记"短期借款"科目。

短期借款所发生的利息费用,一般作为财务费用处理。当企业在会计期末根据权责发生制计提应由本期负担的短期借款利息费用时,应借记"财务费用"科目,贷记"应付利息"科目;当企业实际支付利息时,则根据已计提的利息金额,借记"应付利息"科目,根据支付利息当期的应负担利息费用,借记"财务费用"科目,根据应付利息总额,贷记"银行存款"科目。

企业短期借款到期偿还本金时,借记"短期借款"科目,贷记"银行存款"科目。

【例 11-1】海河公司 2011 年 7 月 1 日取得一项期限为 6 个月,年利率为 6%,到期还本付息的银行借款 40 000 元,所得款项存入银行。

当海河公司取得该项银行借款时,应做如下账务处理:

借:银行存款   40 000
 贷:短期借款   40 000

海河公司 2011 年 7 月至 11 月末计提每个月应负担的利息费用时,应做如下账务处理:

借:财务费用   200
 贷:应付利息   200

海河公司 2011 年 12 月末还本付息时,应做如下账务处理:

借:短期借款   40 000
  应付利息   1 000
  财务费用   200
 贷:银行存款   4 1200

第三节 应付票据

一、应付票据的核算内容

应付票据是指企业因购买商品、原材料或接受劳务等而开出、承兑的商业汇票,包括银行承兑汇票和商业承兑汇票。商业汇票按其是否带息分为带息商业汇票和不带息商业汇票两种。带息商业汇票有确定票面利率,票据到期时除支付票面金额外,还应按票面利率计算支付利息。在我国,商业汇票的期限最长不超过 6 个月,期限较短,因此,将应付票据归为流动负债。商业汇票无论是否带息,均按面值入账。

二、会计科目的设置

企业应设置"应付票据"科目,核算企业购买材料、商品和接受劳务供应等开出、承兑的商业汇票,并按债权人进行明细核算。该科目贷方登记开出、承兑应付商业汇票的面值;借方登记偿付商业汇票的面值,本科目期末贷方余额,反映企业持有尚未到期的商业汇票的票面金额。

为了加强对应付票据的管理,企业应设置"应付票据备查簿",详细登记每一应付票据的种类、号数、签发日期、到期日、票面金额、合同交易号、收款人姓名或单位名称,以及付款日期和金额等详细资料。应付票据到期付清时,应在备查簿内逐笔注销。

三、应付票据的会计处理

(一)签发承兑商业汇票

企业以商业汇票购买材料物资时,按材料物资的实际成本,借记"材料采购"、"原材料"、"库存商品"等科目,按增值税专用发票上注明的可抵扣增值税,借记"应交税费——应交增值税(进项税额)"科目,按商业汇票的票面金额,贷记"应付票据"科目。

企业以商业汇票抵偿应付账款时,按所抵偿应付账款的金额,借记"应付账款"科目,按商业汇票的票面金额,贷记"应付票据"科目。

对于企业因签发银行承兑汇票而应支付给承兑银行的手续费,应直接确认为当期的财务费用,借记"财务费用"科目,贷记"银行存款"科目。

(二)计提带息商业汇票利息

按照权责发生制,带息商业汇票应该按月计提计入当期损益的利息费用。企业于每月月末计算当月应负担的利息费用时,借记"财务费用"科目,贷记"应付利息"科目。

(三)商业汇票到期

承兑的商业汇票到期时,如果企业有能力支付票据款,对于不带息商业汇票,应借记"应付票据"科目,贷记"银行存款"科目;而对于带息商业汇票,应借记"应付票据"、"应付利息"(已计提利息)、"财务费用"(尚未计提利息)等科目,贷记"银行存款"科目。

承兑的商业汇票到期时,若企业无力支付票据款,则企业应根据承兑人的不同进行不同的账务处理。如果采用商业承兑汇票方式,承兑人即为付款人,此时,若企业无力支付票据款,应将票据的账面价值转入"应付账款"科目,即借记"应付票据"、"应付利息"(已计提利息)、"财务费用"(尚未计提利息)等科目,贷记"应付账款"科目;如果采用银行承兑汇票方式,因为承兑人为银行,即便企业无力支付票据款,承兑银行也会向持票人无条件支付该款项,所以,对于企业尚未支付的汇票金额,应转作逾期贷款处理,此时,企业应借记"应付票据"、"应付利息"(已计提利息)、"财务费用"(尚未计提利息)等科目,贷记"短期借款"科目。

【例11-2】滨海公司为增值税一般纳税人,该公司于2012年4月1日开出一张面值为35 100元、期限为3个月、票面利率为8%的商业汇票,用以采购一批材料。增值税专用发票上注明的材料价值为30 000元,增值税额为5 100元,材料已验收入库,采用实际成本法核算。

滨海公司有关的会计处理如下:

(1)4月1日,取得材料开出商业汇票时

借:原材料　　　　　　　　　　　　　　　　　　　30 000

　　应交税费——应交增值税(进项税额)　　　　　5 100

　　贷:应付票据　　　　　　　　　　　　　　　　　　　35 100

(2)4月30日和5月31日计提当月应付票据利息费用时

借:财务费用　　　　　　　　　　　　　　　　　　234

　　贷:应付利息　　　　　　　　　　　　　　　　　　234

（3）7月1日清偿该商业汇票款时

借：应付票据	35 100	
应付利息	468	
财务费用	234	
贷：银行存款		35 802

（4）若7月1日滨海公司暂时无力偿还该票据款，则将应付票据的账面价值转为应账款

借：应付票据	35 100	
应付利息	468	
财务费用	234	
贷：应付账款		35 802

（5）若该商业汇票为银行承兑汇票，7月1日滨海公司无力偿还票据款，则将应付票据转为短期借款

借：应付票据	35 100	
应付利息	468	
财务费用	234	
贷：短期借款		35 802

第四节　应付账款

一、应付账款的核算内容

应付账款是企业因购买材料、商品和接受劳务供应等经营活动而应付未付的款项。这是由于交易双方在购销活动中取得物资与支付货款时间上不一致而产生的负债，一般会在较短的期限内支付，属于流动负债。

应付票据和应付账款虽然都是由于购销活动形成的流动负债，但应付票据的法律约束力要强于应付账款。应付票据有承诺付款的票据作为凭据，按票据面值入账；应付账款一般以所购买物资所有权转移为标志，通常于收到发票时按照发票账单注明的价值入账，包括因购买商品或接受劳务应向供货方或接受劳务方支付的合同或协议价款、应支付的增值税进项税额、应支付供货方垫付的相关费用。

二、会计科目的设置

企业应设置"应付账款"科目，并按照债权人设置明细科目，核算应付账款的发生、偿还等情况。该科目贷方登记企业因购买商品、原材料或接受劳务等而应付给供应单位的款项数额，借方登记企业偿还、转销的应付账款数额，余额一般在贷方，表示企业尚未支付的应付账款余额；若为借方余额，则表示企业的预付账款。

三、应付账款的会计处理

企业购入材料、商品等而未支付款项时，应根据发票、入库单等有关原始凭证，按材料

物资的实际成本,借记"原材料"、"库存商品"、"材料采购"等科目,按照可以抵扣的增值税进项税额,借记"应交税费——应交增值税(进项税额)"科目,按照应支付的款项金额,贷记"应付账款"科目。

企业以银行存款偿还应付账款或以商业汇票抵偿应付账款时,应借记"应付账款"科目,贷记"银行存款"、"应付票据"等科目。

如果由于债权人撤销等原因而产生无法支付的应付账款,企业应将该项应付账款予以转销,直接计入当期损益,借记"应付账款"科目,贷记"营业外收入"科目。

【例 11-3】大成公司 2012 年 6 月 20 日从利达公司购入面粉 6 000 公斤,用于生产面包。利达公司开具的增值税专用发票注明货款为 36 000 元,增值税为 6 120 元,货已验收入库,合同规定 8 月 20 日付款。

大成公司 6 月 20 日取得面粉时:

借:原材料 36 000
　应交税费——应交增值税(进项税额) 6 120
　　贷:应付账款——利达公司 42 120

大成公司 8 月 20 日以银行存款支付欠款时:

借:应付账款——利达公司 42 120
　　贷:银行存款 42 120

假设大成公司 8 月 20 日无法全额支付这笔款项,经与利达公司协商,开出承兑一张面值为 30 000 元、期限 3 个月的无息商业汇票一张予以抵偿,其余以转账支票支付。

借:应付账款——利达公司 42 120
　　贷:应付票据 30 000
　　　银行存款 12 120

第五节　应付职工薪酬

一、职工薪酬的内容

(一)职工的范围

我国《职工薪酬》准则所称的职工包括以下三类人员:

1. 与企业订立劳动合同的所有人员,含全职、兼职和临时职工;

2. 未与企业订立劳动合同、但由企业正式任命的人员,如董事会成员、监事会成员等;

3. 在企业的计划和控制下,虽未与企业订立劳动合同或未由其正式任命,但为其提供与职工类似服务的人员。

(二)职工薪酬的内容

我国《职工薪酬》准则规定:职工薪酬是指企业为获得职工提供的服务而给予各种形式的报酬以及其他相关支出,既包括企业为职工在职期间和离职后提供的全部货币性薪酬和非货币性福利,也包括企业为职工配偶、子女或其他被赡养人提供的福利等。具体内容主要包括:

1. 职工工资、奖金、津贴和补贴；

2. 职工福利费；

3. 社会保险费；

4. 住房公积金；

5. 工会经费和职工教育经费；

6. 非货币性福利；

7. 因解除与职工的劳动关系给予的补偿，亦称辞退福利；

8. 其他与获得职工提供的服务相关的支出。

会计实务中，职工薪酬的结算在前，实际支付在后，两者之间存在一定的时间差，应付未付的职工薪酬，就构成了企业的一项流动负债。

二、会计科目的设置

为核算企业应付职工薪酬的分配、提取、发放、支付等情况，应当设置"应付职工薪酬"总分类科目。该科目贷方登记根据职工提供服务受益对象提取的职工薪酬，借方登记实际发放、按规定支付、缴纳的职工薪酬金额。该科目期末一般为贷方余额，反映企业应付未付或待转的职工薪酬，若期末为借方余额，则反映企业多支付的职工薪酬。"应付职工薪酬"科目应当设置"工资"、"职工福利"、"社会保险费"、"住房公积金"、"工会经费"、"职工教育经费"、"非货币性福利"、"辞退福利"等明细分类科目，进行明细分类核算。

二、应付职工薪酬的会计处理

(一)工资性薪酬

工资性薪酬是指企业在一定时期内应支付给职工的劳动报酬总额，是职工薪酬的主体。企业的工资总额一般由计时工资、计件工资、奖金、津贴和补贴、加班加点工资和特殊情况下(如病假、产假、探亲假等)支付的工资构成。

工资性薪酬的核算包括工资结算和工资分配。

1.工资结算

工资结算包括工资的计算和发放。

工资的计算与企业的工资制度有关，企业应根据职工人数、工资标准及考勤表、产量单等按月计算出应付职工工资总额。有时企业还为某些部门代扣一些款项，如代扣个人所得税、代扣住房公积金等，应付职工工资总额扣除一些代扣款项，即为实发给职工的工资总额。为了反映企业工资总额的构成情况，企业应编制工资结算汇总表，并据此提取现金、发放工资。

企业发放工资的方式通常有现金发放和通过银行转账发放两种。以现金发放工资的，应在发放工资之前，根据实发工资总额数到银行提取现金，借记"库存现金"科目，贷记"银行存款"科目；实际以现金发放工资时，借记"应付职工薪酬——工资"科目，贷记"库存现金"科目。通过银行转账方式直接将工资转入职工个人银行账户的，不必提取现金，应按照转账的实发工资数额，借记"应付职工薪酬——工资"科目，贷记"银行存款"科目。

【例 11-4】海河公司 2012 年 6 月编制的工资结算汇总表如表 11-1 所示。

表 11-1 工资结算汇总表

2012 年 6 月　　　　　　　　　　　　　　　　单位:元

部门名称		应付工资						代扣款项		实发工资
		基本工资	奖金	补贴	津贴	其他	合计	住房公积金	个人所得税	
生产车间	生产工人	60 000	12 000	4 000			76 000	6 080	5 000	64 920
	管理人员	20 000		2 000			22 000	1 760	1 000	19 240
人力资源部		20 000		1 500			21 500	1 720	900	18 880
财务部		22 000		1 800			23 800	1 904	1 500	20 396
市场部		40 000	24 000	10000			74 000	5 920	6 000	62 080
研发部		18 000		800			18 800	1 504		17296
在建项目工程部		24 000		1 200			25 200	2 016		23 184
合计		204 000	36 000	21 300			261 300	20 904	14 400	225 996

根据工资结算汇总表,海河公司通过银行转账方式,实际发放工资 225 996 元。

借:应付职工薪酬——工资　　　　　　　　　225 996

　　贷:银行存款　　　　　　　　　　　　　　　225 996

结转代扣住房公积金、代扣个人所得税

借:应付职工薪酬——工资　　　　　　　　　35 304

　　贷:应交税费——应交个人所得税　　　　　14 400

　　　　其他应付款——应交住房公积金　　　　20 904

2.工资分配

工资分配就是根据职工提供服务的受益对象,把应付职工工资总额分配计入相关资产的成本或当期损益。分配时,直接生产人员的工资借记"生产成本"科目,车间管理人员的工资借记"制造费用"科目;在建工程人员的工资借记"在建工程"科目,研发人员的工资借记"研发支出"科目;管理部门人员的工资借记"管理费用"科目;销售人员的工资借记"销售费用"科目等;根据应付职工工资总额,贷记"应付职工薪酬——工资"科目。

为了便于进行工资分配核算,企业应编制工资分配汇总表。

【例 11-5】承接【例 11-4】资料,海河公司编制 2012 年 6 月份工资分配汇总表如表 11-2 所示。

表 11-2 工资分配汇总表

2012 年 6 月　　　　　　　　　　　　　　　　单位:元

科目 ＼ 部门	生产车间		财务人员	销售人员	技术人员	工程建设人员	其他管理人员	合计
	生产人员	管理人员						
生产成本	76 000							76 000
制造费用		22 000						22 000

续表

部门	生产车间		财务人员	销售人员	技术人员	工程建设人员	其他管理人员	合计
科目	生产人员	管理人员						
管理费用			23 800				21 500	45 300
销售费用				74 000				74 000
研发支出					18 800			18 800
在建工程						25 200		25 200
合计	76 000	22 000	23 800	74 000	18 800	25 200	21 500	261 300

海河公司根据 2012 年 6 月份"工资分配汇总表",编制会计分录为:

借:生产成本   76 000

制造费用   22 000

管理费用   45 300

销售费用   74 000

研发支出   18 800

在建工程   25 200

    贷:应付职工薪酬——工资   261 300

(二)福利性薪酬

职工福利性薪酬包括货币性福利和非货币性福利。

1. 货币性福利

货币性福利是指企业为职工负担的货币性福利支出,主要包括职工因公负伤赴外地就医路费、职工生活困难补助、未实行医疗统筹企业的职工医疗费用,以及按照国家规定开支的其他职工福利支出。

货币性福利的核算包括福利费的提取和使用。

货币性福利费的提取,在没有明确规定计提基础和计提比例的情况下,企业应当根据历史经验数据和当期福利计划,预计当期应计入职工薪酬的福利费金额,按照职工提供服务的受益对象,计入相关的成本或当期费用,借记"生产成本"、"制造费用"、"管理费用"、"在建工程"等科目,贷记"应付职工薪酬——职工福利"科目。发生福利费支出时,按实际支付的福利费金额,借记"应付职工薪酬——职工福利"科目,贷记"库存现金"、"银行存款"等科目。资产负债表日,企业应当对实际发生的福利费金额和预计金额进行调整。

为便于进行福利费的核算,企业应编制职工福利费计提分配表。

【例 11-6】承接【例 11-4】资料,海河公司编制 2012 年 6 月份职工福利费计提分配表见表 11-3 所示。

表 11-3　职工福利费计提分配表

2012 年 6 月　　　　　　　　　　　　单位:元

科目 ＼ 项目	计提基数（工资总额）	计提比例	计提金额
生产成本	76 000	14%	10 640
制造费用	22 000	14%	3 080
管理费用	45 300	14%	6 342
销售费用	74 000	14%	10 360
研发支出	18 800	14%	2 632
在建工程	25 200	14%	3 528
合计	261 300		36 582

海河公司根据 2012 年 6 月份"职工福利费计提分配表",编制会计分录为:

```
借:生产成本                                  10 640
   制造费用                                   3 080
   管理费用                                   6 342
   销售费用                                  10 360
   研发支出                                   2 632
   在建工程                                   3 528
   贷:应付职工薪酬——职工福利                        36 582
```

【例 11-7】 2012 年 10 月 10 日,海河公司以现金支付其职工张维生活困难补助 1 000 元。

```
借:应付职工薪酬——职工福利                     1 000
   贷:库存现金                                   1 000
```

2.非货币性福利

非货币性福利是指企业以自己的产品或外购商品发放给职工作为福利;企业提供给职工无偿使用自己拥有的资产或租赁资产供职工无偿使用;免费为职工提供诸如医疗保健的服务;向职工提供企业支付了一定补贴的商品或服务等。

(1)企业以自产产品或外购商品发放给职工作为福利

企业以其自产产品作为非货币性福利发放给职工的,应按照该产品的公允价值和相关税费,根据职工提供服务的受益对象,计入相关资产的成本或当期损益,借记"生产成本"、"制造费用"、"管理费用"等科目,贷记"应付职工薪酬——非货币性福利"科目;相关的收入确认、销售成本的结转及相关税费的处理,与正常商品销售相同。

【例 11-8】 天翔公司为一家生产洗衣机的一般纳税人企业,共有职工 1 000 名(其中:生产工人 600 名,车间管理人员 100 名,公司管理人员 200 名,销售人员 100 名)。2012 年 10 月,公司以其生产的成本为每台 320 元、售价为每台 500 元、增值税率为 17% 的某型号洗衣机作为节日福利发放给职工,每人一台。

天翔公司决定发放非货币性福利时:

借:生产成本	351 000	
制造费用	58 500	
管理费用	117 000	
销售费用	58 500	
贷:应付职工薪酬——非货币性福利		585 000

天翔公司在实际发放洗衣机时:

借:应付职工薪酬——非货币性福利	585 000	
贷:主营业务收入		500 000
应交税费——应交增值税(销项税额)		85 000

同时应结转商品销售成本:

借:主营业务成本	320 000	
贷:库存商品		320 000

企业以外购商品作为非货币性福利提供给职工的,应当按照该商品的公允价值和相关税费,计量应计入成本费用的职工薪酬金额,同时,应根据受益对象的不同,再将应付职工薪酬计入相关资产的成本或当期损益。当购入外购商品时,借记"应付职工薪酬——非货币性福利"科目,贷记"银行存款"等科目;应借记"生产成本"、"制造费用"、"劳务成本"、"管理费用"科目等,贷记"应付职工薪酬——非货币性福利"科目。

【例 11-9】海河公司 2012 年 7 月购买了一批电风扇作为福利发放给每位职工,该批电风扇含税价为每台 200 元,货款已通过银行支付。企业共有 100 名职工,其中生产工人70 人,车间管理人员 12 人,管理人员 18 人。

海河公司决定发放非货币性福利时:

借:生产成本	14 000	
制造费用	2 400	
管理费用	3 600	
贷:应付职工薪酬——非货币性福利		20 000

海河公司购买电风扇时:

借:库存商品	20 000	
贷:银行存款		20 000

海河公司实际发放电风扇时:

借:应付职工薪酬——非货币性福利	20 000	
贷:库存商品		2 0000

(2)企业将拥有的房屋或租赁住房等资产无偿提供给职工使用

企业将拥有的房屋、汽车等资产无偿提供给职工使用的,应当根据受益对象,将住房等资产每期应计提的折旧或资产摊销额计入相关资产成本或费用,同时确认应付职工薪酬。每期计提该项资产折旧时,借记"应付职工薪酬——非货币性福利"科目,贷记"累计折旧"科目;同时,应借记"生产成本"、"制造费用"、"劳务成本"、"管理费用"科目等,贷记"应付职工薪酬——非货币性福利"科目。确实无法认定受益对象的,直接计入当期损益,借记"管理费用"科目,贷记"应付职工薪酬——非货币性福利"科目。

企业将租赁住房等资产供职工无偿使用的,应当根据受益对象,将每期应付的租金计入相关资产成本或费用,并确认应付职工薪酬。每期计提租赁资产租金时,借记"应付职工薪酬——非货币性福利"科目,贷记"其他应付款"科目;同时,应借记"生产成本"、"制造费用"、"管理费用"科目等,贷记"应付职工薪酬——非货币性福利"科目。难以认定受益对象的,直接计入当期损益,借记"管理费用"科目,贷记"应付职工薪酬——非货币性福利"科目。

【例 11-10】2012 年滨海公司为 2 名新聘任的高层管理人员每人租赁了一套公寓住房,每套每月租金 5 000 元,同时为每人提供一辆小汽车免费使用,每辆汽车每月应提折旧额为 1 200 元。

滨海公司每月应作如下会计处理:

确认非货币性福利时:

借:管理费用　　　　　　　　　　　　　　　　　　　　　6 200

　　贷:应付职工薪酬——非货币性福利　　　　　　　　　　　　　　6 200

计提折旧和租金时:

借:应付职工薪酬——非货币性福利　　　　　　　　　　　6200

　　贷:其他应付款　　　　　　　　　　　　　　　　　　　　　5 000

　　　　累计折旧　　　　　　　　　　　　　　　　　　　　　1 200

支付租金时:

借:其他应付款　　　　　　　　　　　　　　　　　　　　5 000

　　贷:银行存款　　　　　　　　　　　　　　　　　　　　　5 000

(三)社会保险费和住房公积金

社会保险费是指企业按照国家规定的基准和比例计算,向社会保险经办机构缴纳的医疗保险费、养老保险费、失业保险费、工伤保险费和生育保险费。企业按照年金计划规定的基准和比例计算,向企业年金基金相关管理人缴纳的补充养老保险,以及购买商业保险形式提供给职工的各种保险待遇也属于职工薪酬。

住房公积金是指企业按照国家规定的基准和比例计算,向住房公积金管理机构缴存的住房公积金。

社会保险费和住房公积金的核算包括提取和缴纳。企业按照相关规定的基准和比例计算提取社会保险费和住房公积金时,应当根据职工提供服务的受益对象,计入相关的成本或当期费用,借记"生产成本"、"制造费用"、"管理费用"、"在建工程"等科目,贷记"应付职工薪酬——社会保险费(或住房公积金)"科目。企业向社会保险经办机构、企业年金基金相关管理人缴纳社会保险费时,应由企业负担的部分,借记"应付职工薪酬——社会保险费"科目,应由职工个人负担的部分,借记"其他应付款"科目,贷记"银行存款"科目;企业向住房公积金管理机构缴存的住房公积金时,应由企业负担的部分,借记"应付职工薪酬——住房公积金"科目,应由职工个人负担的部分,借记"其他应付款"科目,贷记"银行存款"科目。

为便于进行社会保险费和住房公积金的核算,企业应编制社会保险费和住房公积金计提分配表。

【例 11-11】承接【例 11-4】资料,海河公司编制 2012 年 6 月份社会保险费和住房公积金计提分配表如表 11-4 所示。

表 11-4　社会保险费和住房公积金计提分配表
2012 年 6 月　　　　　　　　　　　　　　　　　　　　单位:元

项目 科目	计提基数 (工资总额)	基本养老保险 (20%)	医疗保险 (10%)	失业保险 (2%)	住房公积金 (8%)	计提合计
生产成本	76 000	15 200	7 600	1 520	6 080	30 400
制造费用	22 000	4 400	2 200	440	1 760	8 800
管理费用	45 300	9 060	4 530	906	3 624	18 120
销售费用	74 000	14 800	7 400	1 480	5 920	29 600
研发支出	18 800	3 760	1 880	376	1 504	7 520
在建工程	25 200	5 040	2 520	504	2 016	10 080
合计	261 300	52 260	26 130	5 226	20 904	104 520

海河公司根据 2012 年 6 月份"社会保险费和住房公积金计提分配表",编制会计分录为:

借:生产成本	30 400
制造费用	8 800
管理费用	18 120
销售费用	29 600
研发支出	7 520
在建工程	10 080
贷:应付职工薪酬——社会保险费	83 616
——住房公积金	20 904

(四)工会经费和职工教育经费

工会经费和职工教育经费是指企业为了改善职工文化生活,为了职工学习先进技术、提高文化水平和业务素质,用于开展工会活动和职工教育及职工技能培训等相关支出。

工会经费和职工教育经费的核算包括提取和支用。

企业根据工资总额的一定比例计算提取工会经费和职工教育经费时,应当按照职工提供服务的受益对象,计入相关的成本或当期费用,借记"生产成本"、"制造费用"、"管理费用"、"在建工程"等科目,贷记"应付职工薪酬——工会经费(或职工教育经费)"科目;发生工会经费和职工教育经费支出时,借记"应付职工薪酬——工会经费(职工教育经费)"科目,贷记"银行存款"等科目。

为了便于进行工会经费和职工教育经费的核算,企业应编制工会经费和职工教育经费计提分配表。

【例 11-12】承接【例 11-4】资料,海河公司编制 2012 年 6 月份社会保险费和住房公积金计提分配表,如表 11-5 所示。

表 11-5 工会经费和职工教育经费计提分配表

2012 年 6 月   单位:元

项目 科目	计提基数 （工资总额）	工会经费 （2%）	职工教育经费 （1.5%）	计提合计
生产成本	76 000	1 520	1 140	2 660
制造费用	22 000	440	330	770
管理费用	45 300	906	679.5	1 585.5
销售费用	74 000	1 480	1 110	2 590
研发支出	18 800	376	282	658
在建工程	25 200	504	378	882
合计	261 300	5 226	3 919.5	9 145.5

海河公司根据 2012 年 6 月份"工会经费和职工教育经费计提分配表",编制会计分录为:

```
借:生产成本                           2 660
    制造费用                           770
    管理费用                         1 585.50
    销售费用                         2 590
    研发支出                           658
    在建工程                           882
    贷:应付职工薪酬——工会经费                    5 226
                  ——住房公积金                    3 919.50
```

（五）辞退福利

辞退福利是指企业在职工劳动合同尚未到期之前解除与职工的劳动关系而给予职工的经济补偿。辞退福利包括两方面的内容:一是在职工劳动合同尚未到期前,不论职工本人是否愿意,企业决定解除与职工的劳动关系而给予的补偿;二是在职工劳动合同尚未到期前为鼓励职工自愿接受裁减而给予的补偿,职工有权利选择继续在职或接受补偿离职。

由于被辞退职工不再为企业提供服务,企业应将本期确认的辞退福利全部计入当期管理费用而不需分配。

辞退福利通常采取解除劳动关系时一次性支付补偿的方式,也有通过提高退休后养老金或其他离职后福利的标准,或者在职工不再为企业带来经济利益后,将职工工资部分支付到辞退后未来某一期间。

对于职工没有选择权的辞退计划,应当根据计划条款所规定的拟解除劳动关系的职工数量、每一职位的辞退补偿金额等计提应付职工薪酬,借记"管理费用"科目,贷记"应付职工薪酬——辞退福利"科目。

对于职工自愿接受裁减建议,因接受裁减的职工数量不确定,企业应当合理预计将会接受裁减建议的职工数量,进而根据每一职位的辞退补偿金额等计提应付职工薪酬,借记

"管理费用"科目,贷记"应付职工薪酬——辞退福利"科目。企业实际支付辞退福利时,借记"应付职工薪酬——辞退福利"科目,贷记"银行存款"等科目。

案例 11-1

安徽水利(600502)应付职工薪酬情况

据安徽水利开发股份有限公司 2011 年年度报告显示,该公司应付职工薪酬情况如下(单位:元):

项 目	2010.12.31	本年增加	本年减少	2011.12.31
工资、奖金、津贴和补贴	6 543 625.50	190 936 440.24	177 570 826.73	19 909 239.01
职工福利费	—	10 376 394.31	10 376 394.31	—
社会保险费	82 659.98	14 558 796.55	14 462 167.51	179 289.02
其中:医疗保险费	22 907.00	4 395 031.55	4 335 582.32	82 356.23
养老保险费	54 096.38	9 123 090.41	9 086 395.27	90 791.52
失业保险费	5 656.60	945 681.32	945 196.65	6 141.27
工伤保险费	—	40 445.14	40 445.14	—
生育保险费	—	54 548.13	54 548.13	—
住房公积金	195 391.90	3 724 754.63	3 870 573.17	49 573.36
工会经费	385 001.05	1 977 419.28	2 362 420.33	—
职工教育经费	50 000.00	308.00	308.00	50 000.00
合计	7 256 678.43	221 574 113.01	208 642 690.05	20 188 101.39

(1)年末应付职工薪酬中无属于拖欠性质的工资。

(2)应付职工薪酬年末余额较年初增长了 178.20%,主要系本年职工人数增加及标准提高,应付的职工工资增加所致。

资料来源:安徽水利开发股份有限公司 2011 年年度报告,www.see.com.cn。

第六节　应交税费

应交税费是指企业按照税法等有关规定计算的应缴纳的各种税费。企业在一定时期内取得的营业收入和实现的利润,要按照规定向国家缴纳各种税金,这些应交的税金在尚未缴纳之前暂时停留在企业,形成一项负债。目前企业向国家缴纳的税金主要有增值税、消费税、营业税、城市维护建设税、资源税、土地增值税、房产税、车船税、所得税等。企业缴纳的费用有教育费附加、矿产资源补偿费等。

一、应交增值税

(一)应交增值税额的计算

增值税是对在我国境内销售货物、进口货物以及提供加工、修理修配劳务的单位和个人,就货物或应税劳务的增值额征收的一种流转税。

按照经营规模和会计核算健全程度的不同,企业可划分为一般纳税人和小规模纳税人。一般纳税人适用的增值税税率通常为17%,采用抵扣办法纳税;小规模纳税人增值税征收率为3%,实行简易办法纳税。

1.一般纳税人应交增值税额的计算

应交增值税=销项税额-进项税额

2.小规模纳税人应交增值税额计算

应交增值税=不含税销售额×征收率

(二)一般纳税人企业应交增值税的核算

1.会计科目设置

一般纳税人企业应在"应交税费"科目下设置"应交增值税"、"未交增值税"两个二级科目。"应交税费——应交增值税"二级科目下,还应按照应交增值税的构成内容设置专栏,进行明细核算。应交增值税明细账户格式如表11-6所示。

表 11-6 应交增值税明细账

略	借方						贷方					余额
	合计	进项税额	已交税金	减免税款	出口抵减内销产品应纳税额	转出未交增值税	合计	销项税额	出口退税	进项税额转出	转出多交增值税	

各专栏的记录内容如下:

(1)"进项税额"科目,记录企业购进货物、接受应税劳务而支付的、并准予从销项税额中抵扣的增值税额;若发生购货退回或折让,应以红字计入,表示冲销的进项税额。

(2)"已交税金"科目,记录企业当月上缴本月应交增值税额。

(3)"减免税款"科目,记录企业按规定直接减免的增值税额。

(4)"出口抵减内销产品应纳税额"科目,记录出口企业按规定退税率计算的当期应予抵扣的税额。

(5)"转出未交增值税"科目,记录企业月终转出的应交未交的增值税额。

(6)"销项税额"科目,记录企业销售货物、提供应税劳务应收取的增值税额。若发生销货退回或销售折让,应以红字计入,表示冲减销项税额。

(7)"出口退税"科目,记录企业向海关办理报关出口手续后,凭出口报关单等有关单证,向主管出口退税的税务机关申报办理出口退税而确认的应予退回的税款及应免抵税款。

(8)"进项税额转出"科目,记录企业的购进货物、在产品、产成品等发生非正常损失及其他原因时,不应从销项税额中抵扣而应按规定转出的进项税额以及在出口退税业务中不予抵扣或退税的税额。

(9)"转出多交增值税"科目,记录企业月终转出多缴的增值税额。

2.进项税额的会计处理

进项税额是指纳税人购进货物或接受应税劳务支付或负担的增值税税额。进项税额的抵扣必须以合法的扣税凭证为依据,包括增值税专用发票、进口货物的完税凭证、收购免税农产品凭证、外购物资支付的运输费用的结算单据等。可以抵扣的金额一般以专用发票或完税凭证上注明的税额为准,收购免税农产品、支付外购货物运费且不能取得增值税专用发票,按税法规定分别按农产品买价的13%、运费的7%计算的进项税额,准予从销项税额中抵扣。纳税人购进货物或者应税劳务,取得的增值税扣税凭证不符合法律、行政法规或者国务院税务主管部门有关规定的,其进项税额不得从销项税额中抵扣,只能计入货物或接受劳务的成本。

【例11-13】海大公司为增值税一般纳税人,材料采用实际成本法核算。2012年4月10日购入一批原材料,取得增值税专用发票上注明的材料价款为200 000元,增值税额为34 000元。货款已用银行汇票支付,材料已经验收入库。

借:原材料	200 000
应交税费——应交增值税(进项税额)	34 000
贷:其他货币资金——银行汇票	234 000

【例11-14】五星公司为增值税一般纳税人,2012年6月收购一批免税果品作为生产饮料的原料,收购价为80 000元,收购的果品已验收入库,收购该批免税果品发生运费2 000元,款项均已通过银行支付。

材料购进成本=80 000×(1-13%)+2 000×(1-7%)=80 820(元)

进项税额=8 000×13%+2 000×7%=1 180(元)

借:原材料	80 820
应交税费——应交增值税(进项税额)	1 180
贷:银行存款	82 000

如果企业外购的存货发生了非常损失,用于房屋等工程建设,按照税法规定,其进项税额应予以转出,借记"待处理财产损溢"、"在建工程"等科目,贷记"应交税费——应交增值税(进项税额转出)"科目。

【例11-15】海河公司自建办公用房领用生产用的原材料一批,实际成本24 000元。该批材料取得时确认的增值税进项税额为4 080元。

海河公司领用该批材料时:

借:在建工程	28 080
贷:原材料	24 000
应交税费——应交增值税(进项税额转出)	4 080

3.销项税额的会计处理

销项税额是指纳税人销售货物或提供应税劳务,按照销售额和规定的税率计算并向购买方收取的增值税税额。

一般纳税人企业在对外销售商品或提供劳务时,应向购货方或接受劳务方开具增值税专用发票。企业销售商品或提供劳务时,按收到或应收的全部价款,借记"银行存款"、"应收票据"、"应收账款"等科目,按不含税的销售额,贷记"主营业务收入"、"其他业务收入"等科目,按应收取的增值税额,贷记"应交税费——应交增值税(销项税额)"科目。

【例 11-16】海河公司向星海公司销售产品一批,开出增值税专用发票,注明货款 120 000元,增值税 20 400 元。产品已发运给星海公司,符合收入确认条件,但款项尚未收到。

海河公司确认销售收入成立时:

借:应收账款——星海公司　　　　　　　　　　　　　　　　140 400
　　贷:主营业务收入　　　　　　　　　　　　　　　　　　　　120 000
　　　　应交税费——应交增值税(销项税额)　　　　　　　　　　20 400

按照税法规定,企业将自产或者委托加工的货物用于非增值税应税项目、用于集体福利或者个人消费;或者将自产、委托加工或者购进的货物对外投资,分配给股东或无偿赠送其他单位或者个人,视同销售货物,需计算缴纳增值税。

4.增值税的缴纳和期末结转

(1)企业向税务部门实际缴纳当期的增值税额时

借:应交税费——应交增值税(已交税金)
　　贷:银行存款

(2)企业向税务部门缴纳以前各期欠交的增值税时

借:应交税费——未交增值税
　　贷:银行存款

(3)期末结转欠交或多交增值税

期末,企业应将本期欠交或多交的增值税转到"应交税费——未交增值税"科目。

企业期末结转应交未交的增值税时:

借:应交税费——应交增值税(转出未交增值税)
　　贷:应交税费——未交增值税

企业期末结转多交的增值税时:

借:应交税费——未交增值税
　　贷:应交税费——应交增值税(转出多交增值税)

经过结转后,"应交税费——未交增值税"科目余额如果在贷方,表明企业缴纳的增值税额;余额如果在借方,表明企业多交的增值税。"应交税费——应交增值税"科目的借方余额,反映企业尚未抵扣的增值税。

(三)小规模纳税人企业应交增值税的核算

1.会计科目设置

小规模纳税人企业在"应交税费"科目下设置"应交增值税"明细科目,无须设置三级明细项目。"应交税费——应交增值税"科目的贷方发生额,反映企业应交的增值税;借方发生额,反映企业实际上交的增值税;期末贷方余额反映企业尚未上交或欠交的增值税,借方余额则反映多交的增值税额。

2.小规模纳税企业会计处理

(1)小规模纳税企业购进货物

小规模纳税企业购入货物无论是否具有增值税专用发票,其支付的进项增值税不得从销项税额抵扣,应计入购入货物或劳务的成本。

【例 11-17】玉华公司被核定为小规模纳税人,本期购入材料一批,取得增值税专用发票上记载的材料价款为 30 000 元,增值税额为 5 100 元,款项以转账支票付清,材料已验收入库。

借:原材料   35 100

 贷:银行存款   35 100

(2)小规模纳税人销售货物

小规模纳税人销售货物或提供劳务,一般只能开具普通发票,不能开增值税专用发票。采用销售额和应纳税额合并定价的,应将含税销售额还原为不含税销售额后,再计算应交增值税额。还原计算公式为:

不含税销售额＝含税销售额÷(1＋征收率)

企业销售货物时,按收取的金额借记“银行存款”、“应收账款”等科目,按不含税销售额贷记“主营业务收入”、“其他业务收入”科目,按计算的增值税额贷记“应交税费——应交增值税”科目。

【例 11-18】玉华公司本期销售产品一批,开具普通发票,含税销售额为 10 300 元,产品已发出,符合收入确认条件,款项也已收到存入银行。

不含税销售额＝10 300÷(1＋3%)＝10 000(元)

应交增值税＝10 000×3%＝300(元)

借:银行存款   10 300

 贷:主营业务收入   10 000

   应交税费——应交增值税   300

企业按规定时间向税务部门实际缴纳增值税时:

借:应交税费——应交增值税   300

 贷:银行存款   300

二、应交消费税

(一)应交消费税额的计算

消费税是对在我国境内从事生产、委托加工和进口应税消费品的单位和个人征收的一种税。消费税的征收方法有从价定率、从量定额和复合计税三种方法。计算公式如下:

实行从价定率办法计算的应纳税额＝销售额×比例税率

实行从量定额办法计算的应纳税额＝销售数量×定额税率

实行复合计税办法计算的应纳税额＝销售额×比例税率＋销售数量×定额税率

公式中的销售额为纳税人销售应税消费品向购买方收取的全部价款及价外费用,不包括向购买方收取的增值税税款。

(二)会计科目设置

企业按规定应交的消费税,在“应交税费”科目下设置“应交消费税”明细科目核算。“应交消费税”明细科目的借方发生额,反映实际缴纳的消费税和待扣的消费税;贷方发生额反映按规定应缴纳的消费税;期末如为贷方余额,反映尚未缴纳的消费税;期末如为借方余额,反映多交或待扣的消费税。

（三）应交消费税的会计处理

1.销售应税消费品

消费税不同于增值税,它属于价内税,即产品销售收入中包含消费税,企业将生产的产品直接对外销售的,对外销售产品应缴纳的消费税,应通过"营业税金及附加"科目核算;企业按规定计算出应交的消费税时,借记"营业税金及附加"科目,贷记"应交税费——应交消费税"科目。

【例11-19】海河公司销售应税消费品一批,开具增值税专用发票注明货款60 000元,增值税额10 200元。该产品的消费税税率为10%。产品已经发出,符合收入确认条件,款项尚未收到。

海河公司确认产品销售收入时:

借:应收账款　　　　　　　　　　　　　　　　　　　70 200

　　贷:主营业务收入　　　　　　　　　　　　　　　　　　　60 000

　　　　应交税费——应交增值税(销项税额)　　　　　　　　10 200

销售该批产品应交消费税=60 000×10%=6 000(元)

借:营业税金及附加　　　　　　　　　　　　　　　　　6 000

　　贷:应交税费——应交消费税　　　　　　　　　　　　　　6 000

企业将自产的应税消费品对外投资,或用于在建工程、非生产机构等其他方面,按照税法规定,应当按照计税价格计算缴纳消费税,计入相关成本,同时确认应交消费税。

2.委托加工应税消费品

按照税法规定,企业委托外单位加工应税消费品,应由受托方在向委托方交货时代扣代缴税款,其销售额应按受托方同类消费品的销售价格计算;没有同类消费品销售价格的,应按组成计税价格计算。

实行从价定率办法计算缴纳消费税的,组成计税价格的计算公式为:

组成计税价格=(材料成本+加工费)÷(1-比例税率)

实行复合计税办法计算缴纳消费税的,组成计税价格的计算公式为:

组成计税价格=(材料成本+加工费+委托加工数量×定额税率)÷(1-比例税率)

委托企业收回委托加工的应税消费品,如果用于连续生产应税消费品的,按税法规定,所纳消费税款准予抵扣,委托方应将代收代缴的消费税借记"应交税费——应交消费税"科目,贷记"应付账款"、"银行存款"等科目;待用委托加工的应税消费品生产出应税消费税销售时,按其销售额计算应交的消费税,借记"营业税金及附加"科目,贷记"应交税费——应交消费税"科目;全部应交的消费税扣除收回委托加工应税消费品时缴纳的消费税,为企业实际应向税务部门应交的消费税。

委托加工应税消费品收回后直接用于销售的,委托方应将代收代缴的消费税计入委托加工的应税消费品成本,借记"委托加工物资"等科目,贷记"应付账款"、"银行存款"等科目,待委托加工应税消费品销售时,不需要再缴纳消费税。

委托加工应税消费品的具体会计处理可见第四章【例4-24】。

3.缴纳消费税

企业实际向税务部门缴纳消费税时,借记"应交税费——应交消费税",贷记"银行存款"科目。

三、应交营业税

(一)应交营业税额的计算

营业税是对在我国境内提供应税劳务、转让无形资产或销售不动产的单位或个人征收的一种税。营业税按照营业额和规定的税率计算应纳税额,其计算公式为:

应纳税额＝营业额×税率

公式中的营业额是指企业提供应税劳务、转让无形资产或者销售不动产相对方收取的全部价款和价外费用。

(二)会计科目设置

企业按规定应交的营业税,在"应交税费"科目下设置"应交营业税"明细科目,"应交营业税"明细科目的借方发生额,反映企业已缴纳的营业税;其贷方发生额,反映企业应交的营业税;期末借方余额,反映企业多交的营业税;期末贷方余额,反映尚未缴纳的营业税。

(三)应交营业税的会计处理

1.提供应税劳务应交营业税

企业对外提供应税劳务时,按照规定计算应交的营业税,借记"营业税金及附加"科目,贷记"应交税费——应交营业税"科目。

【例11-20】神通快递公司适用的营业税税率为3%。2012年6月,神通公司提供快递服务,实现营业额500 000元存入银行。

神通快递公司2012年6月应交营业税＝500 000×3%＝15 000(元)

借:营业税金及附加   15 000

 贷:应交税费——应交营业税   15 000

2.转让无形资产应交营业税

企业转让无形资产应交的营业税,应分别转让使用权和转让所有权进行处理。如果企业转让的是无形资产使用权,即出租无形资产,应将按照规定计算的应交营业税,借记"营业税金及附加"科目,贷记"应交税费——应交营业税"科目;如果企业转让的是无形资产所有权,即出售无形资产,应将按照规定计算的应交营业税计入转让无形资产损益。

3.销售不动产应交营业税

因为不动产属于固定资产,企业销售不动产按规定应交的营业税,应通过"固定资产清理"科目核算。借记"固定资产清理"科目,贷记"应交税费——应交营业税"科目。

4.缴纳营业税

企业按照税法规定,实际向税务部门缴纳营业税时:

借:应交税费——应交营业税

 贷:银行存款

四、其他应交税费

(一)资源税

资源税是对在我国境内开采矿产品或者生产盐的单位和个人征收的一种税。资源税采取定额税率,按照应税产品的课税数量和规定的单位税额计算应纳税额,计算公式为:

应纳税额＝课税数量×单位税额

这里的课税数量为:开采或者生产应税产品销售的,以销售数量为课税数量;开采或者生产应税产品自用的,以自用数量为课税数量。

企业按规定应交的资源税,在"应交税费"科目下设置"应交资源税"明细科目核算。在会计核算时,企业按规定计算出销售应税产品应交纳的资源税,借记"营业税金及附加"科目,贷记"应交税费——应交资源税"科目;企业计算出自产自用的应税产品应交纳的资源税借记"生产成本"、"制造费用"等科目;贷记"应交税费——应交资源税"科目;企业收购未税矿产品代扣代缴的资源税,计入收购矿产品的成本,借记"原材料"等科目,贷记"应交税费——应交资源税"科目;外购液体盐加工固体盐的,按税法规定,所购入液体盐交纳的资源税可以抵扣,购入液体盐时,按所允许抵扣的资源税,借记"应交税费——应交资源税"科目,贷记"银行存款"、"应付账款"等科目。企业实际向税务部门缴纳资源税时,借记"应交税费——应交资源税"科目,贷记"银行存款"科目。

(二)土地增值税

土地增值税是对转让国有土地使用权、地上建筑物及其附着物并取得收入的单位和个人,按照转让房地产所取得的增值额和规定的税率征收的一种税。这里的增值额是指转让房地产所取得的收入减去扣除项目后的余额。

企业在转让国有土地使用权与其地上建筑物时,计算应缴纳的土地增值税,借记"固定资产清理"、"在建工程"、"其他业务成本"等科目,贷记"应交税费——应交土地增值税"科目。企业实际向税务部门缴纳土地增值税时,借记"应交税费——应交土地增值"科目,贷记"银行存款"科目。

(三)城市维护建设税

城市维护建设税是我国为了加强城市的维护建设、扩大和稳定城市维护建设资金的来源而开征的一个税种,是一种附加税。城市维护建设税的计税依据是纳税人实际缴纳的增值税、消费税和营业税税额。按纳税人所在地不同,其税率分别规定为:市区7%、县城和镇5%、乡村1%。

企业按规定计算出城市维护建设税时,借记"营业税金及附加"、贷记"应交税费——应交城市维护建设税"科目;企业实际向税务部门缴纳城市维护建设税时,借记"应交税费——应交城市维护建设税",贷记"银行存款"科目。

(四)房产税、土地使用税、车船税和印花税

房产税是指以城市、县城、建制镇和工矿区的房产为征税对象,按照房产价格或房产租金收入向房产所有人或经营人征收的一种税。

土地使用税是国家为了合理利用城镇土地,调节土地级差收入,提高土地使用效益,

加强土地管理而开征的一种税,以纳税人实际占用的土地面积为计税依据,依照规定税额计算征收。

车船税由拥有并且使用车船的单位和个人交纳,车船税实行定额税率。

企业按规定计算应交的房产税、土地使用税、车船税时,借记"管理费用"科目,贷记"应交税费——应交房产税(或土地使用税、车船税)"科目;上交时,借记"应交税费——应交房产税(或城镇土地使用税、车船税)"科目,贷记"银行存款"科目。

印花税是对书立、领受购销合同等凭证行为征收的税款。实行由纳税人根据规定自行计算应纳税额,购买并一次贴足印花税票的交纳方法。纳税人根据应纳税凭证的性质,分别按比例税率或者按件定额计算应纳税额。

企业交纳的印花税是由纳税人根据规定自行计算应纳税额以购买并一次贴足印花税票的方法交纳的税款。一般情况下,企业交纳的印花税,不会发生应付未付税款的情况,不需预计应纳税金额,同时也不存在与税务机关结算或清算的问题,因此,企业缴纳的印花税不需要通过"应交税费"科目核算,于购买印花税票时,直接借记"管理费用"科目,贷记"银行存款"科目。

(五)教育费附加和矿产资源补偿费

教育费附加是为加快地方教育事业,扩大地方教育经费的资金而征收的一种费。企业应依据实际缴纳的增值税、消费税和营业税税额计算应交教育费附加额。企业按规定计算出应交教育费附加额时,借记"营业税金及附加"科目,贷记"应交税费——应交教育费附加"科目;实际上交时,借记"应交税费——应交教育费附加"科目,贷记"银行存款"科目。

矿产资源补偿费是指国家作为矿产资源所有者,依法向开采矿产资源的单位和个人收取的费用。矿产资源补偿费按照矿产品销售收入的一定比例计征。企业按规定计算应交矿产资源补偿费时,借记"管理费用"科目,贷记"应交税费——应交矿产资源补偿费"科目;实际上交时,借记"应交税费——应交矿产资源补偿费"科目,贷记"银行存款"科目。

案例 11-2

安徽水利(600502)应交税费情况

据安徽水利开发股份有限公司 2011 年年度报告显示,该公司应交税费情况如下(单位:元):

项 目	2011.12.31	2010.12.31
所得税	127 599 852.33	83 187 872.97
营业税	95 158 990.48	63 081 823.26
城建税	8 089 563.45	5 699 686.20
房产税	1 032 344.69	388 653.81
增值税	5 096 611.37	2 853 405.41

续表

项　目	2011.12.31	2010.12.31
个人所得税	60 522.36	499 970.38
土地增值税	−3 416 595.37	−2 388 029.45
土地使用税	1 144 417.73	878 104.88
教育费附加	3 323 092.27	2 312 065.14
水利基金	398 382.66	362 546.11
其他	658 536.38	236 656.81
合计	239 145 718.35	157 112 755.52

　　应交税费年末余额较年初增长了52.21%，主要系本年收入和利润大幅增加，导致年底尚未缴纳税费增加所致。

　　资料来源：安徽水利开发股份有限公司2011年年度报告，www.see.com.cn。

第七节　预收款项和其他应付款

一、预收款项

　　预收款项是指企业按照合同的约定，向购货方或接受劳务方预收的款项。与应付账款不同的是，预收账款所形成的负债需要企业在收款后一年或一个营业周期内，以交付产品或提供劳务的形式加以偿还。

　　（一）会计科目设置

　　企业应设置"预收账款"科目，用来核算企业按合同约定预收款项的取得、偿付、补付、退回等情况。该科目贷方登记企业预收购货单位的账款金额和购货单位补付账款的金额，借方登记企业向购货方发货后冲销的预收账款金额和退回购货方多付账款金额，余额一般在贷方，反映企业尚未结清的预收款项，如为借方余额，则表示企业应收的款项。该科目一般按照购货单位设置明细科目进行明细核算。

　　（二）预收款项的会计处理

　　企业按约定向购货单位预收款项时，借记"银行存款"科目，贷记"预收账款"科目；产品销售实现或提供劳务时，应按实现的收入和应交的增值税销项税额，借记"预收账款"科目，贷记"主营业务收入"和"应交税费——应交增值税（销项税额）"科目；企业收到购货单位补付的款项时，借记"银行存款"科目，贷记"预收账款"科目；企业向购货单位退回其多付的款项时，借记"预收账款"科目，贷记"银行存款"科目。

　　若企业预收货款业务不多，也可不设"预收账款"科目，而是将预收的款项直接记入"应收账款"科目进行核算，收到预收的款项时，贷记"应收账款"科目，销售实现或退回预收款项时，通过借记"应收账款"予以冲销。

二、其他应付款

其他应付款,是指企业除应付票据、应付账款、预收账款、应付职工薪酬、应交税费、应付利息、应付股利等以外的其他各项短期应付、暂收的款项,如企业应付租入包装物及经营性租入固定资产的租金、存入保证金、职工未按时领取的工资、应付赔偿款等。

企业应设置"其他应付款"科目,核算其他应付款的增减变动情况。该科目贷方登记发生的各种应付、暂收款项,借方登记偿还或转销的各种应付、暂收款项,期末余额在贷方,反映企业应付未付的其他应付款项。该科目一般按其他应付款的对方单位或个人设置明细账进行明细核算。

企业发生各项应付、暂收款项时,借记"管理费用"、"银行存款"等科目,贷记"其他应付款"科目;实际偿付时,借记"其他应付款"科目,贷记"银行存款"科目。

【例 11-21】海河公司将一批包装物出租给客户,收到押金 4 000 元存入银行。

借:银行存款　　　　　　　　　　　　　　　　　　　　　　4 000
　　贷:其他应付款　　　　　　　　　　　　　　　　　　　　　　　4 000
当海河公司收回包装物,退回对方押金时:
借:其他应付款　　　　　　　　　　　　　　　　　　　　　　4 000
　　贷:银行存款　　　　　　　　　　　　　　　　　　　　　　　4 000

本章小结

本章主要阐述了流动负债的确认及计价;应付职工薪酬的确认与计量;短期借款、应付票据、应付账款、应付职工薪酬、应交税费等主要流动负债项目的会计处理等。

1. 流动负债的确认及计价

负债满足下列条件之一的,应当归类为流动负债:(1)预计在一个正常营业周期中清偿;(2)主要为交易目的而持有;(3)自资产负债表日起一年内到期应予以清偿;(4)企业无权自主地将清偿推迟至资产负债表日后一年以上。流动负债的特点是偿还期限短,其入账价值一般按照业务发生时确定的未来需偿付的金额(或面值)计量。

2. 短期借款

短期借款是指企业向银行或其他金融机构等借入的,偿还期限在一年以内(含一年)的各种借款。短期借款的核算包括取得借款本金、计提利息、还本付息等。

3. 应付票据

应付票据是指企业因购买商品、原材料或接受劳务等而开出、承兑的商业汇票,包括银行承兑汇票和商业承兑汇票。应付票据核算包括签发承兑商业汇票、计提带息票据利息、票据到期支付票据款及无力支付结转等。

4. 应付账款

应付账款是企业因购买材料、商品和接受劳务供应等经营活动而应付未付的款项。应付账款的核算包括应付账款的发生及偿付等。

5. 应付职工薪酬

职工薪酬是指企业为获得职工提供的服务而给予各种形式的报酬以及其他相关支出。主要内容包括:职工工资、奖金、津贴和补贴;职工福利费;社会保险费;住房公积金;工会经费和职工教育经费;非货币性福利;因解除与职工的劳动关系给予的补偿;其他与获得职工提供的服务相关的支出。应付职工薪酬计量的原则是:有明确标准(工资)、规定计提基础和比例的(五险一金、工会经费和职工教育经费),按照规定的标准、计提基础和比例计算应付职工薪酬金额;没有规定计提基础和比例的(职工福利费),企业应根据历史经验数据和福利计划,预计应计入应付职工薪酬的金额,每个资产负债表日,应当对实际发生金额和预计金额进行调整。除本期确认的辞退福利全部计入当期管理费用而不需分配外,企业应根据职工提供服务的受益对象,将负担的职工薪酬计入相关资产成本或当期损益。

6.应交税费

应交税费是指企业按照税法等有关规定计算的应缴纳的各种税费。目前企业向国家缴纳的税金主要有增值税、消费税、营业税、城市维护建设税、资源税、土地增值税、房产税、车船税、所得税等。企业缴纳的费用有教育费附加、矿产资源补偿费等。企业应在"应交税费"科目下按照应交各项税费的种类设明细账进行核算。

7.预收款项和其他应付款

预收款项是指企业按照合同的约定,向购货方或接受劳务方预收的款项;其他应付款是指企业除应付票据、应付账款、预收账款、应付职工薪酬、应交税费、应付利息、应付股利等以外的其他各项短期应付、暂收的款项。

思考题

1.如何确认流动负债?怎样对流动负债计价?

2.在商业汇票到期时,若企业无力支付票据款,怎样做会计处理?

3.职工薪酬包括哪些内容?怎样做会计处理?

4.如何核算应交增值税?

5.其他应付款核算哪些内容?

练习题

(一)单项选择题

1.企业在会计期末计提应由本期负担的短期借款利息费用时,应贷记( )科目。

A.财务费用 B.短期借款 C.应付股利 D.应付利息

2.如果企业开出的银行承兑汇票到期无力支付票款,将应付票据账面价值转入( )科目。

A.短期借款 B.应收账款 C.营业外支出 D.应付账款

3.下列各项中,不应根据职工提供服务的受益对象分配计入相关资产成本或费用的是( )。

A.职工福利费 B.工会经费 C.辞退福利 D.养老保险费

4. 企业因解除与职工的劳动关系给予职工补偿而发生的职工薪酬,应借记( )科目。

A. 管理费用   B. 应付职工薪酬   C. 营业外支出   D. 销售费用

5. 下列各项税金中,应计入"营业税金及附加"科目的是( )。

A. 印花税   B. 城市维护建设税

C. 土地使用税   D. 增值税

6. 广达公司为增值税一般纳税人,采用实际成本进行材料的日常核算。2012 年 2 月份收购免税农产品作为原材料,实际支付买价 50 000 元,产品已验收入库,款项已经支付。该产品准予抵扣的进项税额按买价的 13% 计算确定。该公司的免税农产品的入账成本为( )元。

A. 50 000   B. 43 500   C. 56 500   D. 58 500

7. 某小规模纳税人企业本期购入原材料并验收入库,取得增值税专用发票记载原材料价格 22 500 元,增值税税额 3 825 元,该企业当期产品销售价(含增值税,扣除率 3%)61 800 元,则该企业当期应该交纳的增值税为( )元。

A. 0   B. 1 800   C. −2 025   D. 1 854

8. 委托加工应纳消费税物资收回后用于连续生产应税消费品,其由受托方代扣代缴的消费税,应借记( )科目。

A. 生产成本   B. 委托加工物资

C. 营业税金及附加   D. 应交税费——应交消费税

9. 若企业预收货款业务不多的情况下,可以不设"预收账款"科目,而是将预收的款项直接记入( )科目。

A. 其他应收款   B. 应收账款   C. 预付账款   D. 应付账款

10. 企业销售不动产应交的营业税,应借记( )科目。

A. 营业税金及附加   B. 应交税费   C. 固定资产清理   D. 营业外支出

(二)多项选择题

1. 下列项目属于职工薪酬范围的有( )。

A. 非货币性福利   B. 住房公积金   C. 职工教育经费   D. 工资

2. 下列项目中,应按国家规定的计提基础和计提比例,计提应付职工薪酬的有( )。

A. 医疗保险费   B. 职工福利费   C. 住房公积金   D. 工会经费

3. 下列说法正确的有( )。

A. 与企业订立劳动合同的全职、兼职和临时职工都属于企业职工范畴

B. 未与企业订立劳动合同、但由企业正式任命的人员属于企业职工范畴

C. 工会经费和职工教育经费不属于职工薪酬的范围

D. 因解除与职工的劳动关系给予的补偿,应当按照职工提供服务的受益对象分配计入相关资产成本和费用。

4. 下列属于企业向职工提供的非货币性福利薪酬的是( )。

A. 企业以自产产品发放给职工作为福利

B. 企业将拥有的房屋无偿提供给职工使用

C. 向职工提供企业支付了一定补贴的商品或服务

D. 向社会保险经办机构缴纳的养老保险费

5. 下列事项发生后,应计入"应交税费——应交增值税(进项税额转出)"科目的有( )。

A. 非常原因导致原材料发生盘亏　　　　B. 将原材料用于对外投资

C. 将自产产品品用于在建工程　　　　　D. 将自产产品发放给职工作为福利

6. 下列税费中应计入"管理费用"科目的有( )。

A. 车船使用税　　　　　　　　　　　B. 土地使用税

C. 城市维护建设税　　　　　　　　　D. 房产税

7. 下列关于职工薪酬计量叙述正确的有( )。

A. 国家规定了计提基础和计提比例的,应当按照国家规定的标准计提

B. 没有规定计提基础和计提比例的,企业应当根据历史经验数据和实际情况,合理
预计当期应付职工薪酬

C. 租赁住房等资产供职工无偿使用的,应当根据受益对象,将每期应付的租金计入
相关资产成本或当期损益,并确认应付职工薪酬

D. 企业以其自产产品作为非货币性福利发放给职工的,按照该产品的公允价值,计
入相关资产成本或当期损益,同时确认应付职工薪酬

8. 下列项目属于企业流动负债的有( )。

A. 应付票据　　　B. 应付股利　　　C. 应付债券　　　D. 预收账款

9. 下列项目中,应通过"其他应付款"科目核算的有( )。

A. 存入保证金　　　　　　　　　　　B. 应付短期借款利息

C. 应付罚款和赔款　　　　　　　　　D. 应付包装物租金

10. 一般纳税人进项税额抵扣的凭证有( )。

A. 增增税专用发票　　　　　　　　　B. 普通发票

C. 完税凭证　　　　　　　　　　　　D. 运费结算单

(三)判断题

1. 在我国会计实务中,应付票据都按照票据的面值入账。( )

2. 企业确认无法支付的应付账款应转为"营业外收入"。( )

3. 企业签发的商业承兑汇票到期无力支付票据款时,应将票据的面值转为"应付账款"。( )

4. 企业向银行支付的银行承兑汇票手续费应确认为当期的管理费用。( )

5. 企业提供给职工配偶、子女或其他被赡养人的福利等,也属于职工薪酬。( )

6. 辞退福利应当记入当期费用而不计入资产成本。( )

7. 小规模纳税企业购入商品支付的增值税也可以用于抵扣。( )

8. 企业根据职工工资的一定比例计提工会经费和职工教育经费应全部计入"管理费用"。( )

9. 职工薪酬是指为获得职工提供的服务而给予各种形式的报酬和其他相关支出,包括提供给职工的全部货币性薪酬和非货币性福利。( )

10. 企业如将拥有的房屋等资产无偿提供给职工使用,应当根据受益对象不同将该住

房每期应计提的折旧记入相关资产成本或当期损益,同时确认应付职工薪酬。(　　)

(四)业务题

1.

(1)目的:掌握应付职工薪酬的核算。

(2)资料:康江公司 2012 年 7 月份发生如下职工薪酬业务:

①公司共有职工 500 名,其中:直接生产工人 350 名,车间管理人员 30 名,公司管理人员 50 名,销售人员 70 名。公司决定以自己生产的饮料作为暑期福利发放给职工,每人 3 箱,每箱饮料的生产成本为 40 元,不含税售价为 60 元,该产品适用增值税率为 17%。饮料已发放给职工。

②公司 7 月末分配工资费用,其中:直接生产工人 80 000 元,车间管理人员 10 000 元,公司管理人员 16 000 元,销售人员 22 000 元。按分配职工工资总额的 14% 计提职工福利费,按 12% 计提养老保险费,按 2% 计提医疗保险费,按 15% 计提住房公积金,按 2% 计提工会经费。

③公司通过银行转账发放本月职工工资 103 800 元,代扣个人所得税税额为 5 000 元,代扣住房公积金 19 200 元。

④以现金支付职工李君生活困难补助 1 000 元。

⑤公司为 8 名高层管理人员每人提供一辆汽车免费使用,每辆汽车每月应提折旧额为 500 元。

要求:根据上述资料编制有关会计分录。

2.

(1)目的:掌握应交税费的核算。

(2)资料:金山公司为一般纳税企业,其产品的增值税率为 17%,消费税率为 10%,材料采用实际成本核算。2012 年 6 月份发生如下经济业务:

①购买原材料一批,增值税专用发票上注明价款为 50 000 元,增值税额为 8 500 元,公司已开出承兑的商业汇票,该原材料已验收入库。

②销售应税消费品一批,销售价格 120 000 元,提货单和增值税专用发票已交购货方,货款尚未收到,该销售符合收入确认条件。

③房屋建设工程领用原材料一批,该批原材料实际成本为 200 000 元,购入该批原材料时支付增值税额为 34 000 元。

④收购免税农产品一批,用作生产用材料,收购价为 40 000 元,运费 1 000 元,材料已验收入库,货款以转账支票支付。

⑤月末盘亏原材料一批,该批原材料的实际成本为 100 000 元,增值税额为 17 000 元。

⑥向税务机构缴纳增值税 66 000 元,其中 10 000 元为上月份应交的增值税,56 000 元为本月份应交的增值税。

⑦向税务机构缴纳消费税 12 000 元。

⑧计算销售产品应交纳的城市维护建设税和教育费附加各为 5 460 元和 1 170 元。

(3)要求:根据上述资料编制相关会计分录。

第十二章

非流动负债

学习目的：通过本章学习，使学生了解非流动负债的特点及内容；理解借款费用的处理原则；掌握长期借款取得、计息及还本付息的会计处理；掌握应付债券的发行、计息、还本付息的会计处理。

引导案例

上汽集团(600104)2011年应付债券情况

上海汽车集团股份有限公司(简称"上汽集团")2011年年度报告财务报表项目附注40载明应付债券信息如下：

经中国证券监督管理委员会证监发行字[2011]459号文核准，本公司于2011年12月19日公开发行认股权及债券分离交易的可转换公司债券(以下简称"分离交易可转债")人民币63亿元，每张债券面值人民币100元，按面值发行，每张分离交易可转债的最终认购人可同时获得本公司派发的3.6份认股权证，本公司共派发认股权证22 680万份。分离交易可转债的到期日为2013年12月18日，票面年利率为0.80%，实际年利率为5.46%。上述分离交易可转债由上汽总公司提供担保。

(1)本年应付债券情况(单位：元)

债券名称	面值及发行金额	年初余额	本年应计利息	本年已付利息及本金	年末余额
分离可转换债	630 000 0000.00	5 516 575 696.11	301 113 305.00	50 400 000.00	5 767 289 001.11
减：一年内到期的应付债券					
一年后到期的应付债券	6 300 000 000.00	5 516 575 696.11	301 113 305.00	50 400 000.00	5 767 289 001.11

(2)分离交易可转债的初始确认情况(单位：元)

项目	负债部分	权益部分	合计
初始确认金额	4 874 744 332.84	1 425 255 667.16	6 300 000 000.00
减:交易费用	43 872 699.00	12 827 301.00	567 00 000.00
于发行日的账面价值	4 830 871 633.84	1 412 428 366.16	6 243 300 000.00

（3）分离交易可转债本年度变动情况（单位：元）

	年初数	本年计提及调整利息	本年支付的利息	年末数
面值	6 300 000 000.00	—	—	6 300 000 000.00
利息调整	785 104 303.89	250 713 305.00		534 390 998.89
应计利息	1 680 000.00	50 400 000.00	50 400 000.00	1 680 000.00
合计	5 516 575 696.11	301 113 305.00	50 400 000.00	576 728 9001.11

你想知道上述资料中本年应计利息 301 113 305 元、初始确认金额负债部分 4 874 744 332.84元、权益部分 1 425 255 667.16 元、本年利息调整变动250 713 305 元的数据是如何确定的吗？

资料来源：上海汽车集团股份有限公司 2011 年年度报，www.sse.com.cn。

第一节 非流动负债概述

一、非流动负债的特点

非流动负债是指流动负债以外的一切负债，通常偿还期在 1 年或者超过 1 年的一个营业周期以上。企业举债筹措长期资金的目的，主要是为了扩大经营规模、添置大型设备、购置地产、扩建厂房等，因此，与流动负债相比，非流动负债具有金额大、偿还期限长的特点，且支付借款费用成为企业长期的固定性支出。

二、与非流动负债有关的借款费用

（一）借款费用的内容

企业对外借款、承担债务，要发生一定的借款费用。与非流动负债有关的借款费用是指企业因借款而发生的利息、折价或溢价的摊销和辅助费用，以及因外币借款而发生的汇兑差额等。因借款而发生的利息包括企业向银行或者其他金融机构等借入资金发生的利息、发行公司债券发生的利息，以及为购建或者生产符合资本化条件的资产而发生的带息债务所承担的利息等；因借款而发生的折价或者溢价主要是指发行债券等所发生的折价或者溢价；因借款而发生的辅助费用是指企业在借款过程中发生的诸如手续费、佣金等费用;因外币借款而产生的汇兑差额是指由于取得外币借款日、使用外币借款日和会计结算日的不一致,随着外汇汇率变化而产生的汇兑差额。

(二)借款费用的会计处理方法

借款费用的会计处理有两种方法:一是发生时直接计入当期费用,称为费用化;二是发生时将与购置资产相关的借款费用计入相关资产的成本,称为资本化。我国《企业会计准则——借款费用》规定:可直接归属于符合资本化条件的资产的购建或者生产的,应当予以资本化计入相关资产的成本;其他借款费用,应当在发生时根据其发生额确认为费用,计入当期损益。这里,符合资本化条件的资产,是指需要经过相当长时间的购建或者生产活动才能达到可使用或可销售状态的固定资产、投资性房地产和存货等。其中"相当长时间",是指为资产的购建或生产所必需的时间,通常为 1 年以上(含1 年)。

1.借款费用资本化的条件

借款费用只有同时满足以下三个条件时,才能予以资本化:

(1)资产支出已经发生。资产支出包括支付现金、转移非现金资产和承担带息债务形式的购建或者生产支出。

(2)借款费用已经发生。指企业已经发生了因购建或者生产符合资本化条件的资产而专门借入款项的借款费用,或者所占用的一般借款的借款费用。

(3)为使资产达到预定可使用或可销售状态所必需的购建或生产活动已经开始。指符合资本化条件的资产的实体建造或者生产工作已经开始。不包括仅仅持有资产但没有发生为改变资产形态而进行的实质上的建造或者生产活动。

2.借款费用暂停资本化的时间

符合资本化条件的资产在购建或者生产过程中发生非正常中断且中断时间连续超过3 个月的,应当暂停借款费用资本化。在中断期间发生的借款费用应当确认为当期费用,计入当期损益,直至资产的购建或者生产活动重新开始。

3.借款费用停止资本化的时点

购建或者生产符合资本化条件的资产达到预定可使用或可销售状态时,借款费用应当停止资本化。在符合资本化条件的资产达到预定可使用或者可销售状态之后发生的借款费用,应当在发生时根据其发生额确认为费用,计入当期损益。

4.借款费用资本化金额

(1)为购建或者生产符合资本化条件的资产而借入专门借款的,应当以专门借款当期实际发生的利息费用,减去将尚未动用的借款资金存入银行取得的利息收入或进行暂时性投资取得的投资收益后的金额确定。

(2)为购建或者生产符合资本化条件的资产而占用了一般借款的,企业应当根据累计资产支出超过专门借款部分的资产支出加权平均数乘以所占用一般借款的资本化率,计算确定一般借款应予以资本化的利息金额。资本化率应当根据一般借款加权平均利率计算确定。

三、非流动负债的内容

非流动负债包括长期借款、应付债券和长期应付款等,也包括企业由于其他原因而承担的长期义务,如专项应付款、预计负债、递延所得税负债等。本章主要阐述长期借款、应付债券和长期应付款。

第二节 长期借款

一、长期借款的核算内容

长期借款是指企业从银行或其他金融机构借入的期限在一年以上(不含一年)的各种借款。包括人民币长期借款和外币长期借款。长期借款核算的内容主要包括长期借款的借入、借款利息的计提、借款本息的归还等。

二、会计科目设置

为核算企业向银行或其他金融机构借入的期限在一年以上(不含一年)的各项借款借入、归还情况,企业应设置"长期借款"科目,本科目贷方登记取得的长期借款本金,借方登记归还的借款本金,期末贷方余额反映尚未偿还的长期借款。本科目可按贷款单位和贷款种类,分别按"本金"、"利息调整"等进行明细核算。

企业计提的分期付息到期归还长期借款应计未付的利息,通过"应付利息"科目核算。

三、长期借款的会计处理

(一)长期借款的取得

企业借入各种长期借款时,按实际收到的款项,借记"银行存款"科目,贷记"长期借款——本金";如存在差额的,还应借记"长期借款——利息调整"科目。

【例 12-1】海河公司为扩建一厂房,2011 年 1 月 1 日借入期限为两年的长期专门借款 6 000 000 元,款项已存入银行。借款利率为 10%,每年 1 月 1 日付息一次,借款期满后一次还清本金。2011 年初,支付工程价款 4 000 000 元,2012 年初又支付工程费用 2 000 000 元。该工程于 2012 年 6 月底完工,达到预定可使用状态。假定不考虑闲置专门借款本金存款的利息收入或者投资收益,该借款的合同利率和实际利率一致。

(1)2011 年 1 月 1 日,取得借款时

借:银行存款　　　　　　　　　　　　　　　　　　　　　　6 000 000
　　贷:长期借款——本金　　　　　　　　　　　　　　　　　　　　6 000 000

(2)2011 年初,支付工程款时

借:在建工程——厂房　　　　　　　　　　　　　　　　　　4 000 000
　　贷:银行存款　　　　　　　　　　　　　　　　　　　　　　　　4 000 000

(3)2012 年初支付工程款时

借:在建工程——厂房   2 000 000
 贷:银行存款   2 000 000

（二）长期借款的利息

根据我国《企业会计准则——借款费用》规定，在资产负债表日，企业应按长期借款的摊余成本和实际利率计算确定长期借款利息费用；如果实际利率与合同利率差异较小，也可以采用合同利率计算确定利息费用。

资产负债表日，企业应按长期借款的摊余成本和实际利率计算确定的长期借款利息费用，符合资本化条件的部分，借记"在建工程"、"研发支出"、"制造费用"等科目，不符合资本化条件的部分，借记"财务费用"科目，按借款本金和合同利率计算确定的应付未付利息，贷记"应付利息"科目，按其差额，贷记"长期借款——利息调整"科目。企业在付息日实际支付利息时，借记"应付利息"科目，贷记"银行存款"科目。

【例 12-2】承接【例 12-1】资料，海河公司长期借款利息处理如下：

（1）公司 2011 年 12 月 31 日计提该项长期借款利息＝6 000 000×10％＝600 000（元）

借:在建工程——房屋   600 000
 贷:应付利息   600 000

（2）2012 年 1 月 1 日支付借款利息时

借:应付利息   600 000
 贷:银行存款   600 000

（3）2012 年 6 月底，工程达到预定可使用状态，本年应计入工程成本的利息＝（6 000 000×10％/12）×6＝300 000（元）

借:在建工程   300 000
 贷:应付利息   300 000

  完工工程成本＝4 000 000＋200 000＋600 000＋300 000＝6 900 000（元）

借:固定资产   6 900 000
 贷:在建工程   6 900 000

（4）2012 年 12 月 31 日，计提该项长期借款 2012 年下半年利息＝（6 000 000×10％/12）×6＝300 000（元）

借:财务费用   300 000
 贷:应付利息   300 000

（三）长期借款本金的归还

企业归还长期借款，按归还的长期借款本金，借记"长期借款——本金"科目，按实际归还的款项，贷记"银行存款"科目。同时存在利息调整余额的，借记或贷记"在建工程"、"财务费用"、"制造费用"、"研发支出"等科目，贷记或借记"长期借款——利息调整"科目。

【例 12-3】承接【例 12-1】、【例 12-2】资料，海河公司 2013 年 1 月 1 日到期还本并支付最后一期利息。

借:长期借款——本金   6 000 000
 应付利息   600 000
 贷:银行存款   6 600 000

第三节 应付债券

一、债券的概念和分类

(一)债券的概念

债券是企业为筹集资金而依法定程序发行、约定在一定期限内无条件还本付息的一种有价证券。

企业发行的债券一般应载明下列基本内容:

1.债券面值

债券面值是指债券票面上载明的金额,是债券到期应偿还给债权人的本金。

2.债券利率

债券利率是指债券票面上约定的计息利率,通常用年利率来表示,也称票面利率、名义利率等。

3.付息日

债券付息日是指债券约定的付息日期。债券利息可以约定到期时一次支付,也可以约定分期支付。

4.兑付日

债券的兑付日是指偿还债券本金的日期,即债券到期日。债券本金可以约定到期一次偿还,也可以约定分期偿还。

(二)债券的分类

企业发行的债券,可以按不同的方式进行分类。在很多情况下,债券的种类不同,其会计处理也不相同。

1.按是否记名,可分为记名债券和无记名债券

记名债券是指企业在发行债券时,债券票面上记有债券持有人的姓名,并保留在企业债权人名册中,利息发放时可直接支付给债券持有人;无记名债券也称息票债券,指债券票面上不记载债券持有人的姓名,但通常附有息票,债券持有人可凭息票按期领取利息和到期取回债券本金。

2.按偿还本金方式,可分为一次还本债券和分期还本债券

一次还本债券是指全部在一个固定的到期日偿还本金的债券;分期还本债券是指按不同的到期日分期偿还本金的债券。

3.按付息方式,可分为到期一次付息债券和分期付息债券

到期一次付息债券是指在规定到期日一次性地支付全部利息的债券;分次付息债券是指每隔一段时间支付一次利息的债券,如每年付一次息、每半年或每一季度付一次息等。

4.按能否转换为发行企业的股票,可分为可转换债券和不可转换债券

可转换债券是指可在一定期间后,按约定的转换比率或转换价格将债券转换为发行

企业普通股股票的债券;不可转换债券是指不能转换为发行企业普通股股票的债券。

5.按有无担保品,可分为抵押债券和信用债券

抵押债券是指发行企业以特定资产作为抵押担保而发行的债券;信用债券是指没有特定资产作抵押担保,单凭发行企业的信用而发行的债券。

案例 12-1

宝泰隆(601011)公司债券情况

据七台河宝泰隆煤化工股份有限公司(简称"宝泰隆")2012 年公司债券上市公告书载明公司债券情况如下:

(1)债券发行总额:2012 年七台河宝泰隆煤化工股份有限公司债券的发行规模为人民币 10 亿元。

(2)债券发行批准机关及文号:本期债券经中国证券监督管理委员会证监许可[2012]307 号文件核准向社会公开发行。

(3)债券发行的主承销商及承销团成员:本期债券由保荐人(主承销商)金元证券股份有限公司组织承销团,采取承销团余额包销的方式承销。本期债券的主承销商为金元证券股份有限公司,副主承销商为兴业证券股份有限公司,分销商为五矿证券有限公司。

(4)债券面额:本期债券票面金额为 100 元。

(5)债券期限:5 年期,附第 3 年末发行人上调票面利率选择权与投资者回售选择权。

(6)债券年利率、计息方式和还本付息方式:

①债券年利率:本期债券最终票面利率为 7.3%,在债券存续期前 3 年固定不变。在债券存续期内第 3 年末,如公司行使上调票面利率选择权,未被回售部分债券在债券存续期后 2 年的票面利率为债券存续期前 3 年票面年利率加上上调基点,在债券存续期后 2 年固定不变;若公司未行使上调票面利率选择权,未被回售部分债券在债券存续期后 2 年票面利率仍维持原有票面利率不变。

②计息方式:本次债券采用单利按年计息,不计复利,逾期不另计利息。

③还本付息方式:

付息日:2013 年至 2017 年每年的 4 月 11 日为上一个计息年度的付息日(如遇法定节假日或休息日,则顺延至其后的第 1 个工作日)。如投资者选择回售,则 2013 年至 2015 年每年的 4 月 11 日为回售部分债券上一个计息年度的付息日(如遇法定节假日或休息日,则顺延至其后的第 1 个工作日)。

兑付日:若投资者放弃回售选择权,则至 2017 年 4 月 11 日一次兑付本金;若投资者部分或全部行使回售选择权,则回售部分债券的本金在 2015 年 4 月 11 日兑付,未回售部分债券的本金至 2017 年 4 月 11 日兑付。如遇法定节假日或休息日,则顺延至其后的第 1 个交易日。

资料来源:七台河宝泰隆煤化工股份有限公司 2012 年公司债券上市公告书,www.sse.com.cn。

二、不可转换债券的核算

(一)不可转换债券的初始确认

不可转换债券的初始确认就是确认应付债券的入账金额。按照我国《企业会计准则——金融工具确认和计量》规定,应付债券的初始入账金额应等于债券发行价格扣除交易费用。

1. 债券发行价格

从理论上讲,债券的发行价格应等于债券的票面价值,但由于资金时间价值的存在,以及债券的票面利率在发行时与市场利率的不一致,从而导致债券的发行价格与其票面价值并不总是相同。当市场利率上升时,债券的价格下跌;当市场利率下降时,债券的价格则上升。由此,公司债券的发行价格有三种,即面值发行、溢价(高于面值)发行、折价(低于面值)发行。

2. 交易费用

交易费用是指可直接归属于企业发行债券新增的外部费用,包括支付给代理机构、咨询公司、券商等的手续费和佣金及其他必要支出,不包括债券溢价、折价、融资费用、内部管理成本及其他与交易不直接相关的费用。

(二)会计科目设置

为核算企业为筹集长期资金而发行债券的本金和利息,企业应设置"应付债券"科目,并按"面值"、"利息调整"、"应计利息"等进行明细核算。本科目期末贷方余额,反映企业尚未偿还的长期债券摊余成本。其中,"利息调整"明细科目反映债券发行收入与债券面值的差额,以及按照实际利率法分期摊销后该差额的余额;"应计利息"明细科目反映企业计提的到期一次还本付息应计未付的利息。分期付息债券应计未付利息,应通过"应付利息"科目核算

为了加强对债券的管理,企业还应当设置"企业债券备查簿",详细登记企业债券的票面金额、债券票面利率、还本付息期限与方式、发行总额、发行日期、委托代售单位等资料。企业债券到期兑付,在备查簿中应予注销。

(三)不可转换债券的会计处理

1. 发行不可转换债券

企业发行不可转换债券时,按实际收到的金额,借记"银行存款"等科目,按债券面值,贷记"应付债券——面值"科目,按实际收到的款项与债券面值之间的差额,贷记或借记"应付债券——利息调整"科目。

【例 12-4】海河公司于 2010 年 1 月 1 日经批准发行到期还本,分期付息的不可转换债券 500 000 张。该债券每张面值为 100 元,期限 4 年,债券票面年利率为 5%,每年 1 月 1 日支付债券利息。债券全部委托银行发行,实际取得债券发行价款 51 814 750 元存入银行。假定该债券发行时实际利率为 4%,发行债券筹集资金全部用于企业经营周转。

2010 年 1 月 1 日公司取得债券发行款时:

借:银行存款   51 814 750

 贷:应付债券——面值   50 000 000

     ——利息调整   1 814 750

【例 12-5】黄河公司于 2011 年 7 月 1 日经批准发行到期一次还本付息的不可转换债券 100 000 张。该债券每张面值为 100 元,票面年利率 5％,期限 3 年,债券全部委托君安证券公司按面值发行,取得发行款 10 000 000 元存入银行,发行债券筹集资金全部用于企业经营周转。假定该债券发行时票面利率与实际利率相同,不考虑相关费用。

2011 年 7 月 1 日,公司取得债券发行款时:

借:银行存款　　　　　　　　　　　　　　　　　　　　10 000 000

　　贷:应付债券——面值　　　　　　　　　　　　　　　　　　10 000 000

2.不可转换债券利息费用的确定及利息调整的摊销

我国《企业会计准则》规定,利息调整应在债券存续期间内采用实际利率法进行摊销。实际利率法是指按照应付债券的实际利率计算其摊余成本及各期利息费用的方法;实际利率是指应付债券在债券存续期间的未来现金流量,折现为该债券当前账面价值所使用的利率。实际利率与票面利率差异较小的,也可以采用票面利率计算确定利息费用。每个计息日,有关计算如下:

应付利息＝债券面值×票面利率

利息费用＝应付债券期初摊余成本×实际利率

利息调整摊销额＝应付债券利息－实际利息费用

期末摊余成本＝期初摊余成本＋利息费用－支付的利息－偿还的本金

(1)分期付息、一次还本债券

资产负债表日,对于分期付息、一次还本的债券,企业应按应付债券的期初摊余成本和实际利率计算确定的债券利息费用,符合资本化条件的部分,借记“在建工程”、“制造费用”、“研发支出”等科目,不符合资本化条件的部分,借记“财务费用”科目,按债券面值和票面利率计算确定的应付未付利息,贷记“应付利息”科目,按其差额,借记或贷记“应付债券——利息调整”科目。每期支付利息时,借记“应付利息”科目,贷记“银行存款”科目。

【例 12-6】承接【例 12-4】资料,采用实际利率法和摊余成本计算确定的利息费用如表 12-1 所示。

表 12-1　利息费用计算表

单位:元

年份	期初摊余成本 (a)	利息费用(b) (a×4％)	应付利息(c) 50 000 000×5％	利息调整摊销额 (d)b－c	期末摊余成本 (a－d)或(a+b－c)
2010.12.31	51 814 750	2 072 590	2 500 000	427 410	51 387 340
2011.12.31	51 387 340	2 055 493.60	2 500 000	444 506.40	50 942 833.60
2012.12.31	50 942 833.60	2 037 713.34	2 500 000	462 286.66	50 480 546.94
2013.12.31	50 480 546.94	2 019 453.06**	2 500 000	480 546.948	50 000 000

* 4 480 546.94＝1 814 750－(427 410＋444 506.4＋462 286.66)

** 2 019 453.06＝2 500 000－480 546 094

根据表 12-1 的资料,海河公司作会计处理如下:

①2010 年 12 月 31 日确认利息费用

借:财务费用等 2 072 590
　应付债券——利息调整 427 410
　　贷:应付利息 2 500 000

2011 年 1 月 1 日支付利息时:

借:应付利息 2 500 000
　　贷:银行存款 2 500 000

②2011 年 12 月 31 日确认利息费用

借:财务费用 2 055 493.60
　应付债券——利息调整 444 506.40
　　贷:应付利息 2 500 000

2012 年 1 月 1 日支付利息时:

借:应付利息 2 500 000
　　贷:银行存款 2 500 000

③2012 年 12 月 31 日确认利息费用

借:财务费用 2 037 713.34
　应付债券——利息调整 462 286.66
　　贷:应付利息 2 500 000

2013 年 1 月 1 日支付利息时:

借:应付利息 2 500 000
　　贷:银行存款 2 500 000

④2013 年 12 月 31 日确认利息费用

借:财务费用 2 019 453.06
　应付债券——利息调整 480 546.94
　　贷:应付利息 2 500 000

(2)到期一次还本付息债券

对于一次还本付息的债券,应于资产负债表日按摊余成本和实际利率计算确定的债券利息费用,符合资本化条件的部分,借记"在建工程"、"制造费用"、"研发支出"等科目,不符合资本化条件的部分,借记"财务费用"科目,按债券面值和票面利率计算确定的应付未付利息,贷记"应付债券——应计利息"科目,按其差额,借记或贷记"应付债券——利息调整"科目。

【例 12-7】承接【例 12-5】资料,黄河公司 2011 年 12 月 31 计提应付利息＝10 000 000×5％÷2＝250 000(元)。

借:财务费用 250 000
　　贷:应付债券——应计利息 250 000

2012 年 12 月 31 日计提应付利息＝10 000 000×5％＝500 000(元)

借:财务费用 500 000
　　贷:应付债券——应计利息 500 000

3.债券的偿还

(1)分期付息债券的偿还

不论债券当初是以何种价格发行,到期时,其利息调整摊销额已摊销完毕,应付债券的摊余成本与其面值相等。采用一次还本、分期付息方式的,在债券到期偿还本金并支付最后一期利息时,借记"应付债券——面值"、"应付利息"等科目,贷记"银行存款"科目。

【例12-8】,承接【例12-4】、【例12-6】资料,2014年1月1日,海河公司归还债券本金及最后一期利息时:

借:应付债券——面值	50 000 000	
应付利息	2 500 000	
贷:银行存款		52 500 000

(2)到期付息债券的偿还

采用一次还本付息方式的,企业应于债券到期支付债券本息时,借记"应付债券——面值"、"应付债券——应计利息"等科目,贷记"银行存款"科目。

【例12-9】承接【例12-5】资料,2014年7月1日黄河公司还本付息时:

借:应付债券——面值	10 000 000	
——应计利息	1 500 000	
贷:银行存款		11 500 000

三、可转换债券的核算

(一)可转换债券的初始确认

我国《企业会计准则》规定,企业发行的可转换债券,应当在初始确认时将其包含的负债成分和权益成分进行分拆,将负债成分确认为应付债券,将权益成分确认为资本公积。在进行分拆时,应当先对负债成分的未来现金流量折现确定负债成分的初始确认金额,再按发行价格总额扣除负债成分确认金额后的金额确定权益成分的初始确认金额。发行可转换公司债券发生的交易费用,应当在负债成分和权益成分之间按照各自的相对公允价值进行分摊。

(二)会计科目设置

企业发行的可转换公司债券在"应付债券"科目下设置"可转换公司债券"明细科目核算。

(三)可转换债券会计处理

1. 发行可转换债券

企业发行可转换债券时,应按实际收到的款项,借记"银行存款"科目,按该可转换公司债券包含的负债成分面值,贷记"应付债券——可转换公司债券(面值)"科目,按权益成分的公允价值,贷记"资本公积——其他资本公积"科目,按借贷双方之间的差额,借记或贷记"应付债券——可转换公司债券(利息调整)"科目。

【例12-10】海河公司于2011年1月1日经批准发行到期还本、分期付息的可转换债券4 000 000张。该债券每张面值为100元,期限5年,债券票面年利率为6%,每年1月5日支付债券利息。债券按面值发行,款项400 000 000元已收存银行。自2012年1月1日起,债券持有人可以申请按债券转换日的账面价值转为海河公司的普通股(每股面值1元),初始转换价格为每股10元。假定债券实际利率为10%。

海河公司的会计处理如下：

2011年1月1日发行可转换公司债券时,可转换公司债券负债成分的公允价值为：

$$400\ 000\ 000 \times 0.6209^① + 400\ 000\ 000 \times 6\% \times 3.7908^② = 339\ 339\ 200(元)$$

可转换公司债券权益成分的公允价值为：

$$400\ 000\ 000 - 339\ 339\ 200 = 60\ 660\ 800(元)$$

借:银行存款	400 000 000
应付债券——可转换公司债券(利息调整)	60660800
贷:应付债券——可转换公司债券(面值)	400 000 000
资本公积——其他资本公积	60 660 800

2.可转换债券利息费用的确定及利息调整的摊销

对于可转换债券的负债成分,在转换为股份前,其会计处理与不可转换债券相同,即按照实际利率和摊余成本确认利息费用,按照债券面值和票面利率确认应付利息,差额作为利息调整进行摊销。

【例12-11】承接【例12-10】资料,2011年12月31日海河公司确认利息费用：

$$应付利息 = 400\ 000\ 000 \times 6\% = 24\ 000\ 000(元)$$

$$利息费用 = (400\ 000\ 000 - 60\ 660\ 800) \times 10\% = 33\ 933\ 920(元)$$

$$利息调整摊销额 = 24\ 000\ 000 - 33\ 933\ 920 = 9\ 933\ 920(元)$$

借:财务费用等	33 933 920
贷:应付利息	24 000 000
应付债券——可转换公司债券(利息调整)	9 933 920

2012年1月5日支付利息时：

借:应付利息	24 000 000
贷:银行存款	24 000 000

3.可转换债券的转换

可转换债券持有人行使转换权利,将其持有的债券转换为股票时,发行企业应将可转换债券的余额和其权益成分的金额按比例结转,同时反映股东权益。

可转换债券持有人行使转换权利,将其持有的债券转换为股票,发行企业按可转换债券的余额,借记"应付债券——可转换公司债券(面值)"科目,如存在利息调整的,借记或贷记"应付债券——可转换公司债券(利息调整)"科目,按其权益成分的金额,借记"资本公积——其他资本公积"科目,按股票面值和转换的股数计算的股票面值总额,贷记"股本"科目,按其借贷差额,贷记"资本公积——股本溢价"科目。对于债券面额不足转换1股股份的部分,企业应当以现金偿还,贷记"银行存款"等科目。

【例12-12】承接【例12-10】、【例12-11】资料,假定2012年1月8日债券持有人将持有的可转换公司债券的50%转换为普通股股票。

---

① 0.6209为利率为10%、期数为5的复利现值系数。
② 3.7908为利率10%、期数为5的年金现值系数。

$$转换的股份数=(339\ 339\ 200+9\ 933\ 920)\times50\%\div10$$
$$=17\ 463\ 656(股)$$

借:应付债券——可转换公司债券(面值)	200 000 000	
资本公积——其他资本公积	30 330 400	
贷:股本		17 463 656
应付债券——可转换公司债券(利息调整)		25 363 440
资本公积——股本溢价		160 205 944

案例 12-2

国电电力(600795)发行可转换公司债券情况

据国电电力发展股份有限公司(简称"国电电力")2011 年公开发行可转换公司债券(简称"国电转债")公告可知,本次发行基本情况:

1. 证券类型:可转换为国电电力 A 股股票的可转换公司债券。

2. 发行总额:本次拟发行可转债总额为人民币 550 000 万元。

3. 发行数量:5 500 万张。

4. 票面金额:100 元/张。

5. 发行价格:按票面金额平价发行。

6. 可转债基本情况:

(1)债券期限:本次发行的可转债期限为发行之日起六年,即自 2011 年 8 月 19 日至 2017 年 8 月 19 日。

(2)票面利率:第一年 0.5%、第二年 0.5%、第三年 1.0%、第四年 2.0%、第五年 2.0%、第六年 2.0%。

(3)债券到期偿还:公司于本次可转债期满后 5 个交易日内按本次发行的可转债票面面值的 110%(含最后一期利息)赎回全部未转股的可转债。

(4)付息方式:本次发行的可转债采用每年付息一次的付息方式,计息起始日为可转债发行首日。

(5)付息日:每年的付息日为本次发行的可转债发行首日起每满一年的当日。每相邻的两个付息日之间为一个计息年度。

(6)初始转股价格:2.67 元/股。

(7)转股起止时期:自可转债发行结束之日起满 6 个月后的第一个交易日起至本可转债到期日止(即 2012 年 2 月 20 日至 2017 年 8 月 19 日止)。

资料来源:国电电力发展股份有限公司 2011 年公开发行可转换公司债券公告,www.sse.com.cn。

第四节　长期应付款

长期应付款,是指企业除长期借款和应付债券以外的其他各种长期应付款项,包括应付融资租入固定资产的租赁款、以分期付款方式购入固定资产、无形资产发生的应付款项等。

一、应付融资租入固定资产的租赁款

企业采用融资租赁方式租入的固定资产,在租赁期间没有所有权,但由于其风险和报酬已经实质发生了转移,租入企业具有实质的控制权,因而视同自有的固定资产进行核算。我国《企业会计准则——租赁》规定,融资租入的固定资产,在租赁期开始日,承租人应当将租赁开始日租赁资产公允价值与最低租赁付款额现值两者中较低者作为租入资产的入账价值,将最低租赁付款额作为长期应付款的入账价值,其差额作为未确认融资费用。承租人在租赁谈判和签订租赁合同过程中发生的,可归属于租赁项目的手续费、律师费、差旅费、印花税等初始直接费用,应当计入租入资产的入账价值。

承租人在计算最低租赁付款额的现值时,能够取得出租人租赁内含利率的,应当采用租赁内含利率作为折现率;否则,应当采用租赁合同规定的利率作为折现率。企业无法取得出租人的租赁内含利率或合同没有规定利率的,应当采用同期银行贷款利率作为折现率。租赁内含利率,是指在租赁开始日,使最低租赁收款额的现值与未担保余值的现值之和等于租赁资产公允价值与出租人的初始直接费用之和的折现率。

未确认融资费用应当在租赁期内各个期间进行分摊。企业应当采用实际利率法计算确认当期的融资费用。

企业采用融资租赁方式租入固定资产时,在租赁开始日,按租赁资产的公允价值与最低租赁付款额现值的较低者,加上初始直接费用,借记"固定资产"等科目,按最低租赁付款额,贷记"长期应付款"科目,按发生的初始直接费用,贷记"银行存款"等科目,按其差额,借记"未确认融资费用"科目。按照租赁合同约定的付款日支付租金时,借记"长期应付款"科目,贷记"银行存款"等科目。

二、具有融资性质的延期付款购买资产

企业购买资产有可能延期支付有关价款。如果延期支付的购买价款超过正常信用条件,实质上具有融资性质的,所购买资产的成本应当以延期支付购买价款的现值为基础确定。实际支付的价款与购买价款的现值之间的差额,应当在信用期间内采用实际利率法进行摊销,计入相关资产成本或当期损益。具体来说,企业购入资产超过正常信用条件延期付款实质上具有融资性质时,应按购买价款的现值,借记"在建工程"、"固定资产"、"无形资产"等科目,按应支付的价款总额,贷记"长期应付款"科目,按其差额,借记"未确认融资费用"科目。按合同约定的付款日分期支付价款时,借记"长期应付款"科目,贷记"银行存款"等科目。

案例 12-3

上汽集团(600104)长期应付款情况

据上海汽车集团股份有限公司 2011 年年度报告报表项目附注 41 所示:

(1)长期应付款明细

项目	年末数	年初数
应付融资租赁款	37 237 334.04	39 110 429.12
减:一年内到期的长期应付款	2 522 424.82	2 332 645.02
一年后到期的长期应付款	34 714 909.22	36 777 784.10

(2)长期应付款中的应付融资租赁款明细

	年末数	年初数
资产负债表日后第1年	5 514 600.00	5 514 600.00
资产负债表日后第2年	5 514 600.00	5 514 600.00
资产负债表日后第3年	5 514 600.00	5 514 600.00
以后年度	39 061 750.00	44 116 800.00
最低租赁付款额合计	55 605 550.00	60 660 600.00
减:未确认融资费用	18 368 215.96	21 550 170.88
应付融资租赁款	37 237 334.04	39 110 429.12

资料来源:上海汽车集团股份有限公司 2011 年年度报告,www.sse.com.cn。

本章小结

本章主要阐述了非流动负债的特点、借款费用的处理方法及长期借款、应付债券、长期应付款等非流动负债的会计处理等。

1.非流动负债的特点

非流动负债是指流动负债以外的一切负债,通常偿还期在 1 年或者超过 1 年的一个营业周期以上。与流动负债相比,非流动负债具有金额大、偿还期限长的特点,且支付借款费用成为企业长期的固定性支出。

2.借款费用的处理方法

与非流动负债有关的借款费用是指企业因借款而发生的利息、折价或溢价的摊销和辅助费用,以及因外币借款而发生的汇兑差额等。借款费用的会计处理有两种方法:一是发生时直接计入当期费用,称为费用化;二是发生时将与购置资产相关的借款费用计入相关资产的成本,称为资本化。我国《企业会计准则——借款费用》规定:可直接归属于符合资本化条件的资产的购建或者生产的,应当予以资本化计入相关资产的成本;其他借款费用,应当在发生时根据其发生额确认为费用,计入当期损益。

3.长期借款

长期借款是指企业从银行或其他金融机构借入的期限在一年以上(不含一年)的各种借款,包括人民币长期借款和外币长期借款。长期借款核算的内容主要包括长期借款的借入、借款利息的计提、借款本息的归还等。

4.应付债券

债券是企业为筹集资金而依法定程序发行、约定在一定期限内无条件还本付息的一种有价证券。按能否转换为发行企业的股票,可分为可转换债券和不可转换债券。企业发行不可转换债券初始入账金额应等于债券发行价格扣除交易费用。初始入账金额与债券面值的差额在债券存续期间内采用实际利率法进行摊销。实际利率法是指按照应付债券的实际利率计算其摊余成本及各期利息费用的方法。企业发行可转债券应当在初始确认时将其包含的负债成分和权益成分进行分拆,将负债成分确认为应付债券,将权益成分确认为资本公积。发行可转换债券发生的交易费用,应当在负债成分和权益成分之间按照各自的相对公允价值进行分摊。可转换债券持有人行使转换权利,将其持有的债券转换为股票时,发行企业应将可转换债券的余额和其权益成分的金额按比例结转,同时反映股东权益。

5.长期应付款

长期应付款,是指企业除长期借款和应付债券以外的其他各种长期应付款项,包括应付融资租入固定资产的租赁款、以分期付款方式购入固定资产、无形资产发生的应付款项等。

思考题

1.非流动负债有何特点?

2.按照我国《企业会计准则》的规定,借款费用资本化的条件有哪些?

3.怎样确定不可转换应付债券的初始金额?

4.按照我国《企业会计准则》的规定,应付债券初始入账金额与债券面值之间的差额,应当如何进行分摊?

5.发行可转换债券时,应如何分拆包含的负债成分和权益成分?

练习题

(一)单项选择题

1.下列关于企业发行可转换债券会计处理中的表述中,错误的是( )。

A.将负债成分确认为应付债券

B.将权益成分确认为资本公积

C.按债券面值计量负债成分初始入账金额

D.按公允价值计量负债成分初始入账金额

2.发行可转换债券发生的交易费用,应当( )。

A.计入财务费用

B.计入应付债券的账面价值

C.在负债成分和权益成分之间按照各自的账面价值进行分摊

D.在负债成分和权益成分之间按照各自的相对公允价值进行分摊

3.2011年2月1日,津滨公司为建造一办公楼向银行取得一笔专门借款。2011年3

月 5 日,以该贷款支付前期订购的工程物资款,因征地拆迁发生纠纷,该办公楼延迟至 2011 年 7 月 1 日才开始兴建,开始支付其他工程款,2012 年 2 月 28 日,该办公楼建造完成,达到预定使用状态。2012 年 4 月 30 日,津滨公司办理工程竣工决算,不考虑其他因素,津滨公司该笔借款费用的资本化期间为( )。

A.2011 年 2 月 1 日至 2012 年 4 月 30 日

B.2011 年 3 月 5 日至 2012 年 2 月 28 日

C.2011 年 7 月 1 日至 2012 年 2 月 28 日

D.2011 年 7 月 1 日至 2012 年 4 月 30 日

4.红塔公司于 2011 年 7 月 1 日按面值发行 5 年期、到期一次还本付息的公司债券,该债券面值总额 8 000 万元,票面年利率为 4%,自发行日起计息。假定票面利率与实际利率一致,不考虑相关税费,2012 年 12 月 31 日该应付债券的账面余额为( )万元。

A.8 000 B.8 160 C.8 320 D.8 480

5.下列费用中,不属于借款费用的有( )。

A.借款手续费 B.发行公司债券发生的利息

C.发行公司股票发生的佣金 D.发行公司债券发生的溢折价摊销

6.在租赁开始日,承租人把( )作为"长期应付款"的入账价值。

A.最低租赁付款额

B.最低租赁付款额的现值

C.最低租赁付款额的现值加上初始直接费用

D.租入固定资产公允价值

(二)多项选择题

1.资产负债表日,按应付债券的摊余成本和实际利率计算确定的利息费用,可借记的会计科目有( )。

A.在建工程 B.制造费用 C.财务费用 D.应付利息

2.下列关于可转换债券的说法,正确的有( )。

A.企业发行的可转换公司债券,应当在初始确认时将其包含的负债成分和权益成分进行分拆,将负债成分确认为应付债券,将权益成分确认为资本公积

B.可转换公司债券在进行分拆时,应当对负债成分的未来现金流量折现确定负债成分的初始确认金额

C.发行可转换公司债券发生的交易费用,应当直接计入当期损益

D.可转换公司债券转换股份前计提的利息费用均应计入当期损益

3.下列项目中,属于"长期应付款"科目核算内容的有( )。

A.应付融资租赁款

B.具有融资性质的购买无形资产未支付的款项

C.应付长期债券的利息

D.经营租入固定资产的租赁费

4.企业发行不可转换债券时,在"应付债券"总账下设置的明细账有( )。

A.面值 B.应计利息 C.利息调整 D.成本

5.企业发行债券正确的处理是(　　　)。

A.按债券面值计入"应付债券——面值"

B.面值与实际收到款项的差额计入"应付债券——利息调整"

C.按实际利率计算的利息收入计入"应付债券——应计利息"

D.按直线法摊销债券溢折价

6.借款费用开始资本化必须同时满足的条件有(　　　)。

A.资产支出已经发生

B.借款费用已经发生

C.为使资产达到预定可使用或者可销售状态所必要的购建或者生产活动已经开始

D.借款利息已经支付

(三)判断题

1.企业为购建固定资产而发生的专门长期借款利息都应计入固定资产成本。(　　　)

2.企业每期按债券面值和票面利率确定的利息就是企业该期实际负担的利息费用。(　　　)

3.企业发行分期付息、一次还本的不可转换债券时的初始入账金额大于债券面值的差额采用实际利率法进行摊销,各期确认的实际利息费用会逐期减少。(　　　)

4.不可转换债券的初始入账金额应为债券的面值。(　　　)

5.可转换公司债券转换为股份时,按债券的账面价值结转,不确认转换损益。(　　　)

6.企业发行可转换公司债券收到的款项应全部确认为负债。(　　　)

(四)业务题

1.

(1)目的:掌握长期借款的核算。

(2)资料:津乐公司 2010 年 1 月 1 日向银行借入 2 800 000 元,期限 3 年,年利率 8%的工程专门款项。每年付息一次(按单利法计算利息),期满后一次还清本金。该借款在 2010 年年初一次性投入工程建设,该工程于 2011 年年底完工,达到预定使用状态。

(3)要求:为津乐公司编制取得借款、计提利息、还本付息的会计分录。

2.

(1)目的:掌握不可转换债券的会计处理。

(2)资料:津科公司经批准于 2011 年 4 月 1 日起发行 4 年期面值为 100 元的债券 200 000 张,债券票面利率为 8%,每年 4 月 1 日付息,到期时归还本金和最后一次利息。该债券发行完毕实际收到发行款 2 039 550 元存入银行。该债券所筹集资金全部用于日常经营。津科公司采用实际利率法确认债券利息费用,假定该债券实际利率为 7%。

(3)要求:

①计算该债券 2012 年 12 月 31 日的摊余成本。

②为津科公司编制该债券取得发行款、计提利息、到期偿付的会计分录。

3.

(1)目的:掌握可转换债券的会计处理。

(2)资料:商达公司于 2011 年 1 月 1 日经批准发行到期还本,分期付息的可转换债券

500 000 张。该债券每张面值为 100 元,期限 5 年,债券票面年利率为 6%,每年 1 月 1 日支付债券利息。债券按面值发行,款项 50 000 000 元已收存银行。自 2011 年 7 月 1 日起,债券持有人可以申请按债券每张面值转换为商达公司的普通股 25 股(每股面值 1 元)。假定债券实际利率为 8%,不考虑其他相关因素。2012 年 1 月 10 日有 100 000 张债券持有人行使了转换权利(利率 8%、期数为 5 的复利现值系数 0.68058。利率 8%、期数为 5 的年金现值系数 3.99271)。

(3)要求:

①确认负债成分和权益成分的初始价值。

②编制债券发行、计息、转股的会计分录。

第十三章

所有者权益

学习目的：通过本章学习，使学生了解企业组织形式与所有者权益的构成，理解所有者权益的来源及特征。掌握实收资本、资本公积、留存收益的内容及会计处理。

引导案例

西部资源(600139)股本变动情况

据四川西部资源控股股份有限公司(简称西部资源)2011 年年度报告财务报表附注(九)项目注释 28 所示：

(1)股本明细

	期初数	本次变动增减(+、-)					期末数
		发行新股	送股	公积金转股	其他	小计	
股份总数	237 118 702.00	35 750 766.00	94 847 481.00			130 598 247.00	367 716 949.00

(2)股本变动情况说明

根据公司 2010 年 12 月 8 日召开的第六届董事会第三十次会议决议、2010 年 12 月 24 日召开的 2010 年第三次临时股东大会决议以非公开发行股票募集资金的方式收购银茂控股持有的银茂矿业 80% 股权，经 2011 年 8 月 31 日中国证券监督管理委员会证监许可[2011]1393 号文《关于核准四川西部资源控股股份有限公司非公开发行股票的批复》的核准，2011 年 9 月 27 日公司向特定对象非公开发行人民币普通股 35 750 766 股(每股面值 1 元)，募集资金总额 699 999 998.28 元，扣除各项发行费用 23 587 254.15元，实际募集资金净额 676 412 744.13 元，其中增加注册资本人民币 35 750 766.00元，增加资本公积 640 661 978.13 元。变更后的注册资本为人民币 367 716 949.00元。本次转增股本业经深圳市鹏城会计师事务所有限公司验证，并出具深鹏所验字(2011)第 323 号验资报告。

根据上述资料，你认为股本和注册资本、资本公积有何区别？公司发行股票应怎样做会计处理？

资料来源：四川西部资源控股股份有限公司 2011 年年度报告，www.sse.com.cn。

第一节　所有者权益概述

一、所有者权益的概念及来源

我国《企业会计准则》将所有者权益定义为："企业资产扣除负债后由所有者享有的剩余权益。公司的所有者权益又称为股东权益。"所有者权益是所有者对企业净资产的索取权,体现的是所有者在企业中的剩余权益,其金额取决于资产和负债的计量,在数量上等于企业资产总额减去负债总额后的余额,即"所有者权益＝资产－负债"。

所有者权益的来源包括所有者投入的资本、直接计入所有者权益的利得和损失、留存收益等。

二、所有者权益特征

会计中的权益概念是与资产相对应的,表示对企业全部资产的要求权,包括所有者权益和债权人权益(即负债)两部分。与债权人权益相比,所有者权益具有以下基本特征:

1.所有者权益是企业对投资者负担的经济责任,体现的是投资者对投入资本及由所投入资本所产生的盈余(或亏损)的权利;而负债则是企业对债权人负担的经济责任,体现的是债权人对企业债务的权利。

2.所有者权益一般只有在企业解散时(按法定程序减资等情况除外),在用其破产财产偿付了破产清算费用、债权人的债务等之后,如还有剩余财产,才可能偿还给投资者,而在企业持续经营的情况下,通常是不能清偿或退还所有者投资的;而负债则必须于确定的日期或特定的日期予以偿还。

3.所有者拥有企业的产权,有参与企业管理并作出经营决策的权利,享有企业最终财产、利润的分配权;而债权人与企业只存在债权债务关系,无权参与企业的管理,更不能参与企业利润的分配,只能按照事先约定取得利息收入和收回本金。

4.企业的所有者享有的权益取决于企业的经营状况,具有不确定性。企业盈利,所有者权益增加;企业亏损,所有者权益减少,因而风险较大。债权人获取利息一般是按约定利率计算的,是预先可以确定的数额,企业无论盈利与否,均按期付息,风险较小。

三、企业组织形式及所有者权益的构成

企业组织形式是指按照民事法律的有关规定承担民事法律责任的主体资格及其组织状况。企业的组织形式多种多样,按照国际上通行的做法是按企业资产经营的法律责任,把企业分为非公司型企业和公司型企业,非公司型企业又可分为独资企业和合伙企业。企业无论采取何种组织形式,其资产与负债的会计处理一般并无区别。但由于不同企业组织形式决定了企业所有者对企业所承担的义务、风险及其享有的利益不同,因而涉及所有者权益方面的会计处理大不相同。

(一)独资企业

独资企业是企业最简单、最原始的组织形式,是指由个人独立出资而建立的企业。独资企业的全部资产归出资者一人所有,企业的经营也由出资者个人承担,因此,企业的所有权与经营权是统一的。独资企业不具有法人资格,企业的所有者对企业的债务负有无限的清偿责任,不是纳税主体(业主交个人所得税)。因此,独资企业的所有者权益无需分类,可以统称为业主权益。业主对企业进行投资以及从企业中提取款项,视为业主个人所得,可以转为业主权益,无需单独以"未分配利润"项目反映。

(二)合伙企业

合伙企业是两个以上的合伙人按照协议共同出资,共同承担企业经营风险,并且对企业债务承担连带责任的企业。合伙企业与独资企业基本相同,不是法律主体,负有无限责任,取得收益有出资人按个人所得缴纳个人所得税。合伙企业与独资企业的主要区别在于它往往通过协议的形式规定出资各方的权利义务。合伙人的出资额可以大小不等,利润则按出资多寡或协议规定分配。因此,合伙企业的所有者权益属合伙人所有,与独资企业一样无需分为投入资本、资本公积和留存收益三部分,但需按各合伙人分设科目,以反映个合伙人的投资、提款及其权益的余额。

(三)公司企业

公司企业是指依据一定的法律程序申请登记设立,并以营利为目的的具有法人资格的经济组织。公司具有法人资格,这是其区别于独资企业和合伙企业等非法人企业的一个重要标志。

公司是以责任形式设立的,如果出资者对公司承担的责任以其出资额为限,公司对债权人承担的责任以公司全部资产为限,即为有限责任公司;如果全体出资者对公司债务负连带无限责任,公司对债务负无限清偿责任,即为无限责任公司;如果公司以发行股票的方式筹集可供长期经营用的资本,即为股份公司。按照我国《公司法》规定,我国公司分为有限责任公司和股份有限公司两种形式。

在公司企业组织中,所有者权益属于一定数目的股东,称之为股东权益。公司形式的企业中,股东与债权人之间的产权关系比独资和合伙企业复杂得多,例如,在股东权益的处理中,所有者的投入资本与保留在企业中的利润必须分开反映;所有者从公司派得款项必须经过公司董事会宣布和分派股利这样的正式手续才能实现;将保留在公司中的利润转作资本金,同样也必须通过正式的手续来完成,以便更好地向股东提供有关他们经济权益变化情况的会计信息等等。为了便于核算,我国《企业会计准则》将所有者权益分为实收资本(或股本)、资本公积、盈余公积和未分配利润几个部分。

第二节 实收资本

一、实收资本的性质

依据我国有关法律规定,投资者设立企业首先必须投入资本。实收资本是投资者投入资本形成法定资本的价值。实收资本的构成比例,即投资者的出资比例通常是确定所有者在企业所有者权益中所占的份额和参与企业财务经营决策的基础,也是企业进行利润分配或股利分配的依据,同时还是企业清算时确定所有者对净资产的要求权的依据。在股份有限公司,实收资本为股本。

实收资本与企业的注册资本有着密切的联系。注册资本是企业在设立时向工商行政管理机关登记的资本总额,是企业所有出资人(即所有者)认缴的出资额之和。注册资本是企业的法定资本,在经营期内不得减少。若要增加注册资本,可向原审批机关报批并办理变更登记手续。实收资本是企业收到的各投资方实际缴入的资本,在企业设立之时,各投资方要按协议认缴资本,若一次性缴足,则企业的注册资本即等于实收资本;若存在分期缴入资本的情况,则在最后一笔资本缴入前,实收资本少于注册资本。

二、有限责任公司实收资本的核算

(一)有限责任公司的特点

有限责任公司是指由股东共同出资,股东以其认缴的出资额为限对公司承担责任,公司以其全部财产对公司的债务承担责任的企业法人。有限责任公司的主要特点是:

1.公司的全部资本不分为等额股份;

2.股东人数不得超过一定的限额,我国《公司法》规定由 50 个以下股东出资设立;

3.公司仅向股东签发出资证明,不发行股票;

4.公司股份转让有较为严格的限制,我国《公司法》规定,股东向股东以外的人转让股权,应当经其他股东过半数同意。

(二)会计科目设置

有限责任公司应设置"实收资本"科目核算企业接受投资者投入的资本。本科目贷方登记投资者在企业注册资本中所占的份额;借方登记按规定程序减少注册资本的数额;期末余额在贷方,反映企业实收资本总额。本科目可按投资者进行明细核算。中外合作企业在合作期间归还投资者的投资,应在本科目设置"已归还投资"明细科目进行核算。

(三)会计处理

1.实收资本增加

有限责任公司资本增加的途径主要有:接受投资人直接投资、资本公积转增资本、盈余公积转增资本、债务转为资本等。此处只阐述接受投资人直接投资,资本公积转增资本、盈余公积转增资本分别在资本公积和盈余公积的核算中阐述。

按照我国《公司法》规定,股东可以用货币出资,也可以用实物、知识产权、土地使用权等可以用货币估价并可以依法转让的非货币财产作价出资;但是,法律、行政法规规定不得作为出资的财产除外。

(1)接受货币投资

投资者以缴存现金的方式投资的,企业应在实际收到或者存入企业开户银行时,按实际收到的金额,借记"银行存款"科目,按投资者在企业注册资本中所占的份额,贷记"实收资本"科目,对于实际收到的金额超过投资者在企业注册资本中所占份额的部分,贷记"资本公积——资本溢价"科目。

【例 13-1】津科有限责任公司接到银行通知,收到岚山企业投入资金 6 000 000 元,与岚山企业应享有的权益份额相等。

借:银行存款　　　　　　　　　　　　　　　　　　　　　6 000 000
　　贷:实收资本——岚山企业　　　　　　　　　　　　　　　　　　6 000 000

(2)接受实物资产投资

投资者以原材料、固定资产等方式投资的,企业应在办理实物产权转移手续时按投资合同或协议约定价值,投资合同协议价值不公允的,按公允价值,借记"原材料"、"固定资产"等科目;按可抵扣的增值税额,借记"应交税费－应交增值税(进项税额)"科目;按投入资本在注册资本中所占的份额,贷记"实收资本"科目;按其差额,贷记"资本公积——资本溢价"科目。

【例 13-2】天成有限责任公司设立时收到津南公司投入办公楼一座和原材料一批。其中,办公楼原价 5 000 000 元,已提折旧 1 200 000 元,公允价值 4 600 000 元,津南公司开出增值税专用发票标明原材料价款为 800 000 元,增值税 136 000 元。办公楼和原材料已办理了产权转移手续。

借:固定资产——办公楼　　　　　　　　　　　　　　　　4 600 000
　　原材料　　　　　　　　　　　　　　　　　　　　　　800 000
　　应交税费——应交增值税　　　　　　　　　　　　　　136 000
　　贷:实收资本——津南公司　　　　　　　　　　　　　　　　　5 536 000

(3)接受无形资产投资

投资者以知识产权、土地使用权等方式投资的,企业应在移交有关凭据时,按投资合同或协议约定价值,投资合同协议价值不公允的,按公允价值,借记"无形资产"科目;按投入资本在注册资本中所占的份额,贷记"实收资本"科目,按其差额,贷记"资本公积——资本溢价"科目。

【例 13-3】水木公司设立时,收到海景公司投入土地使用权一项,公允价值为 30 000 元,占水木公司注册资本 2 000 000 的 15%。该土地使用权已办理了移交手续。

借:无形资产——土地使用权　　　　　　　　　　　　　　300 000
　　贷:实收资本——海景公司　　　　　　　　　　　　　　　　　300 000

2.实收资本减少

通常情况下,企业的注册资本不能随意减少,股东也不能抽回投资。但在某些情况下,确有需要减少资本,应按照法定程序报批。企业按照法定程序报经批准减少注册资本时,按照减少的数额,借记"实收资本"科目,贷记"银行存款"等科目。

三、股份有限公司股本的核算

(一)股份有限公司的特征

股份有限公司是指全部资本由等额股份构成并通过发行股票筹集资本,股东以其认购的股份为限对公司承担责任,公司以其全部财产对公司的债务承担责任的企业法人。股份有限公司与有限责任公司相比,有许多相似之处,如都是法律主体、有独立的法人财产、享有法人财产权,承担有限责任等,其不同于有限责任公司之处在于:

1.全部资本划分等额股份;

2.以发行股票方式筹集资本;

3.股票可以交易或转让,没有严格限制。

(二)会计科目设置

股份有限公司应设置"股本"科目,本科目的贷方登记已发行的股票面值,借方登记经批准核销的股票面值,贷方余额表示发行在外的股票面值总额。公司应同时设置股本备查簿,用来记录股本总额、股数、每股面值以及已认股本等情况,该科目一般按股票种类及股东名称设置明细账。

(三)会计处理

1.股本增加

股份有限公司是以发行股票的方式筹集股本的。股票是公司签发的证明股东所持股份的凭证。我国《公司法》规定,股份的发行,实行公平、公正的原则,同种类的每一股份应当具有同等权利。股票发行价格可以按票面金额,也可以超过票面金额,但不得低于票面金额。

公司发行股票时,应按实际收到的款项,借记"银行存款"科目,按照股票面值与发行股份总数的乘积,贷记"股本"科目,按其差额,贷记或借记"资本公积"科目。

股份有限公司发行股票时会发生与股票发行直接有关的发行费用,包括佣金、手续费等费用。股份有限公司发行股票发生的发行费用直接冲减资本公积。

【例 12-4】百利股份有限公司经批准发行普通股股票 2 000 000 股,每股面值 1 元,每股发行价格 15 元,股票已发行结束,发生佣金、手续费等 450 000 元,实际收到 29 550 000 元。

借:银行存款　　　　　　　　　　　　　　　　　　　　　29 550 000
　贷:股本　　　　　　　　　　　　　　　　　　　　　　　　　2 000 000
　　资本公积——股本溢价　　　　　　　　　　　　　　　　　27 550 000

2.股本减少

股份有限公司可以按法定程序报经批准减少股本,但减少后的股本不得少于《公司法》规定的最低注册资本数额。我国《公司法》规定,股份有限公司可通过收购本公司股份减少公司注册资本,收购本公司股份后,应当自收购之日起十日内注销。

股份有限公司在进行收购、注销本公司的股份时,应设置"库存股"科目,该科目的借方反映企业为减少资本而回购本公司股票所支付的实际成本,贷方登记企业注销的库存股,期末余额在借方,反映企业持有尚未注销的本公司股份金额。

(1)收购股票

股份有限公司以减资为目的收购本公司股票时,应按实际支付的款项,借记"库存股"科目,贷记"银行存款"科目。

(2)注销股本

股份有限公司收回的股票注销时,应按股票面值和注销股数计算的股票面值总额冲减股本,按注销库存股的账面余额与所冲减股本的差额冲减资本公积(股本溢价),资本公积(股本溢价)不足以冲减的,再冲减盈余公积,直至冲减未分配利润。若购回的股票所支付的价款低于面值总额,所注销库存股的账面余额与所冲减股本的差额,作为增加股本溢价处理。

【例 13-5】宇光股份有限公司因经营需要,报经批准通过收购本公司发行在外股票的方式进行减资。公司以每股 10 元的价格从证券市场回购本公司股票 500 000 股,此时宇光股份有限公司所有者权益总额为 20 000 000 元,其中股本 12 000 000 元,资本公积(股本溢价)3 000 000 元,资本公积(其他资本公积)800 000 元,盈余公积 2 800 000 元,未分配利润 1 400 000 元。宇光股份有限公司股票每股面值为 1 元。

公司回购本公司股票时:

借:库存股	5 000 000	
贷:银行存款		5 000 000

注销所收购股票时:

借:股本	500 000	
资本公积	3 000 000	
盈余公积	1 500 000	
贷:库存股		5 000 000

第三节　资本公积

一、资本公积的性质

资本公积是归所有者所共有、由非收益转化而形成的资本,是企业收到投资者的超出其在企业注册资本(或股本)中所占份额的投资,以及直接计入所有者权益的利得和损失等。

资本公积与实收资本(或股本)以及留存收益虽然都属于所有者权益的范围,但它又与实收资本(或股本)以及留存收益存在着明显的区别。首先,资本公积的形成有其特定的来源,不是由企业实现的利润转化而来的,与企业净利润无关,而留存收益则是由企业实现的净利润转化而来的;其次,资本公积形成时在金额上没有严格的限制,其来源也相对较多,既可以来源于投资者的额外投入,又可以来源于投资者之外的其他企业或个人,而且资本公积不谋求直接的投资回报,而实收资本(或股本)一般是投资者投入的、为谋求价值增值的原始投资,属于法定资本,无论在来源上,还是在金额上,都有着比较严格的限制。

二、资本公积的核算

（一）会计科目设置

企业应设置“资本公积”科目核算资本溢价或股本溢价及其他资本公积的增减变动。本科目贷方登记投资者出资额超出其在注册资本中所占有份额形成的资本溢价(或股本溢价)及直接计入所有者权益形成的其他资本公积;借方登记资本溢价(或股本溢价)转增资本减少的数额及转销的其他资本公积。期末贷方余额反映企业结余的资本公积数额。本科目应当分别“资本(或股本)溢价”、“其他资本公积”进行明细核算。

(二)资本(或股本)溢价的核算

1.资本溢价

资本溢价是企业投资者出资额超出其在企业注册资本中所占份额的差额,资本溢价可以转增资本。

除股份有限公司以外的企业,在企业重组并有新的投资者加入时,为了维护原有投资者的权益,新加入的投资者的出资额,通常会超过其在所有者权益中所占的份额。这是因为,企业创立时要经过筹建、试生产经营、为产品寻找市场、开辟市场等等过程,从投入资金到取得投资回报,中间需要许多时间,并且这种投资具有风险性,在这个过程中资本利润率会较低。而当企业进入正常生产经营后,其资本利润率通常会高于企业初创阶段,而这高于初创阶段的资本利润率是初创时必要的垫支资本带来的,企业创办者为此付出了代价。另外,企业经营过程中实现利润的一部分留在企业,形成留存收益,新投资者加入企业后,会与原投资者共享这部分留存收益。所以新加入的投资者要付出大于原有投资者的出资额,才能取得与原有投资者相同的投资比例。新投资者多付出的出资额,就形成了资本溢价。

【例 13-6】南云有限责任公司由 A、B 两投资者各出资 500 000 元设立。经过三年的经营,该公司形成留存收益 150 000 元。此时经协议,A、B 同意投资者 C 出资 650 000 元加入该公司,并享有与 A、B 投资者同等的权利。

南云公司收到 C 投资者的投资款时:

借:银行存款　　　　　　　　　　　　　　　　　650 000
　贷:实收资本——C 投资者　　　　　　　　　　　　500 000
　　资本公积——资本溢价　　　　　　　　　　　　　150 000

2.股本溢价

股本溢价是股份有限公司在溢价发行股票的情况下,股东所缴股款超过所购股票面值以上的那部分差额,股本溢价可以转增资本。

股份有限公司是以发行股票的方式筹集股本的,股票是企业签发的证明股东按其所持股份享有权利和承担义务的书面证明。由于股东按其所持企业股份享有权利和承担义务,为了反映和便于计算各股东所持股份占企业全部股本的比例,企业的股本总额应按股票的面值与股份总数的乘积计算。在溢价发行股票的情况下,企业发行股票取得的收入中,相当于股票面值的部分记入"股本"科目,超出股票面值的溢价部分,则记入"资本公积——股本溢价"科目。如果在发行过程中发生与发行股票相关的手续费、佣金等交易费用,应从溢价中扣除,并将扣除手续费、佣金后的数额记入"资本公积——股本溢价"科目(见本章第二节【例 13-4】)。

3.资本(或股本)溢价转增资本

企业按规定的程序报经批准,用资本公积(资本溢价或股本溢价)转增资本时,按转增资本的数额,借记"资本公积"科目,贷记"实收资本"或"股本"科目。

(三)其他资本公积

其他资本公积是指除资本溢价(或股本溢价)项目以外所形成的资本公积,主要包括直接计入所有者权益的利得和损失。直接计入所有者权益的利得和损失是指不应计入当期损益、会导致所有者权益发生增减变动的、与所有者投入资本或者向所有者分配利润无关的利得或者损失。其他资本公积不可转增资本。

引起直接计入所有者权益的利得和损失交易或事项主要有持有至到期投资重分类为可供出售金融资产,资产负债表日可供出售金融资产公允价值变动,权益法下被投资单位净损益以外原因引起的所有者权益变动,以权益结算的股份支付,存货或自用房地产转换为投资性房地产等。

1.有至到期投资重分类为可供出售金融资产

企业因持有意图或能力发生变化,使某项债券投资不再适合划分为持有至到期投资的,应当将其重分类为可供出售金融资产,并以公允价值进行后续计量。重分类日,将该项持有至到期投资的账面价值与公允价值的差额计入资本公积,在该项可供出售金融资产发生减值或终止确认时转出,计入当期损益(见本书第五章【例 5-15】)。

2.资产负债表日可供出售金融资产公允价值变动

资产负债表日,可供出售金融资产按公允价值计量,公允价值变动产生的利得或损失直接计入资本公积。对于公允价值上升形成的利得,借记"可供出售金融资产——公允价值变动"科目,贷记"资本公积——其他资本公积"科目;对于公允价值下降形成的损失,借记"资本公积——其他资本公积"科目,贷记"可供出售金融资产——公允价值变动"科目(见本书第五章【例 5-20】、【例 5-21】)。

3.权益法下被投资单位净损益以外原因引起的所有者权益变动

在长期股权投资采用权益法核算下,被投资单位除净损益以外所有者权益的其他变动,如果是利得,则投资企业应按持股比例计算应享有的份额,借记"长期股权投资——其他权益变动"科目,贷记"资本公积——其他资本公积"科目;如果是损失,则投资企业应作相反的处理。当处置采用权益法核算的长期股权投资时,应当将原记入"资本公积——其他资本公积"的相关金额转入"投资收益"(见本书第六章【例 6-12】)。

4.自用房地产或存货转换为采用公允价值模式计量的投资性房地产

企业将自用房地产或存货转换为采用公允价值模式计量的投资性房地产时,转换当日的公允价值大于原账面价值的差额,应计入资本公积;处置该项房地产时,应转销与其相关的其他资本公积(见本书第九章【例 9-8】)。

5.以权益结算的股份支付

以权益结算的股份支付是指企业为获取服务以股份或其他权益工具作为对价进行结算的交易。

以权益结算的股份支付换取职工或其他方提供服务的,应当按照确定的金额,将取得的服务计入相关资产成本或当期费用,同时计入资本公积。借记"管理费用"等科目,贷记"资本公积——其他资本公积"科目。在行权日,应按实际行权的权益工具数量计算确定的金额,借记"资本公积——其他资本公积"科目,按计入实收资本或股本的金额,贷记"实收资本"或"股本"科目,按其差额,贷记"资本公积——资本溢价(或股本溢价)"科目。

【例 13-7】格林公司 2012 年 3 月 5 日采用授予后立即行权的方式授予高管人员 600 000 股,每股价格为 5 元,每股面值 1 元。

(1)授予时

借：管理费用 3 000 000

　　贷：资本公积——其他资本公积 3 000 000

(2)行权时

借：资本公积——其他资本公积 3 000 000

　　贷：股本 600 000

　　　资本公积——资本溢价 2 400 000

案例 13-1

宏图高科(600122)资本公积情况

据江苏宏图高科技股份有限公司(简称"宏图高科")2011 年年度报告报表附注五项目注释 30 所示：

(1)资本公积明细

项目	期初余额	本期增加额	本期减少额	期末余额
股本溢价	2 482 740 601.71		453 115 840.00	2 029 624 761.71
其他资本公积	17 675 420.91	791 949 747.42		809 625 168.33
合计	2 500 416 022.62	791 949 747.42	453 115 840.00	2 839 249 930.04

(2)资本公积增减变动原因及依据说明

股本溢价本期减少额为根据 2011 年 4 月 8 日召开的公司 2010 年度股东大会决议，以资本公积每 10 股转增 8 股，而减少资本公积。

其他资本公积增加为公司持有华泰证券股份有限公司股权，报告期可上市流通，公司将持划入可供出售金融资产核算，增值额扣除递延所得税负债记入资本公积。

资料来源：江苏宏图高科技股份有限公司 2011 年年度报告，www.sse.com.cn。

第四节　留存收益

留存收益是指由企业净收益累积而形成的所有者权益，包括盈余公积和未分配利润。

一、盈余公积

(一)盈余公积的内容

盈余公积是企业按照有关规定从税后利润中提取的、归所有者所共有、具有特定用途的公积金，包括法定盈余公积和任意盈余公积。

1.法定盈余公积

法定盈余公积是指企业按法律规定从净利润中提取的积累资金。我国《公司法》规定：公司制企业应当按照当期实现净利润的 10% 提取法定盈余公积。法定盈余公积累计额为公司注册资本的50％以上的,可以不再提取。

2.任意盈余公积

任意盈余公积是按公司章程规定或经股东大会决议可自行决定提取的积累资金。任意盈余公积的提取是出于自愿,而非外力强制,提取比例没有统一的规定,一般由企业的权力机构根据实际需要自行决定。

(二)盈余公积的使用

企业提取的盈余公积可用于弥补亏损和转增资本。企业将盈余公积转增资本时,必须经股东大会决议批准,并要到相关注册登记部门办理增资变更手续,同时,按股东原有持股比例结转。按照《公司法》的规定,以法定盈余公积转增资本时,所留存的法定盈余公积不得少于转增前公司注册资本的25％。

(三)盈余公积的核算

为了反映企业盈余公积的提取和使用情况,企业应设置"盈余公积"科目,该科目贷方登记盈余公积的提取金额,借方登记盈余公积的使用金额,期末贷方余额,反映盈余公积的结余额。本科目应当分别按"法定盈余公积"和"任意盈余公积"进行明细核算。外商投资企业还应分别按"储备基金"、"企业发展基金"进行明细核算;中外合作企业在合作期间归还投资者的投资,应在本科目下设置"利润归还投资"明细科目进行明细核算。

1.提取盈余公积

企业按规定提取盈余公积时,应借记"利润分配——提取法定盈余公积(或提取任意盈余公积)"科目,贷记"盈余公积——法定盈余公积(或任意盈余公积)"科目。

2.以盈余公积补亏

企业用盈余公积弥补亏损时,应借记"盈余公积——法定盈余公积(或任意盈余公积)"科目,贷记"利润分配——盈余公积补亏"科目。

3.用盈余公积转增资本

企业用盈余公积转增资本时,应借记"盈余公积——法定盈余公积(或任意盈余公积)"科目,贷记"实收资本"或"股本"科目。

【例13-8】四方公司因经营需要,将以前年度累计提取的法定盈余公积1 500 000元转增资本,转增后所留存的法定盈余公积仍占转增前公司注册资本的25％以上。

借:盈余公积——法定盈余公积　　　　　　　　　　　　　　　　　　1 500 000

　　贷:股本　　　　　　　　　　　　　　　　　　　　　　　　　　　　1 500 000

案例 13-2

宏图高科盈余公积情况

据江苏宏图高科技股份有限公司2011年年度报告财务报表附注五项目注释31所示:

(1)盈余公积明细

项目	期初余额	本期增加	本期减少	期末余额
法定盈余公积	80 777 464.10	3 631 690.70		84 409 154.80

（2）盈余公积变动说明

本年增加额系母公司按当年净利润的10％计提的法定盈余公积。

资料来源：江苏宏图高科技股份有限公司2011年年度报告，www.sse.com.cn。

二、未分配利润

未分配利润是企业未指明用途的利润或将全年实现的净利润按规定的分配程序进行分配后的剩余部分，该部分利润可留待以后年度进行分配。从数量上来讲，未分配利润是年初未分配利润，加上本年实现的净利润，减去提取的各种盈余公积和分派股利或利润后的余额。在会计处理上，未分配利润是通过"利润分配"科目进行核算的，具体处理见本书第十四章。

案例 13-3

宏图高科 2011 年未分配利润情况

据江苏宏图高科技股份有限公司2011年年度报告财务报表附注五项目注释32所示：

（1）未分配利润明细

项目	本期金额	提取或分配比例
年初未分配利润	905 165 721.83	
加：归属于母公司所有者的净利润	200 896 543.53	
减：提取法定盈余公积	3 631 690.70	10％
转增股本	113 278,960.00	
应付普通股股利	16 991 844.00	
期末未分配利润	972 159 770.66	

（2）未分配利润变动说明

根据2011年4月8日召开的公司2010年度股东大会决议，公司利润分配向全体股东每10股送2股，同时派发现金红利0.3元。

资料来源：江苏宏图高科技股份有限公司2011年年度报告，www.sse.com.cn。

本章小结

本章主要阐述了所有者权益的来源，实收资本的性质与核算、资本公积的形成与使用、留存收益的构成等。

1.所有者权益的来源

所有者权益是企业资产扣除负债后由所有者享有的剩余权益。所有者权益的来源包括所有者投入的资本、直接计入所有者权益的利得和损失、留存收益等。公司制企业将所有者权益分为实收资本(或股本)、资本公积、盈余公积和未分配利润几个部分。

2.实收资本

实收资本是投资者投入资本形成法定资本的价值。在股份有限公司,实收资本为股本。实收资本与企业的注册资本有着密切的联系。注册资本是企业在设立时向工商行政管理机关登记的资本总额;实收资本是企业收到的各投资方实际缴入的资本。当各投资方按协议缴足资本时,则企业的注册资本即等于实收资本。

3.资本公积

资本公积是归所有者所共有、由非收益转化而形成的所有者权益,包括资本溢价(或股本溢价)、其他资本公积。

资本溢价是企业投资者出资额超出其在企业注册资本中所占份额的差额,资本溢价可以转增资本。

股本溢价是股份有限公司在溢价发行股票的情况下,股东所缴股款超过所购股票面值以上的那部分差额,股本溢价可以转增资本。

其他资本公积是指除资本溢价(或股本溢价)项目以外所形成的资本公积,主要包括直接计入所有者权益的利得和损失。直接计入所有者权益的利得和损失是指不应计入当期损益、会导致所有者权益发生增减变动的、与所有者投入资本或者向所有者分配利润无关的利得或者损失。其他资本公积不可转增资本。

4.留存收益

留存收益是指由企业净收益累积而形成的所有者权益,包括盈余公积和未分配利润。

盈余公积是企业按照有关规定从税后利润中提取的、归所有者所共有、具有特定用途的公积金,包括法定盈余公积和任意盈余公积。企业提取的盈余公积可用于弥补亏损和转增资本。

未分配利润是企业未指明用途的利润或将全年实现的净利润按规定的分配程序进行分配后的剩余部分,该部分利润可留待以后年度进行分配。

思考题

1.不同企业组织形式下,所有者权益有何不同?
2.所有者权益与债权人权益之间的主要区别有哪些?
3.有限责任公司实收资本如何核算?
4.股份有限公司有何特点?其股本如何核算?
5.什么是资本公积?资本公积与实收资本有何不同之处?
6.什么是盈余公积?盈余公积有什么用途?

练习题

(一)单项选择题

1.股份有限公司发行股票实际收到发行款项时,应按股票面值计入(　　)科目。

A. 资本公积　　　　　B. 盈余公积　　　　　C. 股本　　　　　D. 实收资本

2. 有限责任公司在增资扩股时,如有新投资者介入,新介入的投资者缴纳的出资额大于其按约定比例计算的其在注册资本中所占份额部分的差额,应计入(　　　)。

A. 盈余公积　　　B. 资本公积　　　C. 未分配利润　　　D. 营业外收入

3. 用盈余公积弥补亏损,在冲减盈余公积的同时,应增加(　　　)。

A. 资本公积　　　B. 未分配利润　　　C. 实收资本　　　D. 营业外收入

4. 下列各项中,会引起留存收益总额发生增减变动的是(　　　)。

A. 盈余公积转增资本　　　　　　　B. 盈余公积补亏

C. 资本公积转增资本　　　　　　　D. 用税后利润补亏

5. 公司提取的法定盈余公积累计额为公司注册资本的(　　　)以上的,可以不再提取。

A. 10%　　　B. 20%　　　C. 25%　　　D. 50%

6. 下面各项经济业务,能够引起企业所有者权益增加的是(　　　)。

A. 以盈余公积补亏　　　　　　　　B. 资本公积转增资本

C. 提取盈余公积　　　　　　　　　D. 增发新股

7. 按照公司法的规定,法定盈余公积转增资本时,所留存的法定盈余公积不得少于转增前公司注册资本的(　　　)。

A. 50%　　　B. 25%　　　C. 20%　　　D. 30%

8. 甲股份有限公司委托乙证券公司发行普通股,股票面值总额 4 000 万元,发行总额 16 000 万元,发行费按发行总额的 2% 计算(不考虑其他因素),股票发行净收入全部收到。甲股份有限公司该笔业务记入"资本公积"科目的金额为(　　　)万元。

A. 4 000　　　B. 11 680　　　C. 11 760　　　D. 12 000

9. 某企业年初所有者权益 160 万元,本年度实现净利润 300 万元,以资本公积转增资本 50 万元,提取盈余公积 30 万元,向投资者分配现金股利 20 万元。假设不考虑其他因素,该企业年末所有者权益为(　　　)万元。

A. 360　　　B. 410　　　C. 440　　　D. 460

10. 某股份有限公司按法定程序报经批准后采用收购本公司股票方式减资,购回股票支付价款低于股票面值总额的,所注销库存股账面余额与冲减股本的差额应计入(　　　)。

A. 盈余公积　　　B. 营业外收入　　　C. 资本公积　　　D. 未分配利润

(二)多项选择题

1. 所有者权益的来源有(　　　)。

A. 所有者投入的资本　　　　　　　B. 直接计入所有者权益的利得和损失

C. 留存收益　　　　　　　　　　　D. 接受捐赠

2. 企业增加资本的途径有(　　　)。

A. 盈余公积转增　　　B. 资本公积转增　　　C. 接受投资者投资　　　D. 企业实现利得

3. 下列事项中,会引起所有者权益减少的有(　　　)。

A. 以资本公积金转增股本　　　　　B. 减资

C. 以盈余公积金弥补亏损　　　　　D. 分配现金股利

4. 企业注销库存股时,可能抵减的项目有(　　　)。

A. 股本　　　　　　B. 未分配利润　　　　C. 盈余公积　　　　D. 资本公积

5. 企业弥补亏损的渠道主要有（　　　）。

A. 用资本公积弥补　　　　　　　　　B. 用以后年度税前利润弥补

C. 用以后年度税后利润弥补　　　　　D. 用盈余公积弥补

6. 下列各项中，不会引起留存收益变动的有（　　　）。

A. 盈余公积补亏　　　　　　　　　　B. 计提法定盈余公积

C. 盈余公积转增资本　　　　　　　　D. 计提任意盈余公积

7. 下列项目中，可能引起资本公积变动的有（　　　）。

A. 与发行权益性证券直接相关的手续费、佣金等交易费用

B. 企业接受投资者投入的资本

C. 用资本公积转增资本

D. 处置采用权益法核算的长期股权投资

8. 股份有限公司的主要特征有（　　　）。

A. 全部资本划分等额股份　　　　　　B. 以发行股票方式筹集资本

C. 股票可以交易或转让，没有严格限制　D. 股东人数不得超过一定的限额

（三）判断题

1. 企业的实收资本一定等于注册资本。（　　　）

2. 投资者以原材料、固定资产等方式投资的，企业应在办理实物产权转移手续时按投资合同或协议约定价值，贷记"实收资本"科目。（　　　）

3. 按照我国《公司法》规定，股东可以用货币出资，也可以用实物、知识产权、土地使用权等可以用货币估价并可以依法转让的非货币财产作价出资。（　　　）

4. 企业用盈余公积弥补亏损，会导致留存收益减少。（　　　）

5. 按照我国《公司法》的规定，以法定盈余公积转增资本时，所留存的法定盈余公积不得少于转增前公司注册资本的50%。（　　　）

6. 股份有限公司无论是面值发行股票还是溢价发行股票，均应按股票面值作为股本入账，超面值的差额计入资本公积。（　　　）

7. 股份公司委托证券公司发行普通股股票支付给证券公司的手续费、佣金等发行费用应计入当期管理费用。（　　　）

8. 当企业的投资者投入资本高于其注册资本时，应当将高出部分计入营业外收入。（　　　）

9. 资本公积均可用于转增资本。（　　　）

10. 以权益结算的股份支付是指企业为获取服务以股份或其他权益工具作为对价进行结算的交易。（　　　）

（四）业务题

1.

（1）目的：掌握有限责任公司所有者权益的核算。

（2）资料：

①A、B两公司共同出资设立吉庆有限责任公司，分别拥有吉庆有限责任公司50%的

股份。A 公司以 1 000 000 元现金及一办公用房投入吉庆租赁公司,其中办公用房屋账面原值为 700 000 元,已提折旧 200 000 元,公允价值为 1 000 000 元;B 公司以 500 000 元现金及 5 辆汽车投入吉庆有限责任公司,其中汽车账面原值为 2 000 000 元,已提折旧 100 000 元,评估作价 1 500 000 元。吉庆有限责任公司已全部收到 A、B 两公司的投资。(假定不考虑相关税费)

②一年后,A、B 两公司同意 C 企业加入吉庆有限责任公司,并拥有 1/3 的股份,但 C 企业需缴纳投资款 3 000 000 元。经申请吉庆有限责任公司将注册资本增至 6 000 000 元,且 C 企业已将投资款缴入吉庆有限责任公司。

③第三年末,吉庆公司发生亏损 250 000 元,决定用以前年度提取的法定盈余公积弥补亏损。

(3)要求:根据上述业务,为吉庆有限责任公司编制相关会计分录。

2.

(1)目的:掌握股份有限公司所有者权益的核算。

(2)资料:

①2008 年 5 月,津海股份有限公司委托证券公司向社会发行该公司普通股股票 2 000 000 股,股票每股面值 1 元,发行价格每股 6 元,按发行价格的 2% 向证券公司支付手续费,股票已全部发售完毕,净收股款已划转入账。

②2009 年该公司实现净利润 5 000 000 元,该公司按当年净利润的 10% 提取法定盈余公积,按当年净利润的 15% 提取任意盈余公积。

③2010 年 9 月,该公司因经营需要,报经批准,将股本溢价 600 000 元转增资本。

④2012 年 8 月,该公司因产品结构调整,决定缩减公司规模。按法定程序报经批准,通过回购本公司发行在外普通股股票减少注册资本。2012 年 8 月 5 日,以每股 10 元的价格从证券市场回购本公司股票 100 000 股,并在 2012 年 8 月 13 日将所购股票注销。此时该公司所有者权益总额为 115 00 000 元,其中,股本 7 000 000 元,资本公积(资本溢价)800 000 元,盈余公积 2 000 000 元,未分配利润 1 700 000 元。

(3)要求:根据上述业务,为津海股份有限公司编制相关会计分录。

第十四章

收入、费用和利润

学习目的:通过本章学习,使学生了解收入的概念与分类、费用的概念与内容;理解利润的构成;掌握商品销售收入、提供劳务收入和让渡资产使用权收入的确认与计量;掌握商品销售收入、提供劳务收入的会计处理;掌握利润形成与分配的会计处理。

引导案例

包钢稀土(600111)2011 度利润分配实施公告

内蒙古包钢稀土(集团)高科技股份有限公司(简称包钢稀土)董事会 2012 年 4 月 25 日发布 2011 年度利润分配实施公告:

(1)通过利润分配实施方案的股东大会届次和日期

内蒙古包钢稀土(集团)高科技股份有限公司 2011 年度利润分配方案,已经公司 2012 年 4 月 18 日召开的 2011 年度股东大会审议通过。相关决议公告刊登在 2012 年 4 月 19 日《中国证券报》、《上海证券报》和上海证券交易所网站(www.sse.com.cn)上。

(2)利润分配方案

①发放年度:2011 年度。

②发放范围:全体股东。

③本次利润分配以截至 2011 年 12 月 31 日总股本 1 211 022 000 股为基数,向全体股东每 10 股送 10 股红股、派发 3.5 元现金红利(含税),共计送红股 1 211 022 000 股,派发股利 423 857 700 元。方案实施后公司总股本增至 2 422 044 000 股,增加 1 211 022 000 股。

(3)利润分配方案实施日期

①股权登记日:2012 年 5 月 3 日。

②除权(除息)日:2012 年 5 月 4 日。

③新增无限售条件流通股份可上市流通日:2012 年 5 月 7 日。

④现金红利到账日:2012 年 5 月 9 日。

(4)分派对象

截至 2012 年 5 月 3 日下午上海证券交易所收市后,在中国证券登记结算有限责任公司上海分公司登记在册的本公司全体股东。

根据上述公告内容，请问包钢稀土应如何做相应的会计处理？

资料来源：内蒙古包钢稀土(集团)高科技股份有限公司 2011 度利润分配实施公告，www.sse.com.cn。

第一节　收入

一、收入的概念

收入是指企业在日常活动中形成的、会导致所有者权益增加的、与所有者投入资本无关的经济利益的总流入。据此定义，收入主要有以下特征：

(一)收入是在企业"日常活动"中形成的，而不是从偶发的交易或事项中产生

这里的"日常活动"是指企业为完成其经营目标所从事的经常性活动以及与之相关的其他活动。例如工业生产性企业生产并销售产品或销售材料、商品流通企业销售商品、运输服务企业提供运输服务等形成的利益流入，就属于收入。而企业出售固定资产所取得的利益流入，则不能称之为收入。因为固定资产是企业为使用而不是为出售而取得，出售固定资产并非是企业的日常活动。

(二)收入会导致企业所有者权益的增加

企业的收入，或者是通过增加企业的资产实现的，如销售商品时收到增加银行存款或应收账款等；或者是通过减少企业的负债实现的，如企业通过预收货款方式销售商品，当销售实现时，负债会相应地减少；或者二者兼而有之。但是，无论通过哪种方式，根据会计恒等式"所有者权益＝资产－负债"，都会导致企业所有者权益的增加。

(三)收入不包括所有者向企业投入的资本

企业所有者向企业投入的资本，虽然也构成企业经济利益的流入，但不形成企业的收入。

(四)收入不包括为第三方代收的款项

收入只包括本企业经济利益的流入，企业为第三方代收的款项，如增值税、各种代收代缴款项等，不形成企业的收入。

二、收入的分类

(一)按照企业从事日常活动的性质，可将收入分为销售商品收入、提供劳务收入、让渡资产使用权收入等

1.销售商品收入

销售商品收入是指企业通过销售商品实现的收入。商品包括企业为销售而生产的产品和为转售而购进的商品，如工业企业制造的产品、商品流通企业购进的商品等，企业销售的原材料、包装物等其他存货，也视同销售商品。

2.提供劳务收入

提供劳务收入是指企业通过提供劳务实现的收入。劳务通常是指其结果不形成有形资产的服务,如旅游服务、运输服务、饮食服务、广告策划与制作、管理咨询、代理业务、培训业务、建筑安装、软件设计等。

3.让渡资产使用权收入

让渡资产使用权取得的收入,主要包括利息收入和使用费收入。

(1)利息收入,主要是指金融企业对外贷款形成的利息收入,以及同业之间发生往来形成的利息收入等。

(2)使用费收入,主要是指企业转让无形资产(如商标权、专利权、专营权、软件、版权)等资产的使用权形成的使用费收入。

(二)按照企业从事日常活动在企业的重要性,可将收入分为主营业务收入、其他业务收入等

1.主营业务收入

主营业务收入是指企业为完成其经营目标从事的经营性活动实现的收入,如工业企业制造并销售产品、商品流通企业销售商品、咨询公司提供咨询服务、软件开发企业为客户开发软件、安装公司提供安装服务、商业银行对外贷款、租赁公司出租资产等实现的收入。

2.其他业务收入

其他业务收入是指与企业完成其经营目标所从事的经营活动相关的活动实现的收入,如工业企业对外出售原材料、对外出租包装物、对外经营性出租设备等实现的收入。

案例 14-1

金杯汽车(600609)有关营业收入项目的披露

据金杯汽车股份有限公司(简称金杯汽车)2011年度报告财务报表项目注释36披露:

(1)营业收入、成本(单位:元)

项　　目	本期发生额	上期发生额
营业收入	4 683 882 232.35	4 674 893 783.69
其中:主营业务收入	4 248 097 993.02	4 134 501 666.60
其他业务收入	435 784 239.33	540 392 117.09
营业成本	4 154 478 262.66	4 081 890 832.14

(2)主营业务收入、成本按产品列示如下(单位:元)

产品名称	本期发生额		上期发生额	
	营业收入	营业成本	营业收入	营业成本
整车	2 240 765 833.69	2 085 720 087.19	2 423 317 967.18	2 220 407 882.62
零部件	1 831 342 728.94	1 526 393 286.98	1 381 979 497.28	1 109 697 072.06
材料销售	175 989 430.39	165 937 761.72	329 204 202.14	307 473 890.45
合计	4 248 097 993.02	3 778 051 135.89	4 134 501 666.60	3 637 578 845.13

资料来源:金杯汽车股份有限公司 2011 年年度报告,www.sse.com.cn。

三、收入的确认

(一)销售商品收入的确认

根据我国《企业会计准则——收入》规定,销售商品收入同时满足下列条件的,才能予以确认:

1.企业已将商品所有权上的主要风险和报酬转移给购货方

企业已将商品所有权上的主要风险和报酬转移给购货方,是指与商品所有权有关的主要风险和报酬同时转移给了购货方。其中,与商品所有权有关的风险,是指商品可能发生减值或毁损等形成的损失;与商品所有权有关的报酬,是指企业持有商品使之增值或通过使用商品给企业带来经济利益的流入。判断企业是否已将商品所有权上的主要风险和报酬转移给购货方,应当关注交易的实质而不是形式,同时考虑商品所有权凭证的转移或实物的交付。如果与商品所有权有关的任何损失均不需要销货方承担,与商品所有权有关的任何经济利益也不归销货方所有,就表明商品所有权上的主要风险和报酬转移给了购货方。

通常情况下,转移商品所有权凭证并交付实物后,商品所有权上的所有风险和报酬随之转移。某些情况下,转移商品所有权凭证或交付实物后商品所有权上的主要风险和报酬并未随之转移。如企业销售的商品在质量、品种、规格等方面不符合合同或协议要求,又未根据正常的保证条款予以弥补,因而仍负有责任;企业尚未完成售出商品的安装或检验工作,且安装或检验工作是销售合同或协议的重要组成部分;销售合同或协议中规定了买方由于特定原因有权退货的条款,且企业又不能确定退货的可能性等等

2.企业既没有保留通常与所有权相联系的继续管理权,也没有对已售出的商品实施有效控制

企业售出商品后,如果已将商品所有权上的主要风险和报酬转移给买方,但仍然保留与该商品所有权相联系的继续管理权或对售出商品进行控制,则此项商品销售不能成立,不能确认相应的销售商品收入。如企业在商品售出后,对该商品规定了回购条款,规定买方不得出售,继续对出售的商品实施控制,这种情况下,企业不能确认销售商品的收入,应将库存商品转为发出商品。

3.收入的金额能够可靠地计量

收入的金额能够可靠地计量,是指收入的金额能够合理地估计。收入的金额能否合

理地估计是确认收入的基本前提,收入的金额不能够合理的估计就无法确认收入。通常情况下,企业在销售商品时,商品销售价格已经确定,企业应当按照从购货方已收或应收的合同或协议价款确定。但是,由于销售商品过程中某些不确定因素的影响,也可能存在商品销售价格发生变动的情况,在这种情况下,新的商品销售价格未确定前通常不应确认销售商品收入。

4.相关的经济利益很可能流入企业

相关的经济利益很可能流入企业,是指销售商品价款收回的可能性大于不能收回的可能性,即销售商品价款收回的可能性超过50%。企业在确定销售商品价款收回的可能性时,应当结合以前和买方交往的直接经验、政府有关政策、其他方面取得的信息等因素进行分析。企业销售的商品符合合同或协议要求,已将发票账单交付买方,买方承诺付款,通常表明相关的经济利益很可能流入企业。

如果企业根据以前与买方交往的直接经验判断买方信誉较差,或销售时得知买方在另一项交易中发生了巨额亏损,资金周转十分困难,或在出口商品时不能肯定进口企业所在国政府是否允许将款项汇出等,就可能会出现与销售商品相关的经济利益不能流入企业的情况,此时则不应确认收入。

如果企业判断销售商品收入满足确认条件确认了一笔应收债权,以后由于购货方资金周转困难无法收回该债权时,不应调整原确认的收入,而应对该债权计提坏账准备、确认坏账损失。

5.相关的已发生或将发生的成本能够可靠地计量

通常情况下,销售商品相关的已发生或将发生的成本能够合理地估计。如果销售的商品是本企业生产的,其生产成本能够可靠计量;如果是外购的,购买成本能够可靠计量。有时,销售商品相关的已发生或将发生的成本不能够合理地估计,此时企业不应确认收入,如果已收到价款,应将其确认为负债。

(二)提供劳务收入的确认

对于提供劳务收入,应该首先区分企业在资产负债表日对提供劳务交易的结果是否能够可靠地估计,然后再分别按不同情况加以确认。

1.在资产负债表日提供劳务交易结果能够可靠估计的

企业在资产负债表日提供劳务交易的结果能够可靠估计的,应当采用完工百分比法确认提供劳务收入。

提供劳务交易的结果能够可靠地估计,需要同时满足下列条件:

(1)收入的金额能够可靠地计量

收入的金额能够可靠地计量是指提供劳务收入的总额能够合理的估计。通常情况下,企业应当按照从接受劳务方已收或应收合同或协议价款确定提供劳务收入总额。随着劳务的不断提供,可能会根据实际情况增加或减少已收或应收的合同或协议价款,此时,企业应及时调整提供劳务收入总额。

(2)相关的经济利益很可能流入企业

收入的金额能够可靠地计量是指提供劳务收入总额收回的可能性大于不能收回的可能性。企业在确定提供劳务收入总额能否收回时,应当结合接受劳务方的信誉、以前的经验以及双方就结算方式和期限达成的合同或协议条款等因素,综合进行判断。通常情况下,企业提供的劳务符合合同或协议要求、接受劳务方承诺付款,就表明提供劳务收入总额收回的可能性大于不能收回的可能性。如果企业判断提供劳务收入总额不是很可能流入企业,则应当提供确凿证据。

(3)交易的完工进度能够可靠地确定

交易的完工进度能够可靠地确定是指交易的完工进度能够合理地估计。企业确定提供劳务交易的完工进度可以选用下列方法:

①已完工作的测量,这是一种比较专业的测量方法。由专业测量师对已经提供的劳务进行测量,并按一定方法计算确定提供劳务交易的完工程度。

②已经提供的劳务占应提供劳务总量的比例,这种方法主要以劳务量为标准确定提供劳务交易的完工程度。

③已经发生的成本占估计总成本的比例,这种方法主要以成本为标准确定提供劳务交易的完工程度。

(4)交易中已发生和将发生的成本能够可靠地计量

交易中已发生和将发生的成本能够可靠地计量是指交易中已经发生和将要发生的成本能够合理地估计。企业应当建立完善的内部成本核算制度和有效的内部财务预算及报告制度,准确地提供每期发生的成本,并对完成剩余劳务将要发生的成本作出科学、合理的估计,同时应随着劳务的不断提供或外部情况的不断变化,随时对将要发生的成本进行修订。

2.在资产负债表日提供劳务交易结果不能够可靠估计的

企业在资产负债表日提供劳务交易结果不能够可靠估计的,应分别按下列情况确认:

(1)已经发生的劳务成本预计全部能够得到补偿的,应按已收或预计能够收回的金额确认提供劳务收入,并结转已经发生的劳务成本。

(2)已经发生的劳务成本预计部分能够得到补偿的,应按能够得到补偿的劳务成本金额确认提供劳务收入,并结转已经发生的劳务成本。

(3)已经发生的劳务成本预计全部不能得到补偿的,应将已经发生的劳务成本计入当期损益(主营业务成本),不确认提供劳务收入。

(三)让渡资产使用权收入的确认

让渡资产使用权收入同时满足下列条件的,才能予以确认:

1.相关的经济利益很可能流入企业

相关的经济利益很可能流入企业是指让渡资产使用权收入金额收回的可能性大于不能收回的可能性。企业在确定让渡资产使用权收入金额能否收回时,应当根据对方企业的信誉和生产经营情况,双方就结算方式和期限等达成的合同或协议条款等因素,综合进行判断。如果企业估计让渡资产使用权收入金额收回的可能性不大,就不应确认收入。

2.收入的金额能够可靠地计量

收入的金额能够可靠地计量是指让渡资产使用权收入的金额能够合理地估计。如果让渡资产使用权收入的金额不能够合理地估计,则不应确认收入。

四、收入的计量

（一）销售商品收入的计量

1.通常情况下的销售商品

通常情况下,企业销售商品满足收入确认条件时,应当按照已收或应收合同或协议价款的公允价值确定销售商品收入金额。

2.具有融资性质的分期收款销售商品

合同或协议明确规定销售商品需要分期收取价款,实质上具有融资性质的,应当按照根据应收合同或协议的价款以及相应的折现率计算的现值确定销售商品收入金额。

3.涉及折扣的销售商品

企业销售商品涉及现金折扣的,企业应当按照扣除现金折扣前的金额来确认收入的金额(即总价法)。现金折扣在实际发生时,应当记入当期的财务费用。

企业销售商品涉及商业折扣,即企业为促进商品销售而在商品标价上给予购货方一定的价格扣除,应当按照扣除商业折扣后的金额确定商品收入金额。

4.涉及折让的销售商品

销售折让是指企业因售出商品的质量不合格等原因而在售价上给予的减让。企业销售商品涉及销售折让的,如果销售折让发生在确认销售收入之前,则应在确认销售收入时直接按扣除销售折让后的金额确认;而如果已确认销售收入的售出商品发生销售折让,且不属于资产负债表日后事项的,则应在发生时冲减当期的商品销售收入。

（二）提供劳务收入的计量

1.在资产负债表日提供劳务交易结果能够可靠估计的劳务收入的计量

企业在资产负债表日提供劳务交易的结果能够可靠估计的,应当采用完工百分比法计量提供劳务收入。

完工百分比法,是指按照提供劳务交易的完工进度确认收入和费用的方法。在采用这种方法确认收入和费用时,企业应当在资产负债表日按照提供劳务收入总额乘以完工进度扣除以前会计期间累计已确认提供劳务收入后的金额,来确认当期提供劳务收入;按照提供劳务估计总成本乘以完工进度扣除以前会计期间累计已确认劳务成本后的金额,来确认当期劳务成本。用公式表示如下:

本期确认的收入＝劳务总收入×本期末止劳务的完工进度－以前期间已确认的收入
本期确认的费用＝劳务总成本×本期末止劳务的完工进度－以前期间已确认的费用

2.在资产负债表日提供劳务交易结果不能够可靠估计的劳务收入的计量

(1)已经发生的劳务成本预计全部能够得到补偿的,应按已收或预计能够收回的金额确认提供劳务收入。

(2)已经发生的劳务成本预计部分能够得到补偿的,应按能够得到补偿的劳务成本金额确认提供劳务收入。

(3)已经发生的劳务成本预计全部不能得到补偿的,不确认提供劳务收入。

（三）让渡资产使用权收入的计量

企业应当按不同情况确定让渡资产使用权收入的金额:

1.利息收入

对于利息收入,企业应按照他人使用本企业货币资金的时间和实际利率计算确定利息收入金额。

2.使用费收入

对于使用费收入,企业应按照有关合同或协议约定的收费时间和方法计算确定。不同的使用费收入,收费时间和方法各不相同。有一次性收取一笔固定金额的,如一次收取10年的场地使用费;有在合同或协议规定的有效期内分期等额收取的,如合同或协议规定在使用期内每期收取一笔固定的金额;也有分期不等额收取的,如合同或协议规定按资产使用方每期销售额的百分比收取使用费等。如果合同或协议规定一次性收取使用费,且不提供后续服务的,应当视同销售该项资产一次性确认收入;提供后续服务的,应在合同或协议规定的有效期内分期确认收入。如果合同或协议规定分期收取使用费的,应按合同或协议规定的收款时间和金额或按规定的收费方法计算确定的金额分期确认收入。

五、收入的核算

(一)销售商品收入的核算

1.通常情况下的销售商品

通常情况下的销售商品是指企业销售商品不涉及折扣、折让、退回、回购等特殊情况的销售。确认销售商品收入时,企业应按已收或应收的合同或协议价款,加上应收取的增值税额,借记"银行存款"、"应收账款"、"应收票据"等科目,按确定的收入金额,贷记"主营业务收入"科目,按应收取的增值税额,贷记"应交税费——应交增值税(销项税额)"科目。

生产企业销售材料获得的收入,通过"其他业务收入"科目核算。

【例 14-1】滨海公司向恒达公司销售一批产品,开出的增值税专用发票上注明的销售价格为 200 000 元,增值税额为 34 000 元。货已发出,且已收到恒达公司签发的转账支票一张,金额为 234 000 元,滨海公司已填进账单送存银行。

借:银行存款	234 000	
贷:主营业务收入		200 000
应交税费——应交增值税(销项税额)		34 000

【例 14-2】滨海公司采用托收承付结算方式,向东方公司销售一批产品,开出的增值税专用发票上注明的销售价格为 150 000 元,增值税额为 25 500 元。产品已发出,已向银行办妥托收手续,东方公司经营状况正常。

滨海公司发出商品,办妥托收手续时:

借:应收账款——东方公司	175 500	
贷:主营业务收入		150 000
应交税费——应交增值税(销项税额)		25 500

滨海公司收到银行转来的收账通知时:

借:银行存款	175 500	
贷:应收账款——东方公司		175 500

如果本例中,滨海公司已知东方公司出现资金周转困难,但为了减少库存积压,也为了维持与东方公司建立的长期商业关系,仍将商品发出,且办妥托收手续。这种情况下,

滨海公司在货款回收方面存在较大的不确定性,不符合销售收入确认条件,就不能确认收入。已经发出的商品成本通过"发出商品"科目进行核算。

2.涉及折扣的销售商品

在销售商品过程中,有时会发生折扣情况。折扣包括现金折扣和商业折扣。

企业销售商品涉及现金折扣的,我国《企业会计准则》规定采用总价法处理,即按照扣除现金折扣前的总的交易金额确定销售商品收入,待实际发生现金折扣时将其计入当期的财务费用。

企业销售商品涉及商业折扣的,应当按照扣除商业折扣后的金额确定销售商品收入金额,不需另作账务处理。

【例14-3】滨海公司在2011年11月1日向阳光公司销售一批商品,开出的增值税专用发票上注明的货款为20 000元,增值税税额为3 400元。为及早收回货款,合同约定的现金折扣条件为:2/10,1/20,n/30。假定计算现金折扣时不考虑增值税额。

(1)滨海公司2011年11月1日销售实现时:

借:应收账款——阳光公司	23 400	
贷:主营业务收入		20 000
应交税费——应交增值税(销项税额)		3 400

(2)如果阳光公司在2011年11月10日内付清货款,则按销售总价20 000元的2%享受现金折扣400元(20 000×2%),实际付款2 000元(23 400−400),滨海公司应做如下会计处理:

借:银行存款	23 000	
财务费用	400	
贷:应收账款——阳光公司		23 400

(3)如果阳光公司在2011年11月11日至20日内付清货款,则按销售总价20 000元的1%享受现金折扣200元(20 000×1%),实际付款23 200元(23 400−200),滨海公司应做如下会计处理:

借:银行存款	23 200	
财务费用	200	
贷:应收账款		23 400

(4)如果阳光公司在2011年11月20日后才付清货款,则按全额付款,滨海公司应做如下会计处理:

借:银行存款	23 400	
贷:应收账款——阳光公司		23 400

3.涉及折让的销售商品

对于销售折让,企业应区别不同情况进行处理:

(1)已确认收入的售出商品发生销售折让的,通常应当在发生时冲减当期销售商品收入。

(2)已确认收入的销售折让属于资产负债表日后事项的,应当按照有关资产负债表日后事项的相关规定进行处理。

【例14-4】滨海公司2012年4月5日向福鼎公司销售一批商品,开出的增值税专用发票中注明商品的售价为 24 000 元,增值税额为 4 080 元,款项尚未收到。2012 年 4 月 12 日购货方验收货物过程中发现商品质量未达到合同要求,要求在商品价格(不含增值税)上给予 10% 的折让,滨海公司同意福鼎公司的折让要求,与销售折让有关的增值税额税务机关允许冲减。2012 年 4 月 15 日滨海公司收到扣除销售折让后的全部款项。

(1)2012 年 4 月 5 日,滨海确认销售收入时

借:应收账款——福鼎公司	28 080	
贷:主营业务收入		24 000
应交税费——应交增值税(销项税额)		4 080

(2)2012 年 4 月 12 日滨海公司同意给予福鼎公司销售折让时

借:主营业务收入	2 400	
应交税费——应交增值税(销项税额)	408	
贷:应收账款——福鼎公司		2 808

(3)2012 年 4 月 15 日,滨海公司收到款项时

借:银行存款	25 272	
贷:应收账款——福鼎公司		25 272

4.涉及销售退回的销售商品

销售退回是指企业售出的商品由于质量、品种不符合要求等原因而发生的退货。对于销售退回,企业应区别不同情况进行会计处理:

(1)对于未确认收入的发出商品发生销售退回的,会计处理比较简单,只需将已记入"发出商品"科目的商品成本转回即可,借记"库存商品"科目,贷记"发出商品"科目。

(2)对于本年度或以前年度已确认收入的发出商品,在上年度财务报告批准报出日之后、本年度终了前发生退回的,直接冲减退回月份的销售商品收入,同时冲减当期销售商品成本。如该项销售退回允许扣减增值税,应同时调整"应交税费——应交增值税(销项税额)"科目的相应金额。

(3)已确认收入的售出商品发生的销售退回属于资产负债表日后事项的,应当按照有关资产负债表日后事项的相关规定进行会计处理。

【例 14-5】滨海公司 2012 年 5 月 26 日向金宝公司销售一批商品,开出的增值税专用发票上注明的商品售价为 70 000 元,增值税额为 11 900 元,款项已收到。2012 年 7 月 12 日,该批商品因质量问题被金宝公司全部退回,与销售退回有关的增值税额税务机关允许冲减,滨海公司当日向金宝公司支付了有关款项。

(1)2012 年 5 月 26 日,滨海公司发出商品时

借:银行存款	81 900	
贷:主营业务收入		70 000
应交税费——应交增值税(销项税额)		11 900

(2)2012 年 7 月 12 日发生销售退回时

借:主营业务收入	80 000	
应交税费——应交增值税(销项税额)	11 900	
贷:银行存款		81 900

5.代销商品

代销商品是委托方委托受托方代售其商品的销售方式。代销商品通常有两种情况：一种是视同买断，一种是收取手续费方式。企业要根据不同的情况进行会计处理。

(1)视同买断方式

视同买断方式代销商品，是指委托方和受托方签订合同或协议，委托方按合同或协议收取代销的货款，实际售价由受托方自定，实际售价与合同或协议价之间的差额归受托方所有。如果委托方和受托方之间的协议明确标明，受托方在取得代销商品后，无论是否能够卖出、是否获利，均与委托方无关，那么，委托方和受托方之间的代销商品交易，与委托方直接销售商品给受托方没有实质区别，在符合销售商品收入确认条件时，委托方应确认相关的销售商品收入。如果委托方和受托方之间的协议明确标明，若将来受托方没有将商品售出，可以将商品退回给委托方，或受托方因代销商品出现亏损时可以要求委托方补偿，那么，委托方在交付商品时不确认收入，受托方也不作购进商品处理，受托方将商品销售后，按实际售价确认销售收入，并向委托方开具代销清单，委托方收到代销清单时，再确认本企业的销售收入。

(2)收取手续费方式

与视同买断方式相比，这种代销方式的主要特点在于受托方不得自行改变售价，而要按照委托方规定的价格销售。在这种方式下，委托方在发出商品时通常不确认销售商品收入，而应在收到受托方开出的代销清单时确认销售商品收入；受托方应在商品销售后，按合同或协议约定的方法计算确定的手续费确认收入。

【例14-6】滨海公司委托海河公司销售商品200件，每件成本为60元，合同约定海河公司应按每件100元的代销价对外销售，商品售出后滨海公司按售价(不含增值税)的10%向海河公司支付手续费。滨海公司已将商品发至海河公司，海河公司对外实际销售100件，开出的增值税专用发票上注明的销售价款为10 000元，增值税额为1 700元，款项已经收到。滨海公司收到海河公司开具的代销清单时，向海河公司开具一张相同金额的增值税专用发票。假定滨海公司发出商品时纳税义务尚未发生，不考虑其他因素。

滨海公司的会计处理如下：

(1)滨海公司向海河公司发出商品时

借：发出商品(或委托代销商品)	12 000	
贷：库存商品		12 000

(2)滨海公司收到海河公司开具的代销清单时

借：应收账款——海河公司	11 700	
贷：主营业务收入		10 000
应交税费——应交增值税(销项税额)		1 700

同时：

借：主营业务成本	6 000	
贷：发出商品(或委托代销商品)		6 000

(3)收到海河公司支付的扣除代销手续费款项时

借：销售费用	1 000	
银行存款	10 700	
贷：应收账款——海河公司		11 700

6.具有融资性质的分期收款销售商品

企业销售商品,有时会采取分期收款的方式,即商品已经发出,货款分期收回。如果延期收取的货款具有融资性质,其实质是企业向购货方提供免息的贷款时,企业应按照应收的合同或协议价款的公允价值确定收入金额。对公允价值与应收款项金额之间的差额,应当在合同或协议期间,要采用实际利率法进行摊销,作为融资收益,冲减当期财务费用。

企业采用递延方式分期收款、具有融资性质的销售商品满足收入确认条件的,按应收合同或协议价款,借记"长期应收款"科目,按应收合同或协议价款的公允价值(折现值)贷记"主营业务收入"科目,按应收取的增值税销项税额,贷记"应交税费——应交增值税"科目,按其差额,贷记"未实现融资收益"科目。

【例 14-7】津宏公司为增值税一般纳税人,增值税税率为 17%。2011 年 1 月 1 日津宏公司与锦阳公司签订销售商品合同,合同约定:津宏公司采用分期收款方式向锦阳公司销售大型设备 2 台,从销售当年年末开始分 5 年收取货款,每年末收取 200 000 元,合计 1 000 000 元(不含增值税)。津宏公司已按照合同约定于 2011 年 1 月 8 日将 2 台大型设备发出,向锦阳公司开出增值税专用发票,并当即收到锦阳公司支付该笔购销业务的增值税额 170 000 元存入银行。该 2 台大型设备的现销价格为 800 000 元。

根据本例资料,2011 年 1 月,津宏公司确认销售商品收入为 800 000 元,应收的合同价款折现为商品现销价格时的折现率为 7.93%。

(1)2011 年 1 月 8 日,津宏公司确认销售实现时

借:长期应收款——锦阳公司　　　　　　　　　　1 000 000
　　银行存款　　　　　　　　　　　　　　　　　170 000
　　贷:主营业务收入　　　　　　　　　　　　　　　　　800 000
　　　　应交税费——应交增值税(销项税额)　　　　　　　170 000
　　　　未实现融资收益　　　　　　　　　　　　　　　　200 000

(2)应收的合同价款 1 000 000 元与商品现销价格 800 000 元的差额 200 000 元在每期收款时应按 7.93%的利率进行摊销,冲减当期财务费用,见表 14-1

表 14-1　冲减的财务费用和已收本金计算表

单位:元

年份	未收本金 $A_{t+1}=A_t-C_t$	冲减的财务费用 $B=A\times7.93\%$	已收本金 $C=D-B$	各期收款 D
2011.1.1	800 000	0	0	0
2011.12.31	800 000	63 440	136 560	200 000
2012.12.31	663 440	52 611	147 389	200 000
2013.12.31	516 051	40 923	159 077	200 000
2014.12.31	356 974	28 308	171 692	200 000
2015.12.31	185 282	14 718	185 282	200 000
总额	0	200 000	800 000	1 000 000

(3)根据表 14-1 计算结果,津宏公司 2011 年 12 月 31 日收到本期货款 200 000 元时

借:银行存款 200 000

  贷:长期应收款——锦阳公司 200 000

同时:

借:未实现融资收益 63 440

  贷:财务费用 63 440

以后各期收款时,可比照 2011 年 12 月 31 日进行会计处理。

7.售后回购

售后回购,是指销售商品的同时,销售方同意日后再将同样或类似的商品购回的销售方式。在这种方式下,销售方应根据合同或协议条款判断销售商品是否满足收入确认条件。通常情况下,售后回购交易属于融资交易,商品所有权上的主要风险和报酬没有转移,收到的款项应确认为负债;回购价格大于原售价的差额,企业应在回购期间按期计提利息,计入财务费用。有确凿证据表明售后回购交易满足销售商品收入确认条件的,销售的商品按售价确认收入。回购的商品作为购买商品处理。

【例 14-8】2012 年 3 月 1 日,津宏公司向海林公司销售一批商品,开出的增值税专用发票上注明的销售价款为 800 000 元,增值税额为 136 000 元。该批商品成本为 480 000元;商品已经发出,款项已经收到。协议约定,津宏公司应于 7 月 31 日将所售商品购回,回购价为 860 000 元(不含增值税额)。

津宏公司的会计处理如下:

(1)2012 年 3 月 1 日发出商品时:

借:银行存款 936 000

  贷:其他应付款 800 000

    应交税费——应交增值税(销项税额) 136 000

同时:

借:发出商品 480 000

  贷:库存商品 480 000

(2)回购价大于原售价的差额,应在回购期间按期计提利息费用,计入当期财务费用。由于回购期间为 5 个月,货币时间价值影响不大采用平均法计提利息费用,每月末计提利息费用为 12 000 元(60 000÷5)。

借:财务费用 12 000

  贷:其他应付款 12 000

(3)7 月 31 日回购商品时,收到的增值税专用发票上注明的商品价格为 860 000 元,增值税额为 146 200 元。假定商品已验收入库,款项已经支付。

借:其他应付款 860 000

  应交税费——应交增值税(进项税额) 146 200

  贷:银行存款 1 006 200

同时:

借:库存商品 480 000

  贷:发出商品 480 000

(二)提供劳务收入的核算

1.提供劳务交易结果能够可靠估计的劳务收入

企业在资产负债表日提供劳务交易的结果能够可靠估计的,应当采用完工百分比法确认提供劳务收入。在完工百分比法下,企业应按计算确定的提供劳务收入金额,借记"应收账款"、"银行存款"等科目,贷记"主营业务收入"科目。结转提供劳务成本时,借记"主营业务成本"科目,贷记"劳务成本"科目。

【例 14-9】2011 年 12 月 3 日,天泰设备安装公司与宏达铝制品厂签订设备安装合同,由天泰公司为宏达铝制品厂安装一条生产线,安装工程期为 3 个月,合同约定安装工程款总计 250 000 元。至 2011 年年底天泰公司已收到安装费 150 000 元,实际发生安装费用 50 000 元,其中安装人员薪酬 40 000 元,以银行存款支付其他费用 10 000元;估计至设备安装完成还会发生安装成本 75 000 元。2012 年 2 月 25 日,设备安装完成,本年实际发生安装成本 80 000 元,其中安装人员薪酬 65 000 元,以银行存款支付其他安装费用 15 000 元。设备经检验合格后,宏达铝制品厂支付剩余安装费100 000 元。天泰公司采用实际发生的成本占估计总成本的比例确定该项劳务工程的完工进度。

(1)2011 年 12 月天泰公司收到安装费时

借:银行存款 150 000

　贷:预收账款——宏达铝制品厂 150 000

(2)2011 年 12 月天泰公司实际发生劳务成本时

借:劳务成本 50 000

　贷:应付职工薪酬 40 000

　　银行存款 10 000

(3)2011 年 12 月 31 日,根据劳务完工进度确认本期提供劳务收入并结转劳务成本

完工进度=实际发生的成本÷估计的总成本=50 000÷(50 000+75 000)=40%

本期确认的提供劳务收入=2 500 000×40%-0=100 000(元)

本期确认结转的劳务成本=(50 000+75 000)×40%-0=50 000(元)

借:预收账款——宏达铝制品厂 100 000

　贷:主营业务收入 100 000

同时:

借:主营业务成本 50 000

　贷:劳务成本 50 000

(4)天泰公司 2012 年实际发生安装成本时

借:劳务成本 80 000

　贷:应付职工薪酬 65 000

　　银行存款 15 000

(5)2012 年 2 月确认提供劳务收入并结转劳务成本

本期确认的提供劳务收入=2 500 000-100 000=150 000(元)

本期确认结转的劳务成本=50 000+80 000-50 000=80 000(元)

借:预收账款——宏达铝制品厂　　　　　　　　　　　　　　　　150 000

　　贷:主营业务收入　　　　　　　　　　　　　　　　　　　　　　　　150 000

同时:

借:主营业务成本　　　　　　　　　　　　　　　　　　　　　　80 000

　　贷:劳务成本　　　　　　　　　　　　　　　　　　　　　　　　　　80 000

（6）收到宏达铝制品厂补付的劳务款时

借:银行存款　　　　　　　　　　　　　　　　　　　　　　　　100 000

　　贷:预收账款——宏达铝制品厂　　　　　　　　　　　　　　　　　　100 000

2.提供劳务交易结果不能够可靠计量的劳务收入

【例14-10】2011 年 6 月 20 日，天润技能培训机构与求实公司签订协议，为求实公司培训一批学员，2011 年 7 月 1 日开学，培训期为 6 个月，求实公司应支付培训费总额为 30 000 元，分三次等额支付，第一次在开学时预付，第二次在 2011 年 10 月 10 日支付，第三次在培训结束时支付。

2011 年 7 月 1 日，求实公司预付了第一次培训费，至 2011 年 9 月 30 日，天润技能培训机构共发生培训成本 15 000 元（假定均为培训教师薪酬），此时，天润技能培训机构得知求实公司经营发生困难，后两次培训费能否收回难以确定。

天润技能培训机构有关会计处理如下：

（1）2011 年 7 月 1 日，收到求实公司预付的培训费时

借:银行存款　　　　　　　　　　　　　　　　　　　　　　　10 000

　　贷:预收账款——求实公司　　　　　　　　　　　　　　　　　　　10 000

（2）实际发生培训支出时

借:劳务成本　　　　　　　　　　　　　　　　　　　　　　　15 000

　　贷:应付职工薪酬　　　　　　　　　　　　　　　　　　　　　　　15 000

（3）2011 年 9 月 30 日，确认提供劳务收入并结转劳务成本时，按能够得到补偿的劳务金额确认提供劳务收入

借:预收账款——求实公司　　　　　　　　　　　　　　　　　10 000

　　贷:主营业务收入　　　　　　　　　　　　　　　　　　　　　　　10 000

借:主营业务成本　　　　　　　　　　　　　　　　　　　　　15 000

　　贷:劳务成本　　　　　　　　　　　　　　　　　　　　　　　　　15 000

（三）让渡资产使用权收入

1.利息收入

利息收入主要是银行等金融企业发放贷款形成的利息收入。银行等金融企业应在资产负债表日，按照他人使用本企业货币资金的时间和实际利率计算确定利息收入金额，通过"利息收入"等科目核算。企业在资产负债表日按计算确定的利息收入金额，借记"应收利息"、"银行存款"等科目，贷记"利息收入"、"其他业务收入"等科目。

2.使用费收入

企业让渡资产使用权的使用费收入，一般作为其他业务收入处理。企业对外出租资产收取的租金、进行债权投资收取的利息、进行股权投资取得的现金股利，也构成让渡资产使用权收入，有关的会计处理，请参照本书相关章节的内容，在此不再赘述。

第二节　费用

一、费用的概念

根据我国《企业会计准则》的规定:费用是指企业在日常活动中发生的、会导致所有者权益减少的、与向所有者分配利润无关的经济利益的总流出。根据费用的定义,费用具有以下特征:

(一)费用是企业在日常活动中形成的,而不是由偶发性的事项所引起的

费用必须是企业在其日常活动中所形成的,这里的"日常活动"是指企业为完成其经营目标所从事的经常性活动以及与之相关的其他活动。将费用界定为日常活动所形成的,目的是为了将其与损失相区分,企业非日常活动所形成的经济利益的流出不能确认为费用,而应当计入损失,例如处置固定资产形成的损失,不是由于企业日常的生产经营活动所导致的资源的耗费,而是偶发性的事项所引起的。

(二)费用会导致所有者权益的减少

与费用相关的经济利益的流出应当会导致所有者权益的减少,不会导致所有者权益减少的经济利益的流出不符合费用的定义,不应确认为费用。

(三)费用是与向所有者分配利润无关的经济利益的总流出

费用的发生应当会导致经济利益的流出,从而导致资产的减少或者负债的增加,但与向所有者分配利润无关。企业向所有者分配利润虽然也会导致经济利益的流出,但该经济利益的流出属于所有者权益的抵减项目,不应确认为费用。

二、费用的分类

费用可以有不同的分类,按照费用的经济用途,可将费用分为营业成本、营业税金及附加和期间费用

(一)营业成本

营业成本是指所销售商品的成本,或者所提供劳务的成本,是为了取得营业收入而付出的直接代价。营业成本按具体经济业务在企业日常业务活动中所处的地位可以分为主营业务成本和其他业务成本。

(二)营业税金及附加

营业税金及附加是指企业与日常营业活动相联系的、应交纳的营业税、消费税、城市维护建设税、资源税和教育费附加等相关税费。

(三)期间费用

期间费用是指企业本期发生的,不能直接或间接归入某种产品成本而直接计入损益的各项费用,包括管理费用、销售费用和财务费用。

1.管理费用

管理费用是指企业为组织和管理企业生产经营所发生的管理费用,主要包括企业在

筹建期间发生的开办费、董事会和行政管理部门在企业的经营管理中发生的或者应由企业统一负担的公司经费(包括行政管理部门职工薪酬、物料消耗、低值易耗品摊销、办公费和差旅费等)、董事会费(包括董事会成员津贴、会议费和差旅费等)、聘请中介机构费、咨询费(含顾问费)、诉讼费、业务招待费、房产税、车船使用税、土地使用税、印花税、技术转让费、矿产资源补偿费、研究费用、排污费以及企业生产车间(部门)和行政管理部门等发生的固定资产修理费用等。

2. 销售费用

销售费用是指企业在销售商品和材料、提供劳务的过程中发生的各种费用,包括企业在销售商品过程中发生的保险费、包装费、展览费和广告费、商品维修费、预计产品质量保证费、运输费、装卸费等以及为销售本企业商品而专设的销售机构(含销售网点、售后服务网点等)的职工薪酬、业务费、折旧费、固定资产修理费用等费用。

3. 财务费用

财务费用是指企业为筹集生产经营所需资金等而发生的筹资费用,包括利息支出(减利息收入)、汇兑损益以及相关的手续费、企业发生的现金折扣或收到的现金折扣等。

三、费用的确认

费用的确认除了应当符合定义外,至少还应当符合以下条件:

(1)与费用相关的经济利益应当很可能流出企业;

(2)经济利益流出企业的结果会导致资产的减少或者负债的增加;

(3)经济利益的流出额能够可靠地计量。

四、费用的计量

费用的入账金额通常可按以下方式确定:

(1)按实际发生额计量。如业务招待费、办公费、差旅费、诉讼费、运输费、包装费、展览费、印花税等。

(2)按规定的标准计算确定。如职工的工资、奖金、住房公积金、社会保险费、工会经费、职工教育经费、借款利息等。

(3)选择适当的方法计算确定。如固定资产折旧、无形资产摊销、商品销售成本等。

五、费用的核算

(一)营业成本

1. 主营业务成本

企业应在确认收入的同时或者在月末,根据销售商品、提供劳务等营业活动的实际成本,计算应结转的主营业务成本,借记"主营业务成本"科目,贷记"库存商品"、"发出商品"、"劳务成本"等科目。

如果企业平时采用计划成本或售价结转营业成本,月末应计算并结转本月已销商品应分摊的差异或进销差价,并通过"产品成本差异"或"商品进销差价"科目将计划成本或售价调整为实际成本。

如果发生销售退回并且该批商品已经结转成本,一般应在冲减退回当月的主营业务收入的同时,冲减主营业务成本,借记"库存商品",贷记"主营业务成本"科目。

【**例 14-11**】津滨公司销售一批商品,增值税专用发票上注明价款为 20 000 元,增值税额为 3 400 元,货已发出,对方已通过银行支付价税合计 23 400 元。该批商品的实际成本为 15 000 元。

津滨公司确认销售商品收入时:

借:银行存款　　　　　　　　　　　　　　　　　　　　23 400

　　贷:主营业务收入　　　　　　　　　　　　　　　　　　　　　20 000

　　　　应交税费——应交增值税(销项税额)　　　　　　　　　　　3 400

津滨公司结转销售商品成本时:

借:主营业务成本　　　　　　　　　　　　　　　　　　　15 000

　　贷:库存商品　　　　　　　　　　　　　　　　　　　　　　　15 000

2.其他业务成本

企业如果发生销售原材料、出租设备、出租包装物等主营业务以外的营业活动,应通过"其他业务成本"科目核算该营业活动的成本费用,借记"其他业务成本"科目,贷记"原材料"、"累计折旧"、"应付职工薪酬"、"包装物"、"银行存款"等科目。

【**例 14-12**】津滨公司将一批不需用的原材料转手出售,并开出增值税专用发票,价款 4 000 元,增值税额为 680 元,材料已运走,款项已收到。该批材料的实际成本为 1 200 元。

(1)津滨公司在确认销售材料收入时

借:银行存款　　　　　　　　　　　　　　　　　　　　4 680

　　贷:其他业务收入　　　　　　　　　　　　　　　　　　　　　4 000

　　　　应交税费——应交增值税(销项税额)　　　　　　　　　　　680

(2)津滨公司结转材料销售成本时

借:其他业务成本　　　　　　　　　　　　　　　　　　　1 200

　　贷:原材料　　　　　　　　　　　　　　　　　　　　　　　1 200

(二)营业税金及附加的核算

企业一般在计算当期应缴的营业税、消费税、城市维护建设税、资源税和教育费附加时,借记"营业税金及附加"科目,贷记"应交税费"科目。请参照本书第十一章的内容,在此不再赘述。

(三)期间费用的核算

1.管理费用

企业发生管理费用时,应按确定的金额,借记"管理费用"科目,贷记"库存现金"、"银行存款"、"累计折旧"、"累计摊销"、"应付职工薪酬"等科目。

【**例 14-13**】2012 年 5 月 25 日,津滨公司开出转账支票一张,用以支付本月招待客户餐费共计 3 000 元。

借:管理费用——业务招待费　　　　　　　　　　　　　3 000

　　贷:银行存款　　　　　　　　　　　　　　　　　　　　　　　3 000

2.销售费用

企业发生销售费用时,应按确定的金额,借记"销售费用"科目,贷记"库存现金"、"银行存款"、"累计折旧"、"应付职工薪酬"等科目。

【例14-14】津滨公司以转账支票支付广告费20 000元、支付产品展销会场地费6 000元。

借:销售费用——广告费　　　　　　　　　　　　　　　20 000
　　　　　　——展览费　　　　　　　　　　　　　　　6 000
　贷:银行存款　　　　　　　　　　　　　　　　　　　　　　　26 000

3.财务费用

企业发生财务费用时,应按确定的金额,借记"财务费用"科目,贷记"银行存款"、"应付利息"、"应收账款"等科目。

【例14-15】2012年6月30日,津滨公司计提本月短期借款利息20 000元.

借:财务费用——利息　　　　　　　　　　　　　　　　20 000
　贷:应付利息　　　　　　　　　　　　　　　　　　　　　　　20 000

第三节　利润

一、利润的构成

利润是指企业在一定会计期间的经营成果。企业利润包括收入减去费用后的净额、直接计入当期利润的利得和损失等。其中,收入减去费用后的净额是企业日常活动的结果;直接计入当期利润的利得和损失是企业非日常活动的结果。在我国利润表中,利润分为营业利润、利润总额、净利润三个层次列报。

(一)营业利润

营业利润是企业在一定期间通过日常活动取得的,是利润总额的基本组成部分,是企业利润最重要的来源。营业利润的具体构成情况可用公式表示如下:

营业利润＝营业收入－营业成本－营业税金及附加－销售费用－管理费用－财务费用－资产减值损失＋公允价值变动损益＋投资收益

(二)利润总额

利润总额也称税前利润,是企业在一定期间日常活动取得的营业利润加上非日常活动形成的利得和损失总额。利润总额的具体构成情况可用公式表示如下:

利润总额＝营业利润＋营业外收入－营业外支出

1.营业外收入

营业外收入是指企业发生的与日常活动无直接关系的各项利得,主要包括:处置固定资产利得、处置无形资产利得、非货币性资产交换利得、债务重组利得、政府补助、接受捐赠利得、罚款收入、无法支付的应付款项、权益法核算长期股权投资的初始成本小于投资时被投资方可辨认净资产公允价值份额的差额等。

案例 14-2

金杯汽车有关营业外收入项目的披露(单位:元)

项目	本期发生额	上期发生额
非流动资产处置利得合计	782 865.76	1 362 073.65
其中:固定资产处置利得	782 865.76	1 362 073.65
债务重组利得	930 229.62	163 141 589.83
政府补助	7 601 797.38	3 320 947.38
违约金、罚款收入	1 336 642.74	63 957.90
其他	106 410.37	1 740 817.09
合计	10 757 945.87	170 129 385.85

资料来源:金杯汽车股份有限公司 2011 年年度报告,www.sse.com.cn。

2.营业外支出

营业外支出是指企业发生的与日常活动无直接关系的各项损失,主要包括:处置固定资产损失、处置无形资产损失、非货币性资产交换损失、债务重组损失、公益性捐赠支出、非常损失、固定资产盘亏损失、罚款支出等。

案例 14-3

金杯汽车有关营业外支出项目的披露(单位:元)

项目	本期发生额	上期发生额
非流动资产处置损失合计	275 301.28	1 009 765.18
其中:固定资产处置损失	275 301.28	1 009 765.18
罚款滞、纳金支出	479 302.88	83 230.01
赔偿支出	12 329 635.63	
其他	163 354.08	49 350.26
合计	13 247 593.87	1 142 345.45

资料来源:金杯汽车股份有限公司 2011 年年度报告,www.sse.com.cn。

(三)净利润

净利润也称税后利润,是企业在一定会计期间的利润总额减去所得税费用后的净额。净利润的具体构成情况可用公式表示如下:

净利润＝利润总额－所得税费用

所得税费用是指企业确认的应从当期利润总额中扣除的所得税费用,由当期所得税费用和递延所得税费用两部分构成。当期所得税费用是根据当期应纳税所得额和适用所得税税率计算确定;递延所得税费用则要根据资产或负债的账面价值与计税基础之间暂时性差异的发生或转回而确认。

二、利润形成的核算

(一)会计科目设置

为核算企业当期实现的净利润(或发生的净亏损)情况,企业应设置"本年利润"科目。期末结转利润时,应将各损益类科目的金额转入本科目,结平各损益类科目,结转后本科目若为贷方余额,表示本年度自年初开始累计实现的净利润;若为借方余额,表示本年度自年初开始累计产生的净亏损。年度终了,应将"本年利润"科目的余额转入"利润分配——未分配利润"科目,结转后,本科目无余额。

(二)利润形成的会计处理

会计期末,企业应将各项收入和计入当期损益利得科目的余额转入"本年利润"科目的贷方,即借记"主营业务收入"、"其他业务收入"、"投资收益"、"营业外收入"、"公允价值变动损益"等科目,贷记"本年利润";同时,企业还应将各项费用和计入当期损益损失科目的余额转入"本年利润"科目的借方,即借记"本年利润"科目,贷记"主营业务成本"、"其他业务成本"、"营业税金及附加"、"销售费用"、"管理费用"、"财务费用"、"资产减值损失"、"营业外支出"、"所得税费用"等科目。

【例14-16】津宜公司2011年12月末各损益类科目的余额如表14-2所示。

表 14-2 损益类科目表

单位:元

会计科目	借方余额	贷方余额
主营业务收入		895 000
其他业务收入		120 000
营业外收入		60 000
投资收益		140 000
主营业务成本	455 300	
其他业务成本	84 000	
营业税金及附加	36 000	
销售费用	68 000	
管理费用	56 400	
财务费用	11 000	
资产减值损失	30 000	
营业外支出	5 000	
所得税费用	72 000	
合计	817 700	1 215 000

根据表 14-2 资料,津宜公司 2011 年 12 月结转利润应做如下会计处理:

(1)结转各项收入、利得类科目

借:主营业务收入	895 000	
其他业务收入	120 000	
营业外收入	60 000	
投资收益	140 000	
贷:本年利润		1215 000

(2)结转各项费用、损失类科目

借:本年利润	817 700	
贷:主营业务成本		455 300
其他业务成本		84 000
营业税金及附加		36 000
销售费用		68 000
管理费用		56 400
财务费用		11 000
资产减值损失		30 000
营业外支出		5 000
所得税费用		72 000

三、利润分配的核算

(一)利润分配的顺序

企业利润分配的过程和结果,不仅关系到企业能否长期、稳定地发展,而且关系到所有者的合法权益是否得到保护,必须按照有关法律规定进行。根据我国《公司法》等有关法规规定,企业实现的净利润一般应当按照如下顺序进行分配:

1.弥补以前年度亏损

企业发生年度亏损应由企业自行弥补,弥补亏损的方式主要有三种:

(1)用以后年度的税前利润弥补

按我国《企业所得税法》规定,企业纳税年度发生的亏损,准予向以后年度结转,用以后年度的所得弥补,但结转年限最长不得超过五年。

(2)用以后年度的税后利润弥补

用以后年度的税后利润弥补是指企业亏损超过了规定的税前利润弥补期限,其未弥补的金额可用税后利润弥补。

(3)用以前年度提取的盈余公积弥补

企业用盈余公积弥补亏损时,应当由公司董事会提议,并经股东大会批准。

2.提取法定盈余公积金

法定盈余公积按当年税后利润的 10% 提取,公司法定公积金累计额为公司注册资本的 50% 以上的,可以不再提取。但公司以前年度亏损未弥补完之前,不得提取法定盈余公积金。

3.提取任意盈余公积金

公司从税后利润中提取法定盈余公积金后,经股东会或者股东大会决议,还可以从税后利润中提取任意公积金。

4.向投资者分配利润或股利

公司弥补亏损和提取盈余公积金后所余税后利润,加上年初未分配利润,为本年可供投资者分配的利润。有限责任公司按照股东实缴的出资比例分配,股份有限公司按照股东持有的股份比例分配,但股份有限公司章程规定不按持股比例分配的除外。

股东会或董事会违反规定,在公司弥补亏损和提取盈余公积之前向股东分配利润的股东必须将违反规定分配的利润退还公司。公司持有的本公司股份不得分配利润。

案例 14-4

大同煤业(601001)2011 年利润分配方案

大同煤业股份有限公司(简称大同煤业)2012 年 5 月 30 日发布 2011 年度股东大会决议公告,公告称股东大会已同意股份 1 063 287 065 股,占出席本次股东大会股东所持有效表决股份的 100%,反对股份 0 股,弃权股份 0 股,审议通过了《公司 2011 年度利润分配方案》。其利润分配方案为:

经信永中和会计师事务所审计,公司 2011 年度实现净利润 1 088 832 327.29 元,按照公司章程有关规定,提取 10%法定公积金 108 883 232.73 元。公司在按上述标准提取法定公积金后,累计可供股东分配的利润为 3 566 241 202.93 元。

公司拟以 2011 年 12 月 31 日的总股本 167 370 万股为基数,向体股东每 10 股派发现金股利 1.9 元(含税),合计分配利润 317 516 093.25 元,未分配利润余额 3 248 725 109.68 元,结转入下一年度。

资料来源:大同煤业股份有限公司 2011 年年度股东大会会议资料、大同煤业股份有限公司 2011 年股东大会决议公告,www.sse.com.cn。

(二)设置"利润分配"科目

为了反映企业利润的分配(或亏损的弥补)和历年分配(或弥补)后的余额情况,企业应设置"利润分配"科目。本科目贷方登记从"本年利润"科目转入的全年实现的净利润数额和弥补的亏损数额;借方登记按规定实际分配的利润数额,或从"本年利润"科目转入的全年亏损总额;年终结转后,本科目若为贷方余额表示历年累积的未分配利润金额,如为借方余额则表示历年累积的未弥补亏损额。本科目应当分别"提取法定盈余公积"、"提取任意盈余公积"、"应付现金股利或利润"、"转作股本的股利"、"盈余公积补亏"和"未分配利润"等进行明细核算。

(三)利润分配的会计处理

1.弥补以前年度亏损

企业无论是用税前利润补亏,还是用税后利润补亏,均不需做专门的会计处理,补亏的过程通过年终"本年利润"与"利润分配——未分配利润"科目的结转自然就完成了。所不同的只是在计算缴纳所得税时,在以税前利润补亏的情况下,其弥补的数额可以抵减当期企业应纳税所得额,而以税后利润弥补的数额不能作为纳税所得的扣除处理。

企业用盈余公积弥补亏损时,应借记"盈余公积——法定盈余公积(或任意盈余公积)"科目,贷记"利润分配——盈余公积补亏"科目。

【例14-17】方圆公司2010年发生亏损1 200 000元;2011年实现税前利润9 000 000元,该公司适用所得税税率为25%。

(1)2010年年度终了,方圆公司结转本年发生的亏损额:

借:利润分配——未分配利润　　　　　　　　　　　　　　1 200 000

　　贷:本年利润　　　　　　　　　　　　　　　　　　　　　　1 200 000

方圆公司2011年年度不需向税务机构缴纳所得税。

(2)2011年方圆公司按照税法规定计算应缴纳的所得税额(假设不考虑其他纳税调整事项)=(9 000 000-1 200 000)×25%=1 950 000(元):

借:所得税费用　　　　　　　　　　　　　　　　　　　　1 950 000

　　贷:应交税费——应交所得税　　　　　　　　　　　　　　　1 950 000

(3)2011年度终了,结转本年利润=9 000 000-1 950 000=7 050 000(元):

借:本年利润　　　　　　　　　　　　　　　　　　　　　7 050 000

　　贷:利润分配——未分配利润　　　　　　　　　　　　　　　7 050 000

(4)经过上述处理后,2011年方圆公司"利润分配——未分配利润"期末贷方余额为5 850 000元(-1 200 000+7 050 000),2010年亏损的1 200 000元已经弥补完。

2.提取盈余公积金

企业按规定提取法定盈余公积和任意盈余公积时,应借记"利润分配——提取法定盈余公积(或提取任意盈余公积)"科目,贷记"盈余公积——法定盈余公积(或任意盈余公积)"科目。

【例14-18】2012年4月方圆公司股东大会决议通过按10%计提法定盈余公积金,按15%计提任意盈余公积金。

提取的法定盈余公积=(9 000 000-1 200 000-1 950 000)×10%=585 000(元)

提取任意盈余公积=(9 000 000-1 200 000-1 950 000)×15%=877 500(元)

借:利润分配——提取法定盈余公积　　　　　　　　　　　585 000

　　　　　　——提取任意盈余公积　　　　　　　　　　　877 500

　　贷:盈余公积——法定盈余公积　　　　　　　　　　　　　　585 000

　　　　　　　——任意盈余公积　　　　　　　　　　　　　　877 500

3.向投资者分配利润或股利

公司分派股利的方式有现金股利、财产股利、股票股利。现实中常见的是现金股利和股票股利两种。

(1)现金股利

现金股利是指以现金的方式支付给股东的股利,在我国上市公司,通常以每10股派发现金股利的金额公布。分派现金股利,一方面会减少公司的留存收益,另一方面会减少公司的现金。

与现金股利有关的几个重要日期是:宣告日、股权登记日、发放日。通常在宣告日和发放日需要做账务处理。

①宣告日

宣告日是公司董事会宣告分派现金股利的日期。公司分派现金股利,应由股东大会作出决议,由董事会正式宣告。现金股利一旦宣告,就成为公司的一项法定义务,因此,在宣告日,应借记"利润分配——应付现金股利"科目,贷记"应付股利"科目。

②股权登记日

股权登记日是指确定谁有权收取现金股利的日期,在登记日列在公司股东名册上的人被认为是股份的所有人,有权收取分配的现金股利。在股权登记日无需作会计分录,因为公司在宣告日确认的负债没有改变。

③发放日

发放日也称付息日,是指实际支付现金股利的日期,通常在股权登记截止日后的若干天。公司实际支付现金股利,意味着对股东的法定义务解除,应借记"应付股利"科目,贷记"银行存款"科目。

【例 14-19】龙溪股份有限公司 2012 年 5 月 20 日发布股东大决议公告,审议通过 2011 年的利润分配方案为:以 2011 年 12 月 31 日的总股本 18 800 000 股为基数,向全体股东每 10 股派发现金股利 2 元,合计分配利润 3 760 000 元。该现金股利定于 2012 年 6 月 4 日实际发放。

宣告日:

借:利润分配——应付现金股利	3 760 000	
贷:应付股利		3 760 000

实际发放日:

借:应付股利	3 760 000	
贷:银行存款		3 760 000

(2)股票股利

股票股利是指公司以股票的方式支付给股东的股利,在我国上市公司,通常以每 10 股送的股数数量公布。支付股票股利会导致留存收益的减少和股本的增加,不会引起资产和负债的任何变动,因此不会影响所有者权益总额和资产总额。按照我国《企业会计准则》规定,经股东大会或类似机构决议,分配给股东的股票股利,应在办理增资手续后,借记"利润分配——转作股本的股利"科目,贷记"股本"科目。

本章小结

本章主要阐述了收入的确认、计量及相关的会计处理;费用的确认、计量及会计处理;利润的形成与分配。

1. 收入的确认与计量

收入是指企业在日常活动中形成的、会导致所有者权益增加的、与所有者投入资本无关的经济利益的总流入。按照企业从事日常活动的性质,可将收入分为销售商品收入、提供劳务收入、让渡资产使用权收入等。销售商品收入的确认必须同时满足 5 个条件;提供劳务收入的确认应根据资产负债表日对提供劳务交易的结果是否能够可靠地估计情况加以确认。让渡资产使用权收入同时满足"相关的经济利益很可能流入企业和收入的金额能够可靠地计量"两个条件才能确认。

通常情况下,企业销售商品满足收入确认条件时,应当按照已收或应收合同或协议价款的公允价值确定销售商品收入金额。具有融资性质的分期收款销售商品,应当按照应收合同或协议的价款以及相应的折现率计算的现值确定销售商品收入金额;涉及现金折扣的,企业应当按照扣除现金折扣前的金额来确认收入的金额(即总价法);涉及商业折扣,应当按照扣除商业折扣后的金额确定商品收入金额;发生销售折让的不属于资产负债表日后事项的,则应在发生时冲减当期的商品销售收入。在资产负债表日提供劳务交易的结果能够可靠估计的,应当采用完工百分比法计量提供劳务收入;在资产负债表日提供劳务交易的结果不能够可靠估计的,按补偿原则计量。对于利息收入,企业应按照他人使用本企业货币资金的时间和实际利率计算确定利息收入金额;对于使用费收入,企业应按照有关合同或协议约定的收费时间和方法计算确定。

2.费用的确认与计量

费用是指企业在日常活动中发生的、会导致所有者权益减少的、与向所有者分配利润无关的经济利益的总流出。按照费用的经济用途,可将费用分为营业成本、营业税金及附加和期间费用。费用的确认除了应当符合定义外,至少还应当符合以下条件:(1)与费用相关的经济利益很可能流出企业;(2)经济利益流出企业的结果会导致资产的减少或者负债的增加;(3)经济利益的流出额能够可靠地计量。

费用的入账金额通常可按以下方式确定:按实际发生额计量,按规定的标准计算确定,选择适当的方法计算确定。

3.利润的形成与分配

利润是指企业在一定会计期间的经营成果。利润的来源包括收入减去费用后的净额、直接计入当期利润的利得和损失等。利润表上,利润分为营业利润、利润总额、净利润三个层次列报。利润的形成一般通过"本年利润"科目核算。

企业实现的净利润一般应当按照如下顺序进行分配:弥补以前年度亏损,提取法定盈余公积金,提取任意盈余公积金,向投资者分配利润或股利。利润的分配通过"利润分配"科目核算。

思考题

1.收入有哪些特征?

2.费用有哪些特征?

3.销售商品收入确认的条件有哪些? 如何计量?

4.提供劳务收入如何确认与计量?

5.影响企业营业利润的因素有哪些?

6.公司制企业利润应按怎样的顺序进行分配? 如何做会计处理?

7.企业发生的年度亏损应怎样弥补?

练习题

(一)单项选择题

1. 采用支付手续费方式的委托代销,委托方确认收入的时点是( )。

A. 委托方交付商品时   B. 受托方销售商品时

C. 委托方收到代销清单时   D. 委托方收到货款时

2. 企业销售商品发生的销售折让应( )。

A. 增加销售费用   B. 冲减主营业务收入

C. 增加主营业务成本   D. 增加营业外支出

3. 下列项目中,应确认为企业收入的是( )。

A. 设备出租收入   B. 固定资产出售收入

C. 罚款收入   D. 销售商品收取的增值税

4. 下列各项中,应计入营业外支出的是( )。

A. 支付的广告费   B. 计提的固定资产减值准备

C. 自然灾害造成的存货净损失   D. 摊销的出租无形资产账面价值

5. 下列项目中,属于生产性企业其他业务收入的是( )。

A. 罚款收入   B. 出售固定资产收入

C. 材料销售收入   D. 出售无形资产收入

6. 下列各项中,不应计入管理费用的是( )。

A. 发生的排污费   B. 发生的房产税

C. 发生的业务招待费   D. 发生的坏账损失

7. 大海公司 2011 年 11 月 10 日与 A 公司签订一项生产线维修合同。合同规定,该维修总价款为 93.6 万元(含增值税额,增值税率 17%),合同期为 6 个月。合同签订日预收价款 50 万元,至 12 月 31 日,已实际发生维修费用 35 万元,预计还将发生维修费用 15 万元。大海公司按实际发生的成本占总成本的比例确定劳务的完工程度。假定提供劳务的交易结果能够可靠地估计。则大海公司 2011 年末应确认的劳务收入为( )万元。

A. 80   B. 65.52   C. 56   D. 35

8. 金城公司 2010 年发生亏损 100 万元,2011 年实现税前利润 300 万元,所得税税率为 25%,法定盈余公积的提取比例是为 10%,则该公司 2011 年应提取的法定盈余公积为( )万元。

A. 30   B. 22.5   C. 15   D. 12.5

9. 同心公司 2011 年年初未分配利润贷方余额为 200 万元,本年利润总额为 800 万元,本年所得税费用为 300 万元,按净利润的 10% 提取法定盈余公积,提取任意盈余公积 25 万元,向投资者分配现金股利 25 万元。该企业年末未分配利润贷方余额为( )万元。

A. 600   B. 650   C. 625   D. 570

10. 下列( )是核算已经发出但尚未确认收入的商品成本科目。

A.发出商品　　　　B.库存商品　　　　C.在途物资　　　　D.生产成本

(二)多项选择题

1.下列项目中,应当作为营业外收入核算的有(　　)。

A.接受现金资产捐赠　　　　　　　B.出售无形资产净收益

C.出租无形资产的租金收入　　　　D.出售固定资产净收益

2.下列各项目中,属于让渡本企业资产使用权应确认收入的有(　　)。

A.金融企业让渡现金使用权按期计提的利息收入

B.出售固定资产所取得的收入

C.合同约定按销售收入一定比例收取的专利权使用费收入

D.转让商标使用权收取的使用费收入

3.下列情形中,商品所有权上的风险尚未转移的有(　　)。

A.企业尚未完成售出商品的安装工作,且安装工作是销售合同或协议的重要组成部分

B.企业已经收到货款,发货单也已交给对方,但客户尚未把货提走

C.售出的商品中附有退货条款,但无法确定其退货的可能性

D.发出一批商品,委托某单位代为销售

4.下列税金中应计入管理费用的是(　　)。

A.所得税费用　　B.土地使用税　　C.车船使用税　　D.印花税

5.下列各项应列入营业外支出的有(　　)。

A.非常损失　　　　　　　　　　B.处置固定资产净损失

C.坏账损失　　　　　　　　　　D.在途材料的合理损耗

6.下列项目可计入企业财务费用的有(　　)。

A.利息支出　　　　　　　　　　B.现金折扣

C.银行承兑汇票手续费　　　　　D.商业折扣

7.下列影响企业营业利润的事项有(　　)。

A.计提固定资产减值准备　　　　B.出售无形资产净收益

C.经营租出固定资产的折旧额　　D.交易性金融资产公允价值变动

8.下列各项中,属于销售商品收入确认条件的有(　　)。

A.企业已将商品所有权上的主要风险和报酬转移给购货方

B.企业既没有保留通常与所有权相联系的继续管理权,也没有对已售出的商品实施有效控制

C.收入的金额能够可靠地计量,相关的已发生或将发生的成本能够可靠地计量

D.相关的经济利益很可能流入企业

9.在完工百分比法中,确定完工比例的方法有(　　)。

A.按专业测量师测量的结果确定

B.按提供的劳务量占应提供劳务总量的比例确定

C.按劳务各期耗时长短来确定

D.按已发生成本占估计总成本的比例来确定

10.提供劳务交易的结果能够可靠估计,应同时满足的条件包括(　　)。

A. 收入的金额能够可靠地计量

B. 交易中已经发生的成本和将发生的成本能够可靠地计量

C. 交易的完工进度能够可靠地确定

D. 相关的经济利益能够流入企业

(三)判断题

1. 按照《企业会计准则》规定,企业只要将商品所有权上的主要风险和报酬转移给购货方,就可确认收入。( )

2. 收入的实现必然会给企业带来新增资产。( )

3. 我国《企业会计准则》规定,销售折让于实际发生时确认为当期财务费用。( )

4. 企业以前年度亏损未弥补时,不得向投资者分配利润,但可以提取法定盈余公积。( )

5. 具有融资性质的分期收款销售商品,应当按照应收合同或协议的价款确定销售商品收入金额。( )

6. 企业用盈余公积补亏时,无需作会计分录。( )

7. 资产负债表日,企业如果能够对交易的结果作出可靠估计,应采用完工百分比法确认提供劳务收入。( )

8. 对于使用费收入,企业应按有关合同或协议约定的收费时间和方法确认。( )

9. 任意盈余公积应按《企业会计准则》规定的比例提取。( )

10. 企业分派股票股利会减少所有者权益总额。( )

(四)业务题

1.

(1)目的:掌握销售商品业务的核算。

(2)资料:耀新公司为增值税一般纳税人,产品适用的增值税税率为17%,07 号产品为应纳消费税产品,消费税税率为 10%,产品销售成本采用逐笔结转。2012 年 6 月份发生下列经济业务,销售价款均不含向客户收取的增值税税额。

①2 日,向 A 公司销售 07 号产品 400 件,每件售价 120 元,单位成本 80 元。公司开出的增值税专用发票上注明的售价总额为 48 000 元,增值税税额为 8 160 元。公司为了及早收回货款,在合同中规定的现金折扣条件为:2/10,1/20,n/30,假定计算现金折扣时不考虑增值税。

②7 日,向 B 公司销售 05 产品 350 件,每件售价 150 元,单位成本 110 元,产品已发出,并收到 B 公司签发承兑的无息商业汇票一张,面值 61 425 元,期限 3 个月。

③12 日,向 C 公司现销 05 号产品 10 000 件,单位成本 110 元,按价目表销售价格 150 元给予 5% 的折扣,C 公司当即交来转账支票一张,结清全部价款,支票已送交银行。

④15 日,收到 A 公司购买 07 号产品的全部款项并存入银行。

⑤18 日,公司采用托收承付方式向 D 公司赊销 03 号产品 500 件,每件售价为 80 元,单位成本 45 元,以银行存款垫付运杂费 500 元,价、税、费已向银行办妥托收手续。

⑥25 日,D 公司验收 03 号产品时,发现有 10 件产品存在明显质量问题。公司同意这 10 件产品给予 30% 的价格折让。

⑦以银行存款支付销售产品广告费 6 000 元。

⑧计算本月应交城市维护建设税 2 450 元,应交教育费附加 1 000 元。

(3)要求:编制耀新公司上述销售商品业务的会计分录。

2.

(1)目的:掌握委托代销商品的核算。

(2)资料:白云公司与绿地公司 2012 年发生委托代销商品业务如下:

①3 月 6 日,白云公司委托绿地公司代销 W 商品。白云公司向绿地公司发出 W 商品 500 件,W 商品的单位成本为每件 320 元,增值税率为 17%。代销协议规定,绿地公司应按每件 200 元(不含增值税)的价格销售 W 商品,白云公司按不含增值税售价的 10%向绿地公司支付手续费。

②5 月 6 日,白云公司收到绿地公司开来的代销清单,代销清单中注明:实际销售 W 商品 400 件,商品售价为 80 000 元,增值税额为 13 600 元。当日白云公司向绿地公司开具金额相同的增值税专用发票。

③5 月 15 日白云公司收到绿地公司汇来已扣除手续费的售出代销商品款。

(3)要求:根据上述资料为白云公司编制有关会计分录。

3.

(1)目的:掌握具有融资性质的分期收款销售商品核算。

(2)资料:博远公司为增值税一般纳税人,增值税税率为 17%。2011 年 1 月 1 日,博远公司采取分期收款方式向宏景公司销售大型设备一台,合同约定的销售价格为 900 000元,成本为 600 000 元,当前的现销价格为 758 000 元。合同约定货款从 2011 年起分 5 次于每年 12 月 31 日等额收取。货物发出时博远公司即向宏景公司开出增值税专用发票,且宏景公司将该笔业务的增值税额 153 000 元同时予以支付。博远公司采用实际利率法摊销未实现融资收益,年实际利率为 6%。

(3)要求:编制博远公司上述销售大型设备业务的相关会计分录。

4.

(1)目的:掌握提供劳务收入的核算。

(2)资料:华强燃气服务公司 2011 年 9 月 10 日接受了某新建小区燃气安装任务,期限 6 个月,合同总收入为 500 000 元。燃气安装工程已于 2011 年 9 月 18 日开工。2011年 10 月 10 日,预收燃气安装工程款 350 000 元存入银行,余款将于燃气安装完工验收合格时收取。至 2011 年 12 月 31 日,实际发生成本 120 000 元,已用银行存款支付。预计还会发生 180 000 元的成本。华强燃气公司确定劳务交易的结果能够可靠地估计,采用实际发生的成本占估计总成本的比例确定完工进度。

(3)要求:编制华强燃气服务公司 2011 年与燃气安装项目有关的会计分录。

5.

(1)目的:掌握利润形成的核算。

(2)资料:深海公司属于工业企业,2012 年 6 月 30 日损益类有关科目的余额如下表所示。

损益类科目余额表

2012 年 6 月 30 日

单位:元

科目名称	借方余额	科目名称	贷方余额
主营业务成本	1 085 000	主营业务收入	1 550 000
营业税金及附加	15 000	其他业务收入	26 000
其他业务成本	100 000	投资收益	220 000
销售费用	34 000	营业外收入	50 000
管理费用	150 000		
财务费用	52 000		
营业外支出	20 000		

(3)要求:编制深海公司 2011 年 6 月结转损益的会计分录。

6.

(1)目的:掌握利润分配的核算。

(2)资料:灵智公司 2011 年度的有关资料如下:

①2011 年年初未分配利润贷方余额为 1 000 000 元,本年利润总额为 3 900 000 元,本年所得税费用 700 000 元。

②按税后利润的 10％和 15％提取法定盈余公积和任意盈余公积金。

③经股东大会决议批准,向投资者宣告分配现金股利 1 200 000 元。

(3)要求:

①计算灵智公司 2011 年度的净利润和 2011 年年末未分配利润数额。

②为灵智公司编制 2011 年利润分配及年终结转的会计分录。

第十五章

财务报表

　　学习目的：通过本章学习，使学生了解财务报表的构成内容及列报的基本要求；理解资产负债表、利润表、现金流量表的作用；掌握资产负债表、利润表、现金流量表及所有者权益变动表的结构及列报方法；掌握报表附注的披露。

引导案例

净利润与经营活动现金流量的差异

　　下表列出了 10 家汽车公司 2011 年度净利润与经营活动现金净流量的数据：

单位：元

公司	净利润	经营活动现金净流量
亚星客车(600213)	−41 646 006.26	−152 042 295.58
金杯汽车(600609)	77 055 818.38	−75 905 443.50
金龙汽车(600686)	496 569 337.34	212 512 840.54
福田汽车(600166)	1 152 389 085.33	−524 971 443.63
江淮汽车(600418)	624 935 979.54	−728 444 032.47
江铃汽车(000550)	1 900 830 822.00	1 147 508 348.00
安凯客车(000868)	106 133 812.52	307 885 734.35
中通客车(000957)	50 160 217.59	232 532 077.50
长安汽车(000625)	925 649 313.33	207 217 572.62
海马汽车(000572)	550 498 090.57	−866 903 305.44

　　从上表中我们可以看出，这 10 家公司虽然从事相同的汽车行业，但是净利润数与经营活动产生的现金流量数均存在着差异，尤其是金杯汽车、福田汽车、江淮汽车、海马汽车这 4 家公司的差异更明显，你能解释这些差异的原因吗？

　　资料来源：根据相关公司 2011 年年度报告整理，www.sse.com.cn，www.szse.cn。

第一节　财务报表概述

一、财务报表的概念及构成

财务会计是由确认、计量、记录和报告四个基本程序所组成的。确认、计量、记录环节都是为最终的财务报告编制奠定基础的,编制财务报告是财务会计核算的最终环节,是提供会计信息的主要形式。财务报告是企业正式对外揭示或表述会计信息的总结性书面文件,包括财务报表和其他财务报告。

（一）财务报表

财务报表是财务报告的核心,是向企业外部传递会计信息的主要手段,其编制基础和方式要符合会计准则的规定,并需要接受审计。按我国《财务报表列报》准则规定[①],财务报表是对企业财务状况、经营成果和现金流量的结构性表述。财务报表至少应当包括资产负债表、利润表、现金流量表、所有者权益(或股东权益)变动表和附注。其中,资产负债表、利润表、现金流量表、所有者权益(或股东权益)变动表属于基本财务报表,而附注是对基本财务报表的信息进行进一步的说明、补充或解释,以便帮助使用者理解和使用报表信息。

（二）其他财务报告

其他财务报告作为财务报表的辅助报告,提供的信息十分广泛,既包括货币性和定量信息,又包括非货币性和定性信息,其编制基础可以不受会计准则的约束,编制形式可以灵活多样。

二、财务报表列报的基本要求

财务报表列报是指交易或事项在基本财务报表中的列示和在附注中的披露。为了保证财务报表的质量,充分发挥财务报表作用,必须按照规定的要求编制财务报表。根据我国《财务报表列报》准则规定,企业财务报表列报应符合以下基本要求:

（一）遵循各项会计准则进行确认和计量

企业应当根据实际发生的交易和事项,遵循各项具体会计准则的规定进行确认和计量,并在此基础上编制财务报表。此外,企业还应当在财务报表的附注中,对企业遵循会计准则编报财务报表的相关情况作出声明。当且仅当企业在日常的会计确认与计量过程中遵循了会计准则的所有规定时,财务报表才能够被认为是"遵循了企业会计准则"。

企业不应当以在附注中披露代替对交易和事项的确认和计量,也就是说,企业采用的不恰当的会计政策,不得通过在附注中披露等其他形式予以更正,企业应当对交易和事项进行正确的确认和计量。

---

① 企业会计准则编审委员会编:《企业会计准则应用指南》,立信会计出版社,2006年版,第218页。

（二）列报基础

企业应当以持续经营为基础,根据实际发生的交易和事项,按照《企业会计准则》的规定进行确认和计量,在此基础上编制财务报表。以持续经营为基础编制财务报表不再合理的,企业应当采用其他基础编制财务报表,并在附注中披露这一事实。

在编制财务报表的过程中,企业管理层应当对企业持续经营的能力进行评价,需要考虑的因素包括市场经营风险、企业目前或长期的盈利能力、偿债能力、财务弹性以及企业管理层改变经营政策的意向等。评价后对企业持续经营的能力产生严重怀疑的,应当在附注中披露导致对持续经营能力产生重大怀疑的重要的不确定因素。

（三）列报的一致性

可比性是会计信息质量的一项重要质量要求,目的是使同一企业不同期间和同一期间不同企业的财务报表相互可比。为此,财务报表项目的列报应当在各个会计期间保持一致,不得随意变更。但当会计准则要求改变,或企业经营业务的性质发生重大变化后,变更财务报表项目的列报能够提供更可靠、更相关的会计信息时,财务报表项目的列报是可以改变的。

（四）项目的重要性

财务报表是通过大量的交易或其他事项进行处理后而生成的,这些交易或其他事项按性质和功能汇总归类而形成财务报表的项目。企业在编制财务报表的过程中,对报表项目在财务报表中是单独列报还是合并列报,应当考虑报表项目的重要性。报表项目的重要性是指财务报表某项目的省略或错报会影响使用者据此作出经济决策的,该项目具有重要性。重要性应当根据企业所处环境,从报表项目的金额大小和性质两个方面加以判断。判断项目金额大小的重要性,应当通过单项金额占资产总额、负债总额、所有者权益总额、营业收入总额、净利润等直接相关项目的比重加以确定;判断报表项目性质的重要性,应当考虑该项目的性质是否属于企业的日常活动、是否对企业的财务状况和经营成果具有较大影响、项目是否牵涉到非法交易等因素。根据重要性的判断,对性质和功能不同的项目,应当在财务报表中单独列示,如固定资产、无形资产等项目,但不具有重要性的项目除外;对性质或功能类似的项目,应予以合并列示,如库存商品、原材料、周转材料、在产品等项目在性质上类似,在资产负债表中可以合并为"存货"项目列示。

（五）财务报表项目金额间的相互抵销

财务报表项目应当以总额列报,资产和负债、收入和费用不能相互抵销。即不得以净额列报,但企业会计准则另有规定的除外。这是因为,如果相互抵销,报表所提供的信息就不完整,信息的可比性大为降低,影响报表使用者作出合理判断。如,企业欠客户的应付款不得与其他客户欠本企业的应收款相抵销,如果相互抵销,就掩盖了交易的实质。但以下两种情况不属于抵销,可以以净额列示:

1.资产项目按扣除减值准备后的净额列示

对资产计提减值准备,表明资产的价值确实已经发生减损,按扣除减值准备后的净额列示,才反映了资产当时的真实价值。

2.非日常活动产生的损益,以收入扣减费用后的净额列示

非日常活动并非企业主要的业务,且发生具有偶然性,从重要性来讲,非日常活动产

生的损益以收入扣减费用后的净额列示,更有利于报表使用者的理解。例如,非流动资产处置形成的利得和损失,应按处置收入扣除该资产的账面金额和相关费用后的余额列示。

(六)比较信息的列报

企业在列报当期财务报表时,至少应当提供所有列报项目上一个可比会计期间的比较数据,以及与理解当期财务报告相关的说明,目的是向报表使用者提供对比数据,提高信息在会计期间的可比性,以反映企业财务状况、经营成果和现金流量的发展趋势,提高报表使用者的判断与决策能力。

在财务报表项目的列报确需发生变更的情况下,企业应当对上期比较数据按照当期的列报要求进行调整,并在附注中披露调整的原因和性质,以及调整的各项目的金额。但是,在某些情况下,对上期比较数据经进行调整是不切实可行的,则应当在附注中披露不能调整的原因。

(七)财务报表表首的列报

财务报表一般分为表首和正表两个基本部分。企业应当在表首部分概括地说明下列基本信息:

1.编报企业的名称,如果企业名称在所属当期发生了变更的,还应明确标明;

2.资产负债表应当披露资产负债表日,利润表、现金流量表、所有者权益变动表应当列示报表涵盖的会计期间;

3.企业应当以人民币作为记账本位币列报,并标明金额单位,如人民币元、人民币万元等;

4.财务报表是合并财务报表的,应当予以标明。

(八)报告期间

企业至少应当编制年度财务报表。年度财务报表涵盖的期间短于一年的,应当披露年度财务报表的实际涵盖期间以及短于一年的原因。如企业在年度中间(如 5 月 10 日)开始设立,在这种情况下,企业应当说明由此引起财务报表项目与比较数据不具可比性这一事实。

第二节 资产负债表

一、资产负债表的概念

资产负债表是反映企业在某一特定日期(月末、季末或年末等)财务状况的报表,也称为财务状况表。资产负债表是以"资产=负债+所有者权益"这一会计恒等式为基础,按照一定的分类标准和顺序,把企业某一特定日期的资产、负债和所有者权益各项目予以适当排列,并对日常工作中形成的大量数据进行高度浓缩整理后编制而成的,是反映企业静态财务状况的一种基本财务报表。可见,资产负债表就好比企业财务状况的"快照",凝固在某一特定的时点上,并不是某一会计期间的累计数,这也是它与利润表的本质区别之一。

二、资产负债表的作用

资产负债表主要提供企业在某一特定日期资产、负债、所有者权益三方的实力状况，反映企业经营活动的规模及发展潜力，因此，对会计信息使用者来说，资产负债表的作用主要有以下几个方面：

(1)通过资产负债表列示的资产项目，可以了解企业某一日期所拥有或控制的各种资源的构成及其分布情况，据此可以衡量企业经营规模大小，分析企业资源的配置是否节约、合理，评价企业生产经营能力及抵御风险的能力。

(2)通过资产负债表列示的负债项目，可以了解企业某一日期的负债总额以及结构，表明企业未来需要用多少资产或劳务清偿债务以及清偿的时间，联系有关的资产项目进行对比分析，可以评价企业的偿债能力和支付能力。

(3)通过资产负债表列示的所有者权益项目，可以表明投资者在企业资产中所占的份额，了解所有者权益的构成情况，将所有者权益与负债进行对比，可以分析企业财务结构的优劣和负债经营的合理程度，分析企业所面临的财务风险。

(4)通过对前后期资产负债表的对比分析，可以了解企业资金结构的变化情况，预测企业未来的财务发展趋势。

三、资产负债表列报的要求

(一)分类别列报

资产负债表列报，最根本的目标就是应如实反映企业在资产负债表日所拥有的资源、所承担的负债以及所有者所拥有的权益。因此，资产负债表应当按照资产、负债和所有者权益三大类别分类列报。

(二)资产和负债按流动性列报

资产和负债应当按照流动性分别分为流动资产和非流动资产、流动负债和非流动负债列示。流动性通常按资产的变现能力或耗用时间的长短或负债偿还时间的长短来确定。按照我国《财务报表列报》准则的规定，应先列报流动性强的资产或负债，再列报流动性弱的资产或负债。

(三)列报相关的合计、总计项目

资产负债表中的资产类至少应当列示流动资产和非流动资产的合计项目；负债类至少应当列示流动负债、非流动负债以及负债的合计项目；所有者权益类应当列示所有者权益的合计项目。

资产负债表遵循了"资产＝负债＋所有者权益"这一会计恒等式，把企业在特定时日所拥有的经济资源和与之相对应的企业所承担的债务及偿债以后属于所有者的权益充分反映出来。因此，资产负债表应当分别列示资产总计项目和负债与所有者权益之和的总计项目，并且这二者的金额应当相等。

四、资产负债表的格式

资产负债表的格式是指资产负债表的主体格式，即资产、负债和所有者权益的分类和排列形式。目前,国际上通用的资产负债表格式主要有两种:账户式和报告式。

(一)账户式资产负债表

账户式资产负债表是直接根据"资产＝负债＋所有者权益"的会计等式,采用左右对称排列的结构列示财务信息,即将资产类项目排列在表的左方,负债类和所有者权益类项目排列在表的右方,且左方的资产总额与右方的负债和所有者权益总额必须相等。其外表类似于 T 形账户,并由此得名。账户式资产负债表的简化格式如表 15-1 所示。

表 15-1　资产负债表(账户式)

编制单位:　　　　　　　　　年　　月　　日　　　　　编号:
货币单位:

资　产	负债和所有者权益
流动资产: ⋮ 非流动资产: ⋮	流动负债: ⋮ 非流动负债: ⋮ 所有者权益: ⋮
资产总计	负债和所有者权益总计

(二)报告式资产负债表

报告式资产负债表是将资产、负债和所有者权益项目采用垂直分列的形式排列于表格的上下两段,其简化格式如表 15-2 所示。

表 15-2　资产负债表(报告式)

编制单位:　　　　　　　　　年　　月　　日　　　　　编号:
货币单位:

项　目	金　额
资产: ⋮ 资产总计	××××
负债: ⋮ 负债合计	××××
所有者权益: ⋮ 所有者权益合计	××××
负债和所有者权益总计	××××

账户式资产负债表能够直观地揭示资产、负债与所有者权益之间的勾稽关系,便于报表使用者对报表各部分的总额、整体结构与各部分内部的结构关系进行分析。报告式资产负债表较之账户式资产负债表来说,更便于编制,但是由于其对资产与各种权益之间结构的表示并不一目了然,不便于使用者分析、使用。我国 2007 年开始执行的《财务报表列报》准则中明确规定使用账户式资产负债表,我国账户式资产负债表格式可参见表 15-6。

五、资产负债表的列报方法

根据我国《财务报表列报》准则的要求，企业需要提供比较资产负债表，以便报表使用者通过比较不同时点资产负债表的数据，掌握企业财务状况的变动情况及发展趋势。所以，资产负债表还就各项目再分为"年初余额"和"期末余额"两栏分别列报。

（一）"年初余额"栏的列报方法

资产负债表中的"年初余额"栏各项目数字，应根据上年末资产负债表"期末余额"栏内所列数字填列。如果上年度资产负债表规定的各个项目名称和内容同本年度不一致，应对上年年末资产负债表中各项目的名称和数字按照本年度的规定进行调整，按调整后的金额填入表中的"年初余额"栏内。

（二）"期末余额"栏的列报方法

1."期末余额"栏内各项数字的填列方式

资产负债表中的"期末余额"栏内各项数据可通过以下几种方式取得：

（1）根据总账科目的期末余额直接填列。资产负债表中的有些项目，可直接根据总账科目期末余额填列，主要项目有：交易性金融资产、固定资产清理、递延所得税资产、短期借款、交易性金融负债、应付票据、应付职工薪酬、应交税费、应付利息、应付股利、其他应付款、专项应付款、递延所得税负债、实收资本、资本公积、库存股、盈余公积等。

（2）根据几个总账科目期末余额合计数填列。资产负债表中有些项目需要根据若干个总账科目期末余额的合计数填列。主要项目有资产类的"货币资金"、"存货"项目，所有者权益类的"未分配利润"项目。

"货币资金"项目，应根据"库存现金"、"银行存款"、"其他货币资金"总账科目期末余额合计数填列。

"存货"项目，应根据"在途物资"、"原材料"、"周转材料"、"自制半成品"、"库存商品"、"委托加工物资"、"发出商品"、"生产成本"等总账科目的期末借方余额合计减去"存货跌价准备"总账科目期末贷方余额后的金额填列。

"未分配利润"项目，应根据"本年利润"和"利润分配"总账科目期末余额合计数填列。

（3）根据有关明细科目余额计算填列。资产负债表中有些项目需要根据若干个明细账科目期末余额的合计数填列。主要有"应收账款"、"预付款项"、"应付账款"、"预收款项"等项目。

"应收账款"项目，应根据"应收账款"和"预收账款"账户所属明细账借方余额之和减去"坏账准备——应收账款"的贷方余额填列。

"预收款项"项目，应根据"应收账款"和"预收账款"账户所属明细账贷方余额之和填列。

"应付账款"项目，应根据"应付账款"和"预付账款"账户所属明细账贷方余额之和填列。

"预付款项"项目，应根据"应付账款"和"预付账款"账户所属明细账借方余额之和填列。

(4)根据总账科目和所属明细账科目期末余额分析计算填列。资产负债表中某些项目不能根据有关总账科目的期末余额直接或计算填列,也不能根据有关总账科目所属的明细科目的期末余额计算填列,而需要根据总账科目和所属明细账科目余额分析填列。主要有"持有至到期投资"、"长期应收款"、"长期待摊费用"、"长期借款"、"应付债券"等项目。

(5)根据总账科目期末余额减去其相应的备抵调整科目期末余额后的净额填列。主要有"应收票据"、"其他应收款"、"可供出售金融资产"、"持有至到期投资"、"长期股权投资"、"长期应收款"、"固定资产"、"在建工程"、"无形资产"、"长期应付款"等项目。

(6)根据资产负债表中相关项目金额计算填列。具体项目有"流动资产合计"、非流动资产合计"、"资产总计"、"流动负债合计"、"非流动负债合计"、"负债合计"、"所有者权益(或股东权益)合计"、"负债及所有者权益(或股东权益)总计"等项目。

2."期末余额"栏内各项目列报的具体说明

(1)"货币资金"项目,反映企业库存现金、银行结算户存款、外埠存款、银行汇票存款、银行本票存款、信用卡存款、信用证保证金存款等的合计数。本项目应根据"库存现金"、"银行存款"、"其他货币资金"科目期末余额的合计数填列。

(2)"交易性金融资产"项目,反映企业持有的以公允价值计量且其变动计入当期损益的为交易目的所持有的债券投资、股票投资、基金投资、权证投资等金融资产。本项目应根据"交易性金融资产"的科目的期末余额填列。

(3)"应收票据"项目,反映企业因销售商品、提供劳务等而收到的商业汇票,包括银行承兑汇票和商业承兑汇票。本项目应根据"应收票据"科目的期末余额,减去"坏账准备"科目中有关应收票据计提的坏账准备期末余额后的金额填列。

(4)"应收账款"项目,反映企业因销售商品、提供劳务等经营活动应收取的款项。本项目应根据"应收账款"和"预收账款"科目所属各明细科目的期末借方余额合计数,减去"坏账准备"科目中有关应收账款计提的坏账准备期末余额后的金额填列。如"应收账款"科目所属明细科目期末有贷方余额的,应在资产负债表"预收款项"项目内填列。

(5)"预付款项"项目,反映企业按照购货合同规定预付给供应单位的款项等。本项目应根据"预付账款"和"应付账款"科目所属各明细科目的期末借方余额合计数,减去坏账准备科目中有关预付款项计提的坏账准备期末余额后的金额填列。如"预付账款"科目所属各明细科目期末有贷方余额的,应在资产负债表"应付账款"项目内填列。

(6)"应收利息"项目,反映企业应收取的债券投资等的利息。本项目应根据"应收利息"科目的期末余额,减去"坏账准备"科目中有关应收利息计提的坏账准备期末余额后的金额填列。

(7)"应收股利"项目,反映企业应收取的现金股利和应收取其他单位分配的利润。本项目应根据"应收股利"科目的期末余额,减去"坏账准备"科目中有关应收股利计提的坏账准备期末余额后的金额填列。

(8)"其他应收款"项目,反映企业除应收票据、应收账款、预付账款、应收股利和应收利息等经营活动以外的其他各种应收、暂付的款项。本项目应根据"其他应收款"科目的期末余额,减去"坏账准备"科目中有关其他应收款计提的坏账准备期末余额后的金额填列。

(9)"存货"项目,反映企业期末在库、在途和在加工中的各种存货的价值。本项目应根据"在途物资"、"原材料"、"库存商品"、"周转材料"、"委托加工物资"、"发出商品"和"生产成本"等科目的期末余额合计,减去"存货跌价准备"科目的期末余额后的金额填列。材料采用计划成本核算,以及库存商品采用计划成本核算或售价核算的企业,还应按加或减材料成本差异、商品进销差价后的金额填列。

(10)"一年内到期的非流动资产"项目,反映企业将于一年内到期的非流动资产项目金额。本项目应根据有关科目的期末余额填列。

(11)"其他流动资产"项目,反映企业除货币资金、交易性金融资产、应收票据、应收账款、存货等流动资产以外的其他流动资产。本项目应根据有关科目的期末余额填列。

(12)"可供出售金融资产"项目,反映企业持有的以公允价值计量的可供出售的股票投资、债券投资等金融资产。本项目应根据"可供出售金融资产"科目的期末余额,减去"可供出售金融资产减值准备"科目期末余额后的金额填列。

(13)"持有至到期投资"项目,反映企业持有的以摊余成本计量的持有至到期投资。本项目应根据"持有至到期投资"科目的期末余额,减去"持有至到期投资减值准备"科目期末余额后的金额填列。

(14)"长期应收款"项目,反映企业融资租赁产生的应收款项、采用递延方式具有融资性质的销售商品和提供劳务等产生的长期应收款项等。本项目应根据"长期应收款"科目的期末余额,减去相应的"未实现融资收益"科目和"坏账准备"科目所属相关明细科目期末余额后的金额填列。

(15)"长期股权投资"项目,反映企业持有的对子公司、联营企业和合营企业的长期股权投资。本项目应根据"长期股权投资"科目的期末余额,减去"长期股权投资减值准备"科目期末余额后的金额填列。

(16)"投资性地产"项目,反映企业持有的投资性地产。企业采用成本模式计量投资性房地产的,本项目应根据"投资性房地产"科目的期末余额,减去"投资性房地产累计折旧(摊销)"和"投资性房地产减值准备"科目期末余额后的金额填列;企业采用公允价值模式计量投资性房地产的,本项目应根据"投资性房地产"科目的期末余额填列。

(17)"固定资产"项目,反映企业各种固定资产原价减去累计折旧和减值准备后的净额。本项目应根据"固定资产"科目的期末余额,减去"累计折旧"和"固定资产减值准备"科目期末余额后的金额填列。

(18)"在建工程"项目,反映企业期末各种未完工程的实际支出,包括交付安装的设备价值、未完建筑安装工程已经耗用的材料、工资和费用支出、预付出包工程的价款等的可收回金额。本项目应根据"在建工程"科目的期末余额,减去"在建工程减值准备"科目期末余额后的金额填列。

(19)"工程物资"项目,反映企业尚未使用的各种工程物资的实际成本。本项目应根据"工程物资"科目的期末余额填列。

(20)"固定资产清理"项目,反映企业因出售、损毁、报废等原因转入清理但尚未清理完毕的固定资产净值,以及固定资产清理过程中所发生的清理费用和变价收入等各项金额的差额。本项目应根据"固定资产清理"科目的期末借方余额填列,如"固定资产清理"科目期末为贷方余额,以"－"号填列。

(21)"生产性生物资产"项目,反映企业所持有的生产性生物资产。本项目应根据"生产性生物资产"科目的期末余额,减去"生产性生物资产累计折旧"和"生产性生物资产减值准备"科目期末余额后的金额填列。

(22)"油气资产"项目,反映企业持有的矿区权益和油气井及相关设施的原价减去累计折耗和累计减值准备后的净额。本项目应根据"油气资产"科目的期末余额,减去"累计折耗"科目期末余额和相应减值准备后的金额填列。

(23)"无形资产"项目,反映企业持有的无形资产,包括专利权、非专利技术、商标权、著作权、土地使用权等。本项目应根据"无形资产"科目的期末余额,减去"累计摊销"和"无形资产减值准备"科目期末余额后的金额填列。

(24)"开发支出"项目,反映企业开发无形资产过程中能够资本化形成无形资产成本的支出部分。本项目应根据"研发支出"科目中所属的"资本化支出"明细科目期末余额填列。

(25)"商誉"项目,反映企业合并中形成的商誉的价值。本项目根据"商誉"科目的期末余额,减去相应减值准备后的金额填列。

(26)"长期待摊费用"项目,反映企业已经发生但由本期和以后各期负担的分摊期限在一年以上的各项费用。长期待摊费用中在一年内(含一年)摊销的部分,在资产负债表"一年内到期的非流动资产"项目填列。本项目应根据"长期待摊费用"科目的期末余额减去将于一年内(含一年摊销)的数额后的金额填列。

(27)"递延所得税资产"项目,反映企业确认的可抵扣暂时性差异产生的递延所得税资产。本项目应根据"递延所得税资产"科目的期末余额填列。

(28)"其他非流动性资产"项目,反映企业除长期股权投资、固定资产、在建工程、工程物资和无形资产等资产以外的其他非流动资产。本项目应根据有关科目的期末余额填列。

(29)"短期借款"项目,反映企业向银行或其他金融机构等借入的期限在一年以下(含一年)各种借款。本项目应根据"短期借款"科目的期末余额填列。

(30)"交易性金融负债"项目,反映企业承担的以公允价值计量且其变动计入当期损益的为交易目的所持有的金融负债。本项目应根据"交易性金融负债"科目的期末余额填列。

(31)"应付票据"项目,反映企业购买材料、商品和接受劳务供应等而开出、承兑的商业汇票,包括银行承兑汇票和商业承兑汇票。本项目应根据"应付票据"科目的期末余额填列。

(32)"应付账款"项目,反映企业因购买材料、商品和接受劳务供应等经营活动应支付的款项。本项目应根据"应付账款"和"预付账款"科目所属各明细科目的期末贷方余额合计数填列;如"应付账款"科目所属明细科目期末有借方余额的,应在资产负债表"预付款项"项目内填列。

(33)"预收款项"项目,反映企业按照购货合同规定预付给供应单位的款项。本项目应根据"预收账款"和"应收账款"科目所属各明细科目的期末贷方余额合计数填列。如"预收账款"科目所属各明细科目期末有借方余额的,应在资产负债表"应收账款"项目内填列。

(34)"应付职工薪酬"项目,反映企业根据有关规定应付给职工的工资、职工福利、社会保险费、住房公积金、工会经费、职工教育经费、非货币性福利、辞退福利等各种薪酬。外商投资企业按规定从净利润中提取的职工奖励及福利基金,也在本项目列示。

(35)"应交税费"项目,反映企业按照税法规定计算应缴纳的各种税费,包括增值税、消费税、营业税、所得税、资源税、土地增值税、城市维护建设税、房产税、土地使用税、车船税、教育费附加、矿产资源补偿费等。企业代扣代交的个人所得税,也通过本项目列示。企业所缴纳的税金不需要预计应交数的,如印花税、耕地占用税等,不在本项目列示。本项目应根据"应交税费"科目的期末贷方余额填列;如"应交税费"科目期末为借方余额,应以"一"号填列。

(36)"应付利息"项目,反映企业按照规定应当支付的利息,包括分期付息到期还本的长期借款应支付的利息、企业发行的企业债券应支付的利息等。本项目应当根据"应付利息"科目的期末余额填列。

(37)"应付股利"项目,反映企业分配的现金股利或利润。企业分配的股票股利,不通过本项目列示。本项目应根据"应付股利"科目的期末余额填列。

(38)"其他应付款"项目,反映企业除应付票据、应付账款、预收账款、应付职工薪酬、应付股利、应付利息、应交税费等经营活动以外的其他各项应付、暂收的款项。本项目应根据"其他应付款"科目的期末余额填列。

(39)"一年内到期的非流动负债"项目,反映企业非流动负债中将于资产负债表日后一年内到期部分的金额,如将于一年内偿还的长期借款。本项目应根据有关科目的期末余额填列。

(40)"其他流动负债"项目,反映企业除短期借款、交易性金融负债、应付票据、应付账款、应付职工薪酬、应交税费等流动负债以外的其他流动负债。本项目应根据有关科目的期末余额填列。

(41)"长期借款"项目,反映企业向银行或其他金融机构借入的期限在一年以上(不含一年)的各项借款。本项目应根据"长期借款"科目的期末余额分析填列。

(42)"应付债券"项目,反映企业为筹集长期资金而发行的债券本金和利息。本项目应根据"应付债券"科目的期末余额分析填列。

(43)"长期应付款"项目,反映企业除长期借款和应付债券以外的其他各种长期应付款项。本项目应根据"长期应付款"科目的期末余额,减去相应的"未确认融资费用"科目期末余额后的金额填列。

(44)"专项应付款"项目,反映企业取得政府作为企业所有者投入的具有专项或特定用途的款项。本项目应根据"专项应付款"科目的期末余额填列。

(45)"预计负债"项目,反映企业确定的对外提供担保、未决诉讼、产品质量保证、重组义务、亏损性合同等预计负债。本项目应根据"预计负债"科目的期末余额填列。

(46)"递延所得税负债"项目,反映企业确认的应纳暂时性差异产生的所得税负债。

本项目应根据"递延所得税负债"科目的期末余额填列。

(47)"其他非流动负债"项目,反映企业除长期借款、应付债券等负债以外的其他非流动负债。本项目应根据有关科目的期末余额减去将于一年内(含一年)到期偿还数后的余额填列。非流动负债各项目中将于一年内(含一年)到期的非流动负债,应在"一年内到期的非流动负债"项目内单独反映。

(48)"实收资本(或股本)"项目,反映企业各投资者实际投入的资本(或股本)总额。本项目应根据"实收资本"(或"股本")科目的期末余额填列。

(49)"资本公积"项目,反映企业资本公积的期末余额。本项目应根据"资本公积"科目的期末余额填列。

(50)"库存股"反映企业持有尚未转让或注销的本公司股份金额。本项目应根据"库存股"科目的期末余额填列。

(51)"盈余公积"项目,反映企业盈余公积的期末余额。本项目应根据"盈余公积"科目的期末余额填列。

(52)"未分配利润"项目,反映企业尚未分配的利润。本项目应根据"本年利润"科目和"利润分配"科目的余额计算填列。未弥补的亏损在本项目内以"一"号填列。

六、资产负债表列报示例

【例 15-1】方达股份有限公司(以下简称方达公司)为增值税一般纳税企业,适用的增值税税率为 17%,所得税税率为 25%,材料采用实际成本法核算。其 2012 年 1 月 1 日有关科目的余额如表 15-3 所示。

表 15-3 有关总分类科目及明细科目余额表

单位:元

科目名称	借方余额	科目名称	贷方余额
库存现金	5 000	坏账准备——应收账款	12 000
银行存款	2 480 000	累计折旧	480 000
其他货币资金	124 300	固定资产减值准备	10 000
交易性金融资产	25 000	短期借款	300 000
应收票据	286 000	应付票据	200 000
应收账款	300 000	应付账款	953 800
预付账款	100 000	应付职工薪酬	110 000
其他应收款	8 000	应交税费	30 000
原材料	775 000	应付利息	12 500
周转材料	88 050	其他应付款	50 000
库存商品	766 950	长期借款 其中:一年内到期的长期借款	1 600 000 500 000
长期股权投资	470000	股本	8 000 000
固定资产	4 500 000	盈余公积	320 000

续表

科目名称	借方余额	科目名称	贷方余额
在建工程	1 610 000	利润分配——未分配利润	260 000
无形资产	800 000		
合计	12 338 300	合计	12 338 300

1. 方达公司 2012 年发生如下经济业务

(1)销售 03 号产品一批,增值税专用发票列示价款 300 000 元,增值税额为 51 000 元,产品已发出,款项未收到。

(2)购入原材料一批,用转账支票支付货款 180 000 元,增值税进项税额 30 600 元,材料已验收入库。

(3)收到银行通知,支付到期的无息商业承兑汇票款 200 000 元。

(4)从中国建设银行借入 3 年期用于建造办公用房的款项 400 000 元,借款已转入公司银行账户,利息分期支付。

(5)销售 07 号产品一批,增值税专用发票列示价款为 700 000 元,增值税额为119 000 元,产品已发出,收到客户交来银行本票 819 000 元送存银行。

(6)购入材料一批,买价及运杂费共 99 800 元,增值税额 16 966 元,原材料已验收入库。款项用银行汇票支付。公司收到开户银行转来银行汇票多余款收账通知,通知上填写的多余款 1 234 元。

(7)公司将持有的交易性金融资产部分转让出售,取得价款 22 000 存入银行。出售交易性金融资产的账面余额 15 000 元。

(8)购入不需安装的设备 1 台,价款 85 470 元,增值税额 14 530 元,发生包装费、运杂费共计 1 000 元。价款及包装费、运杂费均通过银行支付,设备已交付使用。

(9)购入建造办公用房物资一批,价款 280 000 元,增值税额为 47 600 元,已用银行存款支付。

(10)分配本期职工工资 500 000 元,其中生产人员工资 275 000 元,车间管理人员工资 10 000 元,行政管理人员工资 15 000 元,工程建设人员工资 200 000 元。

(11)按工资总额的 8% 提取职工福利费,10% 提取职工住房公积金。

(12)计提建造办公用房工程应负担的长期借款利息 150 000 元。

(13)2011 年投入改建设备的一项工程完工,交付生产使用,改建工程成本 1 200 000 元。

(14)公司出售一台不需用设备,收到设备价款 320 000 元及增值税销项税额 54 400 元存入银行,该设备原价 400 000 元,已提折旧 150 000 元。该项设备已由购入单位运走。

(15)公司将到期的一张面值为 106 000 元的无息银行承兑汇票交存银行办理转账。收到银行通知,款项已收妥。

(16)以银行存款归还短期借款本金 200 000 元,支付利息 24 000 元,其中 12 500 元已预提。

(17)通过银行转账发放职工工资 500 000 元。

(18)以银行存款交纳公司负担的住房公积金 50 000 元。

(19)计提应计入本期损益的长期借款利息 20 000 元。

(20)基本生产领用原材料 735 000 元;领用周转材料 30 000 元,周转材料采用一次摊销法摊销。

(21)基本生产车间 1 台生产用设备报废,原价 220 000 元,已提折旧 211 200 元,清理费用 1 000 元,残值收入 2 400 元,均通过银行存款收支。该项固定资产已清理完毕。

(22)采用直线法摊销无形资产 60 000 元计入当期管理费用。

(23)计提固定资产折旧 100 000 元,其中车间设备折旧 80 000 元;管理部门设备折旧 20 000 元。

(24)收回应收账款 251 000 元存入银行。

(25)用银行存款支付产品广告费 20 000 元。

(26)公司销售 02 号产品一批,增值税专用发票列示价款为 450 000 元,增值税额为 76 500 元,收到面值为 526 500 元、期限为 3 个月的无息商业承兑汇票 1 张。

(27)归还长期借款本金 500 000 元,支付长期借款利息 120 000 元,利息已计提。

(28)期末,按应收账款余额估计坏账损失 48 000 元。

(29)结转本期制造费用。

(30)计算并结转本期完工产品成本,本期投入生产的产品全部完工入库。

(31)计提固定资产减值准备 42 000 元。

(32)计算公司本期应交教育费附加 15 400 元。

(33)用银行存款交纳增值税 120 000 元;教育费附加 15 400 元。

(34)结转本期产品销售成本 870 000 元。

(35)公司持有交易性金融资产的公允价值 13 000 元,账面价值为 10 000 元。

(36)期末,结转各损益科目。

(37)计算并结转本期应交所得税(不考虑纳税调整事项)。

(38)用银行存款交纳本期所得税。

(39)按税后利润的 10% 提取法定盈余公积金,按税后利润的 15% 提取任意盈余公积金。

(40)年终,结转"本年利润"及"利润分配"各明细科目。

2.根据上述资料编制会计分录

(1)借:应收账款   351 000
  贷:主营业务收入   300 000
    应交税费——应交增值税(销项税额)   51 000

(2)借:原材料   180 000
   应交税费——应交增值税(进项税额)   30 600
  贷:银行存款   210 600

(3)借:应付票据   200 000
  贷:银行存款   200 000

(4)借:银行存款   400 000
  贷:长期借款   400 000

(5)借:银行存款　　　　　　　　　　　　　　　　　819 000
　　　贷:主营业务收入　　　　　　　　　　　　　　　　　700 000
　　　　应交税费——应交增值税(销项税额)　　　　　　119 000
(6)①借:原材料　　　　　　　　　　　　　　　　　　99 800
　　　　应交税费——应交增值税(进项税额)　　　　　16 966
　　　贷:其他货币资金——银行汇票　　　　　　　　　　116 766
　②借:银行存款　　　　　　　　　　　　　　　　　1 234
　　　贷:其他货币资金——银行汇票　　　　　　　　　　　1 234
(7)借:银行存款　　　　　　　　　　　　　　　　　22 000
　　　贷:交易性金融资产　　　　　　　　　　　　　　　15 000
　　　　投资收益　　　　　　　　　　　　　　　　　　　7 000
(8)借:固定资产　　　　　　　　　　　　　　　　　86 470
　　　　应交税费——应交增值税(进项税额)　　　　　14 530
　　　贷:银行存款　　　　　　　　　　　　　　　　　101 000
(9)借:工程物资　　　　　　　　　　　　　　　　　327 600
　　　贷:银行存款　　　　　　　　　　　　　　　　　327 600
(10)借:生产成本　　　　　　　　　　　　　　　　275 000
　　　制造费用　　　　　　　　　　　　　　　　　10 000
　　　管理费用　　　　　　　　　　　　　　　　　15 000
　　　在建工程　　　　　　　　　　　　　　　　　200 000
　　　贷:应付职工薪酬　　　　　　　　　　　　　　　500 000
(11)①职工福利费和住房公积金计提分配见表15-4

表15-4　职工福利费和住房公积金计提分配表

2012 年 12 月　　　　　　　　　　　　　　　　　单位:元

	计提基数 (工资总额)	职工福利费 (8%)	住房公积金 (10%)	计提合计
生产成本	275 000	22 000	27 500	49 500
制造费用	10 000	800	1 000	1 800
管理费用	15 000	1 200	1 500	2 700
在建工程	200 000	16 000	20 000	36 000
合计	500 000	40 000	50 000	90 000

根据表15-4编制会计分录如下:

借:生产成本　　　　　　　　　　　　　　　　　　49 500
　制造费用　　　　　　　　　　　　　　　　　　1 800
　管理费用　　　　　　　　　　　　　　　　　　2 700
　在建工程　　　　　　　　　　　　　　　　　　36 000
　贷:应付职工薪酬——职工福利　　　　　　　　　　40 000
　　　　　　　　——住房公积金　　　　　　　　　　50 000

(12)借:在建工程   150 000

  贷:应付利息   150 000

(13)借:固定资产   1 200 000

  贷:在建工程   1 200 000

(14)①借:固定资产清理   250 000

   累计折旧   150 000

   贷:固定资产   400 000

 ②借:银行存款   374 400

  贷:固定资产清理   320 000

   应交税费——应交增值税(销项税额) 54 400

 ③借:固定资产清理   70 000

  贷:营业外收入   70 000

(15)借:银行存款   106 000

  贷:应收票据   106 000

(16)借:短期借款   200 000

   应付利息   12 500

   财务费用   11 500

  贷:银行存款   224 000

(17)借:应付职工薪酬——工资   500 000

  贷:银行存款   500 000

(18)借:应付职工薪酬——住房公积金 50 000

  贷:银行存款   50 000

(19)借:财务费用   20 000

  贷:应付利息   20 000

(20)借:生产成本   735 000

   制造费用   30 000

  贷:原材料   735 000

   周转材料   30 000

(21)①借:固定资产清理   8 800

   累计折旧   211 200

   贷:固定资产   220 000

 ②借:银行存款   2 400

  贷:固定资产清理   2 400

 ③借:固定资产清理   1 000

  贷:银行存款   1 000

 ④借:营业外支出   7 400

  贷:固定资产清理   7 400

(22)借:管理费用   60 000

  贷:累计摊销   60 000

（23）借：制造费用   80 000

       管理费用   20 000

        贷：累计折旧   100 000

（24）借：银行存款   251000

        贷：应收账款   251 000

（25）借：销售费用   20 000

        贷：银行存款   20 000

（26）借：应收票据   526 500

        贷：主营业务收入   450 000

           应交税费——应交增值税（销项税额）   76 500

（27）借：长期借款   500 000

       应付利息   120 000

        贷：银行存款   620 000

（28）本期提取的坏账准备＝48 000－12 000＝36 000（元）

借：资产减值损失——坏账损失   36 000

   贷：坏账准备——应收账款   36 000

（29）本期发生制造费用总额＝10 000＋1 800＋30 000＋80 000＝121 800（元）

借：生产成本   121 800

   贷：制造费用   121 800

（30）本期完工产品成本＝275 000＋495 00＋735 000＋121 800＝1 181 300（元）

借：库存商品   1 181 300

   贷：生产成本   1 181 300

（31）借：资产减值损失——固定资产减值损失   42 000

        贷：固定资产减值准备   42 000

（32）借：营业税金及附加   15 400

        贷：应交税费——应交教育费附加   15 400

（33）借：应交税费——应交增值税   120 000

              ——应交教育费附加   15 400

        贷：银行存款   135 400

（34）借：主营业务成本   870 000

        贷：库存商品   870 000

（35）借：交易性金融资产——公允价值变动   3 000

        贷：公允价值变动损益   3 000

（36）①借：主营业务收入   1 450 000

       营业外收入   70 000

       投资收益   7 000

       公允价值变动损益   3 000

       贷：本年利润   1 530 000

②借:本年利润   1 120 000

  贷:主营业务成本   870 000

    营业税金及附加   15 400

    销售费用   20 000

    管理费用   97 700

    财务费用   31 500

    资产减值损失   78 000

    营业外支出   7 400

(37)本期应交所得税＝(1 530 000－1 120 000)×25％＝102 500(元)

①借:所得税费用   102 500

  贷:应交税费——应交所得税   102 500

②借:本年利润   102 500

  贷:所得税费用   102 500

(38)借:应交税费——应交所得税   102 500

   贷:银行存款   102 500

(39)提取法定盈余公积＝(1 530 000－1 120 000－102 500)×10％＝30 750(元)

  提取任意盈余公积＝(1 530 000－1 120 000－102 500)×15％＝46 125(元)

借:利润分配——提取法定盈余公积   30750

    ——提取任意盈余公积   46 125

  贷:盈余公积——法定盈余公积   30 750

    ——任意盈余公积   46 125

(40)①借:本年利润   307 500

   贷:利润分配——未分配利润   307 500

②借:利润分配——未分配利润   76 875

  贷:利润分配——提取法定盈余公积   30 750

    ——提取任意盈余公积   46 125

3.根据上述资料编制科目汇总表(见表 15-5)

表 15-5 科目汇总表

2012 年 12 月 31 日   单位:元

科目名称	期初余额		本期发生额		期末余额	
	借方	贷方	借方	贷方	借方	贷方
库存现金	5 000				5 000	
银行存款	2 480 000		1 976 034	2 492 100	1 963 934	
其他货币资金	124 300			118 000	6 300	
交易性金融资产	25 000		3 000	15 000	13 000	
应收票据	286 000		526 500	106 000	706 500	
应收账款	300 000		351 000	251 000	400 000	

续表

科目名称	期初余额		本期发生额		期末余额	
	借方	贷方	借方	贷方	借方	贷方
预付款项	100 000				100 000	
其他应收款	8 000				8 000	
原材料	775 000		279 800	735 000	319 800	
周转材料	88 050			30 000	58 050	
库存商品	766 950		1 181 300	870 000	1 078 250	
长期股权投资	470 000				470 000	
固定资产	4 500 000		1 286 470	620 000	5 166 470	
在建工程	1 610 000		386 000	1 200 000	796 000	
工程物资			327 600		327 600	
固定资产清理			329 800	329 800	0	
无形资产	800 000				800 000	
坏账准备——应收账款		12 000		36 000		48000
累计折旧		480 000	361200	100 000		218 800
固定资产减值准备		10 000		42 000		52 000
累计摊销				60 000		60 000
短期借款		300 000	200 000			100 000
应付票据		200 000	200 000			0
应付账款		953 800				953 800
应付职工薪酬		110 000	550 000	590 000		150 000
应交税费		30 000	299 996	418 800		148 804
应付利息		12 500	132 500	170 000		50 000
其他应付款		50 000				50 000
长期借款 其中:一年内到期的长期借款		1 600 000 500 000	500 000	400 000		1 500 000
股本		8 000 000				8 000 000
盈余公积		320 000		76 875		396 875
利润分配——未分配利润		260 000	153 750	384 375		490 625
本年利润			1 530 000	1 530 000		0
生产成本			1 181 300	1 181 300	0	
制造费用			121 800	121 800	0	

续表

科目名称	期初余额		本期发生额		期末余额	
	借方	贷方	借方	贷方	借方	贷方
主营业务收入			1 450 000	1 450 000		0
投资收益			7 000	7 000		0
营业外收入			70 000	70 000		0
公允价值变动损益			3 000	3 000		0
主营业务成本			870 000	870 000	0	
营业税金及附加			15 400	15 400	0	
销售费用			20 000	20 000	0	
管理费用			97 700	97 700	0	
财务费用			31 500	31 500	0	
资产减值损失			78 000	78 000	0	
营业外支出			7 400	7 400	0	
所得税费用			102 500	102 500		
合计	12 338 300	12 338 300	14 630 550	14 630 550	12 218 904	12 218 904

4. 根据上述资料编制 2012 年 12 月 31 日方达公司资产负债表(见表 15-6)

表 15-6 资产负债表

编制单位:方达股份有限公司   2012 年 12 月 31 日

会企 01 表
单位:元

资产	期末余额	年初余额	负债和股东权益	期末余额	年初余额
流动资产:			流动负债:		
货币资金	1 975 234	2 609 300	短期借款	100 000	300 000
交易性金融资产	13 000	25 000	交易性金融负债		
应收票据	706 500	286 000	应付票据	0	200 000
应收账款	352 000	288 000	应付账款	953 800	953 800
预付款项	100 000	100 000	预收款项		
应收利息	0	0	应付职工薪酬	150 000	110 000
应收股利	0	0	应交税费	148 804	30 000
其他应收款	8 000	8 000	应付利息	50 000	12 500
存货	1 456 100	1 630 000	应付股利		
一年内到期的非流动资产	0	0	其他应付款	50 000	50 000
其他流动资产	0	0	一年内到期的长期负债	0	500 0 00

续表

资产	期末余额	年初余额	负债和股东权益	期末余额	年初余额
流动资产合计	4 610 834	4 946 300	其他流动负债		
非流动资产：			流动负债合计	1 452 604	2 156 300
可供出售金融资产			非流动负债：		
持有至到期投资			长期借款	1 500 000	1 100 000
长期应收款			应付债券		
长期股权投资	470 000	470 000	长期应付款		
投资性房地产	0	0	专项应付款		
固定资产	4 895 670	4 010 000	预计负债		
在建工程	796 000	1 610 000	递延所得税负债		
工程物资	327 600	0	其他非流动负债	0	0
固定资产清理	0	0	非流动负债合计	1 500 000	1100 000
生产性生物资产			负债合计	2 952 604	3 256 300
油气资产			所有者权益：		
无形资产	740 000	800 000	股本	8 000 000	8 000 000
开发支出			资本公积		
商誉			减：库存股		
长期待摊费用			盈余公积	396 875	320 000
递延所得税资产			未分配利润	490 625	260 000
其他非流动资产			所有者权益合计	8 887 500	8 580 000
非流动资产合计	7 289 270	6 890 000			
资产总计	111 840 104	11 836 300	负债和所有者权益总计	111 840 104	11 836 300

第三节 利润表

一、利润表的概念

利润表是反映企业在一定会计期间(年度、半年度、季度或月份)经营成果的报表。与反映某一特定时点财务状况的资产负债表不同的是,利润表是依据"收入－费用＝利润"这一等式设计的,是一张动态报表,反映企业一段时期内的经营结果。可见,利润表更像是一段录影而不是快照,它描述了报告时期内所发生的各种活动的结果。

二、利润表的作用

利润(或亏损)是一个综合性质量指标,它不仅能反映企业经济活动的结果,而且能在一定程度上表现出企业的经营管理水平,又是利润分配的主要依据。因此,利润表的列报对会计信息使用者是至关重要的。概括来说,利润表的主要作用有:

(1)通过利润表可以从总体上了解企业的收入、费用及净利润(或亏损)的实现及构成情况,据以分析企业的盈利能力和亏损原因。

(2)通过利润表提供的不同时期的比较数字(本月数、本年累计数、上年数),可以分析企业的获利能力及利润的未来发展趋势,了解投资者投入资本的保值、增值情况,为投资决策提供依据。

(3)通过对不同时期的利润及构成项目进行分析,找出影响利润增减变动的原因,还可以据此评价企业管理者的工作业绩。

三、利润表中费用的列报要求

根据我国《财务报表列报》准则的规定,对于费用的列报,企业应当采用"功能法"列报,即按照费用在企业所发挥的功能进行分类列报,通常分为从事经营业务发生的成本、管理费用、销售费用和财务费用等,并且将营业成本与其他费用分开披露。将费用按照功能进行分类,有助于报表使用者了解有关企业经营收入及费用的结构性信息,了解企业经营成果的来源和构成。

由于关于费用性质的信息有助于预测企业未来现金流量,企业可以在附注中披露费用按照性质分类的利润表补充资料。费用的性质,是指费用是什么。通常,按照费用的性质划分,可分为耗用的原材料、职工薪酬费用、折旧费用、摊销费用等。

四、利润表的列报格式

利润表是通过一定的表格来反映企业的经营成果。利润表的列报格式主要有单步式利润表和多步式利润表两种。

(一)单步式利润表

单步式利润表,是将当期所有收入列在一起,然后将所有费用列在一起,用所有收入之和减去所有费用之和得出净利润的利润表。单步式利润表格式如表 15-7 所示。

表 15-7　利润表(单步式)

编制单位:　　　　　　　　　　　年　　月　　　　　　　编号:
　　　　　　　　　　　　　　　　　　　　　　　　　　　货币单位:

项　目	本月数	本年累计数
一、收入 　营业收入 　投资收益 　营业外收入 　收入合计		

续表

项　　目	本月数	本年累计数
二、费用		
营业成本		
营业税金		
销售费用		
管理费用		
财务费用		
营业外支出		
所得税费用		
费用合计		
三、净利润		

单步式利润表的优点是比较直观、简单、易于编制。其不足则在于没能反映出各类收入与费用之间的配比关系,无法揭示出各构成要素之间的内在联系,不便于财务报表使用者进行分析,也不利于同行业之间的报表比较。

(二)多步式利润表

多步式利润表,是将利润表上的收入与费用分不同层次、不同性质进行配比,得出一些中间信息,经过几个步骤计算出本期的净利润。多步式利润表的优点在于其能够提供更多的中间信息,以便报表使用者更好地理解企业当期经营成果的不同来源。我国《财务报表列报》准则规定,企业应当采用多步式列报利润表,按照不同性质的收入和费用,按以下步骤编制利润表:

第一步,计算营业利润

营业利润=营业收入-营业成本-营业税金及附加-销售费用-管理费用-财务费用-资产减值损失+公允价值变动收益(-公允价值变动损失)+投资收益(-投资损失)

第二步,计算利润总额

利润总额=营业利润+营业外收入-营业外支出

第三步,计算净利润(或净亏损)

净利润(或净亏损)=利润总额-所得税费用

第四步综合收益总额

综合收益总额=净利润+其他综合收益

普通股或潜在普通股已公开交易的企业,以及处于公开发行普通或潜在普通股过程中的企业,还应当在利润表中列示每股收益信息。每股收益是指普通股股东每持有一股所能享有的企业利润或需承担的企业亏损。每股收益分别按基本每股收益和稀释每股收益两项列示。

基本每股收益只考虑当期实际发行在外的普通股股份,按照归属于普通股股东的当期净利润除以当期实际发行在外普通股的加权平均数计算确定。

稀释每股收益是以基本每股收益为基础,假设企业所有发行在外的稀释性潜在普通股均已转换为普通股,从而分别调整归属于普通股股东的当期净利润以及发行在外普通股的加权平均数而得的每股收益。

我国多步式利润表格式可参见表 15-8。

五、利润表的列报方法

我国《财务报表列报》准则规定,企业需要提供比较利润表。所以,利润表还就各项目再分为"本期金额"和"上期金额"两栏分别列报。

(一)"上期金额"栏的列报方法

利润表中"上期金额"栏各项数字,应根据上年该期利润表该项目的"本期金额"栏内所列数字填列。如果上年该期利润表规定的各个项目的名称和内容同本期不相一致,应对上年该期利润表各项目的名称和数字按本期的规定进行调整,按调整后的金额填入利润表"上期金额"栏内。

(二)利润表中"本期金额"栏的列报方法

1."本期金额"栏各项数字取得的方式

利润表是一张动态的财务报表,因而各项目的数据主要来源于各损益类账户的本期发生额。利润表中"本期金额"栏各项目本期实际发生额来源主要有以下几种方式:

(1)根据有关账户的本期发生额直接填列。主要项目有营业税金及附加、销售费用、管理费用、财务费用、资产减值损失、公允价值变动收益、投资收益、营业外收入、营业外支出、所得税费用等。

(2)根据有关账户的本期发生额在表外计算后填列。主要项目有营业收入、营业成本。

(3)根据利润表中的资料计算后填列。主要项目有营业利润、利润总额、净利润、综合收益总额。

2."本期金额"栏各项目列报的具体说明

(1)"营业收入"项目,反映企业经营主要业务和其他业务所确认的收入总额。本项目应根据"主营业务收入"和"其他业务收入"科目的发生额分析填列。

(2)"营业成本"项目,反映企业经营主要业务和其他业务所发生的成本总额。本项目应根据"主营业务成本"和"其他业务成本"科目的发生额分析填列。

(3)"营业税金及附加"项目,反映企业经营业务应负担的消费税、营业税、城市维护建设税、资源税、土地增值税和教育费附加等。本项目应根据"营业税金及附加"科目的发生额分析填列。

(4)"销售费用"项目,反映企业在销售商品过程中发生的包装费、广告费等费用和为销售本企业商品而专设的销售机构的职工薪酬、业务费等经营费用。本项目应根据"销售费用"科目的发生额分析填列。

(5)"管理费用"项目,反映企业为组织和管理生产经营发生的管理费用。本项目应根据"管理费用"的发生额分析填列。

(6)"财务费用"项目,反映企业筹集生产经营所需资金等而发生的筹资费用。本项目应根据"财务费用"科目的发生额分析填列。

(7)"资产减值损失"项目,反映企业各项资产发生的减值损失。本项目应根据"资产减值损失"科目的发生额分析填列。

(8)"公允价值变动收益"项目,反映企业的资产或者负债由于公允价值变动而产生的计入当期损益的收益。本项目应根据"公允价值变动损益"科目的发生额分析填列,如为净损失,则以应当以"－"号填列。

(9)"投资收益"项目,反映企业以各种方式对外投资所取得的收益。本项目应根据"投资收益"科目的发生额分析填列,如为净损失,则应当以"－"号填列。

(10)"营业利润"项目,反映企业实现的营业利润。如为亏损,则应当以"－"号填列。

(11)"营业外收入"项目,反映企业发生的与经营业务无直接关系的各项收入。本项目应根据"营业外收入"科目的发生额分析填列。

(12)"营业外支出"项目,反映企业发生的与经营业务无直接关系的各项支出。本项目应根据"营业外支出"科目的发生额分析填列。

(13)"利润总额"项目,反映企业实现的利润。如为亏损,则应当以"－"号填列。

(14)"所得税费用"项目,反映企业应从当期利润总额中扣除的所得税费用。本项目应根据"所得税费用"科目的发生额分析填列。

(15)"净利润"项目,反映企业实现的净利润。如为亏损,则应当以"－"号填列。

(16)"其他综合收益"项目,反映企业根据企业会计准则规定未在损益中确认的各项利得和损失扣除所得税影响后的净额。主要包括可供出售金融资产产生的利得(或损失)、按照权益法核算的在被投资单位其他综合收益中所享有的份额、现金流量套期工具产生的利得(或损失),外币报表折算差额等。本项目应根据"资本公积——其他资本公积"科目的发生额分析填列。

(17)"综合收益总额"项目,反映企业净利润与其他综合收益的合计金额。

六、利润表列报示例

【例15-2】承接【例15-1】资料,编制方达公司2012年度利润表如表15-8所示。

表 15-8　利润表

会企02表

编制单位:方达股份有限公司　　　　　　　2012年　　　　　　　　　　　　　单位:元

项　目	本期金额	上期金额(略)
一、营业收入	1 450 000	
减:营业成本	870 000	
营业税金及附加	15 400	
销售费用	20 000	
管理费用	97 700	
财务费用	31 500	
资产减值损失	78 000	
加:公允价值变动净收益(损失以"－"填列)	3 000	
投资收益(损失以"－"号填列)	7 000	

续表

项　目	本期金额	上期金额(略)
其中:对联营企业和合营企业的投资收益	0	
二、营业利润(亏损以"-"号填列)	347 400	
加:营业外收入	70 000	
减:营业外支出	7 400	
其中:非流动资产处置损失	7 400	
三、利润总额(亏损总额以"-"号填列)	410 000	
减:所得税费用	102 500	
四、净利润(净亏损以"-"号填列)	307 500	
五、每股收益		
(一)基本每股收益	略	
(二)稀释每股收益	略	
六、其他综合收益		
七、综合收益总额	307 500	

第四节　现金流量表

一、现金流量表的概念

现金流量表是反映企业在一定会计期间现金和现金等价物的流入和流出的报表。与建立在权责发生制基础上的资产负债表和利润表不同的是,现金流量表是建立在收付实现制基础上,依据现金和现金等价物而设计,是一张动态报表,描述了报告期间内所发生的导致现金变动的各项交易活动。

(一)现金

这里的现金是广义的概念,是指企业的库存现金以及可以随时用于支付的存款,主要包括:

1. 库存现金

库存现金是指企业持有可随时用于支付的现金,与"库存现金"科目核算内容一致。

2. 银行存款

银行存款是指企业存入金融机构、可以随时用于支取的存款,与"银行存款"科目核算内容基本一致,但不包括不能随时用于支付的存款。例如,不能随时支取的定期存款等不能作为现金,提前通知金融机构便可支取的定期存款则应包括在现金范围内。

3. 其他货币资金

其他货币资金是指存放在金融机构的外埠存款、银行汇票存款、银行本票存款、信用卡存款、信用证保证金存款和存出投资款等,与"其他货币资金"科目核算内容一致。

(二)现金等价物

现金等价物是指企业持有的期限短、流动性强、易于转换为已知金额的现金、价值变动风险很小的投资。其中,"期限短"一般是指从购买日起3个月内到期。例如,远征公司2011年12月15日从二级市场中购买了2009年2月20日发行、于2012年2月20日到期的国库券。虽然这种国库券期限是3年,但是,自购买日起3个月内到期,所以它属于现金等价物。如果远征公司于2009年2月21日购买上述国库券,虽然自2011年12月31日的资产负债表日起3个月内即将到期,但不能视为现金等价物。根据我国《现金流量表》准则及其应用指南的规定,企业应当根据具体情况,确定现金等价物的范围,一经确定不得随意变更。如果发生变更,应当按照会计政策变更处理。

现金等价物虽然不是现金,但其支付能力与现金差别不大,可视为现金。所以本节中凡涉及现金的概念都泛指现金和现金等价物。

案例 15-1

超声电子(000823)现金和现金等价物的披露

广东汕头超声电子股份有限公司(简称超声电子)2011年年度报告披露现金和现金等价物情况如下:

(1)现金等价物的确认标准

现金等价物是指本公司持有的期限短、流动性强、易于转换为已知金额现金、价值变动风险很小的投资。

(2)现金及现金等价物的构成

单位:元

项 目	本年金额	上年金额
现金	214 974 628.01	423 280 367.99
其中:库存现金	311 445.27	223 368.42
可随时用于支付的银行存款	214 663 182.74	390 250 310.06
可随时用于支付的其他货币资金		32 806 689.51
现金等价物		
其中:三个月内到期的债券投资		
期末现金和现金等价物余额	214 974 628.01	423 280 367.99

(3)不能随时用于支付的现金说明

截至2011年12月31日止,本公司因开立信用证或汇票存入银行的保证金为21 151 260.44元,其他货币资金因无法随时支付,故在现金流量表中不作为"现金及现金等价物"列示。

资料来源:广东汕头超声电子股份有限公司2011年年度报告,www.szse.cn。

二、现金流量表的作用

除了资产负债表和利润表,现金流量表同样是企业基本财务报表体系的重要组成部分。以权责发生制为基础编制的资产负债表和利润表,分别反映了企业某一特定时点所拥有的资产、需偿还的债务以及所有者权益的情况和企业在一定期间内的经营成果的信息。但这两张表不能反映企业财务状况变化的原因,不能反映企业现实的偿债能力、可自由支配资金情况等重要信息,为此增加现金流量表从现金流入和流出两方面反映企业在一定期间内的经营活动、投资活动和筹资活动的动态情况,反映企业现金流入和流出的全貌,表明企业获得现金和现金等价物的能力。

概括来说,现金流量表的作用主要体现在:

（一）有利于评价企业真正的支付能力和偿债能力

根据资产负债表,可以计算流动比率和速动比率,往往可以揭示企业的短期偿债能力,资产负债表和利润表的结合往往可以分析企业长期偿债能力以及未来的股利支付能力。但是,良好的负债比率和良好的净利润并不意味着超强的现金产生能力,并不代表企业真正的支付能力。毕竟,企业最终用来偿债的是现金,而不是净利润。如果一个公司没有充足的现金,它就不能向员工支付报酬、偿还债务以及支付股利等。现金流量表直接体现了企业的支付能力,能够直接提供各投资者和债权人关于偿债能力和股利支付能力的信息。

（二）有利于评价企业真正获取现金的能力

现金流量表反映企业一定会计期间内的现金流入和流出的整体情况,说明企业现金从哪里来,又运用到哪里去。通过现金流量表及其他财务信息,可以分析企业未来通过经营活动、投资活动和筹资活动获取现金或支付现金的能力。

（三）有利于评价企业真正的收益质量

利润表中的净利润反映了企业的经营成果,是体现企业经营业绩的重要指标。但利润表是按权责发生制基础编制的,净利润的计算包含了大量的估计,从而使净利润数字的可靠性经常受到质疑。现金流量表就不受这些问题的困扰。信息使用者若将现金流量表中的经营活动产生的现金净流量与利润表中的净利润相比较,就可以从现金流量的角度了解净利润的质量,以此来分析和判断企业收益数字的可靠性。

（四）有利于预测企业未来的现金流量

现金流量表是反映企业过去一定期间的现金流量,向报表使用者提供的是有关现金流量的历史信息。一般来说,对未来变化趋势的预测总是建立在对过去实际业绩分析的基础上。报表使用者通过分析企业以往的现金流量表,可以了解企业经营活动产生多少现金流量,企业对外部资金的依赖程度,了解企业现金的来源和使用是否合理,可据以预测企业未来现金流量,为投资者和债权人作出投资和信贷决策提供必要的信息资料。

三、现金流量的分类

（一）现金流量及现金净流量

现金流量是指现金及现金等价物流入和流出的数量总称。企业从各种经济业务中收到的现金称为现金流入量；企业为各种经济业务付出的现金称为现金流出量。企业一定期间内现金流入量减去现金流出量的差额称现金净流量。如果现金流入量大于现金流出量，现金净流量为正数，反映企业现金流量的积极现象和趋势；如果现金流入量小于现金流出量，则现金净流量为负数，反映企业现金紧缺的现象和程度。

（二）影响现金流量的因素

影响现金流量的因素主要是企业的日常经营业务，但不是所有的业务都对现金流量有影响。企业的经营业务按其与现金流量的关系可分为：

1. 现金各项目之间的增减变动，如从银行提取现金、将现金存入银行等，这类业务不会影响现金净流量的增减变动。

2. 非现金各项目之间的增减变动，如赊购材料、赊销商品等，这类业务也不会影响现金净流量的增减变动。

3. 现金各项目与非现金各项目之间的增减变动，如企业销售商品收到现金、以银行存款购买设备、以现金发放职工工资等，这类业务必然会影响现金净流量的增减变动。

现金流量表主要反映上述第三类业务，即现金各项目与非现金各项目之间的增减变动对现金流量的影响。非现金各项目之间的增减变动如属于重要的投资和筹资活动，应在现金流量表的附注中予以披露。

（三）现金流量的分类

企业一定时期内的现金流入和流出是由企业的各种业务活动产生的，如购买生产用材料支付价款，销售商品收到现金，支付职工薪酬、购买固定资产支付现金等等。根据企业业务活动的性质和现金流量的来源，我国《现金流量表》准则将企业一定期间内产生的现金流量分为经营活动现金流量、投资活动现金流量和筹资活动现金流量三类。

1. 经营活动现金流量

经营活动是指企业投资活动和筹资活动以外的所有交易和事项，它是企业最主要的营业活动。各类企业由于行业特点不同，对经营活动的认定存在一定差异。对于工商企业而言，经营活动主要包括销售商品、提供劳务、购买商品、接受劳务、支付税费等。对于商业银行而言，经营活动主要包括吸收存款、发放贷款、同业存放、同业拆借等。对于保险公司而言，经营活动主要包括原保险业务和再保险业务等。对于证券公司而言，经营活动主要包括自营证券、代理承销证券、代理兑付证券、代理买卖证券等。

2. 投资活动现金流量

投资活动是指企业长期资产的购建和不包括在现金等价物范围内的投资及其处置活动。长期资产是指固定资产、无形资产、在建工程、其他资产等持有期限在一年或一个营业周期以上的资产。这里所讲的投资活动，既包括实物资产投资，也包括金融资产投资。不同企业由于行业特点不同，对投资活动的认定也存在差异。对于工商企业而言，投资活动主要包括处置投资、取得现金股利和债券利息；处置固定资产、无形资产和其他长期资产；购建固定资产、无形资产和其他长期资产；对外投资；支付现金股利和债券利息等。

3. 筹资活动现金流量

筹资活动是指导致企业资本及债务规模和构成发生变化的活动。这里所说的资本，既包括实收资本（股本），也包括资本溢价（股本溢价）。这里所说的债务，是指对外举债，包括向银行借款、发行债券以及偿还债务等。通常情况下,应付账款、应付票据等属于经营活动,不属于筹资活动。

对于企业日常活动之外的特殊的、不经常发生的特殊项目,如自然灾害损失、保险赔款、捐赠等,应当根据其性质,分别归并到经营活动、投资活动和筹资活动现金流量类别中单独列报。如对于自然灾害损失和保险赔款,如果能够确指属于流动资产损失,应当列入经营活动产生的现金流量;属于固定资产损失,应当列入投资活动产生的现金流量。如果不能确指,则可以列入经营活动产生的现金流量。捐赠收入和捐赠支出,可以列入经营活动。

四、现金流量表的列报要求

通常情况下,现金流量应当分别按照现金流入和现金流出总额列报,从而全面揭示企业现金流量的方向、规模和结构。但是,下列项目可以按照净额列报:

(1)代客户收取或支付的现金以及周转快、金额大、期限短项目的现金流入和现金流出。例如,证券公司代收的客户证券买卖交割费、印花税等;旅游公司代游客支付的房费、餐费、交通费、文娱费、行李托运费、门票费、票务费、签证费等费用。

(2)金融企业的有关项目,主要指期限短、流动性强的项目。对于商业银行而言,主要包括短期贷款发放与收回的贷款本金、活期存款的吸收与支付、同业存款和存放同业款项的存取、向其他金融企业拆入和拆出资金等净额;对于保险公司而言,主要包括再保险业务收到或支付的现金净额;对于证券公司而言,主要包括自营证券和代理业务收到或支付的现金净额等。

五、现金流量表的列报格式

我国《现金流量表》准则应用指南规定,现金流量表由正表和附注组成。
(一)现金流量表的正表格式
我国《现金流量表》准则应用指南对现金流量表的正表格式分别按一般企业、商业银行、保险公司、证券公司等企业类型予以规定。企业应当根据其经营活动的性质,确定本企业的适用现金流量表格式。一般企业现金流量表正表的格式及列示的信息项目如表15-9所示。

表 15-9　现金流量表

会企 03 表
单位:元

编制单位:　　　　　　　　　　　年度

项　　目	本期金额	上期金额
一、经营活动产生的现金流量		
销售商品、提供劳务收到的现金		
收到的税费返还		
收到的其他与经营活动有关的现金		
经营活动现金流入小计		

续表

项　目	本期金额	上期金额
购买商品、接受劳务支付的现金		
支付给职工以及为职工支付的现金		
支付的各项税费		
支付的其他与经营活动有关的现金		
经营活动现金流出小计		
经营活动产生的现金流量净额		
二、投资活动产生的现金流量		
收回投资收到的现金		
取得投资收益收到的现金		
处置固定资产、无形资产和其他长期资产收回的现金净额		
处置子公司及其他营业单位收到的现金净额		
收到的其他与投资活动有关的现金		
投资活动现金流入小计		
购建固定资产、无形资产和其他长期资产支付的现金		
投资支付的现金		
取得子公司及其他营业单位支付的现金净额		
支付的其他与投资活动有关的现金		
投资活动现金流出小计		
投资活动产生的现金流量净额		
三、筹资活动产生的现金流量		
吸收投资收到的现金		
取得借款收到的现金		
收到的其他与筹资活动有关的现金		
筹资活动现金流入小计		
偿还债务支付的现金		
分配股利、利润或偿付利息所支付的现金		
支付的其他与筹资活动有关的现金		
筹资活动现金流出小计		
筹资活动产生的现金流量净额		
四、汇率变动对现金及现金等价物的影响		
五、现金及现金等价物净增加额		
加：期初现金及现金等价物余额		
六、期末现金及现金等价物余额		

(二)现金流量表附注

我国《现金流量表》准则应用指南规定的现金流量表附注的披露格式如表 15-10 所示。

表 15-10　现金流量表附注

补充资料	本期金额	上期金额
1.将净利润调节为经营活动现金流量:		
净利润		
加:资产减值准备		
固定资产折旧、油气资产折耗、生产性生物资产折旧		
无形资产摊销		
长期待摊费用摊销		
处置固定资产、无形资产和其他长期资产的损失(收益以"－"号填列)		
固定资产报废损失(收益以"－"号填列)		
公允价值变动损失(收益以"－"号填列)		
财务费用(收益以"－"号填列)		
投资损失(收益以"－"号填列)		
递延所得税资产减少(增加以"－"号填列)		
递延所得税负债增加(减少以"－"号填列)		
存货的减少(增加以"－"号填列)		
经营性应收项目的减少(增加以"－"号填列)		
经营性应付项目的增加(减少以"－"号填列)		
其他		
经营活动产生的现金流量净额		
2.不涉及现金收支的重大投资和筹资活动:		
债务转为资本		
一年内到期的可转换公司债券		
融资租入固定资产		
3.现金及现金等价物净变动情况:		
现金的期末余额		
减:现金的期初余额		
加:现金等价物的期末余额		
减:现金等价物的期初余额		
现金及现金等价物净增加额		

六、现金流量表的列报方法

(一)现金流量表的数据来源

不同于资产负债表和利润表的是,现金流量表的列报项目不对应特定的总分类账账户。企业对日常发生的交易和事项的会计处理基础是权责发生制,现金流量表反映企业报告期内现金流入和现金流出信息,权责发生制下形成的会计核算资料不能提供现金流量表所需的信息。因此,在编制现金流量表时,就必须将权责发生制下的会计数字按收付实现制加以调整,得出现金流量信息,这一调整过程所需数据通常来源于以下三个方面:

1. 比较资产负债表

比较资产负债表中的信息反映了从期初到期末有关资产、负债和所有者权益的变动数额。

2. 当期利润表

当期利润表的信息有助于确定报告期间内经营活动中现金收入和现金支出的数额。

3. 附加信息

附加信息包括确定报告期间内现金收入和现金支出所需的各种交易数据。

(二)现金流量表的列报方法

现金流量表的编制过程本质上就是将权责发生制下的会计资料转换为收付实现制下表示的现金流动,这一转换过程可通过直接法和间接法完成。直接法和间接法通常也称为现金流量表的列报方法。

1. 直接法

直接法就是指按现金收入和现金支出的主要类别直接反映企业经营活动产生的现金流量。如销售商品、提供劳务收到的现金,购买商品、接受劳务支付的现金等就是按现金收入和支出的类别直接反映的。在直接法下,一般以利润表中的营业收入为起算点,按利润表列报收入、费用项目的顺序进行分析,将权责发生制确认的本期各项经营活动收支信息调整为以收付实现制为基础的现金流入和现金流出的信息,从而计算出经营活动产生的现金流量。

2. 间接法

间接法是指以净利润为起算点,调整不涉及现金的收入、费用、营业外收支等有关项目,剔除投资活动、筹资活动对现金流量的影响,据此计算出经营活动产生的现金流量。由于净利润是按照权责发生制基础确定的,且包括了与投资活动和筹资活动相关的收益和费用,将净利润调解为经营活动现金流量,实际上就是将权责发生制基础确定的净利润调整为现金净流入,并剔除投资活动和筹资活动对现金流量的影响。

根据直接法和间接法计算出的"经营活动产生的现金流量净额"最终是一致的,不同之处在于数据形成的过程。采用直接法编报的现金流量表,便于分析企业经营活动产生的现金流量的来源和用途,预测企业现金流量的未来前景;采用间接法编报现金流量表,便于将净利润与经营活动产生的现金流量净额进行比较,了解净利润与经营活动产生的现金流量差异的原因,从现金流量的角度分析净利润的质量。我国《现金流量表》准则规定,企业应当采用直接法列示经营活动产生的现金流量,同时要求采用间接法在现金流量表附注中披露将净利润调节为经营活动现金流量的信息。

七、现金流量表正表中各项目的列报说明

(一)经营活动现金流量项目

1. "销售商品、提供劳务收到的现金"项目

"销售商品、提供劳务收到的现金"项目,反映企业销售商品、提供劳务实际收到的现金,包括销售收入和应向购买者收取的增值税销项税额。具体包括:本期销售商品、提供劳务收到的现金,以及前期销售商品、提供劳务本期收到的现金和本期预收的款项,减去本期销售本期退回的商品和前期销售本期退回的商品支付的现金。企业销售材料和代购代销业务收到的现金,也在本项目反映。

本项目可以根据"库存现金"、"银行存款"、"应收票据"、"应收账款"、"预收账款"、"主营业务收入"、"其他业务收入"科目的记录分析填列,也可按下列公式调整计算填列:

销售商品、提供劳务收到的现金=营业收入+增值税销项税额+应收账款本期减少额-应收账款本期增加额+应收票据本期减少额-应收票据本期增加额+预收账款本期增加额-预收账款本期减少额±其他特殊调整业务[①]

或:销售商品、提供劳务收到的现金=营业收入+增值税销项税额+应收账款(期初余额-期末余额)+应收票据(期初余额-期末余额)+预收账款(期末余额-期初余额)±其他特殊调整业务

【例 15-3】新苑公司 2011 年度有关资料如下:

(1)比较资产负债表相关资料(见表 15-11)

表 15-11 资产负债表部分数据

单位:元

项目	期初余额	期末余额
应收票据	250 000	80 000
应收账款	820 000	360 000
预收款项	60 000	90 000

(2)当期利润表相关资料

2011 年度利润表中的营业收入 5 000 000 元。

(3)附加信息

①应交税费——应交增值税(销项税额)884 000 元;

②2011 年提取坏账准备为 50 000 元;

③2011 年应收票据贴现利息 12 000 元;

④收到客户用商品抵偿所欠账款 20 000 元。

---

① 其他特殊调整业务是指"应收账款、应收票据、预收账款"账户对应的不是收入、销项税额及现金类账户的业务。如核销坏账、应收票据贴现、债务人以非现金资产抵债等业务。

根据上述资料,新苑公司 2011 年度现金流量表中"销售商品、提供劳务收到的现金"项目金额计算如下:

$$销售商品、提供劳务收到的现金=5\ 000\ 000+884\ 000+(250\ 000-80\ 000)+(820\ 000-$$
$$360\ 000)+(90\ 000-60\ 000)-50\ 000-12\ 000-20\ 000$$
$$=6\ 462\ 000(元)$$

2."收到的税费返还"项目

"收到的税费返还"项目,反映企业收到返还的各种税费,如收到的增值税、消费税、营业税、所得税、关税和教育费附加返还等。

本项目可以根据"库存现金"、"银行存款"、"营业税金及附加"、"营业外收入"等科目的记录分析填列。

3."收到的其他与经营活动有关的现金"项目

"收到的其他与经营活动有关的现金"项目,反映企业除了上述各项目外,收到的其他与经营活动有关的现金流入,如罚款收入、经营租赁固定资产收到的现金、流动资产损失中由个人赔偿的现金收入、除税费返还外的其他政府补助收入等。其他与经营活动有关的现金,如果价值较大的,应单列项目反映。

本项目可以根据"库存现金"、"银行存款"、"营业外收入"等科目的记录分析填列。

案例 15-2

超声电子(000823)2011 年度收到的其他与经营活动有关的现金

单位:元

项目	本年金额
存款利息收入	4 941 290.45
职工借款	3 252 003.81
政府补助款	3 205 052.00
保险公司返保险费	435 516.87
反拨工会经费	135 384.11
其他单位往来及代收代付款	2 842 160.68
合计	14 811 407.92

资料来源:广东汕头超声电子股份有限公司 2011 年年度报告,www.szse.cn。

4."购买商品、接受劳务支付的现金"项目

"购买商品、接受劳务支付的现金"项目,反映企业购买材料、商品、接受劳务实际支付的现金,包括支付的货款以及与货款一并支付的增值税进项税额。具体包括本期购买商品、接受劳务支付的现金,以及本期支付前期购买商品、接受劳务的未付款项和本期预付款项,减去本期发生的购货退回收到的现金。

本项目可以根据"库存现金"、"银行存款"、"应付票据"、"应付账款"、"预付账款"、"主营业务成本"、"其他业务成本"等科目的记录分析填列,也可按下列公式调整计算填列:

购买商品、接受劳务支付的现金＝营业成本＋增值税进项税额＋应付票据本期减少额－应付票据本期增加额＋应付账款本期减少额－应付账款本期增加额＋预付账款本期增加额－预付账款本期减少额＋存货本期增加额－存货本期减少额±其他特殊调整业务①

或:购买商品、接受劳务支付的现金＝营业成本＋增值税进项税额＋应付票据(期初余额－期末余额)＋应付账款(期初余额－期末余额)＋预付账款(期末余额－期初余额)＋存货(期末余额－期初余额)±其他特殊调整业务

【例 15-4】新苑公司 2011 年度有关资料如下:

(1)比较资产负债表相关资料(见表 15-12)

表 15-12　资产负债表部分数据

单位:元

项目	期初余额	期末余额
应付票据	120 000	30 000
应付账款	495 000	760 000
预付款项	40 000	70 000
存货	300 000	650 000

(2)当期利润表相关资料

新苑公司 2011 年度利润表中的营业成本为 2 800 000 元。

(3)附加信息

①应交税费——应交增值税(进项税额)476 000 元;

②2011 年提取存货跌价准备 30 000 元;

③"存货"项目中包括计提生产车间固定资产折旧费 20 000 元,分配生产车间职工薪酬 90 000 元;

④2011 年工程建设项目领用本公司生产产品 80 000 元。

根据上述资料,新苑公司 2011 年度现金流量表中"购买商品、接受劳务支付的现金"项目金额计算如下:

购买商品、接受劳务支付的现金＝2 800 000＋476 000＋(120 000－30 000)＋(495 000－760 000)＋(70 000－40 000)＋(650 000－300 000)＋30 000－20 000－90 000＋80 000

＝3 481 000(元)

---

① 其他特殊调整业务是指"应付票据、应付账款、预付账款"账户对应的不是存货类、增值税进项税额及现金类账户的业务及存货类账户对应的不是营业成本类账户的业务。如产品成本中含有的生产人员薪酬、折旧费,工程建设项目领用存货,以非现金资产抵债等业务。

5."支付给职工以及为职工支付的现金"项目

本项目反映企业实际支付给职工的现金以及为职工支付的现金,包括企业为获得职工提供的服务,本期实际给予各种形式的报酬以及其他相关支出,如支付给职工的工资、奖金、各种津贴和补贴等,以及为职工支付的其他费用。不包括支付给在建工程人员的工资。支付给在建工程人员的工资,在"购建固定资产、无形资产和其他长期资产所支付的现金"项目反映。

企业为职工支付的医疗、养老、失业、工伤、生育等社会保险基金、补充养老保险、住房公积金、企业为职工缴纳的商业保险,因解除与职工劳动关系给予的补偿,现金结算的股份支付,以及企业支付给职工或为职工支付的其他福利费用等,应根据职工的工作性质和服务对象,分别在本项目和"购建固定资产、无形资产和其他长期资产所支付的现金"项目反映。

本项目可以根据"库存现金"、"银行存款"、"应付职工薪酬"等科目的记录分析填列。

6."支付的各项税费"项目

本项目反映企业按规定支付的各项税费,包括本期发生并支付的税费,以及本期支付以前各期发生的税费和预交的税金,如支付的教育费附加、印花税、房产税、土地增值税、车船使用税、营业税、增值税、所得税等。不包括本期退回的增值税、所得税。

本项目可以根据"应交税费"、"库存现金"、"银行存款"等科目分析填列。

【例 15-5】新苑公司 2011 年向税务机关交纳增值税 400 000 元;交纳消费税 120 000 元;本年发生的所得税 860 000 元已全部交纳;2011 年年初未交所得税 320 000 元,2011 年年末未交所得税 150 000 元。则新苑公司本期支付的各项税费计算如下:

本期支付的各项税费=400 000+120 000+860 000+(320 000−150 000)=1 550 000(元)

7."支付的其他与经营活动有关的现金"项目

本项目反映企业除上述各项目外,支付的其他与经营活动有关的现金,如罚款支出、支付的差旅费、业务招待费、保险费、经营租赁支付的现金等。其他与经营活动有关的现金,如果金额较大的,应单列项目反映。

本项目可以根据有关科目的记录分析填列。

案例 15-3

超声电子(000823)2011 年度支付的其他与经营活动有关的现金

单位:元

项 目	本年金额
管理费用	30 832 429.24
销售费用	34 362 970.39
财务费用	1 012 509.35
捐赠支出	1 420 000.00

续表

项　目	本年金额
研发支出	2 375 045.60
职工借款	9 183 329.14
其他	4 513 987.57
合计	83 700 271.29

资料来源：广东汕头超声电子股份有限公司2011年年度报告，www.szse.cn。

(二)投资活动现金流量项目

1."收回投资所收到的现金"项目,反映企业出售、转让或到期收回除现金等价物以外的交易性金融资产、持有至到期投资、可供出售金融资产、长期股权投资等而收到的现金。不包括债权性投资收回的利息,收回的非现金资产,以及处置子公司及其他营业单位收到的现金净额。

本项目可以根据"交易性金融资产"、"持有至到期投资"、"可供出售金融资产"、"长期股权投资"、"投资性房地产"、"库存现金"、"银行存款"等科目的记录分析填列。

2."取得投资收益收到的现金"项目,反映企业因股权性投资而分得的现金股利、从子公司、联营企业或合营企业分回利润而收到的现金,因债权性投资而取得的现金利息收入等股票股利不产生现金流量,不在本项目中反映。包括在现金等价物范围内的债券性投资,其利息收入在本项目反映。

本项目可以根据"应收股利"、"应收利息"、"投资收益"、"库存现金"、"银行存款"等科目的记录分析填列。

3."处置固定资产、无形资产和其他长期资产而收到的现金净额"项目,反映企业出售固定资产、无形资产和其他长期资产(如投资性房地产)所取得的现金,减去为处置这些资产而支付的有关税费后的净额。由于自然灾害所造成的固定资产等长期资产报废、毁损而收到的保险赔偿收入,在本项目中反映。如处置固定资产、无形资产和其他长期资产所收回的现金净额为负数,则应作为投资活动产生的现金流量,在"支付的其他与投资活动有关的现金"项目中反映。

本项目可以根据"固定资产清理"、"库存现金"、"银行存款"等科目的记录分析填列。

4."处置子公司及其他营业单位收到的现金净额"项目,反映企业处置子公司及其他营业单位所取得的现金减去子公司或其他营业单位持有的现金和现金等价物以及相关处置费用后的净额。

企业处置子公司及其他营业单位是整体交易,子公司和其他营业单位可能持有现金和现金等价物。这样,整体处置子公司或其他营业单位的现金流量,就应以处置价款中收到现金的部分,减去子公司或其他营业单位持有的现金和现金等价物以及相关处置费用后的净额反映。处置子公司及其他营业单位收到的现金净额如为负数,应将该金额填列至"支付其他与投资活动有关的现金"项目中。

本项目可以根据有关科目的记录分析填列。

5."收到的其他与投资活动有关的现金"项目,反映企业除了上述各项以外,收到的其他与投资活动有关的现金流入。其他与投资有关的现金,如果价值较大的,应单列项目反映。

本项目可以根据有关科目的记录分析填列。

6."购建固定资产、无形资产和其他长期资产支付的现金"项目,反映企业购买、建造固定资产,取得无形资产和其他长期资产(如投资性房地产)所支付的现金,包括购买机器设备所支付的现金、在建工程支付的现金、支付在建工程人员的薪酬等现金支出,不包括为购建固定资产、无形资产和其他长期资产而发生的借款利息资本化的部分,以及融资租入固定资产所支付的租赁费。

本项目可以根据"固定资产"、"在建工程"、"工程物资"、"无形资产"、"库存现金"、"银行存款"等科目的记录分析填列。

7."投资支付的现金"项目,反映企业进行权益性投资和债权性投资所支付的现金,包括企业取得的除现金等价物以外的交易性金融资产、持有至到期投资、可供出售金融资产、长期股权投资而支付的现金,以及支付的佣金、手续费等交易费用。

企业购买股票和债券时,实际支付的价款中包含的已宣告但尚未领取的现金股利或已到付息期但尚未领取的债券的利息,应在"支付的其他与投资活动有关的现金"项目反映;收回购买股票和债券时支付的已宣告但尚未领取的现金股利或已到付息期但尚未领取的债券的利息,应在"收到的其他与投资活动有关的现金"项目反映。

本项目可以根据"交易性金融资产"、"持有至到期投资"、"可供出售金融资产"、"长期股权投资"、"投资性房地产"、"库存现金"、"银行存款"等科目的记录分析填列。

8."取得子公司及其他营业单位支付的现金净额"项目,反映企业取得子公司及其他营业单位购买出价中以现金支付的部分,减去子公司或其他营业单位持有的现金等价物后的净额。

本项目可以根据有关科目的记录分析填列。

9."支付的其他与投资活动有关的现金"项目,反映企业除了上述各项以外,支付的其他与投资活动有关的现金。其他与投资活动有关的,如果价值较大的,应单列项目反映。

本项目可以根据有关科目的记录分析填列。

(三)筹资活动现金流量项目

1."吸收投资收到的现金"项目,反映企业以发行股票等方式筹集资金实际收到款项净额(发行收入减去支付的佣金等发行费用后的净额)。以发行股票方式筹集资金而由企业直接支付的审计、咨询等费用,不在本项目中反映,而在"支付的其他与筹资活动有关的现金"项目反映。

本项目可以根据"实收资本(或股本)"、"资本公积"、"库存现金"、"银行存款"等科目的记录分析填列。

2."取得借款收到的现金"项目,反映企业举借各种短期、长期借款所收到的现金,以及发行债券实际收到的款项净额(发行收入减去直接支付的佣金等发行费用后的净额)。

本项目可以根据"短期借款"、"长期借款"、"应付债券"、"库存现金"、"银行存款"等科目的记录分析填列。

3."收到的其他与筹资活动有关的现金"项目,反映企业除上述各项目外,收到的其他与筹资活动有关的现金。其他与筹资活动有关的现金,如果价值较大的,应单列项目反映。

本项目可根据有关科目的记录分析填列。

4."偿还债务支付的现金"项目,反映企业以现金偿还债务的本金,包括:归还金融企业的借款本金、偿付企业到期债券本金等。企业偿还的借款利息、债券利息,在"分配股利、利润和偿付利息所支付的现金"项目反映,不在本项目内反映。

本项目可以根据"短期借款"、"长期借款"、"应付债券"、"库存现金"、"银行存款"等科目的记录分析填列。

5."分配股利、利润和偿付利息支付的现金"项目,反映企业实际支付的现金股利、支付给其他投资单位的利润或用现金支付的借款利息、债券利息。不同用途的借款,其利息的开支渠道不一样,如在建工程、财务费用等,均在本项目中反映。

本项目可以根据"应付利息"、"应付股利"、"利润分配"、"财务费用"、"在建工程"、"制造费用"、"研发支出"、"库存现金"、"银行存款"等科目的记录分析填列。

6."支付的其他与筹资活动有关的现金"项目,反映企业除了上述各项目外,支付的其他与筹资活动有关的现金,如以发行股票、债券等方式筹集资金而由企业直接支付的审计、咨询等费用,融资租赁各期支付的现金、以分期付款方式构建固定资产、无形资产等各期支付的现金等。其他与筹资活动有关的现金,如果价值较大的,应单列项目反映。

本项目可以根据有关科目的记录分析填列。

(四)汇率变动对现金的影响

汇率变动对现金的影响,指企业外币现金流量及境外子公司的现金流量折算成记账本位币时,所采用的是现金流量发生日的汇率或即期汇率的近似汇率,而现金流量表"现金及现金等价物净增加额"项目中外币现金净增加额是按资产负债表日的即期汇率折算。这两者的差额即为汇率变动对现金的影响。

八、现金流量表附注的列报

现金流量表附注也是现金流量表的补充资料,包括将净利润调节为经营活动现金流量、不涉及现金收支的重大投资和筹资活动、现金及现金等价物有关信息三部分内容。

(一)将净利润调节为经营活动的现金流量

1.将净利润调节为经营活动现金流量需调整的事项

在间接法下,将净利润调节为经营活动的现金流量时,涉及的调整事项可分为以下四类:

(1)实际没有收到现金的收益

实际没有收到现金的收益是指增加了净利润实际却没有收到现金的事项,如冲销已计提的资产减值准备等。对于这样的事项,在计算经营活动现金流量时,还需要从净利润中减去。

(2)实际没有支付现金的费用

实际没有支付现金的费用是指减少了净利润但实际却没有支付现金的事项,如计提的资产减值准备、计提的固定资产折旧、无形资产摊销等。对于这样的事项,在计算经营活动现金流量时,还需要重新加回到净利润中。

(3)不属于经营活动的损益

不属于经营活动的损益是指对净利润产生影响的投资活动和筹资活动,如公允价值变动损益、投资收益、处置固定资产和无形资产损益、借款或发行债券产生的利息费用等。对于这样的事项,不管是否有现金收支,均需进行调整。其中,增加了净利润的项目,在计算经营活动现金流量时,需要从净利润中减去;减少了净利润的项目,在计算经营活动现金流量时,需要重新加回到净利润中。

(4)与净利润无关但影响经营活动现金流量的事项

与净利润无关但影响经营活动现金流量的事项是指不影响净利润但会引起经营活动现金流量增加或减少的资产和负债项目的变化事项,如收回应收账款、以现金购买存货、以现金发放工资、以现金缴纳税款等等。对于这样的事项,在计算经营活动现金流量时,资产的增加额和负债的减少额需从净利润中减去;资产的减少额和负债的增加额需加到净利润中来。

2.将净利润调节为经营活动现金流量具体项目的披露说明

(1)资产减值准备

这里的资产减值准备是指当期计提扣除转回的减值准备,包括坏账准备、存货跌价准备、投资性房地产减值准备、持有至到期投资减值准备、长期股权投资减值准备、固定资产减值准备、在建工程减值准备、工程物资减值准备、生物性资产减值准备、无形资产减值准备、商誉减值准备等。企业本期计提和按规定转回的各项资产减值准备,包括在当期利润表中,属于利润的减除项目,但没有发生现金流出。因此,在将净利润调节为经营活动现金流量时需将其加回到净利润中。本项目可以根据"资产减值损失"科目的记录分析填列。

(2)固定资产折旧、油气资产折耗、生产性生物资产折旧

企业计提的固定资产折旧,有的包括在管理费用中,有的包括在制造费用中。计入管理费用中的部分,作为期间费用在计算净利润时从中扣除,但没有发生现金流出,在将净利润调节为经营活动现金流量时,需要予以加回。计入制造费用中的已经变现的部分,在计算净利润时通过营业成本予以扣除,但没有发生现金流出;计入制造费用没有变现的部分,既不涉及现金收支,也不影响企业当期净利润。由于在调节存货时,已经从中扣除,在此处将净利润调节为经营活动现金流量时,需要予以加回。同理,油气资产折耗、生产性生物资产折旧,也需要予以加回。本项目可根据"累计折旧"、"累计折耗"、"生产性生物资产折旧"科目的贷方发生额分析填列。

(3)无形资产摊销和长期待摊费用摊销

企业对使用寿命有限的无形资产计提摊销时,计入管理费用或制造费用;长期待摊费用摊销时,有的计入管理费用,有的计入销售费用、有的计入制造费用。计入管理费用等期间费用和计入制造费用中的已变现的部分,在计算净利润时已从中扣除,但没有发生现金流出,在将净利润调节为经营活动现金流量时,需要予以加回。计入制造费用没有变现的部分,在调节存货时已经从中扣除,但不涉及现金收支,所以在此处将净利润调节为经

营活动现金流量时,需要予以加回。这个项目可根据"累计摊销"、"长期待摊费用"科目的贷方发生额分析填列。

(4)处置固定资产、无形资产和其他长期资产的损失

企业处置固定资产、无形资产和其他长期资产发生的损益,属于投资活动产生的损益,不属于经营活动产生的损益,所以,在将净利润调节为经营活动现金流量时,需要予以剔除。如为损失,在将净利润调节为经营活动现金流量时,应当加回;如为收益,在将净利润调节为经营活动现金流量时,应当扣除。本项目可根据"营业外收入"、"营业外支出"等科目所属有关明细科目的记录分析填列;净收益以"一"号填列。

(5)固定资产报废损失

企业发生的固定资产报废损益,属于投资活动产生的损益,不属于经营活动产生的损益,因此,在将净利润调节为经营活动现金流量时,需要予以剔除,加回损失,减去收益。本项目可根据"营业外收入"、"营业外支出"等科目所属有关明细科目的记录分析填列。

(6)公允价值变动损失

公允价值变动损失反映企业交易性金融资产、投资性房地产等公允价值变动形成的应计入当期损益的利得和损失。企业发生的公允价值变动损益,通常与企业的投资活动或筹资活动有关,并且并不影响企业当期的现金流量,为此,应当将其从净利润中剔除。本项目可根据"公允价值变动损益"科目的发生额分析填列。如为持有损失,在将净利润调节为经营活动现金流量时,应当加回;如为持有利得,在将净利润调节为经营活动现金流量时,应当扣除。

(7)财务费用

企业发生的财务费用不属于经营活动部分,应当在将净利润调节为经营活动现金流量时将其加回。本项目可根据"财务费用"科目的本期借方发生额分析填列,如为收益,以"一"填列。

(8)投资损失(减:收益)

企业发生的投资损益,属于投资活动产生的损益,不属于经营活动产生的损益,所以,在将净利润调节为经营活动现金流量时,需要予以剔除。如为投资损失,在将净利润调节为经营活动现金流量时,应当加回;如为净收益,在将净利润调节为经营活动现金流量时,应当扣除。本项目可根据利润表中的"投资收益"项目数字填列,如为投资收益,以"一"填列。

(9)递延所得税资产减少(减:增加)

如果递延所得税资产减少使计入所得税费用的金额大于当期应交的所得税金额,其差额没有发生现金流出,但在计算净利润时已经扣除,在将净利润调节为经营活动现金流量时,应当加回。如果递延所得税资产增加使计入所得税费用的金额小于当期应交的所得税金额,其差额并没有发生现金流入,但在计算净利润时已经包括在内,在将净利润调节为经营活动现金流量时,应当扣除。本项目可以根据资产负债表"递延所得税资产"项目期初、期末余额分析填列。

(10)递延所得税负债增加(减:减少)

如果递延所得税负债增加使计入所得税费用的金额大于当期应交的所得税金额,其

差额没有发生现金流出,但在计算净利润时已经扣除,在将净利润调节为经营活动现金流量时,应当加回。如果递延所得税负债减少使计入所得税费用的金额小于当期应交的所得税金额,其差额并没有发生现金流入,但在计算净利润时已经包括在内,在将净利润调节为经营活动现金流量时,应当扣除。本项目可以根据资产负债表"递延所得税负债"项目期初、期末余额分析填列。

(11)存货的减少(减:增加)

期末存货比期初存货减少,说明本期生产经营过程耗用的存货有一部分是期初的存货,耗用这部分存货并没有发生现金流出,但在计算净利润时已经扣除,所以,在将净利润调节为经营活动现金流量时,应当加回。期末存货比期初存货增加,说明当期购入的存货除耗用外,还剩余了一部分,这部分存货也发生了现金流出,但在计算净利润时没有包括在内,所以,在将净利润调节为经营活动现金流量时,需要扣除。在存在赊购的情况下,还应通过调整经营性应付项目的增减变动来反映赊购对现金流量的影响。本项目可根据资产负债表中"存货"项目的期初数、期末数之间的差额填列。如果存货的增减变动不属于经营活动,如在建工程领用存货,接受投资者投入的存货等业务,应当将其剔除。

(12)经营性应收项目的减少(减:增加)

经营性应收项目主要包括应收票据、应收账款、预付账款、长期应收款和其他应收款中,与经营活动有关的部分,以及应收的增值税销项税额等。经营性应收项目期末余额小于经营性应收项目期初余额,说明本期收回的现金大于利润表中所确认的销售收入,所以,在将净利润调节为经营活动现金流量时,需要加回。经营性应收项目期末余额大于经营性应收项目期初余额,说明本期销售收入中有一部分没有收回现金,但是,在计算净利润时这部分销售收入已包括在内,所以,在将净利润调节为经营活动现金流量时,需要扣除。本项目应当根据有关科目的期初、期末余额分析填列;如为增加,以"一"号填列。

(13)经营性应付项目的增加(减:减少)

经营性应付项目主要包括应付票据、应付账款、预收账款、应付职工薪酬、应交税费、应付利息、长期应付款、其他应付款中与经营活动有关的部分,以及应付的增值税进项税额等。经营性应付项目期末余额大于经营性应付项目期初余额,说明本期购入的存货中有一部分没有支付现金,但是,在计算净利润时却通过销售成本包括在内,在将净利润调节为经营活动现金流量时,需加回;经营性应付项目期末余额小于经营性应付项目期初余额,说明本期支付的现金大于利润表中所确认的销售成本,在将净利润调节为经营活动现金流量时,需扣除。本项目应当根据有关科目的期初、期末余额分析填列,如为减少,以"一"号填列。

(二)不涉及现金收支的重大投资和筹资活动

不涉及现金收支的重大投资和筹资活动,反映企业一定期间内影响资产或负债但不形成该期现金收支的所有投资和筹资活动的信息。这些投资和筹资活动虽然不涉及当期现金收支,但对以后各期的现金流量具有重大影响。因此,我国《现金流量表》准则规定,企业应当在附注中披露不涉及当期现金收支但影响企业财务状况或在未来可能影响企业现金流量的重大投资和筹资活动,主要包括:

1. 债务转为资本,反映企业本期转为资本的债务金额;

2. 一年内到期的可转换公司债券,反映企业一年内到期的可转换公司债券的本息;

3. 融资租入固定资产,反映企业本期融资租入的固定资产。

(三)现金及现金等价物有关信息

我国《现金流量表》准则要求企业在附注中披露与现金和现金等价物有关的下列信息:

1. 现金和现金等价物的构成及其在资产负债表中的相应金额;

2. 企业持有但不能由母公司或集团内其他子公司使用的大额现金和现金等价物金额。

九、编制现金流量表的技术方法

在编制现金流量表时,除了根据资产负债表、利润表和有关账簿记录分析计算填列现金流量表各项目外,还可采用工作底稿法、T型账户法等技术方法编制现金流量表。

(一)工作底稿法

工作底稿法是以工作底稿为手段,以资产负债表和利润表数据为基础,结合有关科目纪录,对现金流量表的每一项目进行分析并编制调整分录,从而编制现金流量表的一种方法。

采用工作底稿法编制现金流量表的基本步骤是:

第一步,将资产负债表的期初数和期末数过入工作底稿的期初数栏和期末数栏。

第二步,对当期业务进行分析并编制调整分录。编制调整分录时,要以利润表项目为基础,从"营业收入"开始,结合资产负债表项目逐一进行分析。调整分录主要有以下几类:

(1)涉及利润表中的收入、成本和费用项目以及资产负债表中的资产、负债及所有者权益项目,通过调整,将权责发生制下的收入、费用转换为现金基础;

(2)涉及资产负债表和现金流量表中的投资、筹资项目,反映投资和筹资活动的现金流量;

(3)涉及利润表和现金流量表中的投资和筹资项目,目的是将利润表中有关投资和筹资方面的收入和费用列入现金流量表投资、筹资现金流量中去;

(4)不涉及现金收支,用于核对资产负债表期末数变动。

在编制调整分录时,有关现金和现金等价物的事项,并不直接借记或贷记现金,而是分别计入"经营活动产生的现金流量"、"投资活动产生的现金流量"、"筹资活动产生的现金流量"有关项目中,借记表示现金流入,贷记表示现金流出。

第三步,将调整分录过入工作底稿中的相应部分。

第四步,核对调整分录,借贷合计数应当相等,资产负债表项目期初数加减调整分录中的借贷金额以后,也应等于期末数。

第五步,根据工作底稿中的现金流量表项目部分编制正式的现金流量表。

工作底稿的格式如表 15-13 所示。

表 15-13　现金流量表工作底稿

项目	期初数	调整分录		期末数
		借方	贷方	
一、资产负债表项目				
借方项目：				
货币资金				
交易性金融资产				
应收票据				
应收账款				
预付款项				
应收利息				
应收股利				
其他应收款				
存货				
一年内到期的非流动资产				
其他流动资产				
可供出售的金融资产				
持有至到期的投资				
长期应收款				
长期股权投资				
投资性房地产				
固定资产				
在建工程				
工程物资				
固定资产清理				
生产性生物资产				
油气资产				
无形资产				
开发支出				
商誉				
长期待摊费用				
递延所得税资产				
其他非流动资产				

续表

项目	期初数	调整分录		期末数
		借方	贷方	
借方项目合计				
贷方项目:				
坏账准备				
累计折旧				
累计摊销				
固定资产减值准备				
短期借款				
交易性金融负债				
应付票据				
应付账款				
预收款项				
应付职工薪酬				
应交税费				
应付利息				
应付股利				
其他应付款				
一年内到期的非流动负债				
长期借款				
应付债券				
长期应付款				
专项应付款				
预计负债				
递延所得税负债				
实收资本(或股本)				
资本公积				
减:库存股				
盈余公积				
未分配利润				
贷方项目合计				
二、利润表项目				

续表

项目	期初数	调整分录		期末数
		借方	贷方	
营业收入				
营业成本				
营业税金及附加				
销售费用				
管理费用				
财务费用				
资产减值损失				
公允价值变动净收益(损失以"－"填列)				
投资收益(损失以"－"号填列)				
营业外收入				
营业外支出				
所得税费用				
净利润(净亏损以"－"号填列)				
三、现金流量表项目				
(一)经营活动产生的现金流量				
销售商品、提供劳务收到的现金				
收到的税费返还				
收到的其他与经营活动有关的现金				
经营活动现金流入小计				
购买商品、接受劳务支付的现金				
支付给职工以及为职工支付的现金				
支付的各项税费				
支付的其他与经营活动有关的现金				
经营活动现金流出小计				
经营活动产生的现金流量净额				
(二)投资活动产生的现金流量				
收回投资收到的现金				
取得投资收益收到的现金				
处置固定资产、无形资产和其他长期资产收回的现金净额				
处置子公司及其他营业单位收到的现金净额				
收到的其他与投资活动有关的现金				

续表

项目	期初数	调整分录		期末数
		借方	贷方	
投资活动现金流入小计				
购建固定资产、无形资产和其他长期资产支付的现金				
投资支付的现金				
取得子公司及其他营业单位支付的现金净额				
支付的其他与投资活动有关的现金				
投资活动现金流出小计				
投资活动产生的现金流量净额				
(三)筹资活动产生的现金流量				
吸收投资收到的现金				
取得借款收到的现金				
收到的其他与筹资活动有关的现金				
筹资活动现金流入小计				
偿还债务支付的现金				
分配股利、利润或偿付利息所支付的现金				
支付的其他与筹资活动有关的现金				
筹资活动现金流出小计				
筹资活动产生的现金流量净额				
(四)汇率变动对现金及现金等价物的影响				
(五)现金及现金等价物净增加额				
调整分录借贷合计				

(二)T型账户法

T型账户法是以T型账户为手段,以资产负债表和利润表数据为基础,结合有关科目的记录,对现金流量表的每一项目进行分析并编制调整分录,从而编制出现金流量表的一种方法。

采用T型账户法编制现金流量表的基本步骤是:

第一步,为所有的非现金项目(包括资产负债表项目和利润表项目)分别开设T形账户,并将各自的期末期初变动数记入各该账户。

第二步,开设一个大的"现金及现金等价物"T形账户,每边分为经营活动、投资活动和筹资活动三个部分,左边记现金流入,右边记现金流出,与其他账户一样,过入期末期初变动数。

第三步,以利润表项目为基础,结合资产负债表分析每一个非现金项目的增减变动,并据此编制调整分录。

第四步,将调整分录过入各 T 形账户,并进行核对,该账户借贷相抵后的余额与原先过入的期末期初变动数应当一致。

第五步,根据大的"现金及现金等价物"T 形账户编制正式的现金流量表。

"现金及现金等价物"T 形账户格式如表 15-14 所示。

表 15-14　现金及现金等价物

一、经营活动现金流入	一、经营活动现金流出
1.销售商品、提供劳务收到的现金	1.购买商品、接受劳务支付的现金
2.收到的税费返还	2.支付给职工以及为职工支付的现金
3.收到的其他与经营活动有关的现金	3.支付的各项税费
小计	4.支付的其他与经营活动有关的现金
二、投资活动现金流入	小计
1.收回投资收到的现金	二、投资活动现金流出
2.取得投资收益收到的现金	1.购建固定资产、无形资产和其他长期资产支付的现金
3.处置固定资产、无形资产和其他长期资产收回的现金净额	2.投资支付的现金
4.处置子公司及其他营业单位收到的现金净额	3.取得子公司及其他营业单位支付的现金净额
5.收到的其他与投资活动有关的现金	4.支付的其他与投资活动有关的现金
小计	小计
三、筹资活动现金流入	三、筹资活动现金流出
1.吸收投资收到的现金	1.偿还债务支付的现金
2.取得借款收到的现金	2.分配股利、利润或偿付利息所支付的现金
3.收到的其他与筹资活动有关的现金	3.支付的其他与筹资活动有关的现金
小计	小计
现金流入合计	现金流出合计
现金及现金等价物净增加额	

十、现金流量表列报示例

【例 15-6】承接【例 15-1】、【例 15-2】资料:

1.编制方达公司 2012 年度现金流量表正表(见表 15-15)

表 15-15　现金流量表

会企 03 表

编制单位:方达股份有限公司　　　2012　年度　　　单位:元

项　目	本期金额	上期金额(略)
一、经营活动产生的现金流量		
销售商品、提供劳务收到的现金	1 230 400	
收到的税费返还		
收到的其他与经营活动有关的现金		

续表

项 目	本期金额	上期金额（略）
经营活动现金流入小计	1 230 400	
购买商品、接受劳务支付的现金	541 896	
支付给职工以及为职工支付的现金	330 000	
支付的各项税费	237 900	
支付的其他与经营活动有关的现金	20 000	
经营活动现金流出小计	1 129 796	
经营活动产生的现金流量净额	100 604	
二、投资活动产生的现金流量		
收回投资收到的现金	22 000	
取得投资收益收到的现金		
处置固定资产、无形资产和其他长期资产收回的现金净额	321 400	
处置子公司及其他营业单位收到的现金净额		
收到的其他与投资活动有关的现金		
投资活动现金流入小计	343 400	
购建固定资产、无形资产和其他长期资产支付的现金	634 070	
投资支付的现金		
取得子公司及其他营业单位支付的现金净额		
支付的其他与投资活动有关的现金		
投资活动现金流出小计	634 070	
投资活动产生的现金流量净额	−290 670	
三、筹资活动产生的现金流量		
吸收投资收到的现金		
取得借款收到的现金	400 000	
收到的其他与筹资活动有关的现金		
筹资活动现金流入小计	400 000	
偿还债务支付的现金	700 000	
分配股利、利润或偿付利息所支付的现金	144 000	
支付的其他与筹资活动有关的现金		
筹资活动现金流出小计	844 000	
筹资活动产生的现金流量净额	−444 000	
四、汇率变动对现金及现金等价物的影响		
五、现金及现金等价物净增加额	−634 066	
加：期初现金及现金等价物余额	2 609 300	
六、期末现金及现金等价物余额	1 975 234	

表 15-15 中数据分析计算如下：

(1)销售商品、提供劳务收到的现金＝700 000＋119 000＋106 000＋251 000＋54 400 ＝1 230 400(元)

或＝1 450 000＋51 000＋119 000＋54 400＋76 500＋(286 000－706 500)＋(288 000 －352 000－36 000)＝123 040(元)

(2)购买商品、接受劳务支付的现金＝180 000＋30 600＋200 000＋99 800＋16 966＋ 14 530＝541 896(元)

或＝870 000＋30 600＋16 966＋14 530＋(200 000－0)＋(953 800－953 800)＋ (1 456 100－1 630 000)＋(100 000－100 000)－275 000－10 000－495 00－1 800－ 80 000＝541 896(元)

(3)支付给职工以及为职工支付的现金＝275 000＋10 000＋15 000＋27 500＋1 000 ＋1 500＝330 000(元)

或＝110 000＋590 000－150 000－220 000＝330 000(元)

(4)支付的各项税费＝120 000＋15 400＋102 500＝237 900(元)

(5)支付的其他与经营活动有关的现金＝20 000(元)

(6)收回投资收到的现金＝22 000(元)

(7)处置固定资产、无形资产和其他长期资产收到的现金＝320 000－1 000＋2 400＝ 321 400(元)

(8)购建固定资产、无形资产和其他长期资产支付的现金＝85 470＋1 000＋280 000＋ 47 600＋200 000＋20 000＝634 070(元)

(9)取得借款收到的现金＝400 000(元)

(10)偿还债务支付的现金＝200 000＋500 000＝700 000(元)

(11)分配股利、利润或偿付利息所支付的现金＝24 000＋120 000＝144 000(元)

2.采用间接法,将净利润调节为经营活动现金流量的信息编制现金流量表附注(见表 15-16)

表 15-16　将净利润调节为经营活动现金流量

单位:元

补充资料	本期金额	上期金额
1.将净利润调节为经营活动现金流量:		
净利润	307 500	
加:资产减值准备	78 000	
固定资产折旧、油气资产折耗、生产性生物资产折旧	100 000	
无形资产摊销	60 000	
长期待摊费用摊销		
处置固定资产、无形资产和其他长期资产的损失(收益以"－"号填列)	－70 000	
固定资产报废损失(收益以"－"号填列)	7 400	

续表

补充资料	本期金额	上期金额
公允价值变动损失(收益以"－"号填列)	－3 000	
财务费用(收益以"－"号填列)	31 500	
投资损失(收益以"－"号填列)	－7 000	
递延所得税资产减少(增加以"－"号填列)		
递延所得税负债增加(减少以"－"号填列)		
存货的减少(增加以"－"号填列)	173 900	
经营性应收项目的减少(增加以"－"号填列)	－520 500	
经营性应付项目的增加(减少以"－"号填列)	－57 196	
其他		
经营活动产生的现金流量净额	1 00 604	
2.不涉及现金收支的重大投资和筹资活动：		
债务转为资本		
一年内到期的可转换公司债券		
融资租入固定资产		
3.现金及现金等价物净变动情况：		
现金的期末余额	1 975 234	
减:现金的期初余额	2 609 300	
加:现金等价物的期末余额		
减:现金等价物的期初余额		
现金及现金等价物净增加额	－634 066	

表 15-16 中数据分析计算如下：

(1)存货减少＝1 630 000－1 456 100＝173 900(元)

(2)经营性应收项目的减少＝(706 500－286 000)＋(352 000－288 000＋36 000)＋(100 000－100 000)＋(8 000－8 000)＝520 500(元)

(3)经营性应付项目的增加＝(0－200 000)＋(953 800－953 800)＋(150 000－110 000－16 000)＋(148 804－30 000)＋(50 000－50 000)＝－57 196(元)

第五节　所有者权益变动表

一、所有者权益变动表的概念和作用

所有者权益变动表是反映构成所有者权益各组成部分当期增减变动情况的报表。所有者权益变动表应当全面反映企业一定时期所有者权益变动的情况,不仅包括所有者权益总量的增减变动,还包括所有者权益增减变动的重要结构性信息,特别是要反映直接计入所有者权益的利得和损失。便于报表使用者准确理解所有者权益增减变动的根源。

二、所有者权益变动表的列报格式

(一)以矩阵的形式列报

为了清楚地表明构成所有者权益的各组成部分当期的增减变动情况,所有者权益变动表应当以矩阵的形式列示。一方面,列示导致所有者权益变动的交易或事项;另一方面,按照所有者权益各组成部分(包括实收资本、资本公积、盈余公积、未分配利润和库存股)及其总额列示交易或事项对所有者权益的影响。

(二)列示所有者权益变动的比较信息

根据我国《财务报表列报》准则的规定,企业需要提供比较所有者权益变动表,因此,所有者权益变动表还就各项目再分为"本年金额"和"上年金额"两栏分别填列。

一般企业所有者权益变动表的列报格式如表 15-17 所示。

三、所有者权益变动表的列报方法

(一)"上年金额"栏的列报方法

所有者权益变动表"上年金额"栏内各项数字,应根据上年度所有者权益变动表"本年金额"栏内所列数字填列。如果上年度所有者权益变动表规定的各个项目的名称和内容同本年度不相一致,应对上年度所有者权益变动表各项目的名称和数字按本年度的规定进行调整,填入所有者权益变动表"上年金额"栏内。

(二)"本年金额"栏的填列方法

所有者权益变动表"本年金额"栏内各项数字一般应根据"实收资本(或股本)"、"资本公积"、"盈余公积"、"利润分配"、"库存股"、"以前年度损益调整"科目的发生额分析填列。

(三)所有者权益变动表各项目的列报说明

1."上年年末余额"项目,反映企业上年资产负债表中实收资本(或股本)、资本公积、盈余公积、未分配利润的年末余额。本项目的金额应当与上年所有者权益变动表的本年金额栏数字相等。

2."会计政策变更"和"前期差错更正"项目,分别反映企业采用追溯调整法处理的会计政策变更的累积影响数和采用追溯重述法处理的会计差错更正的累计影响金额。

为了体现会计政策变更和前期差错更正的影响,企业应当在上期期末所有者权益余额的基础上进行调整得出本期期初所有者权益,根据"盈余公积"、"利润分配"、"以前年度损益调整"等科目的发生额分析填列。

3."本年增减变动额"项目分别反映如下内容:

(1)"净利润"项目,反映企业当年实现的净利润(或亏损)金额。并对应在"未分配利润"栏。

(2)"其他综合收益"项目,反映企业当年根据会计准则规定未在损益中确认的各项利得和损失扣除所得税后的净额,并对应列在"资本公积"栏。

（3）"净利润"和"其他综合收益"小计项目,反映企业当年实现的净利润（或亏损）金额和当年直接计入其他综合收益金额的合计额。

（4）"所有者投入和减少资本"项目,反映企业当年所有者投入的资本和减少的资本。其中:

"所有者投入资本"项目,反映企业接受投资者投入形成的实收资本（或股本）金额和按照规定提取的盈余公积金额,并对应列在"实收资本"和"资本公积"栏。

"股份支付计入所有者权益的金额"项目,反映企业处于等待期中的权益结算的股份支付当年计入资本公积的金额,并对应列在"资本公积"栏。

（5）"利润分配"下各项目,反映对所有者（或股东）分配的利润（或股利）金额和按照规定提取的盈余公积金额,并对应列在"未分配利润"和"盈余公积"栏。其中:

"提取盈余公积"项目,反映企业按规定提取盈余公积的金额。

"对所有者（或股东）的分配"项目,反映企业对所有者（或股东）分配的利润（或股利）金额。

（6）"所有者权益内部结转"下各项目,反映不影响当年所有者权益总额的所有者权益各组成部分之间当年的增减变动,包括资本公积转增资本（或股本）、盈余公积转增资本（或股本）、盈余公积弥补亏损等项金额。其中:

"资本公积转增资本（或股本）"项目,反映企业以资本公积转增资本或股本的金额。

"盈余公积转增资本（或股本）"项目,反映企业以盈余公积转增资本或股本的金额。

"盈余公积弥补亏损"项目,反映企业以盈余公积弥补亏损的金额。

四、所有者权益变动表列报示例

【例15-7】承接【例15-1】、【例15-2】资料,方达公司编制 2012 年股东权益变动表如表 15-17 所示。

表 15-17　所有者权益变动表

编制单位:方达股份有限公司　　　　　　　2012 年度　　　　　　　会企 04 表　单位:元

项　目	本年金额						上年金额					
	实收资本（或股本）	资本公积	减:库存股	盈余公积	未分配利润	所有者权益合计	实收资本（或股本）	资本公积	减:库存股	盈余公积	未分配利润	所有者权益合计
一、上年年末余额	8 000 000			320 000	260 000	8 580 000						
加:会计政策变更												
前期差错更正												
二、本年年初余额	8 000 000			320 000	260 000	8 580 000						
三、本年增减变动金额（减少以"一"号填列）												
（一）净利润					307 500	307 500						

续表

项 目	本年金额						上年金额					
	实收资本（或股本）	资本公积	减:库存股	盈余公积	未分配利润	所有者权益合计	实收资本（或股本）	资本公积	减:库存股	盈余公积	未分配利润	所有者权益合计
（二）其他综合收益												
上述（一）和（二）小计												
（三）所有者投入和减少资本												
1.所有者投入资本												
2.股份支付记入所有者权益的金额												
3.其他												
（四）利润分配												
1.提取盈余公积				76 875	−76 875	0						
2.对所有者（或股东）的分配												
3.其他												
（五）所有者内部权益的结转												
1.资本公积转增资（或股本）												
2.盈余公积转增资本（或股本）												
3.盈余公积弥补亏损												
4.其他												
四、本年年末余额	8 000 000			396 875	490 625	8 887 500						

第六节 财务报表附注

一、财务报表附注的概念和作用

（一）附注的概念

附注是对在资产负债表、利润表、现金流量表和所有者权益变动表等报表中列示项目的文字描述或明细资料，以及对未能在这些报表中列示项目的说明。

（二）附注的作用

基本财务报表中所规定的内容具有一定的固定性和规定性，只能提供定量的信息，其所能反映的会计信息受到一定的限制，为了帮助会计信息使用者全面、正确地理解和使用会计信息,就需要对基本财务报表的有关项目进行分解、补充与说明,只有这样,才能充分发挥财务报表的效用。因此,附注与资产负债表、利润表、现金流量表、所有者权益变动表等基本报表具有同等的重要性,是财务报表的重要组成部分。报表使用者了解企业的财务状况、经营成果和现金流量,应当全面阅读附注。

二、财务报表附注披露的基本要求

(1)附注披露的信息应是定量、定性信息的结合,从而能从量和质两个角度对企业经济事项完整地进行反映,也才能满足信息使用者的决策需求。

(2)附注应当按照一定的结构进行系统合理的排列和分类,有顺序地披露信息。由于附注的内容繁多,因此更应按逻辑顺序排列,分类披露,条理清晰,具有一定的组织结构,以便与使用者理解和掌握,也更好地实现财务报表的可比性。

(3)附注相关信息应当与资产负债表、利润表、现金流量表和所有者权益变动表等报表中列示的项目相互参照,以有助于使用者联系相关联的信息,并由此从整体上更好地理解财务报表。

三、财务报表附注披露的主要内容

按照我国《财务报表列报》准则的规定,附注应当按照以下顺序披露有关内容:

(一)企业的基本情况

1.企业注册地、组织形式和总部地址。

2.企业的业务性质和主要经营活动,如企业所处的行业、所提供的主要产品或服务、客户的性质、销售策略、监管环境的性质等。

3.母公司以及集团最终母公司的名称。

4.财务报告的批准报出者和财务报告批准报出日。

(二)财务报表的编制基础

财务报表编制的基础主要包括会计年度、记账本位币、会计计量所运用的计量基础、现金和现金等价物的构成等内容。

案例 15-4

超声电子(000823)2011 年度财务报表编制基础说明

本公司财务报表以持续经营为基础,根据实际发生的交易和事项,按照财政部颁布的《企业会计准则》及相关规定,并基于本附注四"重要会计政策、会计估计和合并财务报表的编制方法"所述会计政策和估计编制。

资料来源:广东汕头超声电子股份有限公司 2011 年年度报告,www.szse.cn。

(三)遵循企业会计准则的声明

企业应当明确说明编制的财务报表符合企业会计准则的要求,真实、完整地反映了企业的财务状况、经营成果和现金流量等有关信息。以此明确企业编制财务报表所依据的制度基础。

如果企业编制财务报表只是部分地遵循了企业会计准则,附注中不得作出这种表述。

(四)重要会计政策和会计估计

企业应当披露采用的重要会计政策和会计估计,不重要的会计政策和会计估计可以不披露。

1.重要的会计政策说明

由于企业经济业务的复杂性和多样化,某些经济业务可以有多种会计处理方法,也即存在不止一种可供选择的会计政策。如,存货发出的计价可以有先进先出法、加权平均法、个别计价法等。企业在发生某项交易或事项允许选用不同的会计处理方法时,应当根据准则的规定从允许的会计处理方法中选择适合本企业特点的会计政策。为了有助于财务报表使用者理解,有必要对这些会计政策加以披露,包括:

(1)财务报表项目的计量基础

会计计量属性包括历史成本、重置成本、可变现净值、现值和公允价值,这直接影响报表使用者的分析,这项披露要求便于使用者了解企业财务报表中的项目是按何种计量基础予以计量的。

案例 15-5

四川长虹(600839)2011 年度记账基础和计价原则的说明

四川长虹电器股份有限公司(简称四川长虹)2011 年年度报告附注四中对"记账基础和计价原则"的说明:公司会计核算以权责发生制为记账基础,根据《企业会计准则——基本准则》第四十三条和相关具体准则的规定,除以公允价值计价且其变动计入损益的金融资产、可供出售金融资产、非同一控制下的企业合并取得的资产及负债、债务重组、开展具有商业实质非货币性资产交换中换入和换出的资产等按公允价值计量外,以历史成本为计价原则。

资料来源:四川长虹电器股份有限公司 2011 年度报告,www.sse.com.cn。

(2)会计政策的确定依据

会计政策的确定依据,主要是指企业在运用会计政策过程中所做的对报表中确认的项目金额最具有影响的判断。例如,企业应当根据本企业业务的实际情况说明确定金融资产分类的判断标准等。这些判断对在报表中确认的项目金额具有重要影响。因此,这项披露要求有助于使用者理解企业选择和运用会计政策的背景,增加财务报表的可理解性。

案例 15-6

四川长虹(600839)金融资产和金融负债的公允价值确定方法

(1)金融工具存在活跃市场的,活跃市场中的市场报价用于确定其公允价值。在活跃市场上,本公司已持有的金融资产或拟承担的金融负债以现行出价作为相应资产或负债的公允价值;本公司拟购入的金融资产或已承担的金融负债以现行要价作为相应资产或负债的公允价值。金融资产或金融负债没有现行出价和要价,但最近交易日后经济环境发生了重大变化时,参考类似金融资产或金融负债的现行价格或利率,调整最近交易的市场报价,以确定该金融资产或金融负债的公允价值。公司有足够的证据表明最近交易的市场报价不是公允价值的,对最近交易的市场报价作出适当调整,以确定该金融资产或金融负债的公允价值。

(2)金融工具不存在活跃市场的,采用估值技术确定其公允价值。估值技术包括参考熟悉情况并自愿交易的各方最近进行的市场交易中使用的价格、参照实质上相同的其他金融资产的当前公允价值、现金流量折现法和期权定价模型等。

资料来源:四川长虹电器股份有限公司 2011 年年度报告,www.sse.com.cn。

2.重要会计估计的说明

我国《财务报表列报》准则强调了对会计估计不确定因素的披露要求,企业应当披露会计估计中所采用的关键假设和不确定因素的确定依据,这些关键假设和不确定因素在下一会计期间内很可能导致资产、负债账面价值进行重大调整。

在确定报表中确认的资产和负债的账面金额过程中,企业有时需要对不确定的未来事项在资产负债表日对这些资产和负债的影响加以估计。例如,固定资产可收回金额的计算需要根据其公允价值减去处置费用后的净额与预计未来现金流量的现值两者之间的较高者确定,在计算资产预计未来现金流量的现值时需要对未来现金流量进行预测,并选择适当的折现率。应当在附注中披露未来现金流量预测所采用的假设及其依据、所选择的折现率为什么是合理的等。这些假设的变动对这些资产和负债项目金额的确定影响很大,有可能会在下一个会计年度内作出重大调整。因此,强调这一披露要求,有助于提高财务报表的可理解性。

(五)会计政策和会计估计变更以及差错更正的说明

企业应当按照《企业会计准则——会计政策、会计估计变更和差错更正》及其应用指南的规定,披露会计政策和会计估计变更以及差错更正的有关情况。

(六)重要报表项目的说明

企业应当以文字和数字描述相结合、尽可能以列表形式披露重要报表项目的构成或当期增减变动情况,并且报表重要项目的明细金额合计,应当与报表项目金额相衔接。在披露顺序上,一般应当按照资产负债表、利润表、现金流量表、所有者权益变动表的顺序及其报表项目列示的顺序。以利润表中的"资产减值损失"项目为例,其披露格式如表15-18所示。

表 15-18 资产减值损失披露格式

项　　目	本期发生额	上期发生额
一、坏账损失		
二、存货跌价损失		
三、可供出售金融资产减值损失		

续表

项　　　目	本期发生额	上期发生额
四、持有至到期投资减值损失		
五、长期股权投资减值损失		
六、投资性房地产减值损失		
七、固定资产减值损失		
八、工程物资减值损失		
九、在建工程减值损失		
十、生产性生物资产减值损失		
十一、油气资产减值损失		
十二、无形资产减值损失		
十三、商誉减值损失		
十四、其他		

（七）其他需要说明的重要事项

其他需要说明的重要事项主要包括或有和承诺事项、资产负债表日后非调整事项、关联方关系及其交易等。

本章小结

本章主要阐述了财务报表的构成内容及列报的基本要求；资产负债表、利润表、现金流量表、所有者权益表动表等基本财务报表的概念、列报格式及列报方法；附注披露的主要内容等。

1.财务报表的构成及列报基本要求

财务报表是对企业财务状况、经营成果和现金流量的结构性表述，是企业财务报告的核心。财务报表至少应当包括资产负债表、利润表、现金流量表、所有者权益（或股东权益）变动表和附注。

财务报表列报是指交易和事项在基本财务报表中的列示和在附注中的披露。根据我国《财务报表列报》准则，企业财务报表列报应符合以下基本要求：(1)遵循各项会计准则进行确认和计量；(2)企业应当以持续经营为基础编制财务报表；(3)财务报表项目的列报应当在各个会计期间保持一致，不得随意变更；(4)对报表项目在财务报表中是单独列报还是合并列报，应当考虑报表项目的重要性；(5)财务报表项目应当以总额列报，资产和负债、收入、费用不能相互抵销；(6)企业在列报当期财务报表时，至少应当提供所有列报项目上一可比会计期间的比较数据，以及与理解当期财务报告相关的说明；(7)企业至少应当编制年度财务报表。

2.资产负债表

资产负债表是反映企业在某一特定日期财务状况的报表。资产负债表的列报格式有账户式和报告式两种,我国采用账户式格式。资产负债表是以"资产＝负债＋所有者权益"这一基本会计等式为列报基础,是一张静态报表,其报表各项目的数据主要来源于有关资产、负债、所有者权益类账户的期末余额。资产负债表中"期末余额"栏各项数据可通过以下几种方式取得:

(1)根据总科目的余额直接填列;

(2)根据几个总账科目期末余额合计数填列;

(3)根据有关明细科目余额计算填列;

(4)根据总账科目和所属明细账科目期末余额分析计算填列;

(5)根据总账科目期末余额减去其相应的贝蒂调整科目期末余额后的净额填列;

(6)根据资产负债表中相关项目金额计算填列。

3.利润表

利润表是反映企业在一定会计期间经营成果的报表。利润表的列报格式有单步式和多步式两种,我国采用多步式列报格式。利润表是以"收入－费用＝利润"这一等式为列报基础的,是一张动态报表,其报表各项目数据主要来源于各损益类账户的本期发生额。利润表中"本期金额"栏各项数据可通过以下几种方式取得:

(1)根据有关账户的本期发生额直接填列;

(2)根据有关账户的本期发生额在表外计算后填列;

(3)根据利润表中的资料计算后填列。

4.现金流量表

现金流量表是反映企业在一定会计期间现金和现金等价物的流入和流出的报表,列报格式包括正表和附注两部分,正表部分分别经营活动、投资活动、筹资活动类别列报现金流量。现金流量表是以现金和现金等价物为基础列报的,是一张动态报表。现金流量表的编制过程,本质上就是将权责发生制下的会计核算资料转换为收付实现制下表示的现金流量信息,这一转换过程有直接法和间接法两种。直接法就是指按现金收入和现金支出的主要类别直接反映企业经营活动产生的现金流量。间接法是指以净利润为起算点,调整不涉及现金的收入、费用、营业外收支等有关项目,剔除投资活动、筹资活动对现金流量的影响,据此计算出经营活动产生的现金流量。我国《现金流量表》准则规定,企业应当采用直接法列示经营活动产生的现金流量,同时要求采用间接法在现金流量表附注中披露将净利润调节为经营活动现金流量的信息。

5.所有者权益变动表

所有者权益变动表是指反映构成所有者权益各组成部分当期增减变动情况的报表。所有者权益变动表采用矩阵式列报格式,一方面,列示导致所有者权益变动的交易和事项;另一方面,按照所有者权益各组成部分及其总额列示交易或事项对所有者权益的影响。

6.附注

附注是对在资产负债表、利润表、现金流量表和所有者权益变动表等报表中列示项目的文字描述或明细资料,以及对未能在这些报表中列示项目的说明。我国《财务报表列

报》准则规定,附注应当按照以下顺序披露:

(1)企业的基本情况;

(2)财务报表的编制基础;

(3)遵循企业会计准则的声明;

(4)重要会计政策和会计估计;

(5)会计政策和会计估计变更以及差错更正的说明;

(6)重要报表项目的说明;

(7)其他需要说明的重要事项。

思考题

1.财务报表列报应遵循哪些基本要求?

2.资产负债表"期末余额"栏各项目的数据有哪些填列方法?

3.资产负债表有何作用?

4.我国设计的多步式利润表分为哪些步骤?

5.现金流量表的列报基础是什么?何为现金等价物?

6.现金流量表有何作用?

7.何为现金流量表列报的直接法和间接法?

8.按照我国《财务报表列报》准则规定,附注应当按照什么顺序披露?

练习题

(一)单项选择题

1.反映企业在某一特定日期财务状况的财务报表是( )。

A.资产负债表 B.利润表

C.现金流量表 D.所有者权益变动表

2.下列资产负债表项目中,可根据总账科目的期末余额直接填列的是( )。

A.固定资产 B.可供出售金融资产

C.无形资产 D.交易性金融资产

3."预付账款"科目明细账中若有贷方余额,应将其计入资产负债表中的( )项目。

A.应收账款 B.预收款项 C.应付账款 D.预付款项

4.下列属于按照"功能法"列报的费用项目是( )。

A.折旧费用 B.材料费用 C.销售费用 D.职工薪酬费用

5.资产负债表"持有至到期投资"项目应根据( )填列。

A."持有至到期投资——成本"科目余额

B."持有至到期投资"科目余额

C."持有至到期投资"科目余额扣除减值准备及一年内到期的非流动资产

D."持有至到期投资"科目余额扣除一年内到期的持有至到期投资

6.下列交易或事项中,不影响企业利润表中"营业利润"金额的是(   )。

A.计提固定资产减值准备　　　　　　B.出售原材料并结转成本

C.发生的现金折扣　　　　　　　　　D.清理管理用固定资产发生的净损失

7.下列经济业务所产生的现金流量中,属于"投资活动产生的现金流量"的是(   )。

A.收到的现金股利　　　　　　　　　B.支付的各种税费

C.发行债券所收到的现金　　　　　　D.支付购料款

8.企业购买股票所支付价款中包含的已经宣告但尚未领取的现金股利,在现金流量表中应计入的项目是(   )。

A.投资所支付的现金　　　　　　　　B.分配股利、利润和偿付利息支付的现金

C.支付的其他与投资活动有关的现金　D.支付的其他与经营活动有关的现金

9.下列经济业务所产生的现金流量中,属于"经营活动产生的现金流量"的是(   )。

A.变卖固定资产所产生的现金流量

B.支付经营租赁费用所产生的现金流量

C.取得债券利息收入所产生的现金流量

D.支付融资租赁费用所产生的现金流量

10.企业将净利润调节为经营活动现金流量时,下列各项中,属于调整减少现金流量的项目是(   )。

A.存货的减少　　　　　　　　　　　B.无形资产摊销

C.公允价值变动收益　　　　　　　　D.经营性应付项目的增加。

(二)多项选择题

1.企业对外提供的基本财务报表包括(   )。

A.资产负债表　　　　　　　　　　　B.利润表

C.现金流量表　　　　　　　　　　　D.所有者权益变动表

2.下列选项中,属于资产负债表中流动资产的有(   )。

A.交易性金融资产　　　　　　　　　B.其他应收款

C.一年内到期的持有至到期投资　　　D.可供出售金融资产

3.利润表中的"营业收入"项目,包含下列(   )账户的金额。

A.营业外收入　　　B.投资收益　　　C.主营业务收入　　　D.其他业务收入

4.下列科目中,影响资产负债表中的"固定资产"项目列报金额的有(   )。

A.固定资产　　　　　　　　　　　　B.累计折旧

C.累计摊销　　　　　　　　　　　　D.固定资产减值准备

5.下列各项业务,不会引起现金流量变动的有(   )。

A.无形资产摊销　　　　　　　　　　B.出售固定资产取得价款

C.赊购商品　　　　　　　　　　　　D.用银行存款偿还短期借款

6.现金流量表中的"支付给职工以及为职工支付的现金"项目包括(   )。

A.支付给职工的奖金　　　　　　　　B.为生产工人交纳的商业保险

C.支付给职工的津贴　　　　　　　　D.支付给在建工程人员的薪酬

7.下列属于筹资活动产生的现金流量是(   )。

A.融资租赁固定资产支付的租金

B.支付购建固定资产而发生的资本化借款利息费用

C.经营租赁固定资产支付的租金

D.分配股利或利润支付的现金

8.资产负债表中作为"存货"项目列示的有( )。

A.生产成本　　　　B.存货跌价准备　　C.发出商品　　　　D.工程物资

9.下列各项属于"现金及现金等价物"的是( )。

A.购买日起,2个月到期的国库券

B.企业的库存现金

C.企业从二级市场购入可随时变现的股票

D.企业的银行汇票存款

10.下列项目中应当在报表附注披露的信息有( )。

A.财务报表的编制基础　　　　　　B.遵循会计准则的声明

C.重要会计政策和会计估计　　　　D.关联方关系及其交易

(三)判断题

1.我国资产负债表按账户式反映,提供年初数和期末数的比较资料。( )

2.资产负债表中"应付债券"项目,应根据总账科目余额直接填列。( )

3.根据我国《财务报表列报》准则规定,对于利润表中费用的列报,企业应当采用"功能法"列报,即按照费用在企业所发挥的功能进行分类列报。( )

4.根据重要性的判断,对性质和功能不同的项目,应当在财务报表中单独列示;对性质或功能类似的项目,应予以合并列示。( )

5.在将净利润调节为经营活动现金流量时,应在净利润的基础上加上经营性应收项目的增加。( )

6.资产负债表的"应收账款"项目,应根据"应收账款"、"预收账款"总账科目的借方余额之和填列。( )

7.根据我国《现金流量表》准则规定,不涉及当期现金收支但影响企业财务状况或在未来可能影响企业现金流量的重大投资和筹资活动,也应在现金流量表正表中单列项目反映。( )

8.按照我国《财务报表列报》准则规定,在资产负债表中,应先列报重要性强的资产或负债,再列报重要性弱的资产或负债。( )

9.收回以前年度核销的坏账不影响现金流量。( )

10.所有者权益变动表是一张反映企业在一定期间内构成所有者权益的各组成部分的增减变动情况的报表。( )

(四)业务题

1.目的:掌握日常会计核算及基本财务报表的列报。

2.资料:逸树公司为增值税一般纳税人增值税税率为17%,所得税税率为25%,材料采用实际成本法核算。该公司2012年1月1日有关科目的余额如下表所示。

科目余额表

2012 年 1 月 1 日　　　　　　　　　　　　　　　　　　　　　单位:元

借方科目	年初余额	贷方科目	年初余额
库存现金	32 000	短期借款	300 000
银行存款	770 000	应付票据	100 000
其他货币资金	41 500	应付账款	300 000
应收票据	70 000	预收账款	12 500
应收账款	610 000	应付职工薪酬	15 000
预付账款	98 000	应交税费	110 000
其他应收款	60 000	应付利息	7 500
原材料	817 000	其他应付款	5 000
周转材料	87 000	长期借款	2 100 000
库存商品	725 000	实收资本(或股本)	5 000 000
长期股权投资	200 000	资本公积	500 000
固定资产	6 200 000	盈余公积	600 000
在建工程	400 000	未分配利润	220 500
无形资产	280 000	累计折旧	1 189 500
长期待摊费用	100 000	坏账准备	30 500
合计	10 490 500	合计	10 490 500

该公司 2012 年发生的经济业务如下:

(1)购入原材料一批,货款 200 000 元,增值税额进项税额为 34 000 元,款项均以转账支票支付,材料已验收入库。

(2)销售甲产品一批,销售价款 400 000 元,增值税销项税额 68 000 元。该批产品实际成本 160 000 元,产品已发出,款项尚未未收到。

(3)购入不需安装的设备 1 台,价款 160 000 元,支付的增值税 27 200 元,支付包装费、运杂费 2 400 元。价款及包装费、运杂费均以转账支票支付,设备已交付使用。

(4)从中国农业银行借入 3 年期分期付息、到期还本、年利率为 5% 的借款 600 000元,用于建造固定资产,该借款已入公司银行账户。

(5)用银行存款 150 000 元购入专利权一项。

(6)计算应由固定资产建造工程负担的长期借款利息 31 000 元,该项借款本息未付。

(7)基本生产直接领用原材料成本 800 000 元,生产车间领用周转材料成本 87 000元,周转材料采用一次摊销法摊销。

(8)用银行存款支付产品广告费 55 400 元。

(9)收到应收账款 360 000 元,存入银行。

(10)销售乙产品一批,销售价款 2 000 000 元,应收的增值税额 340 000 元,销售产品的实际成本 1 200 000 元,款项已通过银行收讫。

(11)公司本期销售的乙产品属于应税消费品,消费税税率为 5%。

(12)收到现金股利 200 000 元,已存入银行。

(13)归还短期借款本金 300 000 元,利息 20 000 元,其中 7 500 元已预提。

(14)收到已到期的无息商业承兑汇票 40 000 元。

(15)公司以每股 3.20 元从二级市场购入津滨上市公司股票 10 000 股作为交易性金融资产,另支付交易费用 100 元。

(16)分配本期的职工工资 620 000 元,其中生产人员工资 170 000 元,车间管理人员工资 15 000 元;行政管理部门人员工资 15 000 元,在建工程应负担的工资 420 000 元。

(17)提取职工福利费 57 400 元,其中生产工人福利费 23 800 元,车间管理人员福利费 2 100 元,行政管理部门福利费 2 100 元,在建工程应负担的福利费 29 400 元。

(18)支付职工工资 400 000 元,其中包括支付给在建工程人员的工资 200 000 元。

(19)计提应计入本期损益的长期借款利息 20 000 元。

(20)摊销无形资产 28 600 元计入管理费用。

(21)计提固定资产折旧 82 000 元,其中计入制造费用 50 000 元,计入管理费用 32 000 元。

(22)一项固定资产建造工程达到预计使用状态,工程建造成本为 875 000 元。

(23)本期生产的产品全部完工入库,计算并结转本期完工产品成本。

(24)用银行存款交纳本期消费税 100 000 元,交纳增值税 300 000 元。

(25)公司本期计提坏账准备 5 400 元。

(26)期末,公司持有津滨公司的股票每股上升为 4.30 元。

(27)将各损益类科目结转至"本年利润"科目。

(28)计算并结转应交所得税(不考虑纳税调整事项)。

(29)按当年税后利润的 10% 提取法定盈余公积金,按 12% 提取任意盈余公积金。

(30)经股东大会批准,决定向投资者分配利润 450 000 元,并已通过银行支付完毕。

(31)将利润分配各明细科目的余额转入"未分配利润"明细科目,并结清"本年利润"科目。

(32)偿还长期借款 900 000 元,利息 55 000 元。

(33)用银行存款交纳本期所得税。

(34)以库存现金支付职工生活困难补贴 22 000 元。

3.要求:

(1)根据上述资料编制会计分录。

(2)编制逸树公司 2012 年 12 月 31 日资产负债表。

(3)编制逸树公司 2012 年度利润表。

(4)编制逸树公司 2012 年度现金流量表。

参考文献

[1]财政部：《企业会计准则应用指南》，立信会计出版社，2006 年版。

[2]财政部：《企业会计准则讲解》，人民出版社，2008 年版。

[3]沈颖玲：《国际财务报告准则阐释与应用》，立信会计出版社，2007 年版。

[4]杜兴强：《中级财务会计学》，高等教育出版社，2007 年版。

[5]薛洪岩、张雅杰：《中级财务会计》，立信会计出版社，2008 年版。

[6]查尔斯·亨格瑞等著，朱丹译：《财务会计教程》，人民邮电出版社，2005 年版。

[7]J.戴维·斯派斯兰德、詹姆斯·F.塞普、劳伦斯·A.托马斯著，杜兴强、孙丽影等译：《中级会计学》，第 3 版，中国人民大学出版社，2006 年版。

[8]杰里·J.韦安特、唐纳德·E.基索、保罗·D.金梅尔著，王竹泉、刘秀丽等译：《财务会计》，第 5 版，机械工业出版社，2009 年版。

[9]罗伯特·N.安东尼、大卫·F.霍金斯、肯尼斯·A.麦钱特著，王立彦、杜美杰改编：《会计学教程与案例》，第 12 版，机械工业出版社，2009 年版。

[10]简·R.威廉姆斯、苏珊·F.哈卡、马克·S.贝纳特等著，杜美杰译：《会计学：企业决策的基础（财务会计分册）》，第 14 版，机械工业出版社，2011 年版。

图书在版编目(CIP)数据

中级财务会计/薛洪岩编著. —厦门:厦门大学出版社,2013.1
(会计与财务管理系列教材)
ISBN 978-7-5615-4354-2

Ⅰ.①中⋯　Ⅱ.①薛⋯　Ⅲ.①财务会计-教材　Ⅳ.①F234.4

中国版本图书馆 CIP 数据核字(2012)第 200154 号

厦门大学出版社出版发行

(地址:厦门市软件园二期望海路 39 号　邮编:361008)

http://www.xmupress.com

xmup @ xmupress.com

厦门集大印刷厂印刷

2013 年 1 月第 1 版　2013 年 1 月第 1 次印刷

开本:787×1092　1/16　印张:25.5

字数:600 千字　印数:1～4 000 册

定价:40.00 元

本书如有印装质量问题请寄承印厂调换